謹賀張存武老師九秩晉二嵩壽

清代中韓關係史論集

張存武——著

吳政緯——編校

卷 一

編校說明

一、本卷收錄綜論性作品、研究方法和聚焦明末清初中韓關係史之專文。

二、作者過去引用的部分資料已不易查找，現按較新的通用版本查對。諸文首次引用資料均在註釋標明版本，惟未能查對者一仍原註。

三、編者盡可能檢核引文，訂正訛誤，包含缺漏字、頁碼不詳以及錯誤的卷次與頁碼，並遵循當前學術規範增寫註腳。

四、在不影響原始文意的情況下，重新分段、潤飾文辭。

五、文章若本為直排，今因改為橫排，某些數字由國字替換成阿拉伯數字。表格按同樣標準重製。

六、首次出現的人名、事件、年號均標上西元年份。

七、晚近學界對後金、滿清等用語已有所保留，為維持作者當時的語境，此次編校一仍原樣。

八、編校期間，承蒙中央研究院人文社會科學研究中心劉序楓老師、臺灣師範大學葉高樹老師惠賜意見，日本東京大學胡華喻協助蒐集資料，特此謹致謝忱。編責筆者自負，敬祈方家批評，俾利完善著作集。

吳政緯　謹識　2021.02.18

臺北市羅斯福路四段

目次

總論

第一章
中國域外研究的展望：
以韓國史研究為例

在中韓外交關係非常需要改善加強的時刻，舉辦這樣一個會議，可謂用心良苦。雖然我們都明白，在我們政府現行對外政策之下，用其他途徑推展對韓外交關係，是很不容易的，然而討論中韓學術交流與合作，以促進國人研究韓國的興趣和風氣，從而瞭解韓國，仍然是值得作的。一個具有偉大傳統的國家遇到危機時，不可能全體人民都懶於思考，怯於行動。至於我所說的政府現行對外政策，是指以臺灣一島的力量，肩負反抗全世界共產主義運動的重擔，以及對和平統一中國的工作，缺乏階段性的指標，未隨著內外情勢的演變而有所變通。

學術的範圍很廣，不過可以交流及合作的，並不那麼廣。因為凡是進行交流合作時，彼此都會考慮能給對方些甚麼，能從對方得到些甚麼，也就是考慮彼此的學術水準。中華民國與韓國的學術發展極為相似，自然科學及應用科學都是後進的，都向美國、歐洲、或日本學習，彼此交流合作的需要及興趣很少。社會科學方面比較好一點，然而我們國內的教授、研究人員，絕大多數曾到外國，尤其是在美國受過訓練。韓國亦復如此。他們用的理論和方法都是學自西方。這些中韓學者，也少有興趣彼此交流合作。因之，中韓學術交流與合作幾乎全部限於人文學科方面。換言之，限於研究彼此過去的歷史文化，和現在的政治、社會、經濟、教育、外交等情形。後者是用西方的理論方法作實證研究，然而為數甚少。

從上面的分析可以看出，所謂學術交流、合作，無非就是學術研究。因為沒有夠水準的研究，談不到交流合作，而交流合作的目的也都在促進研究。從上面的分析我們同時瞭解，此種交流合作就是研究對方，研究自己國家以外的一個地區。這可以稱之為「外區域研究」。

在歷史上中國對韓國的政治、文化等有強大影響，二十世紀以前的韓國歷史文獻幾乎全部是中文記錄的。韓國人為瞭解他們自己的過去，而學習和研究中國語文、歷史、文化者大有人在。相較之下，中國研究韓國者相當少。有人說，那是因為韓國是個小國家，對中國不那麼重要。韓國誠然小，但對中國則並非不重要。即使1950年中共參加韓戰不算，從唐朝到清代，中國和日本在朝鮮半島便打了三次大戰。滿清帝國是從征服朝鮮而成形，是因甲午戰爭一敗而導致覆亡，更何況現在南韓的領土面積及人口都比臺澎金馬為大。

事實上，中華民國政府及大眾傳播一直宣稱韓國對我們如何如何重要。的確是如此，現在南韓是東亞唯一和我們有外交關係的國家。儘管如此，我們對韓國的研究就是不重視。也有人說，這是因為韓國現代科學既不昌明，也無有像中國般的古老文明足資研究，更沒有像日本那麼多的商社，學習及研究韓國的人，不容易找到職業，沒有辦法謀生。這是事實。但面對著同樣事實，日本就有那麼多大學開有關韓國的課程，那麼多學者寫有關韓國的文章和書，發表在那麼多雜誌上，有那麼多出版商願意出版。日本我們比不過，那麼比蘇聯、美國如何？我可以肯定的說，把現在臺灣和大陸的韓國研究成績加在一起，無論量和質，我們都趕不上蘇聯和美國。

問題究竟出在哪裡？此無他，我們不注重研究外國，不注重外區域研究。當西方的航海家、傳教士、商人、海軍艦隊向亞非美三洲進展時，明清兩代的中國則採取了對外封閉政策，學術上也因登峰造極的政治專制，趨向研究古代，逃避正視現實。乾隆皇帝對英國使臣馬戛爾尼（George Lord Macartney, 1737-1806）說，大皇帝應有盡有，無需

乎外夷。這是無智和虛驕的典型例子。

　　民國以來固然因戰亂相循，無從談學術研究，然而我們是不是仍然一切政治掛帥，或者說泛政治主義，不重視學術研究？我們的腦海中有沒有殘存著乾隆皇帝的大國沙文思想？有。例如我們要不要禁止或開放三十年的文學，是由臺灣省警備總部決定，而不由教育部主管，從事教育和學術研究的人的意見更是毫無影響作用。我們和哪個國家為敵，便禁止人們閱讀那一國家的報章書刊，有時甚至不准學習其語文。因之，從1874年日本軍隊攻擊臺灣，到1945年日本投降為止，雖然我們和日本對抗、作戰達七十年之久，我們像樣的研究日本的著作沒有幾本。

　　同樣，在我們反共且抗俄的年月中，我們研究俄國的書文又有多少？大致而言，我們習慣於管制和禁止，不大注意去研究和瞭解人家。對於敵對國家如此，對於非敵對地區也沒有去注意研究。現在亞洲太平洋地區地位已非常重要，美國對亞太貿易額已超過對歐洲貿易額，大家都在說二十一世紀是亞洲太平洋的世紀，日本、美國、蘇聯已在積極從事亞太研究，然而我們的政府機構，除了政治大學國際關係研究中心以反共為主題從事研究外，對該地區的地理、人口、民族、宗教、教育、政治制度、經濟發展等基本研究尚待著手。在這種對國外研究不注意，不重視外區域研究的學術風尚下，韓國研究的不振，是很自然的事。這是最基本的原因。要改善韓國研究的環境，須從改變這種風氣，改變這種學術政策開始，雖然不容易，需要很多時間。

　　韓國研究人才的培養是另一重要課題。雖然1890年代以前的韓國歷史文獻幾乎全是用中文記錄的，不懂韓國語也可看懂，可以取材作研究，但要研究二十世紀的韓國，要瞭解現在的韓國人對他們的過去是如何解釋的，就非懂韓國語文不可，否則就倍極困難。我自己就有這種感覺。現在的國立政治大學和中國文化大學的東語系均有韓文組，且要求學生選修輔系，訓練是不錯的。然而近年無論教職或研究人員的任用，都以研究所畢業的碩士及博士為對象，而目前國內則無

此教育機構。

　　我們的人才是靠上述兩校韓文組畢業生，透過與韓國的交換計畫，在韓國訓練而成的。以我的觀察，這些回國留學生能進入各大學擔任教職或研究工作的似乎不很多。問題可能出在兩方面。第一，這些學生雖然在韓國的研究所修讀了不同學科，然因他們的大學教育主要為韓國語文，因之各大學認為他們的專業訓練不俗。第二，近年來各大學用人似乎偏重用自己的畢業生。於是政大、文化韓文組畢業留學回國生，除了該兩校外，不易進入他校。假如在現行的交換制度之外，也能讓其他學校非韓文組的各科系畢業生到韓國留學，也許可以改善此一現象。

　　另外值得考慮的是，到現在為止，韓國語文的功用幾乎僅在瞭解韓國，不像英文、日語一樣，可以經由這一工具吸收其他智識。因之，留學韓國者宜於其所習學科之外，再學習一語言工具，如日語或英語。這樣回國任事時將更為有利。一個能教韓國歷史及日本歷史的人，理應比只能教韓國史的人機會多。

　　研究韓國必然要讀韓國的書。我們前面說過，二十世紀之前的韓國書幾乎全是中文寫的。然而由於李氏朝鮮時代中韓書籍交流不暢，日本佔領韓國時，把持不開放，近二十年來韓國雖然影印了不少，但韓國的書商似乎不知道到臺灣來推銷，不知道和中國書商聯繫合作。因之，很多韓國的典籍、文集我們都沒有。我想我們應該使中韓書商聯繫合作，以打通書籍交流的管道。

　　事實上這些漢文書在中國的銷路可能比在韓國還大，因之，甚至可以將原版送到臺灣影印發售。這也應該由書商辦理，或由中央圖書館等類似機構辦理。用中文寫的書永遠就是那麼多了，不大可能再增加，而韓文著述則迅速增加。任憑我們如何努力提倡韓國研究，可以肯定，中國能讀韓文書的人將永遠是少數。

　　那麼使中國人認識韓國，瞭解韓國的重要途徑自然是靠我們的韓國研究人員寫作介紹，而將良好的韓文、日文、英文等有關著作譯

成中文發表，也同樣重要。這方面我們的工作也很差。就我所知的歷史方面而言，二十年來中譯韓書似乎只有許宇成譯李丙燾（1896-1989）的《韓國史大觀》，林秋山教授的《韓國近代史》二書而已。然而韓國近年出版了若干好書，如李光麟（1924-2006）的《韓國開化史研究》（한국 개화사 연구），史政局刊的《壬辰戰亂史》，都很快便譯成了日文。我們應該積極從事這種工作。我們已有足夠翻譯人員，問題是在經費和出版。誰願意出錢，誰願意承印？這當然靠奔走聯絡。

前邊說過，我們的社會是政治掛帥的社會，在政治上有點辦法的人方能推動這工作，使基金會拿出錢來，使書商承印。我們當然希望這種風氣能改變，基金會但問計畫好不好，不管來人是誰，書商也但看稿子品質如何。但在目前，我們仍然需要有政治地位的人協助，如立法委員、臺北市議會議長等。

人員交流的方式有訪問研究、交換教授、國際學術會議、及參觀演講訪問等方式。無論教育或研究人員，每隔若干年到國外作一短期研究，三個月、半年，或一年，去會會同行，看看人家的出版品等，對教學及研究都很有益。我們的國家科學會辦理資助有關中外關係的研究，是不是也接受純屬外國的研究計畫，則不得而知。韓國的Korean Research Foundation（韓國學術振興財團），是一文教部附屬機構，資助此類研究計畫，我們可以利用。

政大和文化大學等與韓國的大學有教授交換協定。交換人員在教學方面的安排雖然不容易，然而他們應該會利用此機會加強他們對對方的研究能力和認識。這是值得維持的方式。

根據以往的經驗，大型國際會議需要經費多，不易籌措，且人多交換意見的效果就不大。如果改辦小型會議，全由有關專家出席，人數在十名以內，則費用少，易籌，且討論時間充足，效果自然好。所以以後我們不妨用小型會議方式，多舉辦學術會議，如中韓兩國選舉法的比較、中韓歷史上科學成就的比較等等。我們教育部國際文教

處每年都透過駐韓文參處邀若干韓國人士來華訪問。據我所知，韓國政府也有同樣辦法，每年邀請若干中國人士訪問韓國。我也知道美國國務院有時請若干美國教授到我們這裡的大學或研究機構訪問演講。我想我們應該利用教育部的邀請名額，有計畫的邀請韓國有成就的學者，以及大家認為有發展潛力的rising stars來華訪問。我們也可以和韓國駐華大使館的主管文教人員接洽，請他們也有計畫的邀請我們的此類學者訪問韓國。我想這是值得做，應該會做得通，而且會有良好成效的。

　　需要做，可以做的事很多，然而需要經費和人員。經費是人去設法找來的，所以人最重要。不過漫無組織的個人不太濟事，必須有健全的學術團體。臺北有早在重慶時期就成立的中韓文化協會，不過近年才恢復活動。在林秋山教授領導下的臺北韓國留學同學會有訪韓活動，出版《韓國研究》。這份刊物近兩三年來，越辦越好，值得稱讚。另外一個學術團體是1980年成立的中華民國韓國研究學會。臺灣對韓國有興趣人士，差不多都名列其中。該會五年來舉辦了一次國際性的中韓關係史演討會，論文相當有水準；和高麗大學合作研究中韓關係史，出版論文集一冊，又出版了有關旅韓華僑史話一冊，[1]及年刊《韓國學報》四期，內容頗具學術水準。該會與韓國、日本、美國的韓國研究學者及團體有聯繫，與University of Hawaii的Center for Korean Studies交換人員互訪。該會訂於下月舉辦第二次中韓文化關係會議。

　　在現有條件下，這些團體已盡了他們的力量。不過這並非說我們已心滿意足。我們還有許多應該改善的事。例如，很多會員很熱心，很想為學會做些事，但學會並無讓他們發揮力量的策略和設計。我們必須讓每一個學會主人——會員施展出他們的智慧和力量，絕不可讓他們和政黨黨員一樣，個個都有無力感。我們將激發會員們成立讀書會、演講討論會，以及設計好的發展計畫。

---

[1] 秦裕光，《旅韓六十年見聞錄：韓國華僑史話》（臺北：中華民國韓國研究學會，1983）。

由於政治安全考慮，我們的學會活動很不活躍。看看日本，幾個人對莊子有興趣就成立個莊子研讀會，對敦煌文物、漢簡、或辛亥革命有興趣就成立敦煌、漢簡、辛亥革命研究會。大家預先準備功課，聚會時輪流由一人講，眾人發問。因之，日本學術風氣很盛，學術研究有成績。

　　我們現在民生康和樂利，政治安定，應該加強此類活動。我們今天可成立一個「三國史記」研讀會，同時也可舉辦韓國政黨發展現狀演講討論會。這些活動可以和學校的學術社團合作，可以和報社，如中國時報、聯合報等合辦，可以和雜誌社合辦，也可以和其他社會團體合辦，當然也可以和韓國的學術團體合辦。這樣，不僅可以讓會員們有用武之地，還和學生社團、社會團體、大眾傳播機構、政府有關部門形成了密切的合作關係。

　　要想韓國研究有一穩固的基礎，除以上所說之外，還有兩個方向可以進行。第一是國家的最高學術研究機構，中央研究院，應順乎時勢的發展，設立一個研究亞洲太平洋地區的研究所。韓國的重要性還不足以在中央研究院設立一個研究所去研究她，然而一個亞太研究所自然包括研究韓國的部門。我們希望負責中央研究院決策任務的評議會評議員正視這一問題，這一極需積極開發的研究工作。

　　政府機關之外，非政府機構也應負起責任來。如淡江大學的區域研究中心，除了發揮類似美國華盛頓Georgetown University的功能之外，也可按可行性，選擇宜於發展的亞太地區，用力去作。這自然也會照顧到韓國研究。我非常欣賞設在美國哈佛大學的哈佛燕京學社（Harvard-Yenching Institute）。這一學社當初是一個美國人捐了一批錢供研究中國之用，由哈佛大學和中國的燕京大學選舉理事，主持社務。其業務活動，除設有一個哈佛燕京圖書館外，還邀請學者到美國作訪問研究，叫作Visiting Scholar Program，起初限於臺灣、韓國、日本學者，後來擴展到香港、馬來西亞、新加坡等地區。二十多年來，臺灣、韓國在這計畫下到美國訪問研究的訪問研究學人有一百多，日本更多。

此外他們又設有獎學金，資助學生到美國讀學位。當初的捐款早已不夠，便接受各國的捐助。這一機構為美國的東方研究、美國對亞洲的學術文化活動作了很大的貢獻，對西太平洋各國、各地區的學術發展也有極大的幫助。這樣的事，我們也可以作。現在臺灣有錢的人很多，大家捐出部分錢來，買塊地皮，選中外有關國家的著名學府主持照管，建圖書館、資助學術交流，若干年後對我們的韓國、亞太等區域研究及彼此學術文化交流活動必有重大貢獻。其實韓國的大商人也多，其資產之大遠超過臺灣的工商業鉅子。為了韓國與他們的一個重要鄰國——中國的學術文化交流，他們應在這方面投資，中韓共同合作，從事這種千秋萬世的大事業。

　　各位女士、各位先生，世界局勢，尤其是亞洲太平洋地區的情勢在急遽變化，我們則以不變應萬變。情勢的發展對我們似乎不利。我們老百姓、學術工作者對之無可如何。今天這一盛會我用這麼一個題目〈以積極的行動迎接亞大新形勢—論研究韓國之道—〉來陳述意見，看起來並不太恰切，但確是代表我此時此地的情懷。我們討論的主題，以中韓學術交流與合作，不大，參與人員也並不多。然而歷史上開創風氣，覺醒大眾，扭轉形勢的事，往往是發自少數人。

　　就韓國研究而論，我們希望國人注意外區域研究，從亞太地區的形勢認識處於中國、日本、美國、蘇聯四大國之間的韓國地位。我們學術界要積極動起來，分頭並進，相互競爭。希望政府機關和基金會等重視、支持學術界的活動，勿以政治地位、人際關係衡量一切。

　　由於會議籌備倉促，只能作純議論性的陳述，不周之處，敬請大家指正。

*本文原為民國七十四年（1985）四月二十七日在淡江大學舉辦第一屆韓國研究會議中宣講稿，原名為〈以積極行動迎接亞太新形勢—論研究韓國之道—〉，後正式出版改題〈中國域外研究的展望—以韓國史研究為例—〉，收入《傅樂成教授紀念論文集：中國史新論》（臺北：臺灣學生書局，1985），頁753-762。

第二章
當前中韓關係史研究的課題

　　中韓關係源遠流長，層面廣，密度大，非任何其他外國與中國關係所可比擬。這一事實就像天上有太陽一樣，一抬頭就看到。因之，足資研究的題目簡直是俯拾皆是。以時間為序，從史前到衛滿、樂浪與三韓，隋唐與新羅的統一，宋遼金對立與高麗，蒙元高麗關係與東亞大局，明清朝貢關係，近代東西國家在朝鮮半島的鬥爭，以及中國與韓國文化關係言，不只可從洪大容（1731-1783）《杭傳尺牘》中窺見他與其浙江中國友人間的真摯友情，可以從他的《湛軒燕記》中得知他在北京所見所聞，還可以從他的《湛軒書》中得知北京之行對於他的影響如何之大。[1]

　　我們更應該知道朴趾源（1737-1805）、朴齊家（1750-1815）、李德懋（1741-1793）等呼籲朝鮮改革政治，北學中國的原因。[2]事實上，大部分朝鮮的著名人物都曾到過中國，交了中國朋友，其文集中有此類資料，如朴珪壽（1807-1877）、姜瑋（1820-1884）、李裕元（1814-1888）、金弘集（1842-1896）、金澤榮（1850-1927）等。[3]韓國和日本

---

[1] 洪大容號湛軒，乾隆三十年（1765）隨朝鮮朝貢使團書狀官叔父洪檍（1722-1809）至北京，識浙江舉人陸飛（1720-1786）等，歸以見聞行事著為《燕記》，繼與其中國友人託貢使之便函箋往來，後輯刊為《杭傳尺牘》。

[2] 張存武，〈清代中國對朝鮮文化之影響〉，《中央研究院近代史研究所集刊》，第4期下冊（臺北，1974），頁587-596。

[3] 朴珪壽為朝鮮開化派先驅學者，1872年出使中國。有《朴珪壽全集》上下冊。姜瑋乃朝鮮末實學家，主對外開放，習洋技以強國，曾北遊中國，著有北遊日記。有姜瑋全集。金澤榮於日本治韓後流寓中華，從事反日，有金澤榮全集。

學者已作了很好的研究，中國學者不應該讓韓日朋友專美於前，而應急起直追。你除了嘆服朝鮮向北京學習近代西洋科技之勤，冒死信奉天主教之誠外，[4]一定也喜愛李建昌（1852-1898）氣魄雄偉，文字優美的詩篇，[5]這些問題都值得窮年累月，無盡的研究。

在史學研究中，有些範疇對許多史學家具有吸引力。另一方面每一個朝代都有政治、經濟、社會、軍事等問題，但是每一時期的史學者研究的主題並不一樣。所謂 all history is contemporary，除指對史事的解釋外，選題也不例外。研究的主流總能反應時代的特色，不管是出於有意還是無意。因之，中國對日抗戰時的史學著作往往根於愛國情操，而現在的韓國則強調主體性。二十世紀的東南亞是民族主義（Nationalism）的世界，或者說民族主義是二十世紀東亞人的宗教信仰。對於往史的解釋，各是其是，各非其非，捨大同而強調小異。歷史研究固然應以古事的情實立論，不應抹殺是非，強以今解古。

然而為了避免民族主義的過度發揮，造成未來的人為禍害，我們也可以選擇些對於促進中韓友誼有用的主題去研究。有些現存的現象在以往也發生過，如果將歷史上的先例說明，有助於對目前事實的瞭解與諒解。此外，有些現存的疑難是因為未將疑難的構成原因研究清楚，或者說未以純粹瞭解往事究竟如何的目的去研究。這需要我們進一步發揮史學的客觀精神，以求真的態度去研究。

上古史，由於史料少，研究者可發揮其想像推理能力，所以自來為史家所喜愛。中國在這一方面的研究，除中日戰爭前有點成績外，三十年來無大發展。在歷史時期，箕子朝鮮故事確實是中韓關係源頭的問題。一方面司馬遷的記述本身就有不確定的意味，另一方面，根據辛勝夏教授編的《韓中日關係資料集——二十五史抄》，[6]這一故事

4　張存武，〈清代中國對朝鮮文化之影響〉，頁563-577、577-586。
5　李建昌政治思想保守，詩則步伍杜工部。
6　辛勝夏編，《韓中日關係資料集I——二十五史抄》（漢城：檀國大學出版部，1977）。

在史記中出現了很多次，而根據《史記‧五帝本紀》，司馬遷的著述態度很謹慎，同時近年考古發掘也證明太史公記載之真確。

大致說，從秦漢之際開始，中國每一次大動亂，就有許多中國人向四周地區逃亡發展，如衛滿朝鮮及南粵（越）王國的建立。這史實可以幫助我們解釋箕子故事。此外，韓國青年史學研究者李亨求追蹤商文化向北方發展的情形，根據熱河出現箕侯的青銅器，而推測箕子朝鮮，也是一途。[7] 兀良哈民族元初在外蒙古，元末明初已到熱河及遼西，到明末清初已分布於韓國的平安、咸鏡北道。

北亞大陸民族移動範圍之廣，超乎我們一般的想像。以往我們將這種遷移的東界限於東三省，這是不夠的，必須將韓國的平安、咸鏡及江原道包括在內。事實上，即使我們不去追究箕子故事的真實與否，也可寫一大本書，書名叫作箕子在中韓文化關係上的貢獻。由於箕子故事，韓國人覺得他們很早就有聖人，韓國民族的文化悠久，品德高尚。這無疑給他們很大的信心，更努力於吸收及創造文化。中國人也很滿足，覺得中國的高級文明那麼早已傳到朝鮮半島。

自高麗王朝以來，韓國人謳歌箕子的文章詩篇相當不少。箕子和他的八條之教，是中韓賓主間吟咏時重要主題之一。箕子故事將中韓民族的心聯結了起來。所以即使歷史上沒有箕子這麼個人，兩千年來中韓人的心中有個箕子，就像雖然我們不敢確定是否有神，然而人們的心中有神，在那裡崇拜。箕子故事也可以用宗教史的觀點去研究。[8]

近十年來，由於韓國政府改變對共產世界的策略，中韓外交關係不順利，甚至有些事件使得中國人民也不愉快。其實早在魏晉南北朝及兩宋與遼金時期，朝鮮半島上的政權已經是觀勢而變，向強者妥協

---

[7] 李亨求，〈中國東北新石器時代及青銅器時代之文化〉（臺北：國立臺灣大學考古人類學研究所碩士論文，1978年打字油印，1981年重印），頁113-146。

[8] Chang Tsun-wu, "Sino-Korean Relations: The Legend of Chi-Tzu Ch'ao-Hsien paper read in the Genter for Korean Studies," University of Hawaii, unpublished.

了。關於這些史事，本會[9]的出版品《韓國學報》及《中韓關係史國際研討會論文集》已經發表了約十篇文章。雖然還有待作更多的研究，例如薩爾滸之役中朝鮮軍的投降是否受朝鮮國王之命等，不過就是這些篇文章，也足以發人深省，瞭解現在韓國政府的作法，有其深厚的傳統。理智不一定能取代情感，然而可以消解一部分的衝動。

　　從十九世紀八十年代以來，中韓之間有邊界糾紛，本年在漢城及臺北的報紙上還出現過長白山劃界的新聞報導。很不幸，這一問題在過去一百年中，中韓人民未曾受到客觀深入研究成果的指點。許多人不是故意捨棄史料，就是曲解史料。十餘年來我對此事略有研究心得，自信客觀，既不為中國，也不為韓國。我知道對於這種複雜曲折的問題，不必說中韓人民，就中韓學者，如果未下番功夫也不易理解。我們應該有道德勇氣，把確實的智識告訴中韓人民。也許現在有人聽了不高興，但如果因為我們的學術研究而避免了中韓未來因邊界問題而起衝突，現在若干人的不高興，就毫不重要，不必顧及了。

　　一直到今天還有人在大談其歷史是不是科學的問題。自然科學可以只問真不真，不管價值問題，然而歷史除了求真之外，還必須顧及到善的問題。每一個時代都有些不好的事發生，而除了二十世紀的共產黨徒歷史著作之外，史家都是以批判的態度去處理那些事。原因很簡單，我們現在的行為應該是為了我們未來的和平幸福，而不是為未來製造災難。在這一前提之下，我們研究國際關係史時，也應該考慮到對方，例如研究甲午戰爭，不應專談中日兩國的政策和行為，也應探討當時韓國朝野的心態和行為。同樣，韓國的史家不可以說唐朝侵略韓國，因為當時朝鮮半島上並無統一的意識和局面；最低限度，在說侵略的同時，也應說幫助，因為唐朝曾協助新羅抵抗百濟及高句麗的侵略，而新羅的統一半島，也是由於唐羅聯合消滅了百濟和高句麗。

---

[9]　編註，本會指中華民國韓國研究學會。

我想我們應進一步尋求那些雙方都認為是美好的史事去研究，例如明朝萬曆中明與朝鮮合力抵禦倭寇，[10]以及日本滅亡韓國後中國朝野直接間接對韓國獨立復國運動的幫助。[11]這樣作似乎有聯合對付日本的嫌疑。其實不然，攻城掠地，殺人盈野，和亡人國家的行為，是應該受到譴責的。

　　史學研究一方面要弄清楚往事的究竟（what it was），另一方面又不可以只講求真，而須顧及到善的問題。站在求真或求善的立場言，二者是不相容的。只有從尋求人類美好未來的角度看，真與善始能相成而不相剋。說到這裡，我建議中韓史學界應合作審查雙方的教科書，刪去那些可能製造仇恨，遺害未來的部分。如果各有所持，見解不一，就先作雙方同意的部分，不同意的留待未來再說。

　　我曾經醉心過所謂科學的歷史，也曾跟著他人非難褒貶的史學、資鑑的史學。以上所說也許有人以為是思想的退步落伍。在為了我們美好未來的前提下，蒙退步之名，也是值得的。

*原刊《韓國學報》，第5期（臺北，1985），頁307-310。

---

[10] 關於萬曆救韓之役，二次大戰後出版者有李光濤之《朝鮮壬辰倭禍研究》（臺北：中央研究院歷史語言研究所，1972）。鄭樑生之《明代中日關係研究》（臺北：文史哲出版社，1985，768頁，索引91頁）。其餘參見黃寬重編，〈韓國研究著作目錄〉，《韓國學報》，第4期（臺北，1984），頁193-272。

[11] 關於援韓獨立，閱胡春惠著《韓國獨立運動在中國》（臺北：中華民國史料研究中心，1976）。論文參見黃寬重編，〈韓國研究著作目錄〉，頁256、270-272。

第三章
近代中韓關係史的研究

一、前言

　　東亞三國，中、日、韓近代史的開始時間，都是自受到近代西方影響的時候算起，又以此種影響力之大小不同，分為西力或西勢東漸及西力衝擊時期。後者一般視為近代史時代。由於所處地理環境不同，無論東漸及衝擊，三國的起點均略有差異。在中國，東漸始於其屬國滿剌加（Malacca）1511年為葡萄牙攻佔，衝擊自1839年鴉片戰爭發生始。1543年葡人著跡種子島，及1854年美國柏利提督（Commodore M. C. Perry）迫日本訂神奈川條約，分別為日本西勢東漸及衝擊的開始。西歐海難船員漂落朝鮮，及朝鮮人自寓北京之天主教士處帶回西歐文物，均發生於十七世紀之初。雖然日韓丙子江華條約（1867）對朝鮮有相當影響，而韓國的近代史作者，多半以1882年的韓美濟物浦條約為該國近代史的開端。

　　本文所論述者，是自西力東漸始。由於西力雖影響到中國而不一定波及朝鮮半島，而凡波及該國者，一定與中國有關，故文中所涉，事實上幾均為十七世紀以後之事。大致而言，1870年以前的近代性事物，以漂海歐人落難朝鮮，及該國人間接自北京吸取西歐文化為主。接著是日本侵韓而訂江華條約，中國指導朝鮮對西方門戶開放，訂韓美濟物浦等條約。其後為列國在朝鮮半島的競爭。先是日美合作排

擠中國勢力，甲午戰爭後中國退出韓局，該半島成了日俄競逐之場。日俄戰後日本獨佔朝鮮，1910年滅之。而朝鮮人的獨立復國運動也同時在中國等處展開。中國加強對日抗戰後，積極援助朝鮮復國，直至1945年韓國光復。

二、清季至北洋時期

　　中國對韓國研究的積極與否，決定於兩個條件：第一是中國學風之盛衰，及是否有專門研究之組織及人員；第二是中韓關係情況的需要。1894年之前，朝鮮半島政權泰半宗事中華。中國對藩屬政策是，只要其依時進貢，就不加干涉；只要該國太平無事，就不煩操心。然如其遭遇內憂外患，就不得不出而關照，而中國對該國及中韓關係之記錄及研究，也以此種時期為多。因之，在1870至1910間，有馬建忠（1845-1900）的《東行三錄》、《適可齋紀言紀行》，周家祿（1846-1909）的《奧齋朝鮮》三種；各種中韓疆界圖、勘界紀錄；龔柴、吳鍾史、薛培榕等所撰輿地、風俗、史略等文章；梁啟超（1873-1929）哀朝鮮的痛論；以及《小方壺齋輿地叢鈔》之蒐羅中韓關係文獻。[1]

　　本世紀初中文報紙已頗有進步，各報均非常注意韓局之發展，消息刊載及社說文字頗多。外務部為蒐集有關韓國訊息，曾將各國，尤其是日本報章之論文譯述為中文，並刊於商務印書館辦的《外交報》。其中有些是專書中的一部分，也有將全書譯述刊出者，如倫敦 *Daily Mail* 駐韓記者加拿大人麥根斯（Frederick Arthur Mckenzie）所撰之 *Tragedy of Korea* 便譯為《韓國三十年史》，刊於該報第273-300期。因其內容為研討1876至1907年之日本侵韓史事，故稱三十年史，而刊行時的光緒元年（1875）中國已對日本非常顧忌，故不敢以侵略名之。

　　此外，美國人威廉・格里非斯（William Elliot Griffis）之 *Corea: The*

---

[1] 參見董作賓等著，《中韓文化論集》，第2冊（臺北：中華叢書，1925），附錄：「中國關於韓國著述目錄」。

*Hermit Nation*也以《各國略韓史》之名譯刊。[2]中國失掉朝鮮這一屬國固為清季中國的大事,然自光緒初年已發生,至宣統元年(1909年)方了結的吉林與朝鮮間的領土糾紛,即延吉交涉,韓日所謂之間島問題,中國人覺得更重要。吳祿貞(1880-1911)的《延吉調查報告》,及宋教仁(1882-1913)的《間島問題》,為結構嚴密的研究工作。前者是實地調查參以中外圖籍之作,後者為利用日文資料所作之綜合分析。二人均留學日本,故自史學而言,這是受了日本近代史學方法影響之作。北洋時期的中華民國,紛亂如麻,積弱不振,而朝鮮為日本領土之一部分,不見於世界政治地圖,故中國幾無研究可言。

三、六十年來的中韓研究

(一)大陸時期

五四運動是中國民族及文化的轉捩點,而國民政府於1927(民國十六)年奠都南京後,發展大學教育,設立專司學術研究之中央研究院。日本對中國侵略的加強,將滿鮮視為一體,促進了中國學者重視東北,加強研究中日關係,連帶著注意到朝鮮與中國關係。外國學者的研究,尤其是日本學者發生了相當影響,特別是對東北的學者。金毓黻先生(1887-1962)編刊《遼海叢書》,撰有關渤海國的歷史,及《東北通史》,傅斯年(1896-1950)撰《東北史綱》,所研究者雖均涉及古代中韓關係,然其研究動機全在應付當時的日本侵略,是近代性的。不過,此處仍然選擇若干近代史例加以說明。

抗戰前出版的《籌辦夷務始末》、《清季外交史料》、《光緒朝中日外交史料》等,內中中韓關係史料佔相當部分。在蔣廷黻(T. F. Tsiang, 1895-1965)的*Sino-Japanese Diplomatic Relations, 1870-1894*,王芸

---

2 趙中孚、張存武、胡春惠主編,《近代中韓關係史資料彙編》,第8冊(臺北:國史館,1987)。

生（1901-1980）的《六十年來中國與日本》，王信忠（1909-？）的《中日甲午戰爭之外交背景》等研究著作中，韓國均為主角之一。黃炎培（1878-1965）的《朝鮮》，王正廷（1882-1961）的《朝鮮華僑概況》，乃直以朝鮮或中韓關係為主體之作。

商務印書館所刊陳清泉譯日人林泰輔（1854-1922）的《朝鮮通史》，是中國極欲瞭解朝鮮的表徵。朝鮮獨立志士的活動隨著中日關係的益趨惡化而更為中國人注意，所以有韓人趙素昂（1887-1958）所寫有關韓人抗日的《素昂集》，中國國民政府軍事委員會的《十年來朝鮮的反日運動》，馬義的《朝鮮革命史話》，葛赤峯的《朝鮮革命記》，及王子毅的《韓國》，胡煥庸（1901-1998）的《朝鮮地理》，葛綏成（1897-1978）編的《朝鮮與臺灣》，均係為抗日而研究的著作。至於潘公展（1895-1975）之《今日的韓國》，宋越倫的《日韓行腳》，則是日本投降，韓國復國但在美軍佔領下時的旅行紀錄。

（二）遷臺以來

環境 1949年中華民國政府遷至臺灣，及1950年韓戰發生，中韓在美國的支持下反對中韓共黨政權，及繼之而來的兩國安定和平，文教建設，經濟成長，使中韓關係的研究達到鼎盛之秋。1970年代後因韓國欲接近中共的外交政策，使得兩國外交友誼停滯，然中韓關係根植於文化及人民關係者甚深，故對兩國關係之研究，未受影響，未來亦將如此。

1950年後，在國立政治大學、中國文化學院（今日為中國文化大學）之東語系內設韓文組，鼓勵學生到韓國留學，歡迎韓國學生來華學習，尤其中國的低學費政策，吸引了許多韓國青年前來留學，在中韓文化學術關係上發生深遠影響。教育的確為國家之根本大計。與此同時，在任中國國民黨中央黨部秘書長及教育部長，制定並實施中韓關係政策的張其昀（1901-1985）支持下，出版了《中韓文化論集》兩冊，乃各方專家就其所長而寫的論文，末附中央圖書館所編〈中國關

於韓國著述目錄〉、〈中國刊行韓國著述目錄〉、〈臺灣公藏高麗本聯合目錄〉。這是對韓國及中韓關係之空前的重要學術工作。

此外，張氏並在其中華學術院（中國文化學院）內設韓國研究所，由與韓國毗鄰的東北籍立法委員王大任（1911-1991）先生負責，繼續編刊《中韓文化論集》。[3]中央研究院歷史語言研究所之王崇武（1911-1957）、李光濤（1897-1984）曾從事中韓關係研究。王氏留大陸，只有光濤先生來臺灣繼續工作，並指導臺灣大學歷史研究所研究生畢業論文。留韓歸國學生在林秋山博士領導下組成「臺北市留韓同學會聯誼會」，編刊《韓國研究》，注意研討當代韓國問題。[4]而雖未留學韓國，對該國有研究興趣之士，在筆者的聯繫下，於1980年組成「中華民國韓國研究學會」，與各國有關學者及組織聯繫，出版《韓國學報》至今七期，《著作叢書》兩冊，《國際會議論文集》，並間接支持編刊《近代中韓關係史資料彙編》。[5]然各大學中與中韓關係研究有關的研究生，名額雖非穩定，確實是成長較快的力量。

史料 三十餘年來，中韓關係史料的發表或輯錄刊出者不少。中央研究院李光濤先生自《朝鮮實錄》等書中輯出《朝鮮壬辰倭禍史料》六冊，中央研究院近代史研究所以所藏清「總理衙門」、「外務部」之檔案，編刊《清季中日韓關係史料》十一卷（十一冊）。這是繼上述清季外交史料等之後出版的最有價值的第一手史料。筆者與胡春惠（1937-2016）、趙中孚（1934-1991）在「中華民國韓國研究學會」及「韓國學術振興財團」的支援下蒐集，而由國史館刊印中的《近代中韓關係史資料彙編》，係自報章、期刊、中韓文集中輯出之資料。部分如報紙報導自不如檔案資料可靠，然其涵蓋面廣，反應大眾意見，文集中所載更多屬第一手史料。蕭錚先生自印《中國協助韓國光復運動史料》一冊。由於空中交通方便，中韓關係密切，臺北亦

3　後由林秋山博士主編，現出至第5輯。
4　現刊至第8期。
5　見《韓國學報》第7冊末所附該會出版品目錄。

收藏韓國方面出版的《舊韓國外交文書》、《承政院日記》、《高宗日省錄》等大量資料。

著作 李迺揚的《韓國通史》可能是中國人寫的第一本完整的此種著作。徐亮之著，香港自由出版社刊行的《中韓關係史話》是一本富有觀念，至今仍值得閱讀的書。李光濤先生的〈朝鮮「壬辰倭禍」原因考〉等數篇有關豐臣秀吉侵韓文章，是屬於中日第二次朝鮮之役的研究。筆者的〈清韓封貢關係之制度性分析〉及《清韓宗藩貿易：1637-1894》一書中的一部分涉及近代中韓關係。〈清代邊務問題探源〉、〈清韓陸防政策及其實施〉揭出康熙五十一年（1712）穆克登（1664-1735）畫界有誤、及近代韓人擴張領土之野心，為中韓疆界問題之根源。

林明德的《袁世凱與朝鮮》乃以本所所藏中日韓關係檔案、日本外交書，及其他中外有關著作而成之力作，道盡中國指導朝鮮對美國等外國開放後，美日聯手反華，及中韓關係之演變等情，出版近二十年，仍為關於此一主題必須閱讀的中文著作。〈論第二次韓俄密約〉為繼上書之論文。梁嘉彬的〈李鴻章與中日間朝鮮交涉〉，王德昭的〈甲午戰前中國處理朝鮮壬午事變之經過〉，林子候的〈朝鮮開國史研究〉、〈日韓江華島事件的檢討〉、〈朝鮮甲申政變發生之檢討〉、〈關於朝鮮甲申政變的反應及其檢討〉、〈論朝鮮親俄論的發端與第一次韓俄密約〉，陳朝陽的〈中日關於中韓延吉界務之交涉〉等精闢論著難以枚舉。

關於中國協助朝鮮獨立問題，胡春惠的《韓國獨立運動在中國》一書，及其〈陳立夫與韓國獨立運動〉、〈中國援助韓國獨立運動資料選介〉、〈蔣公（中正）對韓國民族主義運動的貢獻〉等論文，主要根據中國國民黨黨史會所藏有關檔案而成，故其可信度高；該書的韓文譯本之出現，證明其受到重視的程度。范廷傑的下列文章也極具價值：〈韓國臨時政府成立於上海始末記〉、〈韓國臨時政府初期的政治與外交〉、〈韓國臨時政府領導中心的更替〉、〈抗戰時期在華

之光復軍〉、〈在中國東北的韓國獨立軍〉、〈蔣委員長培育韓國革命軍事幹部〉、〈韓國在華革命武力之統一〉。

王聿均（1919-2007）依據當年主持援助韓國獨立事務之朱家驊所遺文獻而撰成〈朱家驊與韓國獨立運動〉，其價值不言而喻。干國勳（1908-1983）之〈協助韓國獨立運動之回憶〉除親見親聞之外，且是自己行動之紀錄。韓國三一運動如中國之五四，乃獨立運動之一環。王隆華女士的〈中國對三一運動的反應〉為平實之作。旅韓華僑乃中韓關係之一部分。盧冠群、張兆理分別編刊《韓國華僑經濟》、《韓國華僑教育》，僑務委員會支持的華僑志編纂委員會修刊《韓國華僑志》、中華民國駐韓大使館刊有《旅韓華僑概況》，僑領秦裕光著，韓國研究學會刊行之《旅韓六十年見聞錄──韓國華僑史話》，訴說出許多非外人所知之經驗、辛酸。

此外，綦金宏有〈韓國華僑經濟之展望〉，杜書溥有〈韓國華僑先賢創業簡史〉，周玉衍有〈韓國僑教特點及其前途〉。如上所述，旅寓中國大陸的韓僑史劃歸了中國協助韓國獨立運動主題之下。王梅影女士的〈旅臺韓僑研究〉，乃一個學社會學的對二次大戰時日本徵集來臺灣的韓國漁民故事之析述。

譯述　韓國學者許宇成所譯韓國古代史大家李丙燾（1896-1989）之《韓國史大觀》，對中國人瞭解該國史頗有助益。留韓林秋山博士翻譯乃師，韓國近代史家李瑄根（1905-1983）所著而名為《韓國近代史》一書，對於瞭解近代中韓關係甚有幫助。林氏所譯李基白（1924-2004）氏新版《韓國史新論》，使中國人明白韓國史家對其國史發展的基本觀念。詹卓穎譯李元淳（1926-2018）、崔炳憲、韓永愚合著，昨冬方刊出之《韓國史》，乃空中大學教本，甚為簡要。上述二書作者均韓國史學專家，均參考了近年各家研究之成果。

陳水逢編譯之《日本合併朝鮮史略》，自為瞭解中韓關係的參考著作。韓國研究學會在大量譯書計畫實施之前，已隨時選擇有趣之外文短篇論著譯為中文，刊於《韓國學報》上。如李元淳著，宋隆衡譯

之〈明清以來西書在韓國思想史上的意義〉。南昌佑著，孫同勛譯之〈一八六六至一九一〇年間韓美關係〉。朴泰根著，李在方譯之〈清初參與黑龍江剿俄的朝鮮軍——申瀏《北征日記》解說〉。禹澈九著，黃俊泰譯之〈丙寅洋擾小考〉。馮作民譯小島晉治著〈三一運動與五四運動〉。金原左門著〈三一運動與日本〉。馬淵貞利著〈現代歷史學上的三一運動〉，叢成義譯李再效、朴銀瓊著之〈旅韓華僑及其流動之研究〉等。

由於學者的訪問研究，國際學術會議，及留學生的畢業論文，韓國人的論著也日趨增加。如全臺赫之臺大碩士論文《朝鮮開國與清日外交之研究》，朴日根之〈巨文島事情與李鴻章之對韓政策〉、〈李鴻章與穆麟德在韓的外交活動〉，辛勝夏〈薛福成對於朝鮮問題的認識〉，及其臺大碩士論文《甲午前中國朝野對朝鮮問題的看法》。金達中之政治大學碩士論文《一八八二年朝美條約之外交背景》，金澤中政大碩士論文《韓民流移東北之研究：一八六〇～一九一〇》，睦銀均臺大博士論文《晚清中韓關係之研究——以興宣大院君與清廷的關係為中心》。金宕山〈日本對朝鮮在中國東三省移民政策之研究〉，尹炳奭〈二十世紀初在中國的韓國獨立運動〉，朴泳錫〈中國東北地區韓國民族獨立運動史研究的新範圍〉。

目錄 三十年來自由中國學者對中韓研究之現狀及著作目錄也甚注意，因目錄為治學之鑰。除前述《中韓文化論集》第二冊所附中央圖書館編三種目錄外，《韓國學報》曾將日本、美國、西歐、東歐、蘇聯之研究韓國情形有所報導，惟中國大陸因資料無著而闕如。該學報也不斷介紹資料目錄，如叢成義譯全海宗著之〈日省錄解題〉；邢義田、叢成義介紹之 Han-Kyo Kim（金漢教）等所編之 *Studies on Korea: A Scholar's Guide*（《韓國研究指南》）；[6]轉載〈美韓關係英語文獻概覽〉，即旅美韓國學者南昌祐（Andrew C. Nathan）所寫之 *Studies on*

6　Center for Korean studies eds., *Studies on Korea, a Scholar's Guide* (Honolulu: University of Hawai'i Press, 1980).

United States-Korean Relations in English Language: A Bibliography Survey。然而對中韓關係研究將發生深遠影響的，是中央研究院歷史語言研究所黃寬重編，初刊於《韓國學報》第四期，後由中央圖書館漢學研究中心印的《中韓關係中文論著目錄》（臺北，1987）。該八十七頁之小冊子，錄書四百二十四種，論文一千零四種，未附作者索引。

大陸的研究　如上所述，此處對中國大陸研究韓國之情形所知甚少，惟大陸史學圈中的朋友告知，他們沒有研究韓國，因為黨方均以韓國問題為敏感問題，勸使不要研究。為政治而犧牲學術研究，是專制政治的常情，毋足驚怪。就現有貧乏的資料分析，他們的確沒有研究。上述黃寬重編目錄載大陸刊書籍二百一十種，內四種是語言，兩種是韓鮮時代的文學，屬於近代史範圍者十種。其一為朝鮮與大陸的科學院合編的《李朝高宗實錄》，共五冊。其二為吳晗（1909-1969）輯，吳氏在文化大革命中慘死後方出版的《朝鮮李朝實錄中的中國史料》，共十二冊。此兩書甚有用處，尤其後者。

陳述的《中韓關係一百年》，王濟庚、翟松年譯《美國對朝鮮的侵略》，余崇文的《美帝是怎樣侵略朝鮮的？》，以及名史學家張政烺（1912-2005）、金毓黻等共著，厚一百四十六頁的《五千年來的中朝友好關係》，雖均是配合政治的產物，但總會有點實在東西。除此十幾種外，其餘均屬當代的抗美援朝宣傳物，包括幾種文學及國際政治文獻等。

西文資料　最後我們看看戰後西方公開刊布的對中國學者研究大有助益的英文資料。至於日文者，可參閱本書林明德先生所寫中日近代關係部分。上述Han-Kyo Kim領銜所編之*Studies on Korea: A Scholar's Guide*（1980），是必須參考書。該書共十六章，第四章Chosôn Dynasty: 1876-1910須詳閱，第二、三章之Foreign Relations節也須參考。第四章頁83至85介紹英俄公私檔案文書。已印出且較易獲得者有：*Korean American Relations. Documents pertaining to the far eastern diplomacy of the United States*，共兩卷。Vol. I: The Initial Period, 1883-1886, George McCune and John A. Harison編；Vol. II: The Period of Growing Influence, 1887-1895, Spencer J. Palmer編。此外，好友釜山大學教授朴日根（Park Il-Keun）編，該校中國問題研究所刊有：*Anglo American and Chinese Diplomatic Materials Relating to Korea, 1887-1897*。上述《韓國學報》第三期轉載 Andrew C. Nathan之文也很有用。研究論文甚多，此處不錄，下列數書則是經常用到的。

1. Melvin Frederick Nelson, *Korea and the Older Orders in East Asia.* 以中國宗法社會解釋中韓宗藩關係為其特殊貢獻。

2. Frederick Fo Chien（錢復）, *The Opening of Korea: A Studies of Chinese Diplomacy, 1876-1885.* 此為第一本大量用中文資料，以中國觀點議論之書。

3. Martina Deuchler, *Confucian Gentlemen and Barbarian Envoys, The Opening of Korea, 1875-1885.* 此書用文化思想從事分析為其特點，弊在對東方之封貢外交體制不夠瞭解，而以近代西方外交觀點議論。

4. Key-Hiuk Kim（金基赫）, *The Last Phase of The East Asian World Order: Korea, Japan, and the Chinese Empire, 1860-1882.* 此為近年（1980）所刊，論西勢及新興日本摧毀中韓關係並從而瓦解整個東亞國際體制——封貢宗藩關係經過之書。由於作者嫻於中、日、韓、英語文，且是在美國撰寫，所以論點相當持平，取材廣潤，組織嚴密，乃言簡意賅之佳作。

四、結語

以上是參考黃寬重之《中韓關係中文論著目錄》而對六十年來近代中韓關係之研究情況所作之鳥瞰。無論從教育、學術團體之組織，學術交流資料之蒐編及研究，自由中國之韓國研究在過去三十年中有相當發展。由於中文檔案大量出版，日文、英文資料也可利用到，各

研究著述之資料充實，大多有自己的看法。獨立復國後的韓國學者，為強調其獨立自主，每用近代西方國際法觀念詮釋舊史，故中國有關著作無意間也強調當時東方的封貢宗藩體制。這也是時代的特色。

*原刊中央研究院近代史研究所編，《六十年來的中國近代史研究》（臺北：中央研究院近代史研究所，1988），下冊，頁457-467。

第四章
民國以來的中韓關係史研究

一、前言

　　研究源遠流長的中韓關係史，必先分期始能讓讀者有清楚概念。國人對此關係史之分期，自來以中國史之朝代為基準，如秦漢、六朝、隋唐等。此種分法，非特不能表示歷史之真相，且扭曲史實，誤導讀者。例如高句麗領土固含有朝鮮半島北部，然其更大的部分是在中國的東北，也就是外人習稱的滿洲。該國固然有時向中原政權朝貢，然其為一獨立政體，則史實昭然，故史家向來不視其為中國的一部。同樣，其時該國與朝鮮半島的百濟、新羅也是各自獨立，既無統一形象，也無同屬一國的意識。故在中韓關係史中，不可將之與純屬半島國家的百濟、新羅同視為和中原政權，如隋唐等相對待的半島國家。

　　高句麗是一東北亞大陸政權，目標是控制東北亞，俟機進窺中原，只以中原北方政權武力優勝，故不得逞，而時與之勾結，故隋唐兩代興兵征伐，以斷突厥左臂。以往中國史家將高句麗列入與中原政權相對待的韓半島國家，故啟後之韓人視中國東北為其舊疆的錯誤觀念。為糾正此傳統錯誤，本文特將高句麗與中原政權爭戰時期，名為中原、扶餘、三韓政權爭制滿韓時期。蓋高句麗、百濟為扶餘族所建，而新羅由三韓民族擴演而來。至於「滿」字，乃為行文簡便，省

外人習稱之滿洲而成。筆者以為史前時期之外，中韓關係史可作如下
分期：

1. 中國領有朝鮮半島北部時期。即自箕子朝鮮至樂浪郡陷沒。
2. 中原、扶餘、三韓政權爭制滿韓時期。「韓」係指朝鮮或韓半
   島。時間止於唐羅共滅高句麗。
3. 唐與統一新羅：典型的宗藩關係之一。
4. 高麗與兩宋及遼、金、蒙古的三角關係。
5. 元與高麗。
6. 明清及李氏朝鮮：典型宗藩關係之二。
7. 中韓共同抗日時期。

由於筆者的興趣及智識所限，本文對上述列2、3期將不予討論。

到目前為止，民國以來的歷史多分為三個階段，即北洋（1912-
1927）、國民政府（1927-1949）、及中華民國與中共隔臺灣海峽對峙
（1950-）三者。北洋與國民政府階段的劃分，可謂純依政治變化，在
文化及社會結構方面，二者無甚差異，而且以中韓關係史研究而言，
北洋時期甚少足資稱述者。故本文統合這兩段，名為北洋國府階段。
1947年中國實施中華民國憲法。嚴格言之，國府階段應止於是年。惟
以僅數年中華民國政府即遷至臺灣，故計至1949年。

歷史研究通常是指史文的撰著。這自是狹義的解釋。實際上歷史
研究乃是這一研究工作的全部過程，史料的發掘編刊，文獻資料目錄
的蒐集出版皆屬之。史文之撰述必經史料之選擇，賦予其意義，亦即
史義或歷史解釋。然選擇解釋實有許多層次。明清時代各種皇朝文選
所選文章固皆各作者之筆，然不得謂無選擇；其義在選與不選之間。
二十四史與明清各朝實錄每被目為第一手史料或原始史料，實則二
者均非當時之簡。試想明清兩代施政公文及朝野言論幾何，明清實錄
又有多少卷帙，則選擇之有無，思過半矣。本文之檢討循此廣泛定義
而行。

本次研討會主題「民國以來國史研究的回顧與展望」，並無限定

研究者為何國人，用何種文字撰寫其意。然此處所論列者乃以中文著述為主，作者除中國人之外以韓籍人士為多，而韓人著述中以經過中國師長指導之畢業論文為夥，其次為國際會議論文。近四十年來之國人著作，因臺灣與大陸阻絕，對大陸學者著述過目者殊少，故只偶而提及，主要為在臺灣出版者。

國際關係史研究，除一個國家史學根基厚薄外，與當時國內外政治環境，學術風向息息相關。如相關國家間發生重大事故，人們為瞭解及解決問題，研究之心必切。重要史料發現，經典著作問世，亦足激發追尋熱潮。而研究環境自由，興味相投者造會組社，也促成相與研習之風。凡此背景，也將予以交代。

二、研究環境的變遷

辛亥革命（1911）發生，民國肇建之時，1895年始脫離中國藩屬地位，稍後宣建的大韓帝國已於1910年為日本吞併，朝鮮或韓國之名不復見於世界政治地圖。中華民國成立後，旋即有二次革命（1913）、洪憲帝制（1915-1916）、南北分裂（1917）等一連串重大政治變故，然中國人民對韓國的滅亡，仍表達了同情與哀悼。十九世紀中葉後中國對韓國的關心，主要在抵制日本向大陸的侵略。甲午之役中國雖敗於日本，中國人則很理智，能控制其對日本不共戴天的憤恨情緒，且掀起了一股學習日本的熱潮，歷戊戌變法（1898）、庚子之變（1900）後的政治維新而不衰。[1]

然而從日本向中國提出二十一條件（1914），及其與北洋段系軍閥勾結，訂立共同防共軍事協定之後，日本對中國的侵略越來越緊，中國人的反日運動也越來越激烈。於是中國人對韓國的關注，對韓國

---

[1] Duglas R. Reynolds, "A Golden Decade Forgotten, Japan-China Relations, 1898-1907," in *The Transactions of the Asiatic Society of Japan*, Fourth Series, vol. 2 (1987), pp. 94-153.

史的研究，成了抗日運動的一部分。1919年韓國發生的三一運動，乃該國獨立運動重要環節，中國相當注意，而由三一運動引起的琿春事件（1920），觸發了日軍入侵吉林南疆。於是引起了中國人對吉、韓交界問題，即韓日所謂的「間島」問題研究的興趣。

五四運動（1919）之後，中國出現了新史學，在考證方法的基礎上，借助社會、民族、地理、考古、藝術等學科，擴大主題範圍，深入研究。國民政府時期，雖內亂外患頻頻，然重視學術教育，充實舊大學外，創設了新大學和中央研究機構，史學研究有長足進步。有關中韓關係者，除中韓邊界及韓國獨立運動外，有：

1. 原始時代的東北
2. 古代環渤海的民族
3. 箕子問題
4. 戰國秦漢及隋唐中國向朝鮮半島擴張
5. 渤海在半島之疆域，其與高麗之國交、貿易、文化交流
6. 明初帝王選妃朝鮮
7. 萬曆援朝抗日
8. 明清之際中韓關係
9. 清代中韓學術交流
10. 清季中國在朝鮮衛護宗主權
11. 甲午之役
12. 旅韓華僑
13. 萬寶山事件與朝鮮排華

此外並蒐研海東金石資料、清韓往來國書、《朝鮮王朝實錄》等歷史文獻，涉及文學、藝術、地理方面。在此等問題中，以萬曆援朝之役討論的最多，其次為延吉、韓國獨立問題、甲午之役，及各種史料。值得注意的是，這些研究多在東北史研究的意識、範圍中進行。

第一次大戰時，日本攻略德國租借的青島及膠濟鐵路，欲久據不歸，國民革命軍北伐時日軍出兵濟南阻止，民國二十年（1931）佔

東三省，二十一年（1932）攻上海，且在滿鐵支持下，大力研究東北朝鮮，牽強附會，入主出奴，否定滿蒙為中國之舊疆，[2]乃引起國人普遍憤恨警覺，志復東北，加強了對東北的研究。《遼海叢書》的編刊，《禹貢半月刊》之出東北研究專號，莫不為此。[3]

傅斯年（1896-1950）寫《東北史綱》第一卷古代之東北，即因東寇肆虐，凶燄無忌，否定滿蒙為中國領土，故聯絡方壯猷（1902-1970）、徐中舒（1898-1991）、蕭一山（1902-1978）、蔣廷黻（1895-1965）等寫自古至現代的一套東北史而成。[4]金毓黻（1887-1962）的《東北通史》乃東北淪陷，避地秣陵時授課之講義。該書載他民國二十八年（1939）所寫引言道：「不佞世居遼東，基於愛鄉之心，研究東北文獻。」民國三十年（1941）寫的〈編印東北通史緣起〉說，溯自東北淪陷瞬將十稔，他所服務的東北大學也由瀋陽而北平，而開封，而長安，而潼川，四度播遷。他慨嘆遭時不幸，棄父母之邦，攜家遠適，飄泊支離。念故鄉川原之美，乃祖宗所啟闢，子孫應念茲在茲。其時已全面抗戰，史學抗日已不復僅為東北一域矣。

日本的御用史學工作者，為竄改歷史而亡人之國，大力研究朝鮮史、東北史。1929年至1932年間，朝鮮京城帝國大學（今漢城大學前身，編按：即今首爾大學）將李氏朝鮮王朝歷代實錄影印三十部，而朝鮮總督府、朝鮮史學會、古書刊行會等刊行影印了些其他的朝鮮古書，如《高麗史》及有關清太宗時代清韓關係的《瀋陽狀啟》、《瀋館錄》等。北平圖書館獲贈《李朝實錄》一部，中央研究院歷史語言研究所借用，旋因政局之動盪，該書隨史語所入四川，後且至臺灣。孟心史（1868-1938）的《明元清系統紀》，王崇武（1911-

---

2　金毓黻，《東北通史》（臺北：1969年台聯國風社影東北大學東北史地經濟研究室編印本），頁20-21。

3　金毓黻編《遼海叢書》第一集有《渤海國記》、《朝鮮逸事》，朝鮮人遊清日記等。第8集有《瀋館錄》、《瀋陽日記》等清初中韓關係文獻。《禹貢半月刊》之東北研究專號係民國25年10月刊。

4　傅斯年，《東北史綱》（北平：中央研究院歷史語言研究所發行，1932），卷首引言及封面裡告白。

1957）的〈讀明史朝鮮傳〉、明成祖、宣宗朝鮮選妃諸作，及李光濤先生（1897-1984）有關萬曆援朝之役與明清之際中韓關係諸作，均出於此。[5]

日本東洋史學者其時已發表了許多涉及中韓關係的著作，有的且譯成中文。如林泰輔（1854-1922）之《朝鮮近世史》（毛乃庸譯，1903），《朝鮮通史》（陳清泉譯，1934），稻葉岩吉（1876-1940）之《清朝全史》（但燾譯，1918），箭內亙（1875-1926）之《元代經略東北》諸作，津田左右吉（1873-1961）之《渤海史考》（陳清泉譯），池內宏（1878-1952）之《滿洲國安東省輯安縣高句麗遺跡》（錢稻孫譯，1934），及松井等、箭內亙、鳥居龍藏（1870-1953）等編著的《滿洲歷史地理》、《朝鮮歷史地理》、《滿鮮地理歷史研究報告》等，均屬可資利用之材料。如金毓黻即至日本各處採集資料，在東北隨日本考古隊訪求史料，而上述陳清泉等之譯書，乃承金氏之囑。[6]此外，滿清遜帝溥儀（1906-1967）被逐出宮後，成立之故宮博物院、歷史博物館已發現、出版檔案文獻，如前者所刊《朝鮮國王來書》，後者出版之《滿清入關前與高麗交涉史料》等。

1945年，第二次世界大戰結束，中國名義上收回包括東四省在內之失地，日本也退出朝鮮半島，然東亞大陸並未得到和平。經四年內戰後，中共政權1949年成立，中華民國政府遷播到臺灣，而韓半島也分為南邊的大韓民國，及北邊的朝鮮民主主義人民共和國。遠東局勢到1953年韓戰停止後方穩定下來，中國及朝鮮半島四個政區方開始經

---

[5] 謝剛主（國楨），〈朝鮮李朝實錄纂修述略〉，《中德學誌》，第5卷第4期（北京，1943），頁634。案此次印出者名《李朝實錄》。《朝鮮王朝實錄》（果川：國史編纂委員會，1955），第1冊，凡例。謝剛主論文及史語所借《李朝實錄》事乃該所余壽雲兄所告，謹此致謝。

[6] 譚汝謙主編，《中國譯日本書綜合目錄》（香港：香港中文大學出版社，1980），頁445-449。金毓黻，《渤海國誌長編》，第3冊（臺北：華文書局影印金氏千華山館本，1968），附錄二，〈徵引書錄〉，頁7-17。楊暘、袁同琨、傅朗雲，《明代奴兒干都司及其衛所研究》（河南：中州出版社，1982），頁330-332。金毓黻，《東北文獻零拾》（臺北：華文書局，與心史叢刊合訂本，1969），卷4，頁1、9、10；卷5，頁9；卷6，頁7。

濟文化建設。韓戰使得北平與平壤、臺北及漢城的關係雙雙增進。中國文化大學的前身，中國文化學院及政治大學的東方語文學系中成立了韓語組，培育韓語人材，並接納韓國學生來臺留學，韓國也贈與中華極少數獎學金名額。自費留學生，尤其是中華民國的低學費教育制度，吸引了不少韓國學生來臺灣。

中央研究院歷史語言研究所遷臺，研究韓國的學者李光濤先生同來。設備方面，由日治時代臺北帝國大學改成的臺灣大學有《李朝實錄》等若干關於中韓關係的書籍。在增強中韓國交的前題下，臺北出版了兩冊《中韓文化論集》。以中韓文化為主題而徵文出書，這是空前的。除各方碩學之專著外，附有〈中國關於韓國著述目錄〉、〈中國刊行韓國著述目錄〉，及〈臺灣公藏高麗本聯合目錄〉。此種影響學術研究至大的書目之編刊，也是空前的。

張其昀（1901-1985）在其文化學院設有中華學術院名目之機構，內有韓國研究所，續刊《中韓文化論集》至第五期。留韓歸國學生組成臺北市留韓學生聯誼會，刊行《韓國研究》共八期，多屬韓國現勢之作。李光濤先生除自己繼續著述外，指導中韓研究生撰寫論文。1980年臺灣組成中華民國韓國研究學會，已出版年刊《韓國學報》共八冊，並舉辦國際學術會議，出版研究叢書等。此期內中韓關係研究的一大特色是研究生畢業論文，而其作者多屬韓籍留華學生。這是中外學術合作的一種形式。

韓國文物在南韓他們複印了多種史料，尤其巨帙如《朝鮮實錄》、《備邊司謄錄》等之出版流通，及中韓間空中交通之便利，是促成研究工作突飛猛進的另一原因。共產中國有兩百餘萬韓裔華人，多數在東北，尤以吉林省的延吉地區為最。不久前筆者收到北京大學教授楊通方（1924-2017）寄來吉林社科院朝鮮研究所孫玉梅女士編〈朝鮮史著作、論文、資料目錄：1900~1985〉，及該所所長楊昭全教授之部分著作，從而得知吉林省社會科學院設有朝鮮研究所，北京大學有東方文化研究所、亞非研究所，中國社會科學院有世界歷史研

究所。此外吉林大學等均有研究韓國之學者。專門刊物有《朝鮮史研究》、《朝鮮史通訊》、《朝鮮史動態》、《朝鮮史研究資料》。從此也可推知，韓國語文及歷史為延邊大學之教育、研究科目。

這一時期的研究工作較以前更豐碩。中韓關係通史問世了，如徐亮之（1907-1966）的《中韓關係史話》。史料的編纂多了，而且為巨帙，如中央研究院近史所的《清季中日韓關係史料》十一冊，李光濤先生編《朝鮮壬辰倭禍史料》五冊，吳晗（1909-1969）輯《朝鮮李朝實錄中的中國史料》十二冊，及張存武、胡春惠（1937-2016）、趙中孚（1934-1991）編《近代中韓關係史資料彙編》等，而王其榘（1922-2001）也將明清實錄中的中韓關係記載輯刊為書。[7]目錄之編刊受到重視，如黃寬重之《中韓關係研究中文著作目錄》。各地區之研究情形，如機構、人員、出版、學術會議等，多有報導。翻譯書籍也多了。

研究主題，以自由中國而論，除了自古至近代各時期之軍政外交外，通史、人口流動（僑民在內）、商貿、宗教社會，以及包括文學、藝術在內的文化交流有重大成果外，書評、文獻介紹也有發展。大致而言，以清韓關係及中國協助韓國獨立之作為要。大陸學者拘於中共及北韓關係，對中韓關係史的研究視為敏感問題，故不少包含於東北史著作中。考古是大陸的顯學，也反映在中韓古代關係史上。他們對翻譯非常重視。對於韓國語言、文學的介紹、研究，雖非本題之範圍，然必須指出，此乃大陸的韓國研究之特色。

三、研究成果簡述

追溯中韓關係，自來據古文獻，自箕子始。其地望，或以為在燕山之北，遼河之西，或以為已至遼南及韓半島北部之大同江流域。

---

[7]　王其榘編，《明實錄：鄰國朝鮮篇資料》（北京：中國社會科學院中國邊疆史地研究中心），據〈編輯說明〉為1983年12月18日刊。《清實錄：鄰國朝鮮編資料》（北京：中國社會科學院中國邊疆史地研究中心，1987）。

古史研判，考古文物為重要證據。朝鮮曾有銅鏡等青銅器之發現，而日本學者均謂朝鮮青銅文化傳自西伯利亞，韓國學者多續持此說。然大陸學者在大凌河流域發掘出有箕侯銘文之青銅器，其銅鏡型制類朝鮮所見。[8]這是古朝鮮文化與箕子關係之重要線索。在九一八事變前後，傅斯年於其〈夷夏東西說〉文中，綜合玄鳥生商，及夫餘族高句麗祖朱蒙、滿清祖先布庫里雍順等均係卵生之神話，以為環渤海各東夷族有同源之雅。[9]這自將中韓關係提前到商代之前。傅氏民國二十一年（1932）所著《東北史綱》，引證河南仰韶、遼寧沙鍋屯、貔子窩之考古發掘報告說，在新石器時代，三處人種、文化為一體。[10]

　　大陸學者以朝鮮半島舊石期中晚期文化與遼南、遼西、華北文化多有相似之處，謂東北與華北古人類在舊石器時代晚期移入朝鮮半島。[11]學者們早已指出，箕子之所以奔朝鮮，乃因其地早已有殷民族。大陸學者謂，在遼河之東，鴨綠之北濊貊人原建有朝鮮古國，而大凌河中游及灤河下游乃殷人箕族及孤竹族所居。箕子始封於此箕族地區，屬燕，後以山戎南侵，一支南下至今之山東，大部則東移古朝鮮國。[12]此說雖有新意，然箕子其人與朝鮮無關矣。金毓黻氏以為箕子所居之地為今之平壤，且謂朝鮮有鴨綠江以西之地乃後期之事。[13]此說不如箕侯國之發展乃自大凌河而遼河而鴨江之東合理。

　　對於箕子研究，近有以功能論從事者，以為縱使史無箕子其人，

---

[8]　李亨求，〈銅鏡的源流——中國青銅文化與西伯利亞青銅文化的比較研究〉，《故宮學術季刊》，第1卷第4期（臺北，1984），頁29-70。李亨求，〈銅鏡的源流——再論韓國青銅文化的起源〉，《故宮學術季刊》，第3卷第2期（臺北，1985），頁45-82。李亨求，《渤海沿岸古代文化之研究》（臺北：國立臺灣大學歷史學研究所博士論文，1987），頁245-261。
[9]　傅斯年，《傅孟真全集》（臺北：傅孟真先生遺著編委會，1952），第4冊，頁32-46。
[10]　傅斯年，《東北史綱》，頁7-9。
[11]　佟冬主編，《中國東北史》（長春：吉林文化出版社，1987），頁1-40。關於中原人移入半島，見頁41-42。
[12]　佟冬主編，《中國東北史》，頁157-173。
[13]　金毓黻，《東北通史》，頁97。

以中韓人民以往均尊此古說，中國人以箕子發揚中國文化於海東而喜，韓人以其有較孔子猶早之箕聖而傲，是箕子故事發揮了拉近中韓民族情誼的作用。[14]此外，梁嘉彬（1910-1995）、李光濤、繆寄虎之有關著述，亦頗有整齊發揮之功。[15]對於燕、秦、漢三期的中韓關係，大致而言，重點在政區、國界、及其地理名詞的考訂。早年多以燕遼東郡之東界為鴨綠江，今則訂為清川江；以清川當昔之浿水。秦之遼東始東至平壤附近，而燕秦長城及漢之長城東段，乃經今圍場、阜新、瀋陽之北，開原東南折至清川江下游者，漢之樂浪郡亦以清川為北界。[16]

明初以來中韓以鴨綠江為界，國人考訂古史時，初亦每囿於此水，於高句麗地望只在鴨江以南運思，後始覺知鴨綠北畔，遼水上游亦高句麗舊壤。玄菟郡始建於今日韓國之咸興，滄海、臨屯郡及東部都尉均治今江原道安邊附近，也是近數十年始考定者。[17]至於樂浪郡經濟文化之繁榮昌明，及其所發生之影響，則猶待深入探討之作。

從秦漢開始，東亞以中國為中心建立了一個中國的天下秩序，直至清末。高明士的〈從天下秩序看古代的中韓關係〉一文說，燕秦雖行郡縣制，而有內郡、外郡、外徼之別。外徼為君長制，其時之中韓關係即屬此。漢行郡國，天子與地方在郡縣制的君臣關係之外，加了一層封建宗法制的血緣關係，通稱為君父臣子關係。漢初與衛滿朝鮮的關係已具封貢形式，其後漢武帝滅朝鮮設郡縣，則將外臣變為內臣。之後扶餘族及三韓族政權崛起，復成為外臣關係，並演為敵對關係。唐滅高句麗、百濟後，與統一新羅變為宗藩封貢關係。這篇受到

---

[14] Chang Tsun-Wu, "The Story of Chi-Tzu and Sino-Korean Relations," *Korean Studies 7* (January 1988), pp. 267-280.

[15] 梁嘉彬，〈箕子朝鮮考〉，《史學彙刊》，第10期（臺北，1980），頁1-32。李光濤，〈箕子朝鮮—朝鮮實錄論叢—〉，《中央研究院歷史語言研究所集刊》，第29本（臺北，1958），下冊，頁444-459。繆寄虎，〈箕子入朝鮮真象及早期中韓關係〉，《大陸雜誌》，第38卷第3期（臺北，1970），頁18-22。

[16] 譚其驤，《中國歷史地圖集》（上海：中國地圖出版社，1982），第1冊，頁41-42；第2冊，頁9-10、27-28。

[17] 譚其驤，《中國歷史地圖集》，第2冊，頁27-28。

日本史學理論影響的文章，乃企圖為中國古代政治與宗藩封貢體制關係建立理論架構之作。[18]

統一新羅與唐帝國先後在西元900年前後各自分裂。前者經四十年之爭戰而由高麗王朝一之，中國則未能統一，成為遼、金、蒙古與兩宋對峙之局，至元世祖（1215-1294）始滅南宋。三國之局自有三角外交，中國的南北政權及高麗均曾運用此術。關於遼麗、金麗、及兩宋與高麗的關係，除徐亮之書之七、八章分述兩宋、遼金與高麗關係外，有高志彬的〈遼聖宗征伐高麗史年表〉，李符桐的〈遼與高麗之關係〉，韓人金渭顯對於契丹與高麗的關係，也作了政治、軍事多方面的考察。[19]

關於三角關係的文章，有陶晉生的〈十至十一世紀宋、高麗與遼的三角關係〉，王民信（1928-2005）的〈高麗與遼宋金關係之探索〉，黃寬重的〈南宋與高麗、高麗與金宋的關係〉，金渭顯的〈高麗對宋遼金投入的收容政策〉，金在滿的〈遼天祚帝時代對金與高麗之關係〉。[20]南宋與高麗軍政關係疏，經濟文化關係密。宋晞（1920-2007）在其有關宋商與貿易港，特別是明州在宋麗貿易中的角色及地位，作了多方面探討。李東華（1951-2010）的著作討論了兩宋福建與高麗的貿易。王德毅之〈徐兢「宣和奉使高麗圖經」的史料價值〉，對徐兢（1091-1153）其人其書作了精闢分析。[21]此外大

---

[18] 高明士，〈從天下秩序看古代的中韓關係〉，收入中華民國韓國研究學會編，《中韓關係史論文集》（臺北：中華民國韓國研究學會，1983），頁1-165。

[19] 高志彬，〈遼聖宗朝征伐高麗史繫年稿〉，收入中華民國韓國研究學會編，《中韓關係史國際研討會論文集：960-1949》（臺北：中華民國韓國研究學會，1983），頁523-525。李符桐，〈遼與高麗之關係〉，《臺灣師大歷史學報》，第3期（臺北，1975），頁67-145。金渭顯，《契丹的東北政策：契丹與高麗女真關係之研究》（臺北：華世出版社，1979）。

[20] 以上四文均見於中華民國韓國研究學會編，《中韓關係史國際研討會論文集：960-1949》。

[21] 宋晞，〈宋商在宋麗貿易中的貢獻〉，《史學彙刊》，第8期（臺北，1977），頁83-109。李東華，〈兩宋福建與高麗關係淺深〉，《韓國學報》，第3期（臺北，1983），頁67-77，參見氏著，《泉州與我國的中古交通》（臺北：臺灣學生學局，1986）。王德毅，〈徐兢「宣和奉使高麗圖經」的史料價值〉，《韓國學報》，第7期（臺北，1988），頁111-119。

陸學者近年來在海外交通史的觀念下，對兩宋與高麗關係也有若干探討。[22]

　　元朝統一了中國，與王氏高麗建立了甥舅式的宗藩關係。蕭啟慶（1937-2012）的〈元麗關係中的王室婚姻與強權政治〉說明了元朝透過這種婚姻對高麗的控制。王民信〈高麗王室的婚姻問題分析〉將元麗甥舅關係清楚托出。陳祝三考究了元代在濟州島建場牧馬的歷史，張興唐的〈元初對高麗的經略〉於戰爭之外檢討了領土變遷、軍政設施。[23]丁崑健研究元征東行省，王民信研討元與高麗聯軍征日，[24]而岡田英弘（1931-2017）則對元代在東北的高麗人作了多角度的探討。[25]盧南喬〈元末紅巾起義及其進軍高麗的歷史意義〉，雖以階級鬥爭觀點寫作，仍對這一直下高麗京城的歷史事件，卻少為人注意的問題勾出輪廓。[26]元代是最後一個在朝鮮半島有領土的中國王朝。在平壤建的東寧府為時頗短，在半島東北部，直到江原道的鐵嶺一部分，則直至元末。這塊領土屬於雙城府及合蘭府，而歷史文獻又有合蘭府水達達路及開元路的記載，各家辯論紛紛。

　　譚其驤氏以為，元初東北半部，北自外興安嶺，南至鄰高麗的鐵嶺，均屬開元路，到至順元年（1330）將自混同江以北之地另設水達達路，其南則仍為開元路，雙城、合蘭均屬之。至於「合蘭府水達達路」乃錯誤文字。[27]楊昭全〈元與高麗兩國人民的往來和文化交

---

[22] 楊昭全，〈北宋與高麗的貿易往來及文化關係〉，收入氏著，《中朝關係史論文集》（北京：世界智識出版社，1988），頁54-81。

[23] 蕭、王、陳文並見《中韓關係史國際研討會論文集：960-1949》。張興唐文見《中韓文化論集》，第2輯（臺北：中華大典編印會，1968）。

[24] 丁崑健，〈元代征東行省之研究〉，《史學彙刊》，第10期（臺北，1980），頁157-190。王民信，〈蒙古入侵高麗與蒙麗聯軍征日〉，收入中華民國韓國研究學會編，《中韓關係史論文集》（臺北：中華民國韓國研究學會，1983），頁167-246。

[25] Okada Hidehiro, "The Koreans in Manchuria in the Yüan Times," *Korea Studies* 5 (December 1985), pp. 181-199.

[26] 盧南喬，〈元末紅巾起義及其進軍高麗的歷史意義〉，《文史哲》，1954年第6期（濟南），頁32-38。盧南喬，〈元末紅巾起義及其進軍高麗的歷史意義（續完）〉，《文史哲》，1954年第7期（濟南），頁45-49。

[27] 譚其驤，〈元代的水達達路和開元路〉，收入氏著，《長水集》（北京：人民出版

流〉，說明高麗人在元都多至數萬，國王、貴族、僧侶、學士均有，麗服風行大都，而元之理學、儒學、佛學、詩詞、漢語、書法，及火藥、造船、棉花等製造及栽培、紡織之術傳入東土。[28]

明興元亡，與高麗覆、朝鮮建的歷史，異常複雜，涉及到元、明對高麗政策，高麗內部親元、親明派系的鬥爭，及因缺乏溝通，誤會等重重因素。王儀的《朱明與李氏朝鮮》，朴元熇的《洪武建文年間明與朝鮮的關係》是討論比以往較詳實的，然後來者葉泉宏的《明代前期中韓國交之研究：1368~1488》則除道盡明麗交涉之曲折、麗鮮政權更替與明鮮建交外，且說明遼東邊防之建立，及明鮮海防合作之由來。[29]孫繩祖有〈明與朝鮮國交之檢討〉，鄭素春譯李鉉淙（1929-1984）著之〈朝鮮的對明關係〉乃外交儀節，而出使朝鮮明使與主人間之酬唱故事也屬此類。[30]

自傅斯年發表〈明成祖生母記疑〉，連續有六篇文章討論此事，暫時結論是，成祖與周王同母，為汪妃，乃朝鮮女子，也就是所謂碩妃。但王崇武據朝鮮資料所寫成祖、宣宗朝鮮選妃論文更顯露了明宮生活的黑暗殘酷，朝鮮女子個性的倔強，韓人好鬥的性格。[31]

李賢淑的《明代中韓封貢貿易：1401-1591》討論自明初至萬曆援

社，1987），下冊，頁309-314。

28 見楊昭全，〈元與高麗兩國人民的往來和文化交流〉，收入氏著，《中朝關係史論文集》，頁82-99。

29 王儀，《朱明與李氏朝鮮》（臺北：臺灣商務印書館，1971）。朴元熇著，何桂玲譯，〈朝鮮對「靖難之役」的肆應〉，收入中華民國韓國研究學會編，《中韓關係史論文集》，頁247-278。葉泉宏，《明代前期中韓國交之研究（1368-1488）》（臺北：國立臺灣大學歷史研究所碩士論文，1986）。

30 孫繩祖，〈明與朝鮮國交之檢討〉，《文史雜誌》，第4卷第7、8期（1944），頁22-36。李鉉淙著，鄭素春譯，〈朝鮮的對明關係〉，《韓國學報》，第4期（臺北，1984），頁123-150。

31 李晉華，〈明成祖生母問題彙證〉，《中央研究院歷史語言研究所集刊》，第6本第1分（南京，1935），頁55-77。傅斯年，〈跋「明成祖生母問題彙證」並答朱希祖先生〉，《中央研究院歷史語言研究所集刊》，第6本第1分（南京，1935），頁79-86。王崇武，〈明成祖朝鮮選妃考〉，《中央研究院歷史語言研究所集刊》，第17本（南京，1948），頁165-176。王崇武，〈明宣宗朝鮮恭慎韓氏夫人事輯〉，《現代學報》，第1卷第8期（南京，1947），頁22-34。

朝之役前的兩國商貿，是明代中韓貿易的唯一著作。該論文對明鮮兩國貿易政策、貿易人、市場、貨物結構等均有交代。[32]自元末倭寇即攻掠高麗，而南倭北虜更是有明一代之禍患，故自遼至閩粵的武官均帶備倭銜。有井智德〈就十四、十五世紀的倭寇談中韓關係〉一文，是讀萬曆援朝之役著作前應該知道的。[33]

萬曆援朝之役是十六世紀末東亞大事，明鮮關係史的重點之一，且因民國以來日本侵華激發的抗日精神極烈，史料又非常豐富，所以粗略估計有關專書四五本，論文二十餘篇，其中以李光濤之著作為多。李氏的《朝鮮「壬辰倭禍」研究》、金寬中的《萬曆朝鮮之役與其影響》、鄭樑生（1929-2007）的《明代中日關係研究》對於該役均作通盤研究。[34]惟前二者側重朝鮮史料，後者用日本史料也多，故豐臣秀吉（1537-1598）之性格，向東南亞及大陸擴張的意念，日方戰爭的進行，朝鮮、琉球的哨報等較清楚。吳緝華（1927-2010）的〈十六世紀東北亞大戰前中日朝三國的情勢及衝突〉也是對此役的巨視探討。[35]

李光濤先生及王崇武、商鴻逵（1907-1983）等於平壤、碧蹄、稷山、東島山、蔚山、南原之役曾逐一檢討，對參與戰爭的領導人、將官如李如松（1549-1598）、宋應昌（1536-1606）、楊鎬（？-1629）、劉綎（1558-1619）、陳璘（1532-1607）、鄧子龍（1531-1598）也併加評論。[36]楊昭全對戰爭原因、碧蹄之役的勝敗、議和的後起及主導

32 李賢淑，《明代中韓封貢貿易：1401-1591》（臺北：國立臺灣師範大學歷史研究所碩士論文，1988）。

33 見中華民國韓國研究學會編，《中韓關係史國際研討會論文集：960-1949》，頁143-161。

34 李光濤，《朝鮮「壬辰倭禍」研究》（臺北：中央研究院歷史語言研究所，1972）。金寬中，《萬曆朝鮮之役與其影響》（臺北：國立臺灣大學歷史研究所碩士論文，1961）。鄭樑生，《明代中日關係研究》（臺北：文史哲出版社，1985）。

35 吳緝華，〈十六世紀東北亞大戰前中日朝三國的情勢及衝突：「朝鮮壬辰之亂」的時代背景及戰爭的醞釀〉，《國立政治大學歷史學報》，第2期（臺北，1984），頁91-121。

36 見李光濤，《明清史論集》（臺北：臺灣商務印書館，1971）。及李光濤，《明

者、關於此役的評價作了結論式的總評。[37]

滿清王朝倒後，清史可以自由研究，並成了民國以來的顯學。與中韓有關的是，明初建州、毛璘四衛的所在問題。自孟森至今，有關文章可能達一、二十篇。大致得到了如下結論：建州等衛本為元末牡丹江下游的三個萬戶，後因亂南下至綏芬河、圖們江、琿春河一帶。洪武初年又為野人衝擊，或逃至朝鮮阿木河，即今會寧地區，或逃入咸鏡南道之定州、吉州地方。永樂至宣德間明將之編為建州、毛璘等衛，居於西自阿木河東至琿春河一帶。其後四衛遷至遼寧佟家江流域。成化前後名酋李滿住（？-1467）搶掠中韓，明與朝鮮聯軍剿殺之，勢自此衰。至於「建州」名稱，乃渤海、遼、金以來之行政區名，地當綏芬河一帶。[38]

清太祖努爾哈赤（1559-1626）在萬曆援朝之役時，曾要求朝鮮允其出兵抗日被拒，雙方曾為互相越境採蔘，幾致起釁，賴明調停方免，然太祖曾數次驅誘北朝鮮之女真人編入八旗。[39]明清薩爾滸之戰，朝鮮奉明命派軍萬餘參加，以國王授意觀勢而行，未戰而降。關於明東北軍民流入半島北部，毛文龍（1576-1629）在皮島建江東鎮，聯朝鮮，謀復遼土之經過，以李光濤之〈毛文龍釀亂東江本末〉為代表作。[40]

清太宗（1592-1643）於丁卯（1627）及丙子（1636）年兩侵朝

清檔案論文集》（臺北：聯經出版公司，1987）。王崇武，〈李如松東征考〉，《中央研究院歷史語言研究所集刊》，第16本（南京，1947），頁343-374。商鴻逵，〈明代援朝最後勝利中的大將陳璘和鄧子龍〉，《進步日報・史學周刊》（1951）。

[37] 楊昭全，〈論明代援朝御倭戰爭的幾個問題——兼評110部論著對這一歷史事件的論述〉，收入氏著，《中朝關係史論文集》，頁100-160。

[38] 李健才，《明代東北》（瀋陽：遼寧人民出版社，1956），頁20-24、71-92、136-173。

[39] 張存武，〈宗藩關係制度的運作——以朝鮮與努爾哈赤的第一次糾紛為例〉，收入勞貞一先生八秩榮慶論文及編輯委員會，《勞貞一先生八秩榮慶論文集》（臺北：臺灣商務印書館，1986），頁451-465。

[40] 李光濤，〈毛文龍釀亂東江本末〉，《中央研究院歷史語言研究所集刊》，第19本（南京，1948），頁367-488。

鮮，前者雙方結為兄弟之好，後者迫使朝鮮絕明服清，以及兩役之間雙方開市通商，丙子之後朝鮮世子等入質瀋陽，滿清調鮮兵助攻明東江鎮皮島，徵糧調兵助清軍與明軍在遼西作戰，朝鮮世子、軍兵與清軍共入北京及放還等情節，李光濤之《記明季朝鮮之「丁卯虜禍」與「丙子虜禍」》，張存武之《清天聰時代後金汗國與朝鮮的關係》、〈清韓關係：1636-1644〉，尤其劉家駒《清朝初期的中韓關係》內所收諸文，足備參考。[41]

張存武〈清韓封貢關係之制度性分析〉告訴我們，滿清在兩國政治、司法關係中優越地位，軍事上可調朝鮮兵助戰，外交上朝鮮遣使外國須得滿清同意，而滿清對該王朝，無論對內對外，均負有保護扶持之責。〈朝鮮對清外交機密費之研究〉探討了該國對滿清的情報工作，及其透過公私商籌措經費的情形。[42]《清韓宗藩貿易》一書，對兩國的貿易政策演變、貿易人、貿易市場及其變動、貨物結構、貿易功能作了深入探索。[43]關於清順治間兩度調朝鮮軍同剿入侵於松花江烏蘇里江的俄人事蹟，楊昭全著作及李在方譯韓國朴泰根論文，均屬探幽之作。[44]

對於朝鮮人自動將明末至康熙間西方天主教士傳入中國的天主教和部分科技之學傳入該國，以致天主教大熾，演成教案，及乾嘉之際該國人士呼籲仿傚中國，改革政經社會，張存武的論文已作了初步探

---

[41] 李光濤，《記明季朝鮮之「丁卯虜禍」與「丙子虜禍」》（臺北：中央研究院歷史語言研究所，1972）。張存武，《清天聰時代後金汗國與朝鮮的關係》（臺北：國立臺灣大學歷史研究所碩士論文，1957）。張存武，〈清韓關係：1636-1644〉，收入氏著，《清代中韓關係論文集》（臺北：臺灣商務印書館，1987），頁1-71。劉家駒，《清朝初期的中韓關係》（臺北：文史哲出版社，1986）。
[42] 張存武，〈清韓封貢關係之制度性分析〉，收入氏著，《清代中韓關係論文集》，頁72-85。張存武，〈朝鮮對清外交機密費之研究〉，收入氏著，《清代中韓關係論文集》，頁86-146。
[43] 張存武，《清韓宗藩貿易》（臺北：中央研究院近代史研究所，1978）。
[44] 楊昭全，〈17世紀50年代中朝軍民禦俄戰爭及其評價〉，收入氏著，《中朝關係史論文集》，頁161-183。朴泰根著，李在方譯，〈清初參與黑龍江剿俄的朝鮮軍——申瀏《北征日記》解說〉，《韓國學報》，第1期（臺北，1981），頁117-130。

討。[45]關於日本明治維新後向大陸擴張，迫朝鮮訂江華條約，開放其門戶，林子候的《朝鮮開國史研究》、全台赫的《朝鮮開國及日清外交之研究》，較以往之作為深入，對日本國內政情了然。[46]

中國指導朝鮮對西方開放，及因該國壬午軍亂（1882）派兵駐韓，除錢復（Frederick Chien）的英文著作外，金建中《一八八二年韓美條約之外交背景》、睦銀均《晚清中韓關係之研究（1864-1885）》於韓國內外政情分析益明。而郭廷以（1904-1975）的〈中國與第一韓美條約〉仍屬精闢之作，張存武的〈清季中韓關係之變通〉，乃闡述結束傳統，開啟近代兩國關係之作。[47]

壬午事變及1884年的甲申政變，中國軍事上均達成了抗拒日本，保護屬國之使命，然而李鴻章（1823-1901）在外交上均作了導致中韓兩國走上失敗的錯誤——讓日本取得駐軍朝鮮之權，取得與中國同等的權力。對此兩件史事的重建及批評頗多，早期如王信忠（?-1909）、王德昭（1914-1982）等作外，近有孫啟瑞、林子候等作，後二者批評尤屬。[48]

林明德之《袁世凱與朝鮮》涵蓋壬午至甲午戰前中國在半島上強化宗主權與美日對抗的歷史，且發現中國之決策乃日本所誘陷。本書

---

[45] 張存武，〈清代中國對朝鮮文化之影響〉，收入氏著，《清代中韓關係論文集》，頁304-381。

[46] 林子候，〈日韓江華島事件的檢討（上）〉，《食貨月刊》，復刊第14卷第3、4期（臺北，1984），頁158-173。林子候，〈日韓江華島事件的檢討（下）〉，《食貨月刊》，復刊第14卷第5、6期（臺北，1984），頁250-264。林子候，《朝鮮開國史研究》（嘉義：玉山書局，1984）。全台赫，《朝鮮開國與清日外交之研究》（臺北：國立臺灣大學政治學研究所碩士論文，1958）。

[47] 金建中，《一八八二年朝美條約之外交背景》（臺北：國立政治大學外交研究所碩士論文，1965）。睦銀均，《晚清中韓關係之研究（1864-1885）》（臺北：國立臺灣大學歷史研究所博士論文，1987）。郭廷以，《近代中國的變局》（臺北，聯經出版公司，1987）。張存武，〈清季中韓關係之變通〉，收入氏著，《清代中韓關係論文集》，頁147-177。

[48] 孫啟瑞，〈朝鮮壬午軍亂時的中日交涉〉，《大陸雜誌》，第34卷第9期（臺北，1967），頁7-15。孫啟瑞，〈朝鮮甲申政變時的中日交涉〉，《臺大文史哲學報》，第21期（臺北，1972），頁347-378。林子候，〈朝鮮「甲申政變」發生背景之檢討〉，《幼獅學誌》，第18卷第3期（臺北，1985），頁99-133。

至今仍為有關此期中韓關係的唯一著作。其間朝鮮一度厭煩清、日而親俄，並導致英佔巨文島。辛勝夏《甲午戰前中國朝野對朝鮮問題的看法》可與林著同時參考。[49]

　　甲午戰史研究者殊少。惟以往中國人以為戰爭中清軍毫無戰鬥力，近則對陸海軍作戰能力，均有所肯定。除極少數文章外，對甲午戰爭的檢討幾乎就是對中國朝鮮政策的全部檢討，如早期王信忠之《中日甲午戰爭之外交背景》，近代梁嘉彬之〈李鴻章與中日甲午戰爭〉，[50]甚至牽涉到中日兩國近代化的比較。大陸學者尚鉞（1902-1982）、司綏延對美國在中日衝突中援日仇華的研究，值得沉浸在中美友誼的寶島學者參考。[51]

　　楊翠華的〈甲午戰後之中韓關係（1896-1905）〉，及權錫奉的〈清日戰以後的清韓關係〉是討論獨立韓國與中國建立外交關係之作。[52]甲午戰後至辛亥革命間有關中韓的要事，乃中韓、中日對吉林南部延吉地區，也就是韓日所謂的「間島」交涉問題。光緒十年（1884）前後，朝鮮提出延吉地方屬韓之論，中韓曾兩度遣使同勘國界，達成自圖們江口至紅土山水與石乙水會流處為國界之共識。朝鮮獨立後，尤其自八國聯軍之役至日俄戰爭時期，韓方武力進入延吉區，與中國衝突結果，達成邊界善後章程十二條。

　　日本取得大韓外交權後，繼續謀奪該區，派憲兵、駐警察，編

49　林明德，《袁世凱與朝鮮》（臺北：中央研究院近代史研究所，1970）。辛勝夏，《甲午戰前中國朝野對朝鮮問題的看法》（臺北：國立臺灣大學歷史研究所碩士論文，1970）。

50　梁嘉彬，〈李鴻章與中日甲午戰爭（上）〉，《大陸雜誌》，第51卷第4期（臺北，1975），頁1-31。梁嘉彬，〈李鴻章與中日甲午戰爭（下）〉，《大陸雜誌》，第51卷第5期（臺北，1975），頁23-50。

51　尚鉞，〈中日甲午戰爭中美帝幫助日本侵略中朝的影響和教訓〉，收入歷史教學月刊社編，《中日甲午戰爭論集》，頁85-100。司綏延，〈中日甲午戰爭時美國幫助日本對中韓兩國的侵略罪行〉，收入歷史教學月刊社編，《中日甲午戰爭論集》（北京：五十年代，1954），頁101-116。

52　楊翠華，〈甲午戰後之中韓關係（1896-1905）〉，《思與言》，第16卷第3期（臺北，1978），頁90-97。權錫奉，〈清日戰爭以後的清韓關係（1894-1898）〉，《韓國學報》，第5期（臺北，1985），頁303-305。

組區內韓民，調查戶口，直到宣統元年（1909）方以取得在東北利權為條件，與中國達成協議，承認圖們江為中韓國界。二十世紀初除吳祿貞（1880-1991）的《延吉調查報告》及《東方雜誌》外，宋教仁（1882-1913）據日方著作資料撰〈間島問題〉連刊於《地學雜誌》。其後上述兩刊物繼續關心研究此事。[53]

　　嚴錦之〈光緒初期中韓邊務交涉〉，陳朝陽之〈中日關於中韓延吉界務之交涉〉、〈甲午戰後韓日謀取延吉之研究〉三文，對延吉問題在上述兩時期的發展作了完備的研討。[54]張存武對這一問題的淵源作了檢查，發現關鍵在康熙五十一年（1712）穆克登（1664-1735）長白山劃界時，雖定以圖們江為國界，然其過程有失誤，導致其後糾紛。張文也探討了韓國自統一新羅以來北向擴張的傳統。[55]

　　延吉問題除了界務領土之外，猶有朝鮮移民問題。清末民初該區是韓民多於華民。日本亡韓後，先是韓人亡至該區，繼而日本計畫移民，致該地韓人數目大增加，1910年東北韓僑達十萬，1919年四十餘萬，1931年三十一餘萬，1945年二百餘萬，其中以延吉區為最多。[56]對於這一移民區，自民國初年中國即非常重視，如魏聲龢〈東北韓僑概況〉、麟生〈東三省之高麗人〉、雷雨〈朝鮮人移居東三省史略〉、裴錫頤〈日本移殖韓民於滿蒙之研究〉、沈起煒〈東北韓僑與中國〉等，近年者有金宕山《日本對朝鮮在中國東三省移民政策之研究》、金澤中《韓民流移東北之研究》、高永一、池喜謙之〈我國東北地區朝鮮族史概況：1840~1920〉，而近得讀楊昭全之〈20世紀10-30年代

53　《地學雜誌》，第5卷第4、6、10、12期。《地學雜誌》，第6卷第2、4、10-12期。《地學雜誌》，第7卷第1、3-7期。又以宋漁夫署名，發表於《建國月刊》，第15卷第1-4期（北京，1936）。
54　嚴錦，《女師專學報》，第2期（臺北，1972），頁323-362。陳朝陽，〈中日關於中韓延吉界務之交涉-上-〉，《東亞季刊》，第4卷第1期（臺北，1972），頁150-163。陳朝陽，〈中日關於中韓延吉界務之交涉-下-〉，《東亞季刊》，第4卷第2期（臺北，1972），頁146-158。陳朝陽，〈甲午戰後韓日謀取延吉之研究〉，《嘉義師專學報》，第8期（嘉義，1978），頁335-364。
55　張存武，《清代中韓關係論文集》，頁178-303。
56　楊昭全，《中朝關係史論文》，頁306-307。

我國東北地區朝鮮民族主義團體的反日獨立運動〉覺得甚為詳備。該
文第一部分為韓民移入歷史，分1644-1867封禁時期，1867-1910開禁時
期，中華民國時期（1911-1931），偽滿洲國時期，原其移入之因，析
其數量、原籍、分布、職業，加入中國國籍的狀況。內云，中國國籍
法允外人歸化，日本國籍法允國民放棄國籍，惟不允在華之日籍韓民
出籍，以便藉之製造事端，擴張權利。[57]

　　日本亡韓後，韓抗日志士有亡入我東北，尤其延吉區從事抗日
者；該區韓人也有自動組成義軍抗日者。三一運動後勢力益強，曾攻
擊琿春日本領事館等，導致日軍進兵延吉地區，其後又有許多獨立軍
組成，或入蘇聯，或留原地奮鬥。此外在中國關內者組成臨時政府於
上海，九一八（1931）後受中國政府支持，抗戰後隨政府經湘黔遷至
四川，並成立光復軍，與中國共同抗戰。而散在各處之韓國志士，也
受中國人，尤其地方當局之支持。

　　抗戰前及期中已有關於三一運動、獨立運動的論述，然對此二運
動的學術研究發表是1950年以後的事。在臺灣胡春惠與范廷傑不約而
同的將黃埔軍校培育朝鮮軍事人材，臨時政府的成立及其演變，光復
軍之成立，中國為韓國獨立作的外交活動，蔣介石（1887-1975）、陳
立夫（1900-2001）對韓國獨立的協助等，作了系統的探討，精到的觀
察。而干國勳、蕭錚、朱家驊（1893-1963）、吳鐵城（1888-1953）等
的貢獻也已成文問世，或披露其資料。[58]

---

[57] 金宕山，《日本對朝鮮在中國東三省移民政策之研究》（臺北：國立政治大學外
交研究所碩士論文，1971）。佘澤中，《韓民流移東北之研究：一八六〇～一九一
〇》（臺北：國立政治大學歷史研究所碩士論文，1985）。關於朝鮮僑民移入我國
東北概況，見楊昭全，《中韓關係史論文》，頁303-321。

[58] 胡春惠，《韓國獨立運動在中國》（臺北：中華民國史料研究中心，1976）。干
國勳，〈協助韓國獨立運動之回憶〉，《韓國學報》，第1期（臺北，1981），
頁131-150。蕭錚，〈中國對韓國臨時政府援助〉，收入中華學術院韓國研究所
編，《中韓文化論集》，第4輯（臺北：中華學術院韓國研究所，1978）。王聿
均，〈朱家驊與韓國獨立運動〉，《韓國學報》，第5期（臺北，1985），頁323-
334。范廷傑，〈抗戰時期在華之韓國光復軍〉，《新知雜誌》，第1卷第3期
（1971），頁52-65。范廷傑，〈在中國東北的韓國獨立軍：韓國革命在中國之
三〉，《傳記文學》，第27卷第3期（臺北，1975），頁49-52。范廷傑，〈韓國

關於韓人在中國東北的獨立運動，范廷傑有〈在中國東北的韓國獨立軍〉諸文，而上述楊昭全文第二部分，朝鮮民族主義團體在我國東北地區的反日獨立運動，不獨敘事詳備，對其進步性與局限性之評論，也甚允當。[59]

旅韓華僑是中韓關係上的另一要章。除報章雜誌的僑情或概況報導外，民國十九年（1930）王正廷著《朝鮮華僑概況》應為早期爬梳之作，其後有中華民國駐韓大使館編之《旅韓華僑概況》。盧冠群、基金宏之《韓國華僑經濟》、《韓國華僑經濟之展望》，及張兆理之《韓國華僑教育》、劉順達之《韓國華僑教育之研究》，[60]顯示出旅韓華僑重教育，及經濟發展之不易。叢成義《萬寶山事件之研究》、楊昭全〈萬寶山事件〉，分析了事件的原因、過程、交涉，顯示出這一事件對華僑元氣傷害之重大。周玉珩《韓國華僑之特點及其前途》及秦裕光《旅韓六十年見聞錄：韓國華僑史話》提出主觀客觀的生活環境，內部秘辛，而《韓國學報》載，叢成義譯，李效再、朴銀瓊著之〈旅韓華僑及其流動之研究〉，道出了旅韓華僑之未來命運——枯萎。[61]

臨時政府初期的政治與外交：韓國革命在中國之四〉，《傳記文學》，第27卷第4期（臺北，1975），頁84-99。范廷傑，〈鐵血交響曲：韓國革命在中國之五〉，《傳記文學》，第27卷第5期（臺北，1975），頁85-88。范廷傑，〈韓國臨時政府領導中心的更替：韓國革命在中國之六〉，《傳記文學》，第28卷第2期（臺北，1976），頁86-92。范廷傑，〈彈擊日皇不中　血染虹口公園：韓國革命在中國之七〉，《傳記文學》，第28卷第3期（臺北，1976），頁97-102。范廷傑，〈蔣委員長培育韓國革命軍事幹部：韓國革命在中國之八〉，《傳記文學》，第28卷第4期（臺北，1976），頁51-54。范廷傑，〈蔣委員長協建韓國光復軍：韓國革命在中國之九〉，《傳記文學》，第28卷第5期（臺北，1976），頁82-88。范廷傑，〈蔣總統扶植韓國革命武力的一段史實〉，《中國現代史專題研究報告》，第6輯（1976），頁345-389。

[59] 范廷傑，〈在中國東北的韓國獨立軍〉，頁49-52。楊昭全，《中朝關係史論文集》，頁322-391。

[60] 盧冠群，《韓國華僑經濟》（臺北：海外出版社，1956）。張兆理，《韓國華僑教育》（臺北：海外出版社，1957）。劉順達，〈韓國華僑教育之研究〉（臺北：中國文化大學民族與華僑研究所，1976）。

[61] 叢成義，《萬寶山事件之研究》（臺北：國立臺灣大學政治學研究所碩士論文，1983）。楊昭全，〈萬寶山事件〉，收入氏著，《中朝關係史論文集》，頁261-300。秦裕光，《旅韓六十年見聞錄：韓國華僑史話》（臺北：中華民國韓國研究學

國際關係的發生，大致先為商貿經濟，次為軍事政治，而學術思想居後。國際關係研究的發展過程，似乎也是如此。1950年以前的研究，涉及思想者殊少，而其後的四十年則頗有足稱述者，其中尤以蔡茂松的貢獻為大。蔡氏初入大學即赴韓留學，在注重儒學的成均館大學沉浸十四年而返臺。在執教國立成功大學期間，發表論文四十餘篇，其中題名顯著為性理學者二十二篇，可以納入韓國儒學門類者十七篇。包括性理學在內的韓國儒學研究，是在元末朱子學傳入該國之後興起者。故蔡氏之作可以說是李朝時期的中韓儒學關係之研究。然筆者對此等學問初無涉獵，故此處不敢置論，其大端讀者可於本文所附蔡氏重要著作目錄中見之。此外臺灣商務印書館近刊韓國柳承國著，中國蔡濟功女士所譯之《韓國儒學史》乃頗值研讀之書。[62]

四、檢討與改進

中國現代史學是民國時期建立的，所以談民國以來中韓關係史的研究，實即論述整個以現代史學方法對中韓關係所作的研究。這自非易事，所以本文就不僅對中國領有半島北部時期之研究只提數事，將中國扶餘、三韓民族政權爭制滿韓時期者全未涉及，即是朱雲影教授（1904-1995）有關中國對韓國在學術、思想、政治、產業、風俗、宗教方面之影響，[63]也未能條其大概。這確屬掛一漏萬，重大缺陷。

以民國以來北洋政府及臺海對立兩期來看，我們的研究的確有相當進步，而且先軍政外交，漸至商貿、文化的進程，雖緣時勢，也合乎史學研究的步驟。然仍有下列有待努力之處：

會，1983）。李效再、朴銀瓊著，叢成義譯，〈旅韓華僑及其流動之研究〉，《韓國學報》，第4期（臺北，1984），頁79-121。
[62] 柳承國著，蔡濟功譯，《韓國儒學史》（臺北：臺灣商務印書館，1989）。
[63] 朱雲影，《中國文化對日韓越的影響》（臺北：黎明文化事業公司，1989）。

（一）唐與統一新羅及明清與李氏朝鮮的宗藩關係均被認為是典型的，然是否毫無不同？差異何在？元與高麗的甥舅關係，是否為此種差異的關鍵所在？北魏、遼、金與半島政權交涉時的心態值得檢討。他們都是以中國主人自居？中國分裂時代地方政權對外擴張或萎縮對統一帝國之影響，可借中韓關係研究考究之。元代對外開放態勢，宜與明清作比較。明代的貿易猶待繼續探討。

（二）以臺灣而論，綜合性工作不夠。專題研究自是基礎工作，然需要不時將一個個階段的專題研究作綜合觀察。這樣對下一段的研究，及一般讀者均有益處。其次是我們的研究仍很少照顧到韓國人的思想觀點。這樣不易瞭解歷史的整體。

（三）對大陸，尤其是北韓研究成果缺乏瞭解，這是政治局勢使然，希望能漸漸改善。

（四）中韓關係研究在我們的史學研究中不佔地位。它既不是國內史，也不認為是外交史。這是輕視中國周圍地區傳統心態的延續，也是現代中國史學觀念的缺點。因不重視，所以學習的人少。希望此後各大學校開設中韓關係及韓國史的課程，也希望學術基金會及韓國史學界的支持。

從東亞地理上看，韓國介在中日之間，所以自來論中韓關係，必附以中日韓關係。從環渤海地區而言，中韓關係是下列三地區民族相互往來、戰爭與和平的過程。三區民族是燕山以南的農業華夏民族或漢族；大興安嶺以東至朝鮮半島西部北緯38度，東部39度以北的游牧、漁獵、農耕的東北三族，即東胡、夫餘、肅慎民族；及朝鮮半島南部，即半島西部38度，東部39度以南之地的三韓民族。

漢民族有時直接控有東北三族之一部分，東北三族有時也半分或統一華夏。其時二者均能直接控有半島北部。從整個歷史看，東北三族土地，乃被農耕的漢族及三韓民族所瓜分，其人則被同化。而這一工作，在中國是經由東北三族之一的女真人所建滿清王朝完成，在韓

國則歷經統一新羅、高麗、李氏朝鮮所完成。中韓關係史研究如以此種巨視觀念從事，必然觀察的更清楚。

*原刊國立臺灣大學歷史學系編，《民國以來國史研究的回顧與展望研討會論文集》（臺北：國立臺灣大學歷史學系，1992），中冊，頁915-929。

第五章
清韓封貢關係之制度性分析

一、前言

　　中國歷代政治體系中有一種封建制度。此制至西周時代發展到異常完備的程度。在當時所認為的全世界（天下）中有一共同政治元首——周天子；除天子的直轄地區——畿內外，其他地方是他所封建的諸侯列國。此制度經由縱橫兩種關係行為維持著。縱的是天子巡狩及諸侯朝貢，橫的是列國互相交聘。隨著中國王權政治的強化擴展，早期的列國變成了直轄區，而其許多邊緣地帶又併入了封建國家之列。

　　這是亞洲地區悠久的國際關係制度，十九世紀西方軍政勢力侵入亞洲後，此一制度即遭受到挑戰。他們以其近代的主權國家及殖民地制度觀點批評封建宗藩制度之非是，並以此作為侵占中國藩屬之說詞。故英侵緬甸，法併安南，及日、美圖謀朝鮮時，此一制度已為外交官及法學家辯論之主題。[1]

---

[1]　關於緬甸之辯論，見：王彥威、王亮合編，《清季外交史料》（北京：北平故宮博物院，1934），卷61，頁20；卷62，頁32、35、43-44。關於安南者，見：邵循正，《中法越南關係始末》（北京：國立清華大學，1935）。關於韓國者，見：王信忠，《中日甲午戰爭之外交背景》（北京：國立清華大學，1937）；林明德，《袁世凱與朝鮮》（臺北：中央研究院近代史研究所，1970）；Frederick Foo Chien, *The Opening of Korea: a Study of Chinese Diplomacy 1876-1885* (New York: The Shoestring Press, 1967).

制度乃適應特定時間空間之功能建構，自某一地區之歷史發展階段言之，其固有制度並不比來自不同社會之功能建構為劣。然而要明瞭由中國人智慧創建的封貢宗藩制度之功效，必先對其歷史詳加研究。二次大戰後由於中國局勢之丕變，各國學者對此甚為重視。1965年美國哈佛大學主辦之「中國世界秩序」（Chinese World Order）討論會即為顯明例子。[2]

　　然而此一制度所歷時間數千年，所涉地區甚為廣泛，非就各別關係對象分期研究，實無法窺其全豹，明其精髓。韓國在中國歷代史上位列〈屬國傳〉之第一篇，尤其明清兩代之中韓關係被稱為典型之宗屬關係，[3]故以此為個案研究甚有價值。筆者雖研究清代中韓關係數年，惟李氏朝鮮文化昌明，歷史紀錄豐富，欲求短期內做一完整工作實非易事。此篇所述乃就該時期中韓關係做一制度性之分析鳥瞰。

二、法權與政治

　　滿清王朝先世為明朝之建州衛，與朝鮮同為朱明之封建單位。及建州叛明自號後金汗國，乃於清天聰元年（1627，丁卯）征討朝鮮，與之正式結為兄弟之國。[4]崇德元年（1636）再征，翌年（1637，丁丑）朝鮮投降，接受滿清所提斷絕對明關係，及承認滿清為宗主等條件。[5]清朝不僅在此時獨自決定了雙方關係的規制，其後也隨時增加

---

[2] 宣讀論文者有中、韓、日、越、美、荷等國學者，會後由John King Fairbank將論文編印成書，名為 *The Chinese World Order* (Cambridge: Harvard University Press, 1968). 編按，此書現有中譯本，參費正清編，杜繼東譯，《中國的世界秩序——傳統中國的對外關係》（北京：中國社會科學出版社，2010）。

[3] 韓國全海宗（Hae-jong Chun）"Sino-Korean Tributary Relations in the Ch'ing Period," *The Chinese World Order*, pp. 90-111。該文之韓文本〈清代韓中朝貢關係綜考〉，載於《震檀學報》第29、30合併號（坡州，1966），頁435-480。

[4] 張存武，《清天聰時代後金汗國與朝鮮的關係》（臺北：國立臺灣大學歷史研究所碩士論文，1957）。

[5] 張存武，〈清韓關係：1636-1644〉，收入氏著，《清代中韓關係論文集》（臺北：臺灣商務印書館，1978），頁1-71。

其他條款。例如丁丑受降條件中並無有關貿易之規定，而數年後清朝即要求雙方在朝鮮之義州、會寧、慶源三邊城進行定期貿易，後者只有勉強同意。[6]

顧名思義，封貢關係之基本在冊封與朝貢兩項行為。朝鮮自有其王位繼承之法，然而國王、王妃（不稱后）、王世子、及世子妃之地位須得中國承認。此種承認之手續即曰「冊封」。整個清代，除康熙三十五年（1696）外，朝鮮在此事上未遭困難。該年朝鮮奏請冊封世子，北京以所請與《大清會典》規定不符拒之。[7]翌年該國以會典禮式係中朝禮式，外藩之於皇室內藩不無差異之理由再請時，禮部仍駁，而皇帝允之。[8]

國王依朝鮮規制襲位至受清廷冊封通常約二至六個月，在此期間他是朝鮮臣民之主，然非大清帝國之朝鮮國王，故其時之奏咨多由大妃（前王妃）及議政府具名，或國王出面，亦不自稱朝鮮國王，而稱「朝鮮國權署國事」。[9]請封乃該國之重事，惟恐其不遂，故奏請使多攜重金賄賂清朝官吏。[10]清代諸帝向無巡狩朝鮮之事，[11]國王亦未親朝，其貢事均由使臣行之。明時朝鮮每年於皇帝誕辰、太子千秋、冬至、及正旦遣使。清初無太子，而該國年納歲幣，遣歲幣使，故每年亦四次遣使。順治入關後念貢途遙遠，將四次併為一次，於正旦時行之，曰「三節年貢使」。此外陳慰、祝賀、進香、謝恩等臨時派遣亦

6　朝鮮備邊司編，《備邊司謄錄》（漢城：國史編纂委員會影印，檀紀四二九二），第1冊（按影印本裝訂冊次），頁844，仁祖二十四年五月八日、十三日條。

7　國史編纂委員會編，《同文彙考一》，收入《韓國史料叢書》第24種（首爾：國史編纂委員會，1978），原編卷2，頁32-33。

8　國史編纂委員會編，《同文彙考一》，原編卷2，頁33-35；金慶門，《通文館志》（與《海遊錄》合刊本，1888），卷9，肅宗二十三年。

9　國史編纂委員會編，《同文彙考一》，原編卷25，〈三節方物補進開明餘剩容〉，頁472。

10　例證甚多不枚舉，如：《備邊司謄錄》，第16冊，頁445，正祖八年七月四日條，載乾隆四十九年（1784）該國請冊世子時備邊司啟云：「今番使行事係莫重，不虞之需不可不磨鍊齎去。而取考前例則或七萬兩，或一萬兩或三萬兩。」所謂不虞之需即非出使經常費，乃特別開支、活動費。

11　國史編纂委員會編，《同文彙考二》，收入《韓國史料叢書》第24種，補編卷3，頁1622云，康熙四十年聖祖欲東巡朝鮮，太后勸止之。

多。[12]總之朝鮮貢使頻率為諸屬國之冠。[13]崇德二年（1637）受降典禮中，朝鮮王位在諸親王之上，其貢使則在親王之後，其他屬國之前。[14]

朝鮮拒受《大清會典》關於冊封世子的約束，代表該國並不施行清朝法令。他們的律法是以《大明律》為基礎，有時也引用《大清律》以濟不足，但那是自動的偶然行為。不過當皇帝的敕詔頒到漢城時，他們照例公布實施。[15]該國曾以其致中國公文中稱國王命令為詔旨，王世子為儲君，漢城為京師而受到申斥。[16]因為此等名稱乃皇帝所專有，故漢城只能曰王城，王命只能曰教，他們致皇帝、皇后等之賀表均依禮部頒定格式，[17]對清之一切公文自須用皇帝年號，鈐用中國頒發之印信，歲時則用大清曆書，此即所謂奉正朔。

朝鮮向清廷呈獻兩種性質之貢物，一為方物，一為歲幣。其物品種類及數量，前者係沿前明舊制，後者乃清廷戰敗朝鮮時，仿遼金對宋故事向後者索取。朝鮮從未要求改變這兩項貢物的數量，因為變動的權力全在皇帝。清皇曾自動將歲幣減少十六次。[18]清朝出使朝鮮各級人員均沿明制收到大量禮物，清廷曾數次減省其品目數額，[19]此亦表示朝鮮不敢改動之情。至於中國賜於國王及其使節人員之物品當然悉由皇帝決定。

---

[12] Hae-jong Chun, "Sino-Korean Tributary Relations in the Ch'ing Period," pp. 90-111. 《通文館志》，卷3，〈事大〉。

[13] 《光緒大清會典事例》，卷502。

[14] 《光緒大清會典事例》，卷505，頁1。乾隆五年安南王來朝，位親王以下，朝鮮等國陪臣在百官末行禮。卷505，頁3。

[15] 見《朝鮮仁祖大王實錄》，卷44，頁36；卷50，頁2。《朝鮮肅宗大王實錄》，卷5，頁118；卷9，頁7；卷13上，頁15、17等。

[16] 不可稱「京師」事，見：國史編纂委員會編，《同文彙考二》，收入《韓國史料叢書》第24種，原編卷63，頁1228；田保橋潔校訂，《同文彙考》（以下稱田校《同文》），卷3，頁396、403、413。不可稱「詔旨」例，見：田校《同文》，卷3，頁399、433。不可稱「儲君」例，同上，頁409。

[17] 國史編纂委員會編，《同文彙考一》，原編卷35，頁670-688。

[18] *The Chinese World Order*, p. 103. 按崇德四年朝鮮始納歲幣，二三兩年者免，見《清太宗實錄》，卷24，頁2-3；《朝鮮仁祖大王實錄》，卷35，頁28。全氏謂自崇德二年（1637）始，誤。

[19] 《同文彙考‧別編》，卷2，〈蠲幣〉；田校《同文》，卷3，頁231、247-248、290-293。

三、司法

從雙方邊區貿易及其他案件之處理過程中，我們也發現清韓交涉最後決定權悉操於清廷。康熙二十二年（1683）朝鮮奏請停止邊市而遭拒絕，康熙二十四年（1685）復請時禮部以此乃不忠之舉，奏請罰銀兩萬兩，康熙帝（1654-1722）寬免罰銀而令照舊市易。[20]有清一代雙方交涉案件最多者，為使行貿易走私及私越邊界。清韓貿易除邊市外，猶有自古相緣之使行貿易，即雙方遣使時，同時攜帶貨物進行交易。惟以中國遣使甚少，屬國則定期朝貢，故此種貿易通常曰「朝貢貿易」。自順治十五年（1658）清廷禁止八旗人員隨使至漢城市易後，[21]使行貿易變成名副其實的朝貢貿易，即只有朝鮮商人至中國，而無中國商人至韓。（1882年〈中韓水陸通商章程〉訂定後，華商進入該國，然此非使行貿易。）因之走私犯法者只有韓人而無華商，案件雖多而無從對比，故此處捨而不論。

清韓雙方均法禁人民越界往來，然違禁者所在多有。朝鮮政府發現其人民犯越時通常先行逮訊擬罪，然後咨禮部轉奏決定。[22]如屬殺人掠貨等重大案件，則一面逮訊，一面咨會甚至直奏。[23]如案情係中國地方官發現，亦呈禮部提請辦理。如案件尚未審擬，皇帝有時諭國王辦理具奏，[24]有時遣官至漢城與國王會審擬罪，由國王具奏。[25]為免該國接遇欽使之繁費，有時令兩國官員至鳳凰城會審，甚至到朝鮮境上偵察犯罪現場。[26]遇拒捕或殺傷官兵等重案則令該國將犯人解瀋

---

20 田校《同文》，卷3，頁636-637、639-640。
21 田校《同文》，卷3，頁276-277。
22 田校《同文》，卷3，頁832-834。
23 《通文館志》，卷9，肅宗三十六年。
24 例見田校《同文》，卷3，頁781、836；《通文館志》，卷9，肅宗三十年。
25 田校《同文》，卷3，頁787-789、791-792、842-846、857-859、862-865；《通文館志》，卷9，肅宗十一、十二、十六、十七年。
26 如康熙十九、二十四、三十、五十年，及乾隆十五、二十、二十九年案件。見國史編纂委員會編，《同文彙考二》，原編卷61，頁1178所舉援例。又，《通文館

陽，由盛京刑部審擬。[27]會審時朝鮮多惟欽使之意是從，甚少表示積極意見。

國王擬罪奏報必令三法司核議具奏，經裁定後，如屬妥當，即由禮部咨知該國遵旨執行，並將執行日期報部存案；[28]如不當，輕則御筆改定，重則令國王重審，甚至再派欽使覆審，仍依上述程序結案。此時國王及原審官員必蒙審擬不當、奏報不實之罪。[29]由國王擬罪自用韓律，盛京刑部審擬，援引何律不明，至於三法司核議，及皇帝之裁可似就韓律為之，然聖祖曾用「兄弟同死罪，留一養親」之《大清律》法條。[30]

朝鮮國王擬罪奏文中，多有犯人皆朝廷之犯人，非其作臣子者所敢裁處，故請皇上睿斷之語。[31]但該國並不視犯越清人為該國之犯人，清初朝鮮對於自海上、陸上越入該國之清人不敢捕拿，即捕之亦咨奉諭旨解送中國處理。[32]康熙五十年（1711），清廷諭該國王追剿、拿緝，並解送無票文之越界者，勿以其為上國人而遲疑。[33]雍正元年（1722）復諭捉到無票文而越海生事者，可依該國法律擬罪具奏，奉旨後即在該國完結，然後報部存案。

清世宗（1678-1735）下此諭時特別向大臣說明，此皆奉旨行事，非謂他國可將大國人民私行治罪。[34]五年後並將此諭援引於陸上犯越者。[35]然而朝鮮從未施行此特許權利，捉到犯人時仍解中國，只是咨

志》，卷9，肅宗三十七年；卷10，英祖二十六、三十六年。

[27] 《通文館志》，卷10，英祖四十年。

[28] 田校《同文》，卷3，頁785-786、791-792、795-796、840-841。

[29] 令國王重審例，田校《同文》，卷3，頁783-784。派欽使覆審例，田校《同文》，卷3，頁814-830。被罪例，田校《同文》，卷3，頁810-813。

[30] 《通文館志》，卷9，肅宗三十七年。

[31] 田校《同文》，卷3，頁813。

[32] 康熙三十三年禮部咨，陸上越境者解盛京刑部。四十年復咨，漁船擾害地方者，許查明船票、人數、姓名、籍貫咨部，轉行各該地方官治罪。見國史編纂委員會編，《同文彙考二》，原編卷60，頁1159-1161。

[33] 國史編纂委員會編，《同文彙考二》，原編卷61，頁1176-1177。

[34] 國史編纂委員會編，《同文彙考二》，原編卷61，頁1181。

[35] 國史編纂委員會編，《同文彙考二》，原編卷61，頁1184。

請嚴防而已。為此世宗申飭國王位列封藩而不為朝廷捕盜安民，並謂嗣後如再有此事，國王應將其有關地方官提參治罪，禮部亦應將國王提奏議處。[36]而該國猶未遵行。朝鮮之不奉行授權自係不願開罪清國人民，不願奉行清律，然亦充分反映出兩國司法權的不同地位。

四、軍事與涉外關係

宗主國調遣屬邦軍隊從事征伐之例前史多有，朝鮮投降時滿清並特別加以規定。[37]清代中國調朝鮮軍隊前後共五次。崇德二年（1637）調水師三千餘人協攻椵島明軍，[38]崇德四年（1639）命發舟師剿捕叛據熊島之瓦爾喀部落，[39]翌年復徵兵往遼西攻打明軍，至順治元年（1644）清軍入關後方令撤回。[40]此外於順治十一年（1654）調鳥槍手一百，順治十五年（1658）二百名前往松花、黑龍江上征剿俄人。[41]朝鮮軍之裝備悉由自理，除征俄之役外，軍糧亦自備。遼西之役朝鮮兵被分入八旗作戰，其餘四次則自成單位聽清帥指揮。

根據1637年之受降條款，朝鮮可與日本通商，但須導日本使節朝見清皇。[42]所謂通商實即外交關係。雖然如此，朝鮮第一次遣使時仍事先奏請，經清允准並令順便觀報日本情形後方遣之。使臣歸後該國即將所見日本國情具體奏報瀋陽。[43]自1637至1881之兩個半世紀中，

36　國史編纂委員會編，《同文彙考二》，原編卷61，頁1186-1187。

37　《滿清入關前與高麗交涉史料》，收入臺聯國風出版社輯，《清史資料‧第二輯‧開國史料（二）》（臺北：臺聯國風出版社，1969），頁31。

38　張存武，〈崇德時期清韓關係〉，頁36-38。

39　國史編纂委員會編，《同文彙考二》，別編卷4，頁1554-1556。熊島在今蘇俄海參崴附近海中，見：蔣廷黻，《最近三百年東北外患史》（臺北：中央日報，1953），頁5。

40　張存武，〈崇德時期清韓關係〉，頁54-69。

41　稻葉岩吉，〈朝鮮孝宗朝に於ける兩次の滿洲出兵に就いて ──（上）〉，《青丘學叢》，第15號（京城，1934.02），頁1-28；〈朝鮮孝宗朝に於ける兩次の滿洲出兵に就いて（下）〉，《青丘學叢》，第16號（京城，1934），頁47-60。

42　《滿清入關前與高麗交涉史料》，頁32。

43　國史編纂委員會編，《同文彙考二》，別編卷4，頁1557-1561。

朝鮮共十一次遣使江戶，每次均緣此例，事先將遣使之原因、擬派人員之姓名官職，及出發時間報告清廷。使節復命後亦咨報歸期及行程大略。[44]康熙五十八年（1719），使節歸後並奉旨派出使官員一人，經北京至熱河奏陳見聞。[45]

按周代封建之制，列國間本可互聘，是天子不干涉屬國之外交。明朝萬曆之前，朝鮮數使日本亦未事先奏准。萬曆二十年（1592）日寇朝鮮，明兵救之，前後八年間或戰或和，明朝均居主導地位。日本撤兵後明師猶屯朝鮮甚久，防禦之外兼練鮮軍。因宗邦之拯救及日本之威脅猶在，故朝鮮於戰後遣使聘日時，即先行奏明以為來日之地。此本因現實環境之變通作法，而相沿成例。清季中國干涉韓廷遣使，雖或受西方制度之影響，然主要本此舊制。

五、權力、義務的限度

天子對朝鮮國王及其臣下有賞罰之權。歷朝國王常因奏咨文書違制、奏報不實、請停邊市、人民越界殺人、貢物品劣等過失而被議處。最重者罰銀兩萬兩，[46]其次為申飭，[47]而寬免處分自亦為警告方式。該國王於被罰或寬免後均上表謝恩，有時且遣使臣備方物而行。清初朝鮮高級官吏曾因暗通明朝，及反對清人調兵而被繫瀋陽。[48]凡於兩國關係事件中犯過及失察者，清廷必命國王治罪，甚至派欽使往查，[49]對官吏之罰則包括永不敘用。[50]上述通明官員於1643年蒙赦後，國王即復其原官，而清廷責以只赦其罪未命授職，敘用不當，國王

---

[44] 國史編纂委員會編，《同文彙考二》，原編卷78，頁1453-1465；國史編纂委員會編，《同文彙考二》，別編卷4，頁1557-1561；國史編纂委員會編，《同文彙考四》，收入《韓國史料叢書》第24種，原編續，〈倭情〉，頁3743-3761。

[45] 國史編纂委員會編，《同文彙考二》，原編卷78，頁1463-1464。

[46] 《通文館志》，卷9，肅宗十一、十二年。

[47] 例證甚多，如田校《同文》，卷3，頁393-394、413等。

[48] 《通文館志》，卷9，仁祖十九至二十一年。

[49] 田校《同文》，卷3，頁393-394、820-823、825-828。

[50] 田校《同文》，卷3，頁374-376；《通文館志》，卷9，仁祖二十一至二十三年。

為之罷職。其後請准敘用，而復獲罪蒙赦，至1654年國王奏請敘用時仍不准。[51]不准敘用非但為對其臣下之處罰，亦為對國王用人權之干涉。清廷不僅處罰在有關中國事件中犯過失職的人，即反叛國王者亦直接處置，1882年國王生父大院君李昰應（1820-1898）被囚保定，即為明證。

對於從征或代征之朝鮮官兵除令國王陞恤外，並頒賜銀兩，撫恤死傷，國王亦蒙賜銀幣馬匹。[52]雍正七年（1729），國王奏報剿平叛亂，皇帝特賜緞四十疋及多種書籍，並賞有功官兵銀萬兩。[53]

宗主國對其屬邦自有救濟及保護之責。朝鮮於普通災荒甚少奏請救濟。康熙三十六年（1697）國王告饉，聖祖立命將瀋陽一帶儲糧及江南漕米水陸運往，一萬石賜與，二萬石平糶。[54]所謂保護，對內為保存該王朝之政權，對外為保障該國之安全。光緒八年（1882）及1894年中國之出兵朝鮮，皆為代國王平內亂以存其社稷。十九世紀八十年代以前，能威脅該國之安全者惟日本一國，而清廷於順治六年（1649）及康熙十五年（1676）即明白保證，如日本來犯中國必迅速派兵拯救。[55]

光緒二年（1876），總理衙門告日本使臣說，中國切望朝鮮之安全，李鴻章表示得更明白，如日本侵略朝鮮，中國也難保不進兵。[56]1884年，中日首次在漢城小規模衝突，甲午之役中國失敗，而十五年後朝鮮為日本所滅。清朝保護屬邦之力雖不足，然絕未推卸責任義務。1884年駐漢城清兵攻擊日兵及開化黨，1894年中國出兵朝鮮，形

---

[51] 田校《同文》，卷3，頁380-392；《通文館志》，卷9，孝宗元、二年。
[52] 《清太宗實錄》，卷35，頁16；《明史稿·朝鮮傳》，崇德二、四年；《通文館志》，卷9，仁祖十五、十七、十九年，孝宗十年；國史編纂委員會編，《同文彙考二》，別編卷4，頁1551-1552。
[53] 《通文館志》，卷10，英祖五年。
[54] 《通文館志》，卷10，肅宗二十三、二十四年；田校《同文》，卷3，頁180-185。
[55] 《通文館志》，卷9，孝宗元年、肅宗二年；《同文彙考·原編》，卷78，頁20-21。
[56] 國史編纂委員會編，《同文彙考四》，原編續，〈倭情〉，頁3752；《清季外交史料》，卷9，頁9。

式上均經該國政府或國王之請求。[57]然該國之請求並非中國出兵之必要條件，1882年清政府即不經請求逕自出兵。[58]

　　清韓宗屬關係規制肇自1637年之受降條件，然見之於《大清會典》及《禮部則例》者均甚疏略。故除冊封、朝貢兩項外，其餘皆緣成例，並因時而行，並無嚴格之典則可循。

　　朝鮮在致中國公文中固必用清帝年號，然其國史則有時用清年號，有時不用，私人著述至清末猶有用崇禎後第幾甲子者。[59]公文中固不可用京師、儲君、詔、旨等字樣，然在其國內則略無禁忌。該國遣使日本固須奏准，然往來日本對馬藩及日本使節之來則甚少咨報，[60]及清末派使美國更圖全然不受約束。該國奏報其人民犯越之比率甚低，除非已知難逃中國耳目方始為之。清廷對國王之處罰，罪止罰銀，而從未考慮更動其王位，且禮部題參率多奉旨寬免。此固屬清朝之治術，然亦為皇權運用之限度。朝鮮對清廷固甚恭謹，然於實際利益則絲毫不苟，清季甚至圖謀狡佔吉林省南部土地。[61]在心理上該國自欲獨立自主，然又以被視為內服為光榮。甲午年日本促使國王建元稱帝，而朝鮮宮中府中舉皆驚駭不應。[62]

---

[57] 林明德，《袁世凱與朝鮮》，頁16、345-346、349-350。

[58] 林明德，《袁世凱與朝鮮》，頁16。

[59] 《朝鮮仁祖大王實錄》於降清後仍用崇禎年號（見該書卷45，頁1），明亡後則首書干支，下註國王在位年次，不用順治二字（同上書，卷46，頁1）。《朝鮮孝宗大王實錄》在國王在位年次下附註清帝年號（見卷3，頁1）。《朝鮮顯宗大王實錄》及《朝鮮肅宗大王實錄》不註清號（《顯錄》，卷2，頁1；《肅錄》，卷2，頁1。顯宗修改實錄用之，見卷27，頁52）。自景宗之後始一律附註。（見《朝鮮景宗大王錄》，卷1，頁1及以後諸王實錄。）清季該國吳慶元（1761- ? ）所撰《小華外史》諸序或書崇禎紀元後四庚寅、五戊辰，或作皇明永曆後四戊辰，書文中永曆後只書甲子。此例甚多，不枚舉。

[60] 朴容大等奉勅撰，朴齊純等奉勅校，《增補文獻備考》（隆熙二年〔1908〕刊本），卷178，頁18-26；卷179，頁1-5。國史編纂委員會編，《同文彙考二》，原編卷78，頁1453-1465；國史編纂委員會編，《同文彙考二》，別編卷4，頁1557-1561；國史編纂委員會編，《同文彙考四》，原編續，〈倭情〉，頁3743-3761。

[61] 張存武，〈清代中韓邊務問題探源〉，《中央研究院近代史研究所集刊》，第2期（臺北，1971），頁463-503。

[62] 李瑄根著、林秋山譯，《韓國近代史》（臺北：中華叢書編委會，1967），頁599。

六、小結

　　總而言之，自制度上言此種關係甚屬鬆弛，而實行時則因時而異。自雙方關係建立至三藩之亂平定，清朝對朝鮮之干涉較多。自此至十九世紀七十年代，中國甚少過問韓事。其後受西方之影響，韓國愈求獨立，中國亦回至清初之干涉時代。然而無論鬆弛或緊張，其大端仍不出中國傳統宗藩制度之精神。上述奉正朔等要求然奉行之不徹底，及韓國一面欲獨立而一面以被視為內服為光榮，以近代西方制度視之為不倫不類，處處矛盾，而此正為東方宗藩關係制度之正常現象，亦即此制度之特色。自今視之，當時許多行為節目全屬形式，而中國之傳統價值觀念已灌注於此等形式之中。上述韓國對日本建元稱帝勸告之驚駭不應，即為明顯例證。

*原刊《食貨月刊》，第1卷第4期（臺北，1971），頁11-17。後收入氏著《清代中韓關係史論文集》，今以後者為底本整理。

第六章
介紹一部中韓關係新史料：
《燕行錄選集》

　　大韓民國建國二十年來，雖飽經戰亂，但史學發展頗足可述。研究著作方面可以乙酉文學社出版的《韓國史》六大冊為代表，官書、先賢著作、及史料的整理刊印或重印，有國史編纂委員會印行的《朝鮮王朝實錄》、《承政院日記》、《備邊司謄錄》，成均館大學編刊的《燕行錄選集》等。各大學的研究成果，期刊的出版，目錄索引的編刊等詳細情形，本刊將有韓國學人的專文介紹，現在先介紹一下《燕行錄選集》。

　　在元、明、清時代，朝鮮半島上的王氏高麗及李氏朝鮮均先後為中國的藩國。在明史及清史上，朝鮮都居外國傳的第一篇。每年從松都（開城）及漢陽（漢城）派往北京的各種使節團絡繹於薊遼道上，東國的王孫公子、文人碩彥每求為使臣隨員，以觀光上國。使節團的秘書長──書狀官歸國後，例繳使行報告。那些有心人及書狀官均按日記錄途次見聞，此外或因物賦情，或與中朝士大夫相互酬唱，著為詩篇。因為北京在朝鮮半島之北，且古為燕地，所以那些聞見錄每名之曰燕行日錄、燕山記事；那些詩篇則稱為北征詩、燕行紀事詩等名目。

　　在明朝，雙方事大字小的情誼之篤達到了最高峰。朝鮮每以被「視同內服」為榮光，對「皇朝」、「皇明」親敬備至。因之那些日記的名稱多加「朝天」二字，那些唱和則名之曰皇華集。這些中韓關

係史的寶貴紀錄，以往很少刊布，流行中國者更少。[1]韓國成均館大學搜集抄本若干，選取印本若干，編次排比，於1961及1962年先後影印兩冊行世，名為《燕行錄選集》，共兩千五百餘頁。

選集中除下冊附錄清代出使中國的「行使錄」四十八頁外，共收二十九位作者的作品，其中除日記詩集外，尚有狀啟（等於中國的奏摺）、書函、年譜、行狀、祭文、序跋等文件。現在按時間段落撮要說明如下。

一、建州叛明（萬曆四十七年，1619）以前共有三種。最早（也是選集中最早）的是《錦南漂海錄》（三卷）。崔溥（1454-1504）號錦南，於明弘治元年（1488）在濟州遭風，漂到中國浙江台州。明廷令驛北京，償賜遣歸。《漂海錄》即海中陸上聞見之作。自此可見明代中葉沿海的備倭狀況，民眾的自衛組織，及運河沿岸的富庶情形。第二種是《荷谷先生朝天記》三卷。荷谷是許篈（1551-1588）的號。他於萬曆二年（1574）以聖節使團書狀官入北京。所著除朝天記外，尚有《燕山紀行詩》，但未收入選集中。從朝天錄中可窺見明代昇平時期朝鮮使團的組織及活動情形。第三種是《石塘公（權悏）燕行錄》。中日朝鮮戰爭經一度停歇後，日軍於萬曆二十五年再度大舉入犯。權氏馳往北京告急請援，並請貿硝礦。朝鮮戰亂，明廷議兵，及薊遼道上的軍情，均映入此書中。

二、《花浦先生（洪翼漢）朝天航海錄》及《潛谷先生（金堉）朝天日記》是努爾哈赤（1559-1626）叛明至朝鮮降清之間的作品。此時遼道梗塞，朝鮮貢使循遼岸外島，或橫至登州，或經旅順越海至寧遠，再陸行至京。海路歷程、毛文龍（1576-1629）的東江鎮建制、及山海關外的礮聲，都可在他們的紀錄中看到、聽到。崇禎九年（丙子，1636）清軍第二次征朝鮮，圍南漢山城逼降。洪

---

[1] 《皇華集》及柳得恭的《灤陽雜錄》在明清兩代已先後名於中朝，朴趾源的《燕行錄》26卷，於民國四十五年（1956）在臺北影印成6冊，名曰《熱河日記》。

氏力斥和議。殆朝鮮投降，遂為清人所殺，成了殉國（殉明）烈士。選集所收《花浦西征錄》即記丙子亂事之作。金堉（1580-1658）在北京聞祖國被兵，泣請援救。明廷為發海陸兵，然已無尺。迨金氏還到漢陽，朝鮮已非明臣，而是大清的藩屬了。上述三書反映著朝鮮事大客體的移換。金氏在孝宗、顯宗朝推行大同法、錢法，為一代名相。

三、清崇德順治間的作品有三種，特別值得介紹的是麟坪大君[2]李㴭（1622-1658）的《松溪集》。李㴭是仁祖大王（1595-1649）的第三子，朝鮮降清，王世子入質瀋陽，李㴭亦三次入瀋為質。順治元年隨清兵入燕京，二年東歸。其後為國宣勞，九使燕京，為順治朝中韓關係史上的重要人物。且才華英邁，詩文並茂。《松溪集》共八卷，一至三卷為詩，其中絕大部分是質瀋及使燕時的作品。第四卷為函札、狀啟。其中以順治七年（1650）他自北京發出的一道狀啟，敘述多爾袞（1612-1650）死後北京諸王的鬥爭情形，甚為可貴。五至七卷為順治十三年（1656）使燕日記。自此可見順治間滿洲大人的奢侈生活，及順治帝（1638-1661）「專厭胡俗，慕效華制」之情。

四、自康熙至道光兩百年間，是燕行錄創作的盛期。其間名家輩出，有長篇的紀行詩，有為後來行人所誦習宗法的三大家日記，有研討使行注意事項及寫作燕行錄方法的作品。後者可稱為「燕行錄學」。選集收錄二十位作者的作品，大部分都內容豐富，辭意雋美，我們無法一一介紹，僅撮舉一二種，並申述筆者所稱的燕行錄學。

　　李時秀（1745-1821）的《續北征詩》是燕行錄中的特殊作品。李氏於嘉慶十七年（1812）以領中樞府事為正使往北京請冊封世子，途中仿杜少陵（712-770）、潘安仁（247-300）言志賦事

的體意，雜以俚謠，將轍跡所經，耳目所接，時序之變遷，風俗之同異，俯仰感慨之情，課日而書，成一千六百餘首詩歌，為中韓關係史上的絕唱。

所謂三大家，是指稼齋金氏（金昌業，1658-1821），湛軒洪氏（洪大容，1731-1783），及燕巖朴氏（朴趾源，1737-1805）。金昌業號稼齋，乃抗清名臣金尚憲（1570-1652）之孫，於康熙五十一年（1712）隨其族兄正使金昌集（1648-1722）入北京，著日錄若干卷，人稱稼記。[3]洪大容號湛軒，於乾隆三十年（1765）隨季父書狀官洪檍入京，著《燕記》六卷。燕巖乃朴趾源號，於乾隆四十五年（1780）隨族兄正使朴明源（1725-1790）入京轉熱河賀清高宗（1711-1799）七旬壽，著燕行錄二十六卷，[4]人稱燕記。

他們都是博學能文之士，觀察細微，見解高明，所以他們的作品在其後的燕行錄中屢被徵引。三家紀錄在體例及文章上各有特色，稼記近於編年，平實條暢，湛錄沿乎記事，典雅縝密；燕記類夫立傳，贍麗閎博。[5]道光十二年（1832）金景善（1788-1853）以書狀官入燕，作記錄六卷，名曰《燕轅直指》，欲為燕行錄之楷模。其體例合三家而一之。即以事繫日，每事圈段，文低日期一格。如有主題描述，則別立標題，題次行行文。途中所見名曰出疆錄，北京日錄曰留館錄，綜述山川形勢、天下財賦等則名留館別錄。此種體例是否即臻完善，固待商榷，然此確為寫作方法之研究，頗有意思。

三家記中之稼記及燕記均未收入選錄，然就《湛軒燕記》、《燕轅直指》、及其他諸家紀錄也足見其內容一般。綜述天下山川，十九省財賦，城市居室之建構，土產物宜，草木器用，足見其廣。記北京城便所之經營，穢物之處理，足見其細。他們在康

3　編註，即《老稼齋燕行日記》的簡稱。
4　參閱註1。
5　金景善，《燕轅直指》，〈序〉，見《燕行錄選集》，卷上，頁933。

乾之世已指出清室尊朱子，修《四庫全書》的政治用意，及清儒攻擊朱子乃反抗清廷的表現。這可見其微。至於雍乾時代王公大臣到天主堂的祈福活動，使我們瞭解所謂禁教令的執行程度。

五、光緒間有兩種，然無足可觀。

綜觀燕行錄選集的價值有以下幾點：

（一）告訴我們明清時代兩國的政治聯繫情形，如使節往來的頻率，使團的組織活動等。

（二）顯示出雙方的經濟關係。朝鮮使團到中國，每年至少一次，多則三次，每次均有商人隨行，公私所帶銀兩達十萬之多。山海關外的帽子、江南的綢緞，及草藥等大量貨物進入朝鮮半島。

（三）朝鮮人每到中國，均購買書籍。清初禁買令頗嚴，中葉後漸寬。連贈書在內，他們有時帶回數千冊之多。

（四）朝鮮人仇清的態度，在這些紀錄中表露無遺。但至道光時他們已有轉變，將其事大的目標從某姓王朝轉為中華文化。他們說中國固為胡虜所據，但「中華之城郭宮室人民固在也，正德利用厚生之具固自如也，崔盧王謝之士族固不廢也，周張程朱之學問固未泯也，……，聖人之作春秋固為尊華而攘夷，然未聞憤夷狄之猾夏，並與中國可尊之實而攘之也」。[6]這是一項很有意義的觀點。

（五）所記史事可補中國史料之不足。

以上所述乃燕行錄選集的正面價值。但其短處也有四點：

（一）咸豐同治時代乃中國轉變之期，而選集中無一此期的作品。

（二）所記事實並非全由作者之親見，許多是得自驛卒舌人不確實的傳聞；山川道路，雖係作者所親履，但其名稱里數也是聞自商驛舌人，並不確實，我們應用時須加小心。

6　金景善，《燕轅直指》，卷6，見《燕行錄選集》，卷上，頁1184。

（三）有些記事並非聞見之作，而係輾轉抄錄前人者，其史料價
　　值甚微。

（四）校定功夫不夠。如《燕轅直指》一書在邊頁上均作「燕
　　行直指」。此固影印舊刊，然須予確定，以免讀者不知
　　所從。

　　去月韓國李瑄根（1905-1983）、鄭秉學兩教授來臺訪問，鄭氏
是《燕行錄選集》的編者，李氏是選集編印時的成均館大學校長。相
互討論之際，見鄭氏溫文儒雅，學術根實；李氏則議論弘遠，氣度弘
邁。二人均為主持研究學術有功之人。願中韓人民攜手合作，共同研
究，發揚兩國傳統的偉大友誼。

民國五十五年十二月二十九日夜寫於南港

*原刊《思與言》，第4卷第5期（臺北，1967），頁41-42。

第七章
推展韓國的華行錄研究

一、前言

　　1967年我在所寫〈介紹一部中韓關係新史料——《燕行錄選集》〉文中,曾提出燕行錄學一詞,並從體裁觀點上說,金景善（1788-1853）的《燕轅直指》為完善的形式。[1]是後,因研究需要,不時翻閱此書及韓國文集中的其他燕行日記,而臺北珪庭出版社1979年編輯影印的《朝天錄》又增加了我對明代韓人所著使華錄的智識,嘗欲根據此等資料寫一明清兩代遼冀人文社會變遷的文章,以他事相羈不果。昨冬韓國國史編纂委員會委員長朴永錫先生華甲祝壽論文集編輯會來函徵文,在考慮著筆何處之際,看到《漢學研究》第八卷第二期中何瞻（James M. Hargett）之"The Travel Records (Yuchi) of Su Shih"。該文為闡明蘇軾（1037-1101）遊記文字的特性及影響,對中國遊記文學作了簡要的分析,[2]這使我又想到了燕行錄。

　　燕行錄是清代出使北京的韓人著作。如上文所述,明代韓人的此類文字稱「朝天錄」。朝天或燕行錄中固然大部分是出使中國官員的紀錄,然也有少數為非使職人員之記載,也有使日本的著作,但與

---

[1] 張存武,〈介紹一部中韓關係新史料——《燕行錄選集》〉,《思與言》,第4卷第5期（1967）,頁41-42。

[2] James M. Hargett, "The Travel Records (Yuchi) of Su Shih," *Chinese Studies*（《漢學研究》）(December 1990), pp. 369-396.

使中國錄少的很多。為了擴大涵蓋性，此處將上述到中國旅行之記稱為華行錄，因為中華一名乃中國統一政權及分裂時期南北政權所爭用者，故即使韓人遊遼金的紀錄，也可用此名。韓國漢文學體裁學步中華，遊記文字，不曰記，便稱錄，而錄幅尤長。[3]朝鮮王朝時代韓國事大中華，使華，遊華人士多，故遺留下大量旅遊紀錄，根據崔康賢的統計，明清兩代共一百五十餘種，[4]這是韓國豐富文化遺產的重要部分，值得從各方面研究，本文將略為析論其體裁後，再從歷史，文學觀點加以觀察。

二、華行錄的體裁

論者謂戲劇是綜合藝術，因其包括語言、動作、建築、器物、音樂、光線等。中韓傳統小說可視為文學藝術的綜合，因其中多半包含了詩文二者，不少華行錄也由詩文構成。除李時秀（1745-1821）遊錄全用詩構成外，[5]詩咏唱和率置文中。文體繁多，除遊者記錄文字外，有與中韓人士的書函，如金正中《燕行錄》中之〈上伯氏書〉、〈與程少伯書〉，洪大容（1731-1783）《湛軒燕記》中與陸飛（1720-1786）、嚴誠（1733-1767）、潘庭筠（1743-？）書更夥。[6]有書序，如金正中請華人程賀賢為其所作〈燕行日記序〉等。[7]有沿途所錄碑銘、題記、對聯、書目、曲目等。使行記中有時載兩國往來公文，及來回至鴨綠江，或自北京回程前呈其政府文書，[8]筆談語錄所佔分量頗大，

3　見《東文選》，卷64-80。《續東文選》，卷14、21。

4　〈中國紀行詩文資料目錄〉，收入崔康賢，《韓國紀行文學研究》（首爾：一志社，1982）。

5　成均館大學校大東文化研究院編，《燕行錄選集》（漢城：成均館大學校大東文化研究院，1960），下冊。

6　成均館大學校大東文化研究院編，《燕行錄選集》，上冊，頁542-544。〈乾淨筆談〉見頁372-431。

7　成均館大學校大東文化研究院編，《燕行錄選集》，上冊，頁545。

8　見珪庭出版社編輯部編輯，《朝天錄》（臺北：珪庭出版社，1978），頁149-539。金尚憲，《清陰集》之朝天錄。

如《湛軒燕記》中的吳彭，蔣周、劉鮑問答，乾淨筆談，朴恩浩《心田稿》中的〈玉河簡帖〉等。

韓人旅華，少則十餘日，多達五、六十天。其旅遊記率多日記體，即以日繫事。從《朝天錄》及《燕行錄選集》所載而論，酬唱詩作以所咏地望為序，有時冠以月日，趙憲（1544-1592）《朝天日記》中之〈中朝記事〉，原冠於每日記之前，後輯錄別刊為日記下。閔仁伯（1552-1626）《朝天錄》對於記錄文字較多的地方，雖然繫日，但別行立題，如山海關、永平府等。李睟光（1563-1628）的使行錄有不繫月日獨立成編的安南國唱和問答錄，及琉球使臣贈答錄。[9]李廷龜（1564-1635）庚申使行時，除朝天記事外，唱和之作別編為《庚申朝天錄》。

金昌業（1658-1721）的《老稼齋燕行日記》首列一行人馬渡江數，方物歲幣式，鳳城、瀋陽、北京、山海關用禮單人情數，入京下程，表咨文呈納，鴻臚寺演儀，朝參儀，賞回數目，上馬宴等例行節目。這本是《通文館志》所載者，而自是之後，不少使行錄仿之。金昌業的每日記事稱往來總錄，此外又有山川風俗總錄，後者顯然是從前者中輯編而成，而也為其後若干使行錄取法。華行錄的體裁受到洪大容《湛軒燕記》的影響頗大，其主要特色為打破了日記體，以人、事、地、物為目，目下或記月日，或否，即是卷二的〈沿途記略〉及〈京城記略〉，也不以日為序，只有〈京城記略〉文末有一簡單的遊觀日程。他將使團人馬所帶銀物、留館下程、路程等置之記末。

〈沿途記略〉中部分係綜述性質，有如《老稼齋燕行日記》之〈山川總錄〉，第四卷之市肆、寺觀、飲食、屋宅、巾衣、器用、兵器、樂器、畜物、財賦總略諸目，均屬綜合記述。這自非每日所記，乃事後摘錄集成者，自此之後，使行錄即這日記、紀事、混和體三種行之。朴趾源（1737-1805）的《熱河日記》，有相當篇幅在若干目

9　珪庭出版社編輯部編輯，《朝天錄》，頁657-689。

之前加一總題，如〈渡江錄〉下有〈舊遼東記〉、〈遼東白塔記〉、〈關帝廟記〉、〈廣祐寺記〉等。這可能是模仿朱子《紫陽綱目》形式。大致而言，《湛軒燕記》後，諸記率用紀事大體，《熱河日記》之後，不少用綱目形式，而至十九世紀上葉金景善的《燕轅直指》益趨完善。

三、華行錄的史料價值

三韓文化至新羅始昌，華行錄也自是始，如崔致遠（857-915）之著作。其後以高麗李齊賢（1287-1367）為著，經明至清最盛。崔致遠學官於唐，李齊賢伴寓元都。二人行蹤歷華北及川江，明清韓人足跡，漂海來者歷閩浙，沿運河北上北京，使行者海路沿遼東沿海而至山東或津沽，陸上行程，或往來齊魯南北京間，或經遼燕出南京，或自遼入熱河，然以經遼東，山海關至北京者最多，因明清兩代建都北京之故，旅遊者所記，除耳聞或稽之史書者外，均為眼見事物。

旅行記最顯著者為山川道略，如鴨綠江、千山諸脈、遼東平原、遼河、醫巫閭山等。自然景色固或千百年不變，然川流岐出，往往擺動變化，且名稱因時而異，如鴨綠江有狄江、中江、西江、小西江、鴨綠江等名稱，遼河有三漢河、周流河、遼河等稱。這些紀錄可供研究歷史地理之參考，筆者所著明季中韓對鴨綠江下諸游島嶼歸屬權之交涉一文即曾徵引明末清初之華行錄數種。[10]

明清時代，遼河自遼中以下的河道屢次西移，[11]學者如多利用此種紀錄論詮，必益明確。錄中所見遼河，春夏水漫，行旅困難，至雍正間始有岸道之修築。路程及坦阻狀況，驛舍，幾乎每一行記均有，其里數固不盡可靠，然足備參考。城廓、市肆、廟觀、宮殿、官署等

---

[10] 張存武，〈明季中韓對鴨綠江下游島嶼歸屬權之交涉〉，《韓國學報》，第8期（臺北，1989），頁8-19。
[11] 《中國歷史自然地理》（臺北：明文書局，1985），頁272-273。

建築同樣為各旅行記上重要篇幅。北平的動物園、溫室（花草舖）、市場（如琉璃廠）、圓明園、雍和宮、西山、太學、試院、藥王廟、天壇、崇福寺，以及遼陽白塔、瀋陽行宮、山海關城等，也幾乎每記必錄。小至北京的茅廁，大至北京全圖，及沿途摹繪等，均可供各地區或都市沿革地理之採擇。

植物之樹木花果、動物之禽畜魚蟲、屋宇器具、服巾飲食、行止言語，無不曲盡描述之能事。而軍政制度、錢糧賦役、科舉文學又是遊歷者好問喜談之事。琉球及安南貢使人員、天主堂、俄羅斯館等中外關係人事物，遊歷者多半注意。韓國的貢使團人員組成，馬匹盤費，表咨文書，及朝貢儀節，商務貿易等活動，只有在此等紀錄中始觀察透澈，紀錄中含有許多人物的小傳及詩咏，可補中國人物志及文學史的不足。中韓人員之交往情誼，談話中對彼此文物制度風俗之敘述比較，及韓人在紀錄內對中國的各種批評，都是中韓關係史的上好資料親見親聞的第一史料。

四、華行錄的文學價值

本文前言中提到的Hargett的文章，是以中國傳統的短篇遊記立論。他說此種遊記有五種特色：一、第一手紀錄，文字主要為記敘體；二、對景物主用描寫文，是客觀的（objective）及非人格化的（impersonal）；三、作者對見聞的意見；四、記敘，描寫文字並用，然為中國傳統短篇遊記所無；五、文尚華美。其中除第四點所說中國無敘描併用體外，其餘筆者均接受，華行錄是長篇遊記，短篇遊記的各種特色均包括在內。所具第一手見聞記述的特性前文已道，二至五點甚宜舉例明之。詩詞短文全篇皆絕者固有，然泰半部分驚人。旅遊記為長篇文字，非成於一時一地，更是如此，而敘描相採，客觀與議論並行之作為上乘。

華行錄中詩作甚夥，筆者涉獵殊少，所見以李睟光、李建昌

（1853-1898），金澤榮（1850-1927）諸氏篇什為佳。李睟光的《芝峯集》卷十六〈沙嶺途中大霧〉云：「野霧茫茫不辨人，路岐何處是通津。天公也似丹青手，水墨圖中著我身。」[12]頗能道出遼野大霧景象，末兩句不失為神來之筆。其咏北京燃料，飲水之不易云「家燒薪是桂，人飲醴為泉」，而「地理移三輔，天居控四邊」乃寫中國政治中心之變易。「望海開關險，通河運餉便」[13]是寫山海關險，運河運輸形勢。李建昌《明美堂集》卷二〈十三山望海〉道：「坤輿磅礡勢如何，壯觀須從北地過。七百里中遼野闊，十三山外海雲多。禹跡蒼茫淪碣石，秦封迢遞限榆河。辰韓使者無相識，獨倚長風放浩歌。」[14]算是氣勢之作。

　　詩有關語言韻律，韓人學步自不易，然非韻文字，則多有可觀。《老稼齋燕行日記》〈山川風俗總錄〉寫沿途風沙云：

> 自渡江至北京地皆沙，自入遼野，往來車馬益多，沙益細作風輒揚，狀若煙霧，後人不見前人。關內尤甚，雖無風日，輪蹄間觸起者如灰揚，著人衣帽面目，頃刻變色幻形，同行幾不能相識，在鬢髮者，拭之不脫，在口中者淅瀝有聲，至十襲之籠，重封之瓶，亦皆透入，極可恠也。[15]

無風日輪蹄間觸起，口中淅瀝有聲，乃觀察體會入微之詞，後人不見前人，頃刻變色幻形，雖屬東北華北風沙實情，就文章而言則為誇張之詞，「而極可恠也」為作者之主觀意識。

　　洪翼漢（1586-1638）《花浦朝天錄》記天啟四年（1624）七月離椵島西渡渤海情景道：

12　《燕行錄全編》，第1輯，第5冊，頁377。
13　《燕行錄全編》，第1輯，第5冊，頁381。
14　《韓國歷代文集叢書》，第1513冊，頁29。
15　《韓國漢文燕行文獻選編》，第9冊，頁37。

十一日癸巳，晴，始開洋。五更，頭竿羽微吹，好風自東，薦師相叫，一時舉帆。……曉，長風駕浪，櫂夫奏功，直指大洋。波鋪遠錦，舡讓裂箭，一瞬千里，四顧無邊，而點點孤嶼時復可數，車牛島、竹島、大小獐子島、薪島以後，非我國地。……抵黃鵠島前洋下碇。是日行六百餘里，呼黃帽敲火炊食，食頃金烏西墜，玉兔東升，紅波白浪，透暎數千里，非人間所曾賞。……倚檣縱觀，晴空爽氣挾我神骨，上下天水一碧萬頃，恍若身在銀河界、水精宮。惜乎秦皇漢武欲此不得，空抱恨於驪山暮雨，茂陵秋草也。

　　十二日甲午，晴。侵晨張帆向石城島，忽有黑氣自西北洋中湧起者，不知其幾丈，滄波浴日，兩腳交橫。舟人云龍騰上天，瞪目審視，蜿蜒鱗甲照耀相閃，頭角已入雲中，但見腰尾矣。[16]

洪翼漢記風暴云：「風大起，急趣黃帽落帆下碇，海色深黑，瞿然不可窺。舟人言繫猫〔錨〕之繩數百丈云。風濤雪浪，洶湧澎湃，蛟螭鯨鰐露角振鬣，濆浪作霧，噓氣為雲，時露全體穹窿，然狀若丘陵。古人云魚能吞舟，其是之云乎。」[17]

　　洪大容記北京天主堂頗細緻生動。《湛軒燕記》卷一〈劉鮑問答〉篇云：「由正陽門內循城而西，行數里，望見無樑高屋，制作神異，已不覺聳瞻。」[18]神異聳瞻四字已透露出他的好奇。又前行，「門半啟，望其外，樓閣欄楯重重，意其有異觀也。招世八（從者）問之，世八笑曰畫也。前數步察之，果畫也」，[19]亂真的壁畫最使他

---

[16] 《燕行錄全集》，第17冊，頁118-120。
[17] 《燕行錄全集》，第17冊，頁121-122。
[18] 《韓國漢文燕行文獻選編》，第18冊，頁40。
[19] 《韓國漢文燕行文獻選編》，第18冊，頁41。

驚奇。又入一室，「堂可六間，下舖甎，東壁畫蓋天星象，西畫天下
輿地」，[20]「從堂北門而入，階庭軒厰〔敞〕。庭北有堂，益高，粧
飾不甚眩耀，惟精巧如神。入門，二人尚未出矣。見兩壁畫，樓閣人
物皆設真彩，樓閣中虛，凹凸相參，人物浮動如生，尤工於遠勢，若
川谷顯晦，烟雲明滅。至於遠天空界，皆施正色，環顧憬然不覺其
非真也。蓋聞洋畫之妙，不惟巧思過人，有裁割比例之法，專出於算
術也。畫中人皆披髮，衣大袖，眼光炯然，宮室器用皆中國所未見，
意皆西洋之制也」。[21]洪大容雖尚未知透視學，然已知出於算術。對
於劉松齡（Augustinus von Hallerstein, 1703-1774），及鮑友官（Anton
Gogeisl, 1701-1771）二位任職欽天監的傳教士的寫照是：「劉年六十
二，鮑年六十四，雖鬚髮已衰白，而韶顏如童，身目睛光如射，宛是
壁畫中人也。」[22]

　　行文流暢，見解超越，氣勢磅礴的文章，華行錄中頗不少，《熱
河日記・審勢篇》從指斥遊華韓人對中國見解之妄寫到中國的政治、
學術、中國士人之習氣等，令人屢讀不厭，然文長，此處不錄。

五、結論

　　韓國由於地連中國，宗仰華夏文明，或力服於征服王朝如蒙元、
滿清，出使及旅遊中國者歷代不絕，明清尤眾。韓國也是文化昌明之
國，使行及遊歷者能文之士不少，又勤於記錄見聞，故對中國的聞見
文字甚夥。這是該國著作之林的特色，也是寶貴文化遺產，應該重視
研究。這些紀錄或曰朝天，或曰燕行，名稱不一，此處統稱之為華行
錄，此種紀錄數量多，須有長時間的詳細研讀，方能有精闢之論。本
文所述只是粗略看法，請方家指正。惟筆者在此提出一希望，希望韓

20　《韓國漢文燕行文獻選編》，第18冊，頁41。
21　《韓國漢文燕行文獻選編》，第18冊，頁41-42。
22　《韓國漢文燕行文獻選編》，第18冊，頁42。

國學術界在不久的將來舉辦一國際學術會議，專門討論華行錄，使之成為一華行錄學。

*原刊《韓國史學論叢：水邨朴永錫教授華甲紀念》（首爾：探求堂，
 1992），下冊，頁1081-1085。

第八章
有關韓國的中國史料之考察

一、前言

　　本年三月接韓國金俊燁教授華甲紀念論文集準備委員會徵稿函。俊燁教授於我，誼屬學長，對我治中韓關係史，推展自由中國的韓國研究，大力協助，積極支持。我於1950年代讀臺灣大學歷史系時始見俊燁教授，其後在中央研究院又相見，然並不熟。1967年冬我到漢城蒐集清代中韓貿易史資料，高麗大學亞細亞研究所為sponsor，故所長李相殷及副所長俊燁教授親切接待，照顧周到，不但蒐集史料工作圓滿完城，且因金教授之介紹認識全海宗、李龍範等學者，至今成為好友。

　　中華民國韓國研究學會於1980年成立後，俊燁所長極力支持，請中國駐韓大使丁懋時、韓國駐華大使玉滿鎬（1925-2011）、公使閔永秀分別為韓國中國學會及中華民國韓國研究學會籌措經費，使得這兩個學會的工作能積極展開。與此同時，在產學協同財團的支持下，亞細亞問題研究所與中華民國韓國研究學會訂定了中韓（韓中）關係史六年合作研究計畫。參與研究者不限於亞研所及韓研會，而是普及到中韓各大學及學術機構。此中韓學術交流合作，也是俊燁教授致力之功。

　　添為老友，並主持中華民國韓國研究學會，為文祝嘏，頌壽花甲，於私於公，義不容辭。俊燁教授今年出長高麗大學，方面愈廣，

除致力於高大之進步外，對中韓學術之合作交流，定益愈著力。惟年中因忙於《中韓關係史研討會論集（960-1949）》、《韓國學報》第二期、秦裕光先生著《旅韓華僑史話》之編刊、《中華民國建國史》民初部分之撰寫，及韓國學會會務等，致不克從容完成較長論文，甚為抱歉。此處僅對有關韓國的中國史料予一初步、簡略的觀察，以就教於大方，且冀引起學者對此一問題的研究興趣。

二、鳥瞰

包括中韓關係在內的有關韓國史的中國資料相當豐富。從西漢的《史記》開始至現在，史不絕書，代有其文。五代以前者雖非惟一，然而是韓國重建國史的最重要憑藉。將這些資料仔細分析，對研究韓國史及中韓關係史當有所助益。以往雖有《遼海叢書》的編刊，然並無可資參考的詳目。民國四十四年（1955）中央圖書館所編〈中國關於韓國著述目錄〉一文，清末以來部分雖欠完備，然是惟一可供觀察分析的依據。本文先依是篇所錄，略加分類，比較光緒以前各朝著述多寡，然後對正史外國傳部分，稍事分析。

〈中國關於韓國著述目錄〉一文，除「韓之南郡在河內」係誤錄，不計外，共錄二百八十二種文獻。如再將注疏剔除，其餘可類分如下：

原料

法規 如《高麗人入貢儀式條令》、《接送高麗勅令格式》、《奉使高麗勅令格式》、《高麗女直排辦式》、《高麗夏國告終儀》。《大明會典》、《大清會典等》。

公牘 如《高麗表章》、《經略復國要編》、《朝鮮國王來書》、《太宗文皇帝致朝鮮國王書》、《滿清入關前與高麗交涉史料》等。

詩篇 如《海外覲皇澤雜詩》、《西上雜詠》、《朝鮮詩選》、《朝鮮竹枝詞》等。

金石 如《海東金石考》、《海東金石苑》、《三韓冢墓遺文目錄》等。

旅行記 只記見聞，不採其他史料者。

撰述

政書 如《通典》、《文獻通考》、《大清會典事例》中有關部分。

實錄 如《明實錄》、《清實錄》中有關文字。正史〈外國傳〉等部分。

個人著記 如各種旅行記等，見下文。

類書 如《太平御覽》、《古今圖書集成》等。

按史學方法理論，史料可分為第一手（first hand source）及第二手（second hand source）。上列原料部分即第一手史料。法規乃為行政而訂，旅行記為親見親聞，其餘也為史事之直接遺痕。清代學者注意金石文字，代表此時期韓國金石文字學之發展狀況及中韓學術交流情形。撰述相當於第二手史料，即選擇其他資料而成者，至少部分內容如此，如個人著記中之旅行記，每有部分係參考其他資料所成。類書大致是抄錄之功大於撰述。個人著述以旅行記為夥，多出自使行人員之手，普通為日記體的文字紀錄，時或配以畫圖，如宋人徐兢（1091-1153）之《宣和奉使高麗圖經》。此種文字即上文所稱非僅即事紀錄，乃參考其他文獻寫成者。其名稱甚多，有風俗記、行記、使錄、志、採風錄、紀略等。帶有類事、史略、圖說、考略、志等名稱之文獻，多屬或包含研究性質之文字。

依上述中央圖書館所編文，自隋唐而下始有此種著作留傳，而自趙宋以後數量方增。總計官私所著各種體裁記錄，兩宋、明、清三代，愈後愈多。類書唐朝只一種、宋九種、明十九種、清十三種。個

人記述則唐九種、宋二十二種、明三十三種、清二十九種，以清代而言，官修及個人注疏之作不少。

　　光緒年間因日本、西洋勢力入韓，日本人及西洋人之著作亦不少譯為中文刊布者。發表此等文章之刊物，有《外交報》、《東方雜志》、《小方壺齋輿地叢鈔》，及若干日報。如外交報第168期譯刊美國威廉格里菲斯〈各國略韓史〉當係取自William Elliot Griffis（1843-1928）所著Corea, the Hermit Nation（1882），而273期之〈韓國三十年史〉，乃英人麥根斯（F. A. Mckenzie, 1869-1931）之作。對此等譯文，上述中央圖書館目錄幾未涉及。如並陳樹棠、袁世凱（1859-1916）等駐韓官員報告而計，則清代文獻尤夥。至於上列各種史料寫作的動機，或為應付使命，或為探奇記異，或為往事留遺跡，然自清末之後，則係為保屬國及東三省領土。

三、正史中有關韓國的外國傳

　　由於明清時代朝鮮王國之疆域涵蓋整個朝鮮半島，人們看到《史記》的〈朝鮮列傳〉或《漢書‧朝鮮傳》時，每以為那是記述漢代整個朝鮮半島的歷史之作。這是一種錯覺。這錯覺導源於《史記》、《漢書》在〈朝鮮傳〉等篇名前未加「異域傳」或「外國傳」一類名詞。如有此類名稱，人們就不會誤以為中國版圖也在其中。

　　《史記》、《漢書》所記朝鮮僅指漢高祖十二年（195 B.C.）稍後所建，漢武帝元封三年（108 B.C.）滅亡的衛氏朝鮮。漢武帝以朝鮮故地所置樂浪等郡縣名稱及其人口等，《漢書》係載在〈地理志〉中。此種情形，在兩唐書及《元史》亦然。《明史‧兵志》所列羈縻衛所，有若干入清後乃屬於朝鮮領土。中國領土不載入外國傳或屬國傳中，是正史的一貫體例，然自《三國志‧魏志》在夫餘、高句麗、東沃沮、挹婁、濊之前冠以〈東夷傳〉，此種體例始顯，因傳統上夷狄不與中國混同。

在正史中，中外關係不僅載於「外國傳」，也見於本紀及人物列傳等部門，然以外國傳最為重要。本紀所載主要為中外關係，《明實錄》與《清實錄》也如此。外國傳的內容有二，即中外關係及所傳國家之政情、民風、物產等情形。《史記》的〈朝鮮列傳〉全為中外關係，對當地情形一無道及。這是因朝鮮為已亡之國，其故地悉屬玄菟、樂浪等四郡，案例民情風俗應入書志中，而以朝鮮為新得領土，瞭解不足，故不見於〈貨殖列傳〉。班固始於《漢書‧地理志》中言及箕子教導朝鮮土著，及其法俗情形。

東漢樂浪郡直轄境土縮小，濊、沃沮、高句麗變為自治區，且對三韓地區往來，瞭解多，故自《三國志》、《後漢書》而下，與韓國有關的外國傳增多。東夷傳、外國傳中有關當地情形及中外關係紀錄的比例各史不同。大致一國見於前後數史者，則前一二史傳所載當地情形較多，如《魏志》高句麗（句麗在內）、沃沮、濊、韓諸傳之與《後漢書》各該傳。此外，中外關係特別密切之國，不論此關係為友為敵，史傳紀錄關係部分自多，如兩唐書中的高句麗、百濟傳。

自《元史》而下，史傳中幾全部為中外關係紀錄。其原因，《明史‧朝鮮傳》說出了一部分。該傳傳末謂：「朝鮮在明雖稱屬國，而無異域內。……至國之風土物產，則具載前史，茲不復錄。」[1]這裡透露了中國史官的一種觀念，就是某外國接受中國文化愈多，其傳中有關當地情形的紀錄愈少。因為元代高麗的風土物產，尤其是「風土」，與明代朝鮮者，尤其明末的朝鮮，事實上並非一成未變。

外國傳的筆法，多半是先述該國的民風政情，繼之以中外關係。但也有當地情實見於傳中傳末者，如《宋史‧高麗傳》。這與材料的來源有關。案《明清實錄》中有關朝鮮史事，絕大部分據兩國往來使事及公文而成。正史的修纂，尤其傳記部分，除政府編年資料外猶參考使譯報告等文獻。如《後漢書‧東夷列傳》序稱：「自中興之後，四夷

---

[1] 張廷玉等撰，《明史》（北京：中華書局，1974），第27冊，卷320，列傳280，外國一，〈朝鮮〉，頁8307。

來賓，雖時有乖畔，而使驛（譯）不絕，故國俗風土，可得略記。」[2]「使驛」並不全指朝貢京師者，也包括朝於地方政府者，如《三國志・魏志・東夷傳》言濊不耐侯於正始八年詣闕朝貢封王後，「居處雜在民間，四時詣郡朝謁」。[3]同傳東沃沮條言，毌丘儉征高句麗，麗王宮奔北沃沮，玄菟太守王頎將兵追至之，盡其東界，問其耆老，海東復有人否，答以有島有人云云，則顯係採自毌丘儉、王頎軍報。

四、結論

歷史研究者與其他人士不同者在有時間觀念，論教訓雖以古鑑今，言史事則古歸古，今歸今。一般人，甚至不少社會科學學者，每今古不分，以今擬古。以中韓兩國而言，現在兩民族固然分別有清楚的中或韓的觀念及認同（identification），然而在古代並不如此。在今天的中國土地上，自古即居住著許多民族。其中一部分以農耕為生的漸漸形成了夏文化的中國觀。

自秦統一天下，「中國」一詞又加了政治統一的含義。二千餘年來，雖統一時間不比分裂時間長，然人們總以政治統一為正歸，統一局面為常態。實際上，在分裂時期，除文化意義的中國外，政治上則金自為金，宋自為宋，無所謂中國。韓國亦復如此。三國鼎立時，百濟自百濟，新羅自新羅，不論政治或文化，均無統一的意識。至於渤海，除藩屬於李唐時期外，與當時的中國無關，而其時既無統一的韓國，自亦與韓無涉，渤海自渤海。居今日而言中國或韓國，自以代表中、韓的政府所控制地域為準，然歷史上的中、韓，在明、清之前則疆界尚未定，韓因時而異。這是言中談韓者應具有的歷史觀念。

中國文獻中與韓國有關者甚夥，需要整理、考證。韓國學者已開

---

2 范曄撰，李賢等注，《後漢書》（北京：中華書局，1965），第10冊，卷85，〈東夷列傳〉，頁2810。
3 陳壽，《三國志》（北京：中華書局，1971），第3冊，卷30，〈魏書〉，頁849。

始作，如全海宗教授（1919-2018）等對《三國志‧魏志‧東夷傳》所作研究。本文僅就中央圖書館所編〈中國關於韓國著述目錄〉一文簡略統觀並對正史中有關外國傳稍作分析。這一工作，直得進一步研究，因中國文獻中有關韓國之著述以往究有多少，現存者有多少，極須考定。以中圖所編目錄而言，有時代誤置者，如《高麗夏國告終儀》理應屬宋代法規，有以甲為乙者，如五十卷之《海東三國史記》恐即金富軾（1075-1151）所撰者，而清代著述未錄入者甚多。故極需有興趣之學者共同繼續努力。

附錄　「中國關於韓國著述目錄」節錄

※民國時代著述不錄，其餘只錄書名、卷數及作者名。本擬重新分類，
　為便讀者索案原文所載各書版本情形，故仍舊觀。

隋唐代

海東三國通歷　隋　黃台符。
東蕃風俗記　隋　不著撰人名氏。
輿駕東行記　一卷，梁　薛泰。
奉使高麗記　一卷，不著撰人名氏。
高麗風俗　一卷，唐　裴鉅。
新羅國記　一卷，唐　顧愔。
張保皋傳　唐　杜牧。
渤海國紀　三卷，唐　張建章。
海外使程廣記　三卷，南唐　章僚。

宋元代

宣和奉使高麗圖經　四十卷，徐兢。
使高麗錄　一卷，徐兢。
雞林類事　一卷，孫穆。
雞林志　三十卷，王雲。
雞林記　二十卷，吳栻。
雞林志　不著撰人名氏。
海東三國通歷　十二卷，高得相。
建炎假道高麗錄　一卷，楊應誠。
高麗人入貢儀式條令　三十卷，錢藻。
海外覃皇澤　十九章，呂祐之。
西上雜詠　一卷，宋　畢仲行，高麗
　崔思齊等。

接送高麗勅令格式　一部，不著撰人
　名氏。
奉使高麗勅令格式　一部，不著撰人
　名氏。
高麗女直排辦式　不著撰人名氏。
高麗日本傳　一卷，不著撰人名氏。
高麗表章　一卷，不著撰人名氏。
鮮于氏血脈圖　一卷，不著撰人名氏。
博學記　不著撰人名氏。
使高麗事纂　二卷，不著撰人名氏。
高麗日曆　一卷，不著撰者名氏。
高麗志　七卷，不著撰者名氏。
海東三國史記　五十卷。
元高麗紀事　一卷，元　趙世延等。
高麗志　四卷，元　王約。

明代

朝鮮紀事　一卷，倪謙。
遼海編　四卷，倪謙。
奉使朝鮮倡和集　一卷，倪謙。
奉使錄　二卷，張寧。
朝鮮雜志　一卷，董越。
朝鮮賦　一卷，董越。
使東日錄　一卷，董越。
使朝鮮錄　二卷，龔用卿。

朝鮮雜志　三卷，錢溥。

朝鮮圖說　一卷，鄭若曾。

鄭開陽雜著　十一卷，鄭若曾。

朝鮮史略　十二卷，不著撰人名氏。

萬曆三大征考　一卷，茅瑞徵。

經略復國要編　十四卷，宋應昌。

朝鮮征倭紀略　一卷，蕭應宮。

封貢紀略　王士琦撰。

朝鮮詩選　藍芳威。

朝鮮詩選　三卷，焦竑。

漢書朝鮮傳疏　一卷，邢侗。

朝鮮世紀　吳明濟。

朝鮮志　二卷，蘇贊成。

高麗寺志　李羲。

朝鮮日記　三卷，許國。

朝鮮沾化集　李如松。

撫安東夷記　一卷，馬文升。

東藩紀行錄　一卷，金本清。

箕子實紀　一卷，黃洪憲。

朝鮮國紀　一卷，黃洪憲。

輶軒錄　四卷，黃洪憲。

輶軒紀事　一卷，姜日廣。

高麗夏國告終儀　不著撰人名氏。

朝鮮志　四卷，不著撰人名氏。

朝鮮瑣記　不著撰人名氏。

清代

朝鮮采風錄　孫致彌。

朝鮮諸水篇　一卷，齊召南。

朝鮮雜述　一卷，許午。

奉使朝鮮日記　崇禮。

東三省韓俄交界道里表　一卷，聶士成。

東南三國記　一卷，江登雲。

朝鮮小記　一卷，李韶九。

朝鮮考略　一卷，龔柴。

鳳城瑣錄　一卷，博明。

奉使朝鮮驛程記　一卷，柏葰。

朝鮮竹枝詞　一卷，柏葰。

征撫朝鮮記　一卷，魏源。

高麗論略　一卷，朱逢甲。

遊高麗王城記　一卷，吳鍾史。

東遊記　一卷，吳鍾史。

高麗形勢　一卷，吳鍾史。

朝鮮風土述略　一卷，吳鍾史。

朝鮮輿地說　一卷，薛培榕。

朝鮮風土記　一卷，薛培榕。

朝鮮會通條例　一卷，薛培榕。

東藩紀要　十二卷，補錄一卷，薛培榕。

朝鮮八道紀要　一卷，薛培榕。

高麗國永樂好大王碑釋文纂考　一卷，鄭文焯。

海東金石存考　一卷，劉喜海。

海東金石苑　八卷，補遺六卷，附錄二卷，劉喜海。

海東金石苑原本考辨　一卷，潘承弼。

三韓冢墓遺文目錄　一卷，羅振玉。

東行初錄　一卷，馬建忠。

東行續錄　一卷，馬建忠。

東行三錄　三卷，馬建忠。

朝俄交界考　一卷，馬建忠。

漢書西南夷兩粵朝鮮傳地理考證　一卷，丁謙。

後漢書東夷列傳地理考證　一卷，丁謙。

三國志烏丸鮮卑東夷傳地理考證　一卷，丁謙。

晉書四夷傳地理考證　一卷，丁謙。

朱書夷貊傳地理考證　一卷，丁謙。

南齊書夷貊傳地理考證　一卷，丁謙。

梁書夷貊傳地理考證　一卷，丁謙。

魏書外國傳地理考證　一卷，外國傳補
　　地理考證　一卷，丁謙。

周書異域傳地理考證　一卷，丁謙。

隋書四夷傳地理考證　一卷，丁謙。

新唐書東夷傳地理考證　一卷，丁謙。

新五代史四夷附錄地理考證　一卷，
　　丁謙。

宋代外國傳地理考證　一卷，丁謙。

遼史各外國傳地理考證　一卷，丁謙。

金史外國傳地理考證　一卷，丁謙。

元史外夷傳地理考證　一卷，丁謙。

明史外國傳地理考證　一卷，丁謙。

朝鮮載記備編　周家祿。

朝鮮世表　周家祿。

朝鮮樂府　周家祿。

策鰲雜摭　八卷，葉慶頤。

東省與韓俄交界道里表　不著撰人
　　名氏。

高麗瑣記　一卷，不著撰人名氏。

朝鮮疆域記略　一卷，不著撰人名氏。

入高紀程　一卷，不著撰人名氏。

朝鮮風土記　一卷，不著撰人名氏。

高麗水道考　一卷，不著撰人名氏。

高麗風俗記　一卷，不著撰人名氏。

巨文島形勢　一卷，不著撰人名氏。

延吉琿春一帶地圖　吉林邊務派辦處。

擬勘中韓國界詳密圖　劉建封。

中韓勘界地圖　方朗等。

中韓勘界地圖　廉榮。

實測吉韓俄邊界地圖　東三省陸地測量
　　總局製圖科。

產木葰山圖　不著繪製人姓氏。

吉韓俄界地圖　不著繪製人姓氏。

東三省與韓俄交界道路圖　不著繪製人

姓氏。

吉韓俄邊界地圖　不著繪製者姓氏。

朝鮮國王來書　一卷，故宮博物院文
　　獻館。

太宗文皇帝致朝鮮國王書　一卷，羅
　　振玉。

朝鮮迎接都監都廳儀軌。

朝鮮大院君李昰應致萬文敏公青藜書。

朝鮮國王進貢表。

滿清入關前與高麗交涉史料　一卷。

朝鮮地理小志　江景桂。

朝鮮亡國慘史　大同山人。

朝鮮亡國史料　梁啟超。

朝鮮滅亡之原因　梁啟超。

日本吞併朝鮮記　梁啟超。

高麗一瞥　鄭次川。

朝鮮和臺灣　葛綏成。

朝鮮近世史　二卷，日本　林泰輔・毛
　　乃庸。

史記－朝鮮傳　漢　司馬遷撰，宋　裴
　　駰集解・唐　張守節正義。

漢書－朝鮮傳　漢　班固撰，唐　顏師
　　古注。

漢書補註－朝鮮傳　漢　班固撰，唐
　　顏師古注，清　王先謙補注。

後漢書－東夷列傳　劉宋　范曄撰。

後漢書集解－東夷列傳　劉宋　范曄
　　撰，唐　章懷太子賢注，清　王先
　　謙集解。

三國志－東夷傳　晉　陳壽撰，劉宋
　　裴松之注。

三國志注補－東夷傳　趙一清。

三國志集解－東夷傳　盧弼。

晉書－東夷傳　房玄齡。

晉書斠注－東夷傳　吳士。

宋書－夷貃傳　沈約。

南齊書－夷貃傳　蕭子顯。

梁書－東夷傳　姚思廉。

魏書－外國傳　魏收。

周書－異域傳　孤德棻。

隋書－四夷傳　魏徵，長孫無忌。

南史－夷貃傳　李延壽。

北史－夷貃傳　李延壽。

新唐書－東夷傳　歐陽修，朱祈。

新舊唐書合鈔－東夷傳　沈炳震。

舊五代史－外國列傳　薛居正。

五代史記－四夷附錄　歐陽修。

五代史記補注－東夷　彭元瑞，劉鳳誥。

宋史－外國傳　脫脫。

遼史－高麗　脫脫。

遼史拾遺－高麗　厲鶚。

金史－高麗　脫脫。

元史－高麗　宋濂。

新元史－朝鮮　柯劭忞。

明史－朝鮮　張廷玉。

清史稿－朝鮮　趙爾巽。

元史紀事本末－高麗之臣　張邦瞻，
　　　張溥。

明史紀事本末－援朝鮮　谷應泰。

通典－東夷　杜佑。

通志－東夷　鄭樵。

文獻通考－四裔考　馬端臨。

續文獻通考－高麗　耽羅，王圻。

續通典－邊防　乾隆三十二年敕編。

續通志－四夷傳　乾隆三十二年敕編。

續文獻通考－東夷　乾隆十二年敕編。

清朝通典－邊防　乾隆三十二年敕編。

清朝文獻通考－四裔考　乾隆十二年
　　　敕撰。

清朝續文獻通考－四裔考　劉錦藻。

九通分類總纂－四裔類　汪鍾霖。

清朝政典類纂－四夷　席裕福。

清朝掌故彙編－朝鮮國　張壽鏞。

經世八編類纂－夷類　陳仁錫。

經濟類編－邊塞類　馮琦。

古今好議論－邊務　呂一經。

荒徼通考－東夷（朝鮮，高句麗）　不
　　　著撰人名氏。

西漢會要－蕃夷　徐天麟。

東漢會要－蕃夷　徐天麟。

三國會要－四夷　楊震。

唐會要　王溥。

五代會要　王溥。

宋會要輯稿－蕃夷　徐松。

寰宇通志－朝鮮國　陳循等。

大明一統志－朝鮮　李賢等。

四夷廣記－東夷　慎懋賞。

大清一統志－朝鮮　陳熹等。

白氏六帖事類集－四夷　白居易。

太平御覽－四夷部　李昉等。

太平廣記－蠻夷類　李昉等。

冊府元龜，王欽若、楊億。

群書考索－夷狄　章俊卿。

古今事文類聚　祝穆元、富大用、祝淵。

記纂淵海　潘自牧。

古今合璧事類備要　謝維新。

玉海　王應麟。

錦秀萬花谷　不著撰人名氏。

類林雜說　增廣分門－四夷門　王朋
　　　壽等。

萬寶全書－諸夷　陳繼儒。

說類－邊塞部外國部　葉向高。

說略－方輿　顧起元。

稗編－夷　唐順之。

博物典彙－九邊‧四夷　黃道周。

三才圖會－高麗　王圻。

廣博物志　董斯張。

群書備考－九邊總圖‧九邊分圖　袁黃。

天中記　陳耀文等。

山堂肆考　彭大翼。

彙書詳註　鄒道元。

唐類函　俞安期。

劉氏鴻書　劉仲達。

學海君道部－四夷種族門　饒伸。

詩雋類函　俞安期。

文苑彙雋　孫丕顯。

圖書編　章潢。

潛確居類書－四夷　陳仁錫。

群書集事淵海－夷狄門　不著編人
　　名氏。

駢字類編　聖祖康熙敕編。

子史精華－邊塞部　聖祖康熙敕編。

穀玉類編－方外類　汪兆舒。

方輿類聚　福申。

小知錄－邊陲‧四裔‧荒徼　陸鳳藻。

格致鏡原　陳文龍。

古今疏－九邊‧四陲　朱虗。

讀書紀數略　宮夢仁。

策府統宗－四裔類　劉昌齡等。

留青采珍集　陳枚。

淵鑑類函　張英等。

古今圖書集成－朝鮮　蔣廷錫等。

清稗類鈔－外藩　徐珂。

*原刊《金俊燁教授華甲紀念──中國學論叢》（首爾：中國學論叢編輯委員
　會，1983），頁645-656。

第九章
韓國研究與國學

國學的含義相當廣泛，應該是指對中國的人、物、事所作的一切學問或研究。民國以來以中國境內的所有民族均為中華民族的一分子，地位平等，則不獨有關漢族的人、物、事之研究為國學，凡對蒙、回、藏、苗、滿等民族的研究，也莫非國學。政治上的重要進展需要學術的支持；如學術上不以有關各族之學為國學，中國的統一和平將難以期待。

這一方面不妨向滿清學習一下，因有清一代不獨給中國擴大了領土疆域，對境內各民族的團聚也有一套方法，例如將遼金元史列為正史，就是以學術方式提高蒙古的地位，以利以滿蒙結合統治中國政策的推行。進一步說，國學研究實不宜局限於中國的域內；凡與中國之生存、利害相關的人、物、事，不論空間上與中國相距多遠，都應納入這門學問之內。歷代史書中的屬國傳、外國傳就是例子，而這些紀錄竟成了有關各國歷史的寶貴資料，照亮了他們的過去，尋根建史，至今賴之。

在上述國學的含義下，現在來探討韓國研究與國學的關係。

大致而言，研究韓國上古史（中國五代之前）必先研究中國國學。因高句麗、百濟、及新羅三國雖各有史書紀錄而均不傳，須靠中國先秦經子雜記及《史記》至《唐書》等史書內的有關文字。然而要徹底瞭解商周時代的中韓關係，即箕子問題，又須參考韓國的考古資

料，[1]而且正史中的紀錄不一定完全正確，須以韓國資料訂正。如《魏書‧東夷列傳》，韓國學者即以為所述中韓關係部分正確，而關於各部族之歷史並非無誤。[2]

高麗朝史籍除若干文集外，有《高麗史》一百卷，約當同一時期中國史籍的十之一。[3]然以高麗領土、人口遠較中國為少，所以史事記錄遠較中國史為詳盡，尤其對於中韓關係之記述為然。李氏朝鮮歷時五百餘年，當中國明清兩代。李朝為日本滅亡，無記傳體正史，然《朝鮮實錄》記事詳實，後期（約當清代）且有如中國起居注一樣的各王《日省錄》，掌承宣封駁王命的《承政院日記》，如清代軍機處一般的《備邊司騰錄》，均累數十巨冊。這些史料中有豐富的中韓關係紀錄。

日本將實錄中有關滿蒙的抄出，刊為十三冊《滿蒙史料抄》，而滿清早期歷史之逐漸為世人所瞭解，完全靠此史料。豐臣秀吉侵韓之役，明朝出兵助朝鮮抗戰七、八年。據中央研究院歷史語言研究所李光濤先生（1897-1984）說，《明實錄》中共有一萬六千字左右的記載，而光濤先生自《朝鮮實錄》中抄出刊印之《朝鮮壬辰倭禍史料》計兩千餘頁，一百五十餘萬字。[4]《同文彙考》為自清太宗崇德元年（1636）至光緒初年的中韓外交文牘，共一百二十一卷，分類依時間先後編排，利用方便，此等文獻中國如今一無所有。

中國使韓使節在韓境之行程言行，《朝鮮實錄》及《備邊司騰錄》幾乎每日均有記錄。明代使韓者多宦官，士大夫為使時莫不與朝

---

[1] 大韓民國獨立後，民族主義高張，韓國學者私下或不否認，史著則多不承認有箕子朝鮮之說。近已漸有考而信之的趨向，如國立臺灣大學考古研究所研究生韓國李亨求所寫畢業論文：《中國東北新石器時代及青銅器時代文化研究》（臺北：國立臺灣大學考古人類學研究所碩士論文，1978）。

[2] 民國六十九年（1980）九月全海宗教授告。

[3] 《舊五代史》、《新五代史》及宋、遼、金、元史共約一千一百卷。

[4] 李光濤編，《朝鮮壬辰倭禍史料》（臺北：中央研究院歷史語言研究所，1970）。又吳晗將朝鮮實際中有關中國之史料抄出，去年（編案：1980年）出版，名曰《朝鮮實錄中的中國史料》，共十一冊。

鮮接伴者吟味酬唱。使臣歸後，朝鮮便將之刊出，名為《皇華集》。[5]
朝鮮使中國者，許多人著有旅行日記，記述往返漢城經遼野、冀東
或熱河至北京途中，以及在北京時所見所聞，所交際，所言談，所
唱和，所思考之事。如表一、二所示，此種日記，此種明代的朝天
錄、及清代的燕行錄存者不下百數十種，國人所熟悉之朴趾源（1737-
1805）《熱河日記》及柳得恭（1748-1807）《灤陽錄》等只其中之一
二而已。[6]

　　李氏朝鮮事事法則趙宋，右文宗朱。故學術昌明，學者文集甚
夥，而性理學、經世學雙雙輝映，其中尤以前者為一貫。由於反滿及
內外之防，朝鮮政府不鼓勵朝鮮書籍外流，以免其中違礙文字引其禍
端，所以清代中國人所見韓人著作甚少，四庫全書中只存目數種，及
日本亡韓，中國人更無由得見。因之，中國人利用日本人著作研究國
學，而絕少利用韓國史料者。大韓民國政府之文教政策不夠明朗也是
原因之一。為表現民族獨立，曾欲廢棄漢字，因而對用漢字記載之民
族文化遺產也自然忽略。近年在尋根的潮流下，冀自民族傳統文化中
尋求民族獨立精神，故而對此等資料也益加重視，不復顧慮根植中國
之事。這是中國人認識韓國文化，利用韓國文獻從事研究的好機會。

　　二十餘年來，臺灣少數韓國或中韓關係研究均利用韓國文獻
而成，如李光濤先生所著《中韓民族與文化》、《朝鮮壬辰倭禍研
究》，及其他許多重要論文多為《朝鮮實錄》史料之排比；如時在澳
洲的金承藝先生（1926-1996）用韓國史料佐證雍正帝（1678-1735）得
位不正；如筆者所著《清韓宗藩貿易（1637-1894）》及其他論文乃大
量採撫《朝鮮實錄》、《備邊司騰錄》、及其他各種文獻。此等資料
真可說用之不盡，如前述各種燕行錄，因其著成時間自清初至清末，

---

[5]　此間珪庭出版社已影印發售。
[6]　朝鮮人尊漢仇滿，故使明曰朝天，使清只稱燕行。朝天錄珪庭出版影印部分，韓成
　　均館大學所影印燕行錄兩冊，上冊中有朝天錄四種，其餘均燕行錄或紀事詩，共二
　　十七種，兩冊共二千四百餘頁。另據《青丘學叢》第一號〈事大記目錄〉，載於各
　　文集而燕行錄撰集所未收者有八十餘種。

故對清代遼寧、河北、北京歷史的演變，提供了上好的史料。今以北京的琉璃廠書肆為例，以顯示其資料的優越性。

琉璃廠為十八至二十世紀中葉北京的文化街。其地遼代為京東燕下鄉海王村，元明時為琉璃窯廠所在，嘉靖間增築南城（亦稱外城），始為城內地段，然仍在林野之間。明末因滿清及流賊之亂，北京九門人口大增。順治入關後，八旗兵分駐城廂，人民被迫遷至公家所有的琉璃廠，搭起住房，至康熙中葉已衡宇如麟，出租收費，且政府也開始收稅，至末葉書肆興起，至乾隆而極盛。[7] 筆者所見之燕行錄，最早記述琉璃廠書肆者為洪大容乾隆三十年（1765）所著之《燕記》。

洪大容博學能文，術學天文都懂，是年冬因其叔父洪檍（1722-1809）為三節年貢使書狀官，得隨使團入華觀光。因其號為湛軒，故所著旅行記被稱為《湛軒燕記》。洪大容是第一個在北京廣交士人的朝鮮學者，他認識了赴京會試的浙江舉子潘庭筠（1743-？）、嚴誠（1733-1767）、陸飛（1720-1786），兩位翰林院庶吉士，及欽天監正副德國人劉松齡（Augustinus von Hallerstein, 1703-1774）、鮑友管（Anton Gogeisl, 1701-1771）。自此開始了中韓學者因朝貢之便的北京聚會。

洪氏回國後仍不斷與其華友通信，後刊為《杭傳尺牘》。洪氏《燕記》卷三〈琉璃廠〉的內容如下：

> 琉璃廠者，琉璃瓦甄之廠。凡青黃雜彩瓦甄皆光潤如琉璃，故御用諸色瓦甄皆以琉璃稱焉。凡工役之廨謂之廠。廠在正陽門外西南五里，而近廠夾道，而為市舖，東西設閭門，扁曰琉璃廠，蓋因以為市號云。市中多書籍、碑版、鼎彝、古董。凡器玩雜物為商者多南中秀才應第求官者，故遊其市者往往有名

7　王冶秋，《琉璃廠史話》（北京：三聯書店，1963），頁1-17。

士。蓋一市長可五里，雖其樓欄之豪侈不及他市，珍怪奇巧充溢羅積，位置古雅。遵道徐步，如入波斯寶市，只見其瑰然爛然而已，終日行不能鑑賞一物也。書肆有七三，壁周設懸架為十數層，牙籤整秩，每套有標紙。量一肆之書已不下數萬卷，仰面良久不能遍省其標號，而眼眩昏矣。其鑑鋪，始入門無不驚疑失色者，其有提紐者周懸於壁，有臺架者陳於壁下，大者數三尺，小者四五寸，入其中若有千百分身，從壁牖而窺望，恍恍惚惚，良久不能定也。蓋此夾道諸鋪，不知其幾千百廛，其貨物工費，不知其幾巨萬財，而求諸民生養生送死之不可闕者無一焉，只是奇伎淫巧，奢華喪志之具而已。奇物滋多，士風日蕩，中國所以不振，可嘅也已。[8]

這是洪大容對琉璃廠市的地理位置、大小，店鋪，尤其是書肆的布置、貨物內容，遊人成分的觀察描述與感慨。中國第一篇關於琉璃廠市的報導文章，是李文藻（1730-1778）在乾隆三十四年（1769）寫的〈琉璃廠書肆記〉[9]，洪大容的紀錄較之尚早四年。李文記錄了三十一家書店名稱，洪氏除在《燕記》卷一中提到味經齋為李文所無外，別未錄下肆名，然謂有七十三家，足見四年之中有許多變化。

除上錄文字外，洪氏並在他處告訴我們數位琉璃廠肆經營主人的身分。燕記卷一〈張石存〉，石存名經，時年可三十，任欽天監博士，居琉璃廠開鋪賣器玩古董，刻印章。他的天文學識非常疏淺。店內有印史、文王鼎、自鳴鐘等。〈琴鋪劉生〉篇載，劉乃太常伶官，在琉璃廠開鋪賣器玩、琴、及笙簧，並有另一張姓伶官襄助。店內樂器之外，有印章、字軸、棕梠筆筒、黃楊如意。洪氏燕記保留了不少器玩價格資料，如朝鮮樂院購蕉葉古制水晶雁足、青玉之軫、紫金為

8　《韓國漢文燕行文獻選編》，第18冊，頁355-356。
9　手稿前在山東省圖書館，與刻本繁簡不同，字句互異，王獻堂先生曾有考證。見《琉璃廠史話》，頁20的註1。

徽的琴，併銀一百五十兩，棕櫚筆筒索併十五兩，黃楊如意銀二百兩，文王鼎二銀三兩二錢，自鳴問時鐘二百兩，甚至索五百兩，上好印朱一盒銀八錢等。

洪氏留北京五十八天，六訪琉璃廠。自其記述中可知，訪友聚談，琉璃廠為好去處。

王冶秋《琉璃廠史話》說，明代座賈書肆在大明門，即後之大清門外，流動書攤則或在城隍廟。清初書攤移於宣武門下斜街的慈仁寺，而此寺至乾隆初已荒廢，所以琉璃廠書肆始興起。[10]此說未必確論，無論慈仁寺（報國寺）在道光中尚每月三五為市，京外商賈湊集，[11]即在乾隆三十年（1765），琉璃廠之外隆福寺的商市非常興盛，書籍業在其中。洪湛軒的〈隆福市〉謂：

> 隆福寺在大市街西北，明景泰中所建，庭廊弘敞，亦巨剎也。近年以每旬八、九、十凡三日開市于其中，一城商僧貨物所湊集也。正月二十九日與譯官趙明會同車至牌樓下，下車入門。廣庭可方百步，周設帘幕，百用百貨無不具，爛然如彩雲朝霞，民物叢聚，摩戞不可行。……由東庭挨排而入，見冊市充列，百千帙書籍，籤軸整秩。[12]

乾隆中葉為中國極盛之時，一市之興，不必全靠一市之衰敗。洪氏記載可糾王氏的設想。

在中國，李文藻的書肆記之後，關於這一文化街，雖有不少片言隻字記載，然直至辛亥革命後始有繆荃蓀（1844-1912）的〈琉璃廠書肆後記〉，述同治至民國三年（1914）間事，而乾隆中葉至咸豐間之市肆情形無系統記述。反之，此期間朝鮮的紀錄則甚多，因乾隆中葉

---

[10] 王冶秋，《琉璃廠史話》，頁8-13。
[11] 金景善，《燕轅直指》，卷5，〈報國寺記〉。
[12] 編按，見《韓國漢文燕行文獻選編》，第18冊，頁349。

至嘉慶為該國學者訪華交友的頻繁時期。乾隆四十三年（1778）朝鮮的朴齊家（1750-1815）、李德懋（1741-1793）訪華。乾隆四十五年（1780）朴趾源到北京及熱河，五十五年（1801）與嘉慶六年朴齊家與柳德恭同往。他們都是主張學中國而變法改革者，後世稱之為實學或北學派。

李德懋等四十三年五月十五日到北京，十七日便因給一位寓琉璃廠北佛庵的《四庫全書》謄校官傳信而訪廠肆，他的印象是「書籍畫帖鼎彝古玉錦緞之屬，應接不暇，頸為之披；四通五達，人肩觸磨」。[13]然後便去各書肆抄錄朝鮮稀有及絕無的書目。他所歷書肆有：嵩秀堂、文粹堂、聖經堂、名盛堂、文盛堂、經腴堂、聚星堂、帶草堂、郁文堂、文茂堂、英華堂、文煥齋，以及五柳居等三四處。數目較李文藻所錄為少，然名稱幾全見於李文。[14]

13 李德懋，《入燕記・下》，收入《青莊館全書》（首爾：首爾大學校古典刊行會，1966），下冊，頁548。
14 李德懋，《入燕記・下》，收入《青莊館全書》，下冊，頁548-549。茲將各肆所藏李德懋以為朝鮮罕有絕無之書錄下，以見當時朝鮮的學術水準。又錄中有未暇辨清之錯誤（編按，為方便閱讀，以下省略書名號）：
嵩秀堂：通鑑本末、文獻續纂、協記辨方、精華錄、賦彙、欽定三神、中原文獻、講學錄、皇華紀聞、自得園文抄、史貴、傅平叔集、陸樹聲集、太岳集、陶石簣集、升庵外集、徐節孝集、困勉錄、池北偶談、博古圖、重訂別裁古文奇賞、西堂合集、帶經堂集、居易錄、知新錄、鐵網珊瑚、玉茗堂集、傳道錄、高士奇集、唐宋文醇、經義考、古事苑、笠翁一家言、獪園、子史英華、溫公集。
文粹堂：程篁敦業、史料苑、忠宣公集、欒城後集、圖繪寶鑑、方輿紀要、儀禮節略、冊府元龜、獨制詩、文體明辨、名媛詩鈔、鈐山堂集、義門讀書記、王氏農書、山左詩鈔、墨池編。
聖經堂：弇州別集、感舊集、潛確類書、施愚山集、紀纂淵海、書影、青箱堂集、昭代典則、格致錄、顧端公雜記、沈碻士集、通考紀要、由拳集、本草經疏、聞署日鈔、倪元璐集、史懷、本草彙、曹月川集。
名盛堂：范石湖集、名臣奏議、月令輯要、遵生八牋、漁洋三十六種、知不足齋叢書、隸辨、益智錄、幸魯盛典、內閣上諭、帝鑑圖說、臣鑑錄、左傳經世鈔、理學備考。
文盛堂：玉梅溪集、黃氏日鈔、食物本草、八旗通志、戰明百家詩、盛清百家詩、兵法全書、盧道園集、漁洋詩話、荊川武編、呂氏家塾讀詩記、本草類方。
經腴堂：音學五書、大說玲、今詩篋衍集。
聚星堂：安雅堂集、韓魏公集、吳草廬集、宛雅詩持全集、榕集語錄。
帶草堂：堯峯文鈔、精華箋註、精華訓纂、漁隱叢話、觀象玩占、篆書、正明文授讀、香樹齋全集、七修類稿。
郁文堂：賴古堂集、李二曲集。

《四庫全書》於乾隆三十八年（1773）開始修纂，所以此時南方書籍經運河連帆北上，散入琉璃廠各肆，引起士林的鬨動。李德懋五月二十五日記道：「過琉璃廠，又搜向日未見之書肆三四所，而陶生所藏尤為大家，揭額曰五柳居。自言書船從江南來，泊于通州張家灣，再明日當輸來，凡四千餘卷云。因借其書目而來，不惟我之一生所求者盡在此，凡天下奇異之籍甚多，始知江浙為書籍之淵藪。來此後先得浙江書目，近日所刊者見之，已是瑰觀，陶氏船書之目，亦有浙江書目所未有者，故謄其目。」二十八日他去五柳居「閱南船奇書」，發現其中朱彝尊（1629-1709）《經解》，馬驌（1621-1673）《繹史》等稀有之書，且均善本。他們在此買了若干，回國返至通州時，陶生使戚車載追致，李德懋大嘆其信實。[15]

乾隆四十五年朴趾源說，琉璃廠「貨寶沸溢。書冊鋪最大者曰文粹堂、五柳居、先月樓、鳴盛堂。天下舉人，海內知名之士多寓是中」。[16]其後的各家紀錄中出現過聚好齋、聚瀛堂等名稱，對書肆內之布置，經營者的為人有所描繪，且漸漸有「樓」字出現。自朝鮮人記載中得知，清朝禁書琉璃廠書肆中均有，不過置於隱避處，有熟人介紹即可重價購得。如顧亭林（1613-1682）《亭林集》，朝鮮人買到後，等不到回國，途中車上就讀。此外，書肆中淫書春畫，也莫不具備。

從上述琉璃廠書肆的歷史看，韓國研究不獨對中韓關係史有貢獻，就是對純中國史、中國學的研究，也大有助益。

文茂堂：埤雅、許魯齋集、范文正公集、邵子湘集、闕里文獻考、班馬異同。
英華堂：帝京景物略、群書集事、淵海、三魚堂集、廣群芳譜、林子三教、楊龜山集。
文煥齋：榕村集、名媛詩歸、觚賸、穆堂集。

[15] 李德懋，《入燕記‧下》，收入《青莊館全書》，下冊，頁559-560。
[16] 朴趾源著，朱瑞平校點，《熱河日記》（上海：上海書店出版社，1997），頁334。

表一　朝天錄

名稱	著者	刊	寫別	卷冊	年代
點馬行錄	權近	刊	陽村集所收	一／	禑王十三年·洪武二十年·一三八七年
奉使錄	權近	刊	同上	一／	昌王元年·洪武二十二年·一三八九年
陽谷赴京日記	蘇世讓	寫	自筆本	／一	中宗二十七年·嘉靖十一年·一五三二年
朝天錄	鄭士龍	刊	湖陰雜稿所收	一／	中宗二十九年·嘉靖十三年·一五三四年
朝天錄	權撥	刊	沖齋集所收	一／	中宗三十四年·嘉靖十八年·一五四四年
甲辰朝天錄	鄭士龍	刊	湖陰雜稿所收	一／	中宗三十九年·嘉靖二十三年·一五四四年
荷谷朝天記	許篈	刊		三三	宣祖七年·萬曆二年·一五七四年
朝天日記	趙憲	寫	自筆本	／一	同上
朝天日記	趙憲	刊	重峰集所收	三二	同上
鶴峰朝天日記	金誠一	寫		／一	宣祖十年·萬曆五年·一五七七年
朝天錄	裴三益	刊	臨淵齋集所收	一／	宣祖二十年·萬曆十五年·一五八七年
朝天錄	尹根壽	刊	月汀集所收	一／	宣祖二十二年·萬曆十七年·一五八九年
朝天錄	吳億齡	刊	晚翠集所收	一／	宣祖二十五年·萬曆二十年·一五九二年
朝天錄	閔仁伯	刊	苔泉集收	一／	宣祖二十八年·萬曆二十三年·一五九五年
丁酉朝天錄	許筠	寫	惺所覆瓿稿	一／	宣祖三十年·萬曆二十五年·一五九七年
朝天錄	李睟光	刊	芝峰集收	一／	同上
朝天日乘	李恒福	刊	白沙集所收	一／	宣祖三十一年·萬曆二十六年·一五九八年
朝天記聞	李恒福	刊	同上	一／	同上
戊戌朝天錄	李廷龜	刊	月沙集所收	二一	同上

名稱	著者	刊	寫別	卷冊	年代
朝天錄	李安訥	刊	東岳集所收	一／	宣祖三十四年‧萬曆二十九年‧一六〇一年
朝天錄	李廷馨	寫	知退堂集所收	一／	宣祖三十五年‧萬曆三十年‧一六〇二年
甲辰朝天錄	李廷龜	刊	月沙集所收	二／	宣祖三十七年‧萬曆三十二年‧一六〇四年
朝天錄	閔仁伯	刊	苔泉集所收	一／	同上
朝天日記	崔沂	寫	自筆本	一／	宣祖四十年‧萬曆三十五年‧一六〇七年
朝天錄	吳億齡	刊	晚翠集所收	一／	宣祖四十一年‧萬曆三十六年‧一六〇八年
朝天日錄	蘇光震	寫	后泉遺稿所收	一／	同上
續朝天錄	李睟光	刊	芝峰集所收	一／	光海君三年‧萬曆三十九年‧一六一一年
丙辰朝天錄	李廷龜	刊	月沙集所收	一／	光海君八年‧萬曆四十四年‧一六一六年
朝天日記	李尚吉	寫	東川集所收	一／	光海君九年‧萬曆四十五年‧一六一七年
庚申燕行錄	李廷龜	刊	月沙集所收	二／	光海君十二年‧泰昌元年‧一六二〇年
庚申朝天記事	李廷龜	刊	同	一／	同上
航海路程日記	尹暄	寫	自筆本	／一	仁祖二年‧天啟四年‧一六二四年
朝天航海錄	洪翼漢	刊	花浦集所收	二二	同上
槎行錄	全湜	寫	沙西集所收	一／	仁祖三年‧天啟五年‧一六二五年
朝天錄	金尚憲	刊	清陰集所收	一／	仁祖四年‧天啟六年‧一六二六年
朝天錄	金地粹	寫	苔川集所收	一／	同上
雪汀朝天日記	李忔	刊		三二	仁祖七年‧崇禎二年‧一六二九年
東槎錄	崔有海	刊	默守堂集所收	一／	仁祖八年‧崇禎三年‧一六三〇年
朝天後錄	李安訥	刊	東岳集所收	一／	仁祖十年‧崇禎五年‧一六三二年

名稱	著者	刊	寫別	卷冊	年代
朝天記	洪鎬	寫	無住逸稿所收	一／	同上
朝天日記	洪鎬	寫	南陽洪氏文獻所收	一／	同上
北行錄	洪翼漢	刊	花浦集所收	一一	仁祖十五年・崇禎十年・一六三七年

錄自《青丘學叢》第一號，事大紀行目錄。

表二　燕行錄

名稱	著者	版別	卷	使行年	備改
瀋陽日乘	金宗一	刊・魯庵集	一	崇德二年・一六三七年	
瀋館錄	申濡	刊・竹堂集	一	崇德四年・一六三九年	
瀋陽日錄	金鐘正	選集下、據寫本陽坡遺稿影印	一	順治元年・一六四四年	
陽坡朝天日錄	鄭太和	寫本影印、選集下		順治六年・一六四九年	太和字陽坡，在陽坡遺稿名飲冰錄
燕行日乘	沈之源	刊・晚沙稿	一	順治十年・一六五三年	
燕途紀行	李㴭	選集下、據松溪集刊本影印		順治十三年・一六五五年	麟坪大君李㴭，仁祖子，孝宗弟，三入瀋陽九使燕京。松溪集八卷，一一三為詩，乃往來瀋陽北京所作，五一七紀行，全集均與清有關
燕京錄	姜栢年	刊・雪峰遺稿		順治十七年・一六六〇年	

名稱	著者	版別	卷	使行年	備改
壬寅飲冰錄	鄭太和	選集下，據寫本陽坡遺稿影印		康熙元年‧一六六二年	
燕行錄	李俁	排印，青丘學叢第四號		康熙二年‧一六六三年	侯，封朗善君
燕行錄	南龍翼	刊‧壺谷集	一	康熙五年‧一六六六年	
使燕錄	朴世堂	刊‧西溪集	一	康熙七年‧一六六八年	寫本西溪遺稿稱燕行錄
老峰燕行記	閔鼎重	寫	一	康熙八年‧一六六九年	老峰集刊本曰燕行
燕京錄	李俁	寫‧飲冰錄收	一	康熙十年‧一六七一年	此乃瀋陽問安日記，不應曰燕京錄
燕行錄	申晸	寫‧汾厓遺稿收	一	康熙十九年‧一六八〇年	
燕行日錄	韓泰東	寫		康熙二十一年‧一六八二年	七月進賀謝恩陳奏使行
擣椒錄	金錫胄	刊‧息庵遺稿收	二	康熙二十二年‧一六八三年	
甲子燕行雜錄	南九萬	刊‧藥泉集收	一	康熙二十三年‧一六八四年	
丙寅燕行雜錄	南九萬	同上	一	康熙二十五年‧一六八六年	主月謝恩陳奏使行
燕槎錄	吳道一	刊‧西坡集收	一	康熙二十五年‧一六八六年	同上
燕京錄	李俁	寫‧飲冰錄收	一	康熙二十五年‧一六八六年	十一月謝恩三節年貢行
燕行詩	任相元	刊‧恬軒集收	一	康熙二十六年‧一六八七年	
燕行日錄	徐文重	選集下，據寫本形印		康熙二十九年‧一六九〇年	
燕行日記	柳命天	選集下，寫本形印		康熙三十二年‧一六九三年	

名稱	著者	版別	卷	使行年	備改
後燕槎錄	吳道一	刊・西坡集收	一	康熙三十三年・一六九四	
燕行錄	洪受疇	刊・壺隱集收	一	康熙三十四年・一六九五年	
瀋行錄	尹弘禽	寫	一	康熙三十七年・一六九八年	
燕行雜識	李頤命	刊・疎齋集收	一	康熙四十三年・一七〇四年	
燕行日記	閔鎮遠	選集下，寫本形印		康熙五十一年・一七一二年	
老稼齋燕行日記	金昌業	刊		康熙五十一年・一七一二年	亦名稼齋燕行錄
燕行錄	崔德中	選集下，據寫本影印		康熙五十一年・一七一二年	
庚子燕行雜識	李宜顯	陶谷集卷二九－三〇，選集下，據集影印		康熙五十九年・一七二〇年	紀行詩一卷，載陶谷集卷二十
壬子燕行雜識	李宜顯	陶谷集卷三〇，選下，據影印		雍正十年・一七三二年	紀行詩一卷，陶谷集卷三〇
燕行日錄	韓德厚	選集下，據寫本影印		雍正十年・一七三二年	內含承旨公燕行日錄聞見事件，別單，座目彼中賜記，狀啟及別單謄書（簡刪呈繳日錄）
甲寅燕行錄	黃梓	寫・畢依齋遺稿收	四	雍正十二年・一七三四年	
燕京雜識	俞彥述	刊・松湖集收	一	乾隆十四年・一七四九年	
庚午燕行錄	黃梓	寫・畢依齋遺稿收	二	乾隆十五年・一七五〇年	
湛軒燕記	洪大容	選集上，據抄本影印	六	乾隆三十年・一七六五年	

名稱	著者	版別	卷	使行年	備改
燕行錄	嚴璹	抄	一	乾隆三十八年‧一七七三年	
燕行紀事	李押	選集下，抄本影印	上、下	乾隆四十二年‧一七七七年	
入燕記	李德懋	青莊館全書卷六六、六七，抄影	二	乾隆四十三年‧一七七八年	
熱河日記	朴趾源	易見者民四五年臺北中華叢書影抄本六冊一九六六年韓國慶熙出版社影印，一九三二年排印燕巖集本		乾隆四十五年‧一七八〇年	
燕雲紀行	洪良浩	刊‧耳溪集收	一	乾隆四十七年‧一七八二年	
燕行錄	愈彥鎬	選集下，抄影		乾隆五十二年‧一七八七年	
燕行記	徐浩修	選集上，抄影	四	乾隆五十五年‧一七九〇年	賀高宗八旬壽，歷熱河北京
灤陽錄	柳得恭	遼海叢書本，民五七臺北廣文書局影本	二	乾隆五十五年‧一七九〇年	
燕行日記	金士龍	抄		乾隆五十六年‧一七九一年	
燕行日記	未詳	抄	二二（缺一）	乾隆五十六年‧一七九一年	
燕行錄	金正中	選集上，抄本影印		乾隆五十八年‧一七九三年	
燕雲續詠	洪良浩	刊‧耳溪集收	一	乾隆五十九年‧一七九四年	
戊午燕錄	徐有聞	抄	一	嘉慶三年‧一七九八年	

名稱	著者	版別	卷	使行年	備改
燕行錄	李基憲	選集下，刊本影印		嘉慶六年・一八〇一年	燕行詩軹，燕行日記上下，日記啟本，聞見事件
燕臺再游錄	柳得恭	遼海叢書本，選集上，抄影		嘉慶六年・一八〇一年	
薊山紀程	未詳	選集上，抄影	五	嘉慶八年・一八〇三年	事大紀行目錄作徐長輔者，誤
燕行錄	李敬凒	抄		嘉慶十四年・一八〇九年	
續北征詩	李時秀	選集下，抄影		嘉慶十七年・一八一二年	
薊程散考	金學民	抄	一	道光二年・一八二二年	
遊燕薰	洪錫謨	抄	三三	道光六年・一八二六年	
赴燕日記	未詳	選集下，抄影		道光八年・一八二八年	
心田稿	朴思浩	選集上，抄影		道光八年・一八二八年	內燕薊紀程，詩，留館雜錄（燕行雜著）
瀋槎日記	朴來謙	選集下，抄影		道光九年・一八二九年	
燕行日錄	未詳	選集下，抄影		道光十一年・一八三一年 道光十二年・一八三二年	選集作正使鄭元容著，誤。見小序及一二、一八、二三、二九日記事
燕轅直指	金景善	選集上，刊影	一	道光十二年・一八三二年	
燕行日記	黃惠庵	抄	一	道光二十九年・一八四九年	
燕槎日錄	鄭羲永	抄		同治二年・一八六三年	

名稱	著者	版別	卷	使行年	備改
燕行錄	林翰洙	選集下,抄影	四	光緒二年·一八七六年	
燕槎日記	李承五	選集下,抄影	六	光緒十三年·一八八七年	
燕轅日錄	未詳	抄			

*原刊《中國國學》，第9期（臺南，1981），頁101-111。

明末清初的
中韓關係史

第十章
朝鮮初識努爾哈赤

　　明代像中國其他朝代一樣，中國與屬國或屬部之間的關係，《明會典》中大致有所規定，[1]然藩屬與藩屬間的關係如何，當他們發生糾紛衝突時，宗主國如何處置，扮演何種角色，發揮些甚麼功能，則乏成規可考。本文藉萬曆二十年（1592）頃明朝藩屬朝鮮與建州衛努爾哈赤（1559-1626）的一次糾紛及其處置過程為例，對上述問題作一探究。所用史料幾全部取自《朝鮮王朝實錄》。

一

　　明末建州左衛的活動區域在渾河支流蘇子河一帶，該河以南的佟家江及鴨綠地段，有棟鄂部及鴨綠江部女真人居住。因之，在努爾哈赤統一建州各部之前，朝鮮與之沒有接觸的機會。萬曆十六年（1588）努爾哈赤征服上述兩部，疆域擴展到鴨綠江邊，朝鮮與這位建州首領的領土始隔江相連。[2]然而該國對建州左衛的發展情形，第二

---

[1] 李東陽等撰，申明行等重修，《大明會典》（萬曆十五年司禮監刊本），卷58，頁105-109、111-112。關於中國與四鄰的宗藩關係之研究可參考下列諸書及論文：Frederich M. Nelson, *Korea and the Old Orders in Eastern Asia* (Baton Rouge: Louisiana State University Press, 1945). John K. Fairbank, ed. *The Chinese World Order: Traditional China's Foreign Relations*, in *Harvard East Asian series*, No. 32 (1968). 張存武，〈清韓封貢關係之制度性分析〉，《食貨月刊》，第1卷第4期（1971），頁11-17。張存武，《清韓宗藩貿易（1637-1894）》（臺北：中央研究院近代史研究所，1978）。

[2] 萬曆十九年破長白山部中之鴨綠江部落。關於努爾哈赤統一建州之經過，閱蕭一

年纔首次有所瞭解。

萬曆十七年（1589）七月，七、八十個女真人自建州逃出，越江到朝鮮渭原郡的滿浦鎮歸降，告訴朝鮮人說，左衛酋長老乙可赤（努爾哈赤）兄弟已將建州衛酋長李以難收為屬下，老酋「自中稱王」，其弟則稱船將。並謂左衛軍分環刀、鐵錘、串赤、能射四運，不斷練習。脅制群胡，從令者饋酒，違令者斬頭，其最終目標為「報復中原」，即攻擊明朝。[3]朝鮮雖體認到努爾哈赤的桀驁之狀，考慮加強毗連建州的平安北道防務，然而因為努爾哈赤每年猶自明遼東軍取得些金銀賞賜，所以認為「報復中原」之說，似無其理。[4]

萬曆二十年（1592）四月，日本豐臣秀吉兵略朝鮮，史稱壬辰之役。數月之間，漢城、平壤等名城巨邑相繼淪陷，朝鮮國王逃至今安東對岸的義州，乞師明廷。明馳援之師總兵祖承訓攻平壤不克退還，而沈惟敬（？-1597）往議冊封秀吉，准日本朝貢以謀和。[5]時努爾哈赤朝貢北京，聞變，遣屬下報兵部，乞允征倭。說建州與朝鮮連界。倭奪朝鮮，日後必犯建州。他有馬兵三四萬，步兵四五萬，皆精勇慣戰，如允出兵，「他是忠勇好漢，必然威怒，情願揀選精兵，待嚴冬冰合，即便渡江，征殺倭奴，報效皇朝」。[6]兵部以努爾哈赤情詞忠義可嘉，原應允行，以攘外患，然夷情叵測，難以遽信，令遼東撫鎮衙門與朝鮮密議施行，考慮允許有無別患，如稍有窒礙，即拒絕其請求，並令對建州仍嚴加約束，不許攪擾。[7]

山，《清代通史（一）》（臺北：商務印書館，1962），頁17-22、24-25。
[3] 《朝鮮宣祖人王實錄》，第21冊，卷23，頁459，宣祖二十二年七月十二日丁巳條。參見《明代滿蒙史料——李朝實錄抄》（日本東京大學文學部，1958，以下簡稱實錄抄），第12冊。
[4] 《朝鮮宣祖大王實錄》，第21冊，卷23，頁459，宣祖二十二年七月十二日丁巳條。明遼東軍以誤殺努爾哈赤祖與父，年給努爾哈赤銀五百兩，見孫大良、李治亭，《清太宗全傳》（長春：吉林人民出版社，1983）。
[5] 吳慶元，《小華外史》（漢成：朝鮮研究會，1917），卷3，壬辰年二至九月。
[6] 《朝鮮宣祖大王實錄》，第21冊，卷30，頁544，宣祖二十五年九月十七日甲戌條。《明代滿蒙史料——李朝實錄抄》，第12冊，頁507-508。
[7] 《朝鮮宣祖大王實錄》，第21冊，卷30，頁544，宣祖二十五年九月十七日甲戌條。《明代滿蒙史料——李朝實錄抄》，第12冊，頁507-508。

朝鮮見沈惟敬東封平秀吉，已查覺到明朝力弱，故欲以許和退日兵，及見遼東都司所致努爾哈赤欲助剿倭寇咨文，認為明廷也想以建州兵剿倭。他們直覺到，如努爾哈赤來救，「則我國滅亡矣」。惟恐明廷遽允建州所請，努爾哈赤冰合後率三萬大兵臨江，宣稱奉皇旨而來，難以拒絕，朝鮮乃急遣朝官，咨會拒絕。理由是自其祖宗以來，屢被建州三衛之患，尤其成化十五年（1479）奉旨會剿，斬李滿住（？-1467）後，建州餘孽常懷憤恨，時到朝鮮沿江地方寇掠，該國力僅遮遏。建州之蓄怨，非止一日，伺隙報復，積有年紀，其助征倭寇之請，不過陽示助順之形，陰懷猖噬之計。若隨其願，禍在不測。請明朝飭兇徒，痛破姦計，以杜外胡窺探之漸。[8]明朝為之拒絕建州請求。

　　努爾哈赤的鐵騎雖未能馳驅朝鮮半島，他對朝鮮仍一意接近，製造友好的機會。案明代圖們、鴨綠兩江南北盡為女真部落所居。他們與朝鮮或為鄰誼，而接咸鏡北道者多羈屬於朝鮮，稱為北道藩胡。自萬曆十六年（1588）努爾哈赤統一建州各部後，這些朝鮮鄰部或藩部即呈現不穩狀態。萬曆二十年（1592）日軍加藤清正（1562-1611）部長驅咸鏡道，朝鮮藩胡更紛紛叛離。有些朝鮮人被擄掠而去，有些為避日軍而渡圖們江逃入女真境。努爾哈赤輾轉購買朝鮮俘擄及難民，於萬曆二十三年（1595）春至朝鮮平安北道滿浦鎮送還十四名給朝鮮，並投書約好。

　　然而朝鮮地方官吏視來人猶不如一般藩胡，不宴享，不賞賜，將來書棄置席下，以示凌辱輕蔑之意，並聲色俱屬地斥其發無理之言。朝鮮政府得知此情後，以為地方官措施不當，急令接應宴享。[9]七月復有建州人九十餘名至滿浦投書，朝鮮官吏宴接，而仍以明朝禁鮮建交

8　《朝鮮宣祖大王實錄》，第21冊，卷30，頁544，宣祖二十五年九月十七日甲戌條。《明代滿蒙史料——李朝實錄抄》，第12冊，頁507-508。

9　《朝鮮宣祖大王實錄》，第22冊，卷62，頁482，宣祖二十八年四月十四日丙辰條。《明代滿蒙史料——李朝實錄抄》，第13冊，頁18、23。

往理由，不受其書，然潛謄呈報政府。建州人亦拒絕宴享。朝鮮政府深覺自古胡虜中有桀逆之人出為領袖，終必為鄰國及中華之憂。努爾哈赤有多於建州，漸漸有強大之勢，業已十年，今先送還被擄人，曲示禮意，又以番語通書，主張兩境之民勿得侵害。此種舉動絕非北道藩胡可比，故不可以待藩胡之道待之。於是除加強因對日戰爭而廢弛的平安道邊防外，另採取兩項措施：

一、將努爾哈赤的舉動報告明朝。他們認為，平安道接近中國，而明廷素來嚴禁朝鮮與遼東邊上胡人私相往來。努爾哈赤恃強要求交通，若朝鮮邊將拒之，非徒不能禁止兇暴，日後難處之患必多。不如及時移咨遼東，使禁止之令出自中國，則朝鮮可以援辭，也能止建州的「獸心」。

二、由滿浦簽使回答努爾哈赤來書。他們怕如不回答，建州之怒更甚，故由地方官作答，一則示朝鮮國王地位與建州衛領袖之不同，一則留應付明朝責問之餘地。答書委曲開諭，深謝送還俘擄難民，說明「天朝」法禁私相往來已久，若違禁開例，越邊採蔘，不但將導致兩處人民開釁，明朝必也不同意。朝鮮政府並急令邊官優禮厚待來人，應酬接待之際，緩急適當。[10]滿浦簽使傳告建州人，訂九月宴享接他們。然建州人未如約。

　　努爾哈赤一向重視對外關係，縱橫捭闔，遠交近攻。朝鮮與明帝國，關係密切，且為東北亞大國，所以他曲意接近。然而交好的真正目的則在越江採蔘，或仿北道藩胡例，在朝鮮王廷得到某種頭銜，從而獲得些物資的賞賜，即所謂受職給祿。建州當時的經濟尚非常倚重採集，而其中又以人蔘為主要物種。人蔘不獨產於鴨江右岸，左岸所產也自來有名，而產區向為女真人所居或進出之地，明中業後朝鮮始據其地，建為江界等四郡。努爾哈赤統一建州後，其民仍往來採集，而時為朝鮮邊軍射殺。

---

[10] 《朝鮮宣祖大王實錄》，第22冊，卷68，頁575，宣祖二十八年十月七日丙午條。
《明代滿蒙史料——李朝實錄抄》，第13冊，頁20-24。

萬曆十七年（1589）之捕殺事件引起朝鮮風憲官員注意，彈劾地方官防戍不嚴，瞭望不謹。[11]二十年（1594），朝鮮謝恩使申點（1530-？）回國時阻雨永平，適努爾哈赤朝北京也路過其地，便對申氏說：「胡人採蔘者，汝國邊將年年遮殺，非徒斫頭，而至於剝皮。此何等事耶。吾初欲呈於禮部，釋憾於汝國。」申氏答稱：「汝若採蔘於汝地，則我國邊將必不越境而追捕。胡人托以採蔘，潛入我境，故殺之。未知曲在何處。」[12]可知朝鮮、建州雙方已因採蔘事而關係緊張，故努爾哈赤屢欲交通朝鮮，疏通此事，只因朝鮮地方官無識，不知變通，故未成功。及朝鮮為勢所迫，滿浦地方官覆書通情，而更嚴重的事業已發生，從而導致了朝鮮與努爾哈赤的第一回交涉。

二

萬曆二十三年（1595）夏，建州人又越鴨江到朝鮮江界府渭源郡挖蔘，為該國斬殺四十餘人。努爾哈赤遣人問斬捕之由，並言朝鮮應將越邊者送他處置，不應逕自捕殺。朝鮮政府依例咨報遼東，請禁建州越江，一面仍由滿浦僉使回覆建州。然而朝鮮國王對此事有不同的看法，以為努爾哈赤此舉非凡，將為朝鮮之憂。他從朝鮮對日本無一毫曲處，而遭受滔天兵禍的歷史事實得出一結論：不義而強，世亦有之。故夷狄不可以理喻，其所憚者兵威而矣。然其時朝鮮南有倭禍，兵威不張，滿浦答書、移咨遼東固宜，與夷狄禽獸恐無從較曲直，而遼東也未必肯申飭建州；即肯，議論之際費時誤機。因主請時任教練朝鮮八道官兵的明朝遊擊胡大受差人持書責努爾哈赤違法越界，私通朝鮮之非，並眩以兵威。[13]

---

11 《朝鮮宣祖大王實錄》，第21冊，卷23，頁459，宣祖二十二年七月十二日丁巳條。《明代滿蒙史料——李朝實錄抄》，第13冊，頁492-493。

12 《朝鮮宣祖大王實錄》，第21冊，卷28，頁520，宣祖二十五年七月二十六日癸未條。《明代滿蒙史料——李朝實錄抄》，第13冊，頁502-503。

13 《朝鮮宣祖實錄》，第22冊，卷66，頁545，宣祖二十八年八月十三日癸丑條。

胡大受遣其家丁楊大朝隨平安道教練余希元往。適遼東都司移咨朝鮮，說自赴撫順開市之建州人得知，努爾哈赤正調集兵馬，將乘冬入犯朝鮮，以報該國殺其採蔘人之仇。朝鮮乃咨覆原委，並請諭建州以「皇朝禁令」，俾免釁端。[14]

　　余希元至滿浦，遣往來鮮建之間的女真人通知努爾哈赤以他將往建州宣諭之事。努爾哈赤初不信，以為唐官（明官）宣諭當自撫順為之，何以出自滿浦！余氏乃遣楊大朝同朝鮮鄉通事河世國赴建州。他們於萬曆二十三年（1595）十月十八日渡江，留費阿拉三日，二十六日辭，十一月二日回至滿浦。努爾哈赤派副將馬臣、佟養才率兵兩百同行，並作書分別由河世國及馬臣帶交朝鮮及胡大受，且於楊、河辭別時對他們說，犯越建州人被殺者二十七之多，生還者他已將之並家口捉拿罰苦役。今後犯入朝鮮之建州人，請勿殺，捉送於他，極法斬之。朝鮮人犯入建州者，他也捉送朝鮮處置。今後彼此無仇，如前和好，往來之人只持馬策行走即可。並於明人不在場時對河世國說：「天朝之人尋常往來不是異事，爾國之人，古無來此者。今之殺牛供饋，專為爾也。」[15]

　　建州人到滿浦時，余希元令其十六騎先渡入城。他們則出燒酒一碗敬之，希元飲盡以表信任不疑，並與滿浦簽使分別先後款宴之。[16]綜合努爾哈赤書面及馬臣等之口述，其大意有五。一、建州送還朝鮮被擄人有功，而未蒙賞賜。二、朝鮮不拿解建州犯越挖蔘人而擅自殺之。三、他本欲興兵報仇，因胡遊擊宣諭勿與高麗為仇，故作罷論，然朝鮮須以財物償命。四、今後朝鮮、建州兩國如一家，彼此文書往來相通，且欲進見朝鮮國王。五、他恭順守法，保護明朝九百五十里

14　《朝鮮宣錄大王實錄》，第22冊，卷67，頁556，宣祖二十八年九月十七日丙戌條。《朝鮮宣錄大王實錄》，第22冊，卷68，頁575，宣祖二十八年十月七日丙午條。
15　《朝鮮宣錄大王實錄》，第22冊，卷69，頁599，宣祖二十八年十一月二十日戊子條。《小華外史》萬曆二十三年十二月及二十四年正月云希元入建州，誤。費阿拉為舊老城，見孫文良，《清太宗全傳》，頁39。清代一統地圖稱佛阿拉。
16　《明代滿蒙史料——李朝實錄抄》，第13冊，頁42-46。

邊界，學好。韃靼國、海西、建州均有好人、歹人，而遼東官方將好人當作歹人，請遊擊老爺知其冤屈，將其忠順情由奏報朝廷，使他得見天日。[17]

余希元斥努爾哈赤以越境入朝鮮觸犯天朝法禁，殺死固宜，不可索償。至於入王京，相往來，無天朝命令，斷不能行。由於努爾哈赤也曾送還明朝五名被擄漢人，所以馬臣等見向朝鮮索償被拒後，便對余希元說：「欲得老爺賞物。」希元告以此次專為宣諭建州勿攻朝鮮而來，身邊無物可賞，然將歸稟遊擊將軍，轉報軍門，以翌年正月十五日為期，親自帶物品往建州賞之。馬臣說牛皮山近處有五柵，調駐建州精兵兩萬備攻朝鮮，今既蒙宣諭罷兵，請親往觀監撤兵形止。希元告以相信他們，不煩監撤之勞。馬臣答稱，當在希元回漢城覆命前撤盡。希元以坐騎贈之。[18]

在朝鮮政府的指導下，滿浦簽使口頭對佟養才等，書面對努爾哈赤作了如下答覆。一、深嘉送還被擄人之好意，故曾多備宴享之需，並買辦緞衣、人蔘、紬、布等物待建州使來，而建州人竟發怒不來。二、渭源相殺事，朝鮮已將疏於防守之地方官拿問。三、自今以後，兩國遵天朝法，各守封疆，不相逾越，各自禁保其人民，不相生事。四、請翌年春派送還朝鮮被擄人有功者到滿浦接受宴待。該簽使並贈遺馬臣、佟養才等鹽石、魚物、布疋、器皿等。[19]於是一場來勢洶洶的戰爭風暴消除。朝鮮國王高興的說，胡塵一起，其禍有不可言者，今乃坐而彌之，實屬大幸，不戰而屈人之兵，戰之善戰者也。令厚謝胡大受、余希元。[20]

朝鮮原期胡大受即刻函覆努爾哈赤，以便其附送人員，開諭偵

17　《明代滿蒙史料——李朝實錄抄》，第13冊，頁36、42-46。余希元萬曆二十四年入建州時，努爾哈赤說遼東楊布政說他不恭順，方要奏請征他的部落。《明代滿蒙史料——李朝實錄抄》，第13冊，頁80。
18　《明代滿蒙史料——李朝實錄抄》，第13冊，頁35、46-47。
19　《明代滿蒙史料——李朝實錄抄》，第13冊，頁34-35、37-38、42-43。
20　《明代滿蒙史料——李朝實錄抄》，第13冊，頁37。

探。而大受則因待余希元詳報而延遲。時屆隆冬，江冰已合，朝鮮恐誤事機，乃不待胡大受遣人，先派南部主簿申忠一以滿浦軍官身分，持滿浦簽事回帖逕入建州。[21]申氏與兩個通事，兩個奴子，兩個女真嚮導，於萬曆二十三年（1595）十二月二十二日朝發滿浦，冰渡鴨江，二十八日至建州舊老城費阿拉，二十四年正月五日回至滿浦。去時將沿途所經繪載於圖，回後將見聞錄呈政府。此即有名的申忠一《建州聞見錄》。

據此報告，申氏入費阿拉城後直至努爾哈赤客所。後者使人傳達慰勞之意，問有無文書。少頃出見，設小酌，舍申氏於城外將官家。申氏以銅爐口二、匙二十、箸二十雙、紙束、魚物等贈努爾哈赤。二十九日努爾哈赤兄弟召見，令佟養才宴之。正月初一大宴，諸將女眷並出席。努爾哈赤相見，告以此後兩國如一家，永結歡好，世世無替。初二舒爾哈赤召宴，三日努爾哈赤將官設宴，四日舒爾哈赤將官宴之。五日辭回時，努爾哈赤兄弟送黑緞團領衣、貂皮、藍布、綿布、精具馬鞍，並告申氏道，送還被擄人之報賞，不需他物，只要朝鮮除授職銜。如除職，則雖賞布一尺，也願領受，否則賞以金帛也不願。他並要求在近朝鮮雲山對岸地方設陣，且吩附部下，在朝鮮允許除職，上王京之前，不許到滿浦與朝鮮貿易。[22]

余希元之宣諭乃遊擊胡大受之差遣，並未奉到軍門——薊遼總督孫鑛（1543-1613）之命。他所作稟報軍門，正月十五日載物頒賞的許諾，無法達成。然而又不能爽約。於是由朝鮮出銀，他特地冒寒到遼東撫順購買每疋價銀四兩八錢的紅綠金緞三十二疋，另加青布一百九十疋用以賞給跟隨馬臣到滿浦的兵丁。此種緞疋乃明朝在撫順頒賞胡人用的，胡人稱為唐粧。[23]觀乎余希元對努爾哈赤說此物乃薊遼總督孫鑛所賜，可知緞品及數量是按軍門賞賜規格。他買好「賜物」後，

21　《明代滿蒙史料——李朝實錄抄》，第13冊，頁39、44。
22　《明代滿蒙史料——李朝實錄抄》，第13冊，頁54-73。
23　《明代滿蒙史料——李朝實錄抄》，第13冊，頁48-49。

先使人通知努爾哈赤中路出迎，然後持胡大受宣諭文，帶領明、鮮軍官、譯官、家丁等二十餘名，於萬曆二十四年（1596）二月二日自滿浦渡鴨綠江，發向建州衛城。這是為平息此次鮮建紛爭而去建州的第三批人，也是三批中最有權威，官階最高的人。胡大受的宣諭文是一篇未奉朝命，甚至未奉上級命令的中級軍官擅自作之的文字，然內中充滿了恩威並用的詞意，是一篇典型的中國撫夷文獻，謹錄於下：

> 照得本府因朝鮮倭警未息，奉命鎮守，統練八道官兵。頃以爾兩國構怨，不忍坐視，故差官余希元前來宣諭。爾奴兒哈赤果能恪奉指諭，改心易慮，其志可嘉。且覽及訴狀，節據送還人口，歷歷有據，以全鄰好，其功可尚。天朝知爾忠順，豈肯薄爾。今爾國與朝鮮隔一帶水，素為鄰邦，九百餘里邊疆，彼此自為保守，爾猺子何獨可以言功。若私越界限，律有明禁。爾之不來朝鮮，猶朝鮮之不往爾國也。惹禍起釁，多由於此。今爾往來行走之說，斷為不可。嘗聞爾兩國向不差人往來，原以天朝法禁甚嚴。既有天朝號令，則爾兩國義不可私通。本府將爾事情已備達於朝鮮國王，國王無不聽本府之處分也，不必差人面爭是非於國王前也。第朝鮮之人被搶，而爾猺子送還，爾猺子進入朝鮮邊界，而朝鮮殺之，其曲似在朝鮮。然因猺子越境侵擾，邊氓格鬥而死，殺傷相當。此則非朝鮮啟釁生事，其理亦正。爾反要償命，萬無是例。朝鮮雖經倭亂，八道新練兵馬林立，重以天兵八萬分屯形勢，何可束手無策，任令爾猺子闖入乎。爾猺子若不量而妄動，如欲如緣木求魚，所為如以肉投虎。況皇靈震疊，敵國議後，一舉足間，而他日之大禍判焉。到此狼狽，雖悔無及。其未之深思耶！若犯禁私走者，罪固不得辭矣。且死已不可復生，何可因報不可復生之數命，求逞不可必勝之小念。本府據差官余希元所稟，深嘉爾等效順之誠，一面稟報經略軍門，量備金緞等物，即差本官頒給，以示

襄異。當敬恭承命，體領至意，傳諭各頭目，自此以後，務要各守封疆，永遵禁約，毋得仍前紊亂，越境啟釁，亦毋得援此為例，後日復行纏擾，傷本府曲處之意。若兩國再有別論，則聖天子在上，順撫逆剿，邊鎮衙門，自有處置，本府亦無能為爾謀。宜自酌量，毋貽後悔。[24]

　　據朝鮮譯官李億禮記載，希元等二月初二宿仇郎哈洞，三日行至初部落。女真人持酒肉迎於途。四日宿所難地王骨赤家。五日努爾哈赤先遣康古里中途問安，又令中軍張海及其婿忽乎里領騎兵三百，路中跪見，隨行。希元令勿隨行，即散罷。晚宿清水地和羅家。六日行到中途，努爾哈赤遣將八名，領騎步兵六七千列於道，馬兵旋散去。晚宿佟大家。七日行至距費阿拉三十里處努爾哈赤農莊時，努爾哈赤與其弟舒爾哈齊（朝鮮曰小乙可赤，1564-1611）領騎兵三四千出迎。希元馬上相揖，下馬享酒三杯。復行二三里，建州騎兵四五千來，左右行列護行。到距城十五里處，步兵萬人列立道傍，直至衛城而止。[25]這是努爾哈赤對明朝官員禮敬，也是對明鮮人員的軍事示威。據朝鮮鄉通事報告，希元等通過建州歡迎步騎行列時，一女真軍馬忽然高叫，明鮮人驚惶失色，建州其餘騎兵整立不動。[26]

　　努爾哈赤向余希元陳訴的仍是前述幾點：第一，他管事後十三年，只有忠順之心，不敢犯邊，保天朝九百里邊界，而楊布政（山東布政司參議鎬，？-1629）說他不忠，方欲題奏征其部落。他要將此情形呈文廣寧都御使，而楊鎬阻攔，無可奈何。第二，他報請兵部允其征倭，而石尚書（石星，？-1599）不答；第三，朝鮮不報還人之恩，反為一棵人蔘草殺死許多胡人。他本欲加兵朝鮮，以「老爺」宣諭姑罷。他圖名不圖財，請希元將其忠誠稟報軍門，奏明皇帝。希元答以

---

[24] 《明代滿蒙史料——李朝實錄抄》，第13冊，頁51-52。
[25] 《明代滿蒙史料——李朝實錄抄》，第13冊，頁79-82。
[26] 《明代滿蒙史料——李朝實錄抄》，第13冊，頁74-75。

回到滿浦即差人稟報，並許以六月回信告知結果。努爾哈赤道：「此事完結在老爺，不完結亦在老爺。」他只等六月之期而已。

萬曆二十四年（1596）二月八日，努爾哈赤發誓效忠明朝，接受余希元頒賞，並設宴款待希元。九日舒爾哈齊宴請。十日希元等辭歸而努爾哈赤不給隨行朝鮮人馬匹。希元說以凡跟隨人均為他的從人，不可分彼此，朝鮮、建州均明朝屬國，他此來專為鮮建和好，若分彼此，無和好之道，努爾哈赤方許。他並給希元大馬一匹以報希元對佟養才之贈遺，給明鮮一行人員緞衣十件、貂皮二十九領、藍布二十疋，與其弟舒爾哈齊及將官四五十名送至城外一二里處設幕祖餞。希元以「犬羊」之心難測。不無意外之變，兼程前進，十三日即返至滿浦。[27]

努爾哈赤暫停攻擊朝鮮，並非全因余希元的宣諭，遼東方面也曾由撫順所諭誡罷兵。建州欲攻朝鮮原由遼東探知咨會，所以朝鮮亦立即咨覆，請令禁止動兵，並遣通事駐協守靉陽、寬甸等處為副總處探報聯絡。及楊大朝、河世國傳諭建州，復咨會該協守，調換探子。萬曆二十四年（1596）正月朝鮮即接到遼東都司咨文說，去年聞努爾哈赤欲九月間領兵往朝鮮尋仇時，已行令撫順備禦，宣諭止之。然夷狄犬羊之性，原非禮義之鄉，近來兵日強，即中國之邊亦無顧忌，請厚集兵力備之。[28]申忠一到建州時，即知努爾哈赤因遼東及余希元的宣諭而罷攻朝鮮。[29]

儘管遼東官員能迅速禁止建州攻朝鮮，他們對朝鮮與建州之書信往來及胡大受之干預，非常憤怒。申忠一、余希元建州之行歸後，朝鮮奏請使路過遼陽，向東寧道兼理備邊屯田山東布政使司左參議楊鎬呈文說明。楊鎬略看呈文便聲色俱厲的說：「你國與奴酋再度講和，至贈綵幣。你國何不早為咨文，而只令陪臣持文乎！」奏請便說：

---

27 《明代滿蒙史料——李朝實錄抄》，第13冊，頁75-76、81-82。
28 《明代滿蒙史料——李朝實錄抄》，第13冊，頁49-51、53-54。
29 《明代滿蒙史料——李朝實錄抄》，第13冊，頁68。

「余希元曾因宣諭住在邊上，私相贈遺之事，恐或有之，我國豈有贈幣犬羊之理乎？」鎬說：「爾們十分奸詐，極可惡也。爾國大小事當先稟於都司，不當逕請於馬總兵也。且於江上造排窩鋪，採蔘往來云。」[30]楊鎬即翌年以僉都御使經理朝鮮軍務之人。山東布政司使左參議駐遼陽，等於行布政使司，實際的遼東布政使，對朝鮮及建州事務行政上有干預權，故洞悉二者之動靜，努爾哈赤欲搶朝鮮及撫順備禦宣諭禁止，均係由楊鎬稟遼東都司轉咨，令行者。而朝鮮為隨行所願，忽略該司，且不經都司而逕與駐寬甸之協守副總兵文移往來，故楊鎬不悅。

朝鮮奏請使有見於此，乃請其政府將請余希元宣諭、與建州往來前後經過，急咨布政。該國旋接遼東咨文稱，朝鮮與「建夷」各有封疆，舊制不許私相往來交通。所稱統練胡遊擊往行宣諭，未知胡遊擊奉何衙門明文，如何宣諭。今朝鮮與建夷有無交通往來，挖蔘掠人曾否禁止，兩國疆界作何限隔，如有私相交通仇殺，作何禁論，以及與建州講和人是否國王所親差，為何不先行咨會而假借軍門名義等，著作速詳報。[31]

朝鮮遣人持咨文至遼東，先投都司衙門，見無強烈反應，復將投布政司文錄副投進，謂余希元曾有六月再往宣諭之約，若衍期，恐患在朝夕，「將呈訴於楊布政，而不可不稟於老爺」。意在求都司之先容。而都司則謂：「胡遊擊只受練兵之任，建夷非渠所管，乃敢越職而為之，上司及本衙門皆以為未穩。」及見楊鎬，他復厲聲道：「胡大受只領統練之任，而身在外國，非有天朝命令，擅差余希元私相交通，你國王及大臣不知這等奸偽情狀，而反欲為敘功，此事決不可行。」足見遼東官員之怒，朝鮮為胡大受請敘也是一層原因。

[30] 《朝鮮宣祖大王實錄》，第22冊，卷73，頁661，宣祖二十九年三月十四日辛巳條。《明代滿蒙史料——李朝實錄抄》，第13冊，頁78-79。
[31] 《朝鮮宣祖大王實錄》，第22冊，卷74，頁693，宣祖二十九年四月二十一日丁巳條。《明代滿蒙史料——李朝實錄抄》，第13冊，頁86-87。

時蒙古掠遼東，所以楊鎬又說：「北邊一帶方有獫虜聲息，自救不暇，遑恤他乎。爾國則使練兵馬而不肯，使備糧草而亦不肯，不能自強，使天使為价而為征倭奴。又為爾而卻建夷耶！」[32]所謂不肯練兵馬、備糧草，乃因明冊封豐臣秀吉事敗而議征，令朝鮮練兵備糧，而朝鮮表示力有不逮而言。

努爾哈赤等待余希元的回音，曾多方打聽其下落。然從上述遼東軍政官員的談話推測，胡大受、余希元恐難免處罰。事實上他們的名字其後再也未出現於明朝關係史料中。萬曆二十五年（1597）日本再度大舉進兵朝鮮，是為丁酉之役。努爾哈赤再請征倭，復被拒絕。[33]他雖肆無忌憚的讓女真人到朝鮮滿山遍野的挖蔘，仍要求受職朝鮮，進朝王京。[34]然以明朝大兵駐紮遼東、朝鮮，建州既不敢冒進，朝鮮也未敢明目張膽的與建州交往。胡大受、余希元戲劇性的行動，暫時消解了努爾哈赤對朝鮮的攻掠。此外，由於他們二人的介入鮮建關係，朝鮮人員得入建州，從而產生了數篇建州行程紀錄，成為後世瞭解舊老城——費阿拉時期建州情況的珍貴史料，[35]這是意外收獲。

---

[32] 《朝鮮宣祖大王實錄》，第22冊，卷75，頁712，宣祖二十九年五月二十二日戊子條。《明代滿蒙史料——李朝實錄抄》，第13冊，頁90-91。

[33] 時兵部尚書邢玠（1540-1612）總督軍門，據稱有允許之意，以朝鮮及遼東行政當局反對而罷，見《朝鮮宣祖大王實錄》，第23冊，卷98，頁398，宣祖三十一年三月九日甲午條。《朝鮮宣祖大王實錄》，宣祖十二月癸未條。

[34] 《朝鮮宣祖大王實錄》，第23冊，卷78，頁44，宣祖二十九年八月十四日己酉條。《朝鮮宣祖大王實錄》，第23冊，卷80，頁74，宣祖二十九年九月八日辛丑條。

[35] 萬曆二十三、四年之交，前往建州的三批明鮮人員對建州的紀錄，史學界熟知的申忠一近六千字的聞見記見《朝鮮宣祖大王實錄》宣祖二十九年正月三十日丁酉條，《明代滿蒙史料——李朝實錄抄》，第13冊，頁54-73。河世國與楊大朝回後有1200字報告，見《明代滿蒙史料——李朝實錄抄》，第13冊，頁40-42。他隨余希元回後也有簡短報告，見《明代滿蒙史料——李朝實錄抄》，第13冊，頁74-76，然內容遠遜於《明代滿蒙史料——李朝實錄抄》，第13冊，頁79-82所載朝鮮譯官李億禮報告。這四篇均為朝鮮人報告其政府的文字。案朝鮮使華日記，除呈政府的簡單紀錄外，每另有內容豐富的私藏本。然上述三人報告，似未見其私藏本。至於明人見聞，除余希元對朝鮮兵曹判書李德馨談話轉述了楊大朝部分聞見外，筆者淺陋，尚未見其他。這是非常可惜的，因楊大朝、余希元見聞有非朝鮮人所能及者。據余希元說，建州有一浙江紹興府會稽人龔正陸，文理未盡通，然為建州惟一識字人。他少客遼東，被擄三十年。掌文書，教努爾哈赤子讀書，受到豐厚待遇，有群妻子息，家產萬金。當他知道楊大朝、余希元、胡大受均係浙人時，待大朝甚親切，曾

三

　　從上節所述鮮建糾紛及胡、余干預史事可以看出下列各點。第一，明朝嚴禁其藩屬彼此互通。他們之間有事須交涉時，只能透過明朝有關機構。第二，此時努爾哈赤雖猶相當服從明朝，然已顯示出其舛傲氣態。明朝規定朝鮮、建州不可互通，他則定要通書朝鮮，要受其職，要朝王京。他歡迎余希元的盛大軍容，禮敬之外無非展示力量，恐嚇威脅。明朝不允建州援朝抗倭，除因朝鮮反對外，也不無難於控制的顧慮。[36]

　　事實上遼東軍方對努爾哈赤的軍力相當清楚。援朝副總兵李如梅曾對朝鮮國王說：「此賊七千，足當倭奴十萬」，勸國王雖建州兵十名來犯，也速報遼東馳援。[37]通常宗國有事每調屬部兵力，如今建州兵馬強盛，反不敢調遣剿倭，足見附庸變大國時對其鄰部及宗邦的影響。第三，在處理朝鮮與建州爭端中，明地方軍政官員完全站在朝鮮一邊。遼東得知努爾哈赤欲攻掠朝鮮消息後，只通知朝鮮防禦，其後也只據朝鮮咨由禁建州出兵，而全不問其欲攻之由，即爭端的原因。既不許二者互通，也不代為調停，而一味壓禁。遼東如此，胡大受的宣諭榜文及余希元的談話雖略及建州立場，而通篇無非為朝鮮辯護。他們只是訓練朝鮮軍隊的教官，而氣勢腔調宛如大明天子。這種不問是非黑白的作風，實為逼使努爾哈赤走上叛亂的主要原因。第四，明方為維持軍政控制系統，不無忽略通權達變之術。如胡大受之宣諭原係應急行為，而遭遼東軍政雙方攻擊。

引示大朝努爾哈赤戰馬及軍器所在，並云尚有一子在浙，希將之帶到建州。余氏曾函令輸建州內情為條件。（見《明代滿蒙史料——李朝實錄抄》，第13冊，頁48）龔正陸曾否輸情不詳，但大朝、希元由之多知建州事物當屬無疑。

[36] 「山東布政使司參議建議拒絕努爾哈赤第二次請援朝鮮的理由就是：若許猹子征倭，則天朝兵馬多少，朝鮮兵力強弱，山川險易，無不詳知，所關非細。」見《明代滿蒙史料——李朝實錄抄》，第13冊，頁101。

[37] 《明代滿蒙史料——李朝實錄抄》，第13冊，頁102。

控制、導演這次事件發展的是朝鮮，收穫最大的也是朝鮮。這是智慧及靈活外交手腕所致。宣祖大王（1552-1608）所說自古胡虜中有桀逆之人出而領導，終必為鄰國及中原之患，可謂深識東方歷史的發展。因識努爾哈赤行事非常人舉動，命不以待藩胡之道待之，乃透識現勢的措施，而勸使胡大受無上級命令出而干預，是善於運用關係力量的表現。朝鮮利用明人的智慧令人欽服。一旦余希元到了滿浦，他們就在他的名義下積極展開對建州的贈遺及人員、文書的往還。楊大朝帶回努爾哈赤信後，胡大受並無急於回覆之意，朝鮮則勸之回答，且請將朝鮮覆文附送。[38]又恐胡之答書遲緩，乃乾脆自行派遣己國人申忠一入建州。朝鮮政府命滿浦簽事厚遺馬臣等女真人，及遼東咨責，則全部委之胡、余二人。

　　余希元宣諭之勞所得者並非全屬讚謝，怨誹之辭也不少，尤其自朝鮮地方官吏方面。余氏初見馬臣時有以牛馬償人命之言，朝鮮政府以為「示弱」。[39]宣諭建州罷兵歸後，平安道觀察使說他「謀在利己，實無誠心。再到滿浦，軍民受毒；及入胡中，多取笑侮。非但無益於事勢，抑必有害於將來」。又謂余「相公出入之後，歸順之胡辭氣慢侮」。「余相公往來頻煩，不無示弱納侮之悔。」[40]似乎朝鮮在努爾哈赤眼中本來不弱。大致希元等唐人在滿浦不免以天朝大人氣勢處之，享受使役造成鮮人負擔、不便，致惹地方官不滿，而並其宣諭之功勞也誹謗之，埋沒之。

*本文原題〈宗藩關係制度的運作——以朝鮮與努爾哈赤的第一次糾紛為例〉，收入勞貞一先生八秩榮慶論文集編輯委員會主編，《勞貞一先生八秩榮慶論文集》（臺北：臺灣商務印書館，1986）。今按作者指示改題名。

---

[38] 《明代滿蒙史料——李朝實錄抄》，第13冊，頁39。
[39] 《明代滿蒙史料——李朝實錄抄》，第13冊，頁34。
[40] 《明代滿蒙史料——李朝實錄抄》，第13冊，頁76、84、86。

第十一章
清天聰時代後金汗國
與朝鮮的關係

一、前言

　　朝鮮半島在地理上是亞洲大陸的一個水平肢節，為中國東北地理區的南延。其與中國的交通，有水陸兩途。陸路由半島北上，經中國東北，循遼西走廊以達今之河北省；水上則西經黃海，凡中國沿海各地，揚帆即至，而與山東半島之往來尤稱便捷，快時帆航兩日可達。[1] 由於此種密切的地緣關係，朝鮮半島便成了中國文化的接播站，中國文化由水陸傳到此間，再東渡日本。同樣，由於此種交通的方便，中國政治局勢的動亂，對於這裡也發生深遠的影響。

　　在中國歷史上，農業社會的漢民族，經常與北方塞外的遊牧民族相爭戰。如果一次戰爭短時間便澈底的解決了，那麼不論是何方勝利，中國是統一的。一個統一的中國對於朝鮮的關係很簡單，是敵國，或是宗主與屬國的關係。可是當中國南北分裂，北方民族據有淮水以北，海河以北，甚至單單是東北地區時，朝鮮與中國的關係，較複雜且難處理了。因為中國北方民族的軍事力量佔優勢，且據有對朝鮮半島居於建瓴之勢的東北，朝鮮必須屈於其威勢之下。

---

[1]　《明熹宗天啟實錄》，卷80，頁3886，天啟七年正月十八日丙戌條。

然而朝鮮人心有不甘，他們深受中國文化影響，思想、服制皆與漢人相同，自然傾向於南方的漢人；因為他們自己具有高度的文化，所以對於那些南下牧馬，只知彎弓射箭的北方民族異常輕視，且以其為非我族類，而對之自然敵視、排斥並反抗。這種時代，中國的南北及朝鮮形成一種三角關係。朝鮮人心願與漢人接近，而力不從心。這種內心意志與外在環境的不協調，給了他們無限的痛苦和屈辱。直到中國統一局面出現，朝鮮再專屬於南方或北方的勝利者，或是另一個新的主人。歷史上的南北朝，李唐與渤海、宋遼金、及明清之際，均屬此種類型時代。

明清之際明與滿洲及朝鮮這一三角關係中的滿鮮關係，已有日人稻葉岩吉（1876-1940）的《光海君時代的滿鮮關係》一書，[2]敘述自滿洲的興起至光海君退位時的滿鮮關係。本書本欲繼該書綜述清太宗朝的兩國關係，今以時間關係，只述天聰年間事，崇德間者留待將來。

本書取材於《明實錄》、《清實錄》、《天聰實錄稿》、《朝鮮王朝實錄》、《明史》，明清史料及《清史稿》、朝鮮《經國大典》等書。

二、明與朝鮮及朝鮮與後金的關係由來

（一）明與朝鮮關係之由來及其發展

明於洪武四年（1371），因元遼陽守將平章劉益的投降，據有遼東之一部分，二十年（1387）降元太尉納哈出（1320-1388），而擁有金遼。四年之後李成桂（1335-1408）代王氏高麗而主朝鮮半島。成桂以篡竊得位，急欲得到明的承認以穩定其政權，所以屢屢遣使請賜

---

[2]　稻葉岩吉，《光海君時代の滿鮮關係》（大連：大阪屋号書店，1933）。

國號並予冊封。明帝初以其為亂臣賊子而不許，後以其曾反對王氏高麗侵犯明疆，對明忠順友好，乃於洪武二十五年（1392）以高麗古號「朝鮮」賜之，並封其為朝鮮國王。此即李氏朝鮮之創建，及與明的關係由來。[3]

由於中國君主的皇權無所不及。所以歷代對於屬國的一切，在名義上無所不統；由於中國君主的皇恩浩蕩，所以對於屬國的內政都無所干涉。明對於朝鮮便是統而不治。分析言之，二者的關係有以下四個要點：

1. 明為父或宗主國，朝鮮為子或屬國。明君為朝鮮的最高元首，為朝鮮的主權所在。

2. 朝鮮王登極，世子及王妃之立由明冊封。

3. 朝鮮須向明君進貢。

4. 除外交上由於臣子無私交的古訓稍有限制外，朝鮮內政差不多完全自主。

由於兩國的關係是基於互利及經由和平手段建立的，所以兩國自始即能各本「事大字小」之誼，和睦相處，略無齟齬，明太祖且將朝鮮列為不征之國，永保其自治之形態。萬曆二十年（1592）日本西侵，朝鮮八道被陷，國王逃亡，國運搖搖欲墜。當此危急之秋，明廷出兵援救屬國，戰爭賡續七年之久，終於擊退日軍，拯救朝鮮。此次戰爭弄得明民力凋敝，國用困竭，而遼東一隅受害尤烈，論者以為明失遼東，實始於此。然而也的確贏得了朝鮮君的衷心感激。明神宗（1563-1620）在中國為一昏君，而於朝鮮則有再造之恩，受到深切的懷念。因之萬曆以後明與朝鮮的關係，更進了一步，達到空前的親睦。

---

[3]　見張廷玉等撰，《明史》（北京：中華書局，1974），第27冊，卷320，〈朝鮮傳〉，頁8283。

（二）後金汗國的崛起及其與朝鮮的關係

　　當明與朝鮮忙於對日戰爭的時候，兩百年來臣服於明鮮之間的建州左衛女真人，已在努爾哈赤（1559-1626）的領導之下漸漸坐大了。他們先統一建州諸部，繼之以長白山三部，及扈倫四部中的哈達、輝發、葉赫。萬曆四十四年（1616）他們建立了後金國。再過四年擊潰了明與朝鮮的聯軍，這使他們意識到了自己的力量；這是後金汗國轉弱為強的轉捩點。接著下開原鐵嶺。1621年，明天啟皇帝（1605-1627）即位元年，後金一口氣攻下了明在遼東的兩個重鎮——瀋陽和遼陽。於是整個遼東非復明有，這裡是一個歷史注定了與朝鮮非友好的國家。從現在起，後金對於朝鮮的國防，形成了一種威脅，從現在起，環黃、渤二海歷史上的三角鬥爭再度上演。

　　我們說金國對朝鮮是歷史注定了的非友好國家，乃基於前言所述朝鮮與漢民族的文化關係，及其與明的特殊關係。十七世紀的朝鮮人以「小華」自居，與明人誼比同胞，以被視為內服為光榮。且自南宋以來，中國讀書人對於夷夏之辨及君臣大義特別發揚激勵，而朝鮮士大夫對於這兩點也隨之而益加執著。然則在明金戰爭中朝鮮的立場和態度已不問可知。事實上後金對於朝鮮的態度，早就明朗化，因為就在他剛剛統一遼東之後，二貝勒阿敏（1586-1640）便兵下宣川去綁拿駐在朝鮮的明軍官毛文龍（1576-1629）。金雖聲稱此舉完全是對明而不對鮮，可是我們姑不論明與朝鮮是如何的利害一致，同仇敵愾，只要問如果明的勢力因金之壓迫而退出朝鮮，那麼後金不會取明之地位而代之嗎？沒有人相信會如此。可是這是朝鮮所不願意的，不願意便只有與明站在一起，這是戰爭！

　　努爾哈赤之把朝鮮當作假想敵，已早見於天命十年（1625）的記載。這年他議營都瀋陽時說：「瀋陽形勝之地，西征明，可由都爾鼻渡遼河，路直且近；西征蒙古二、三日可至，南征朝鮮可由清河以

進。」[4]南征朝鮮早在他的侵略計劃中了。總之，在明金戰中，金冀望於朝鮮者是：首先脫離明，使明在東方無以立足，以去後顧之憂；然後來加入自己的戰鬥行列，利用其物力人力支援對明戰爭。金國的欲望與朝鮮的目標恰恰相反。這就是存在金與朝鮮間的根本問題，明金之戰一日不息，此問題便一日存在。金如求戰爭的進展，便須先解決它，然而除武力解決外，別無他途。至於解決的早晚及澈底與否，要視金國力量的強大程度而定。

三、丁卯之役

（一）戰爭的原因

　　清太宗天聰元年（1627），金國與朝鮮發生了解決金鮮問題的第一次戰爭。因為此年歲次丁卯，所以史稱丁卯之役（1627）。由前章所述，我們知道金鮮兩國是處於戰爭之勢，然而有戰爭之勢，並不就是戰爭，必須有引發戰爭的其他火燭，方能促成戰爭的爆發。那麼丁卯之役是如何觸發的呢？這要上溯到萬曆四十七年（1619）的薩爾滸（己未）之役。

　　薩爾滸之役是明國想澈底解決金國的一次戰爭，出動兵力相當龐大。並徵調朝鮮兵助戰，朝鮮兵由姜弘立（1560-1627）統帥，歸劉綎（1558-1619）指揮。戰爭結果，明軍大敗，朝鮮軍全部投降。當時金國對朝鮮相當諒解，努爾哈赤對降將說：「爾兵來助明國，吾料其非本心也，因爾國有倭難時，大明曾救之，故報答前情，不得不然耳。」[5]可是這是因為當時金國還無力興問罪之師，故爾出此，及丁卯之役，便執此以為口實了。《朝鮮仁祖大王實錄》記載：「大金國二王子同眾王，致書於朝鮮國王。我兩國原無仇恨，今何為助南朝兵

---

[4]　《清太祖高皇帝實錄》，卷9，頁126-2，天命十年三月一日己酉條。
[5]　《滿洲實錄》，卷5，天命四年三月二十一日條。

馬，欽（侵）伐我國，此一宗也。」[6] 又：「己未年爾國出兵伐我，誰負誰耶？」[7] 天聰元年（1627）太宗朝鮮使臣朴蘭英（？-1636）也說：「先汗發憤，誓天起兵，處處勝捷，實天意也。與朝鮮自前無怨，己未，與南兵分路犯我，便作仇讎。」[8] 這是算舊賬、找藉口，是舊恨作新仇。

其次便是因為毛文龍開鎮江東，據朝鮮以擾金國的後方，威脅金國的安全，所以清太宗說：「明毛文龍近彼海島，倚恃披猖，納我叛民，故整旅徂征。」[9] 毛文龍於天啟元年（1621）七月襲擊鎮江，造成所謂鎮江大捷後，旋為金兵所迫，退入朝鮮，因之是年十月阿敏便到宣川去綁拿他。二年（1622）入據椵島（即皮島），開府東江，而其「毛兵」仍然出沒於朝鮮的平安黃海地方，所需軍糧也多半由朝鮮供給。當光海君（1575-1641）在位時，深恐因文龍而致金國動兵，乃多方與金國周旋應付。

天啟三年（1623），李倧（1595-1649）廢光海而代之，為了請文龍幫他向明帝請封，於是對於毛文龍的活動便特別合作支持，而對於金國的應付便疏落了。天聰元年（1627）十一月，清太宗對朝鮮使臣朴蘭英說的話，可明此種情況的轉變，他說：「新王（指李倧）反正（指奪位）之後，與毛將同心，閉關絕使。」[10] 計自天啟二年至六年（1622-1626），文龍曾三次入侵金國，一次是天啟四年（天命九年，1624）五月，沿鴨綠江越長白山至輝發地方，[11] 一次是十年六月襲擊耀州，[12] 一次是太祖死的那年（天啟六年，天命十一年，1626）五月。《清太祖高皇帝實錄》記載毛氏最後一次的內侵道：

6　《朝鮮仁祖大王實錄》，34冊，卷16，頁189，仁祖五年四月一日丁酉條。
7　《朝鮮仁祖大王實錄》，卷16，卷16，頁189，仁祖五年四月一日丁酉條。
8　《朝鮮仁祖大王實錄》，卷17，卷17，頁244，仁祖五年十二月二十二日乙卯條。
9　《清太宗實錄》，卷2，頁31-1，天聰元年正月八日丙子條。
10　《朝鮮仁祖大王實錄》，第34冊，卷17，頁244，仁祖五年十二月二十二日乙卯條。
11　《清太祖高皇帝實錄》，卷9，頁125-1，天命九年五月一日甲寅條。
12　《清太祖高皇帝實錄》，卷9，頁127-2，天命十年六月一日癸卯條。

丙午（五日），明將毛文龍，遣兵侵鞍山驛，城守巴布泰擊敗之，殺其兵千餘，擒遊擊李良美。上方回軍（征喀爾喀回），聞鞍山驛有警，乘夜急入瀋陽城，諸貝勒俱驅鞍山，至中途聞敵已敗，還。[13]

癸丑（十三日），明將毛文龍復遣兵侵撒爾湖。昏時攻城之南門，城中矢礮齊下，明兵退而結營，我國總兵官巴篤禮從山而下，大呼直入，敵遂敗。巴篤禮率兵追斬敵兵二百餘。[14]

這次襲擊是乘金國之西征，有計畫的俟機而動，深入到薩爾湖、鞍山，在金國內活動達十天左右，金國對此事之重視，觀太祖聞警後之緊張情形可知。是年八月太祖死，太宗於即位後四個月便發動了對朝鮮的戰爭，那麼我們說這是五月渡江有以促成，也不為過。

朝鮮與毛文龍容納來自遼東的難民，也是金國東侵的理由。明末居住在遼東的漢人已相當的多，當時各方面都稱之為遼民。遼瀋失陷之後，這些遼民大批的向朝鮮逃亡。《光海君日記》云：「時賊既得遼陽，逼東八站，軍民之不樂從胡者，多至越邊。」[15]《明熹宗天啟實錄》也說：「奴遣叛將陳堯道為寬奠參將，……馬虎山民任九錫……等，及東山礦徒不肯降奴，各聚眾以待大兵……其逃入朝鮮者，亦不下二萬人。」[16]朝鮮對於這些難民自須收容，或將之送於毛文龍，於是金國便提出抗議，請將他們送回，《清太祖高皇帝實錄》記載：

---

[13] 《清太祖高皇帝實錄》，卷10，頁136，天命十一年五月一日壬寅條。
[14] 《清太祖高皇帝實錄》，卷10，頁136-2，天命十一年五月十二日癸丑條。
[15] 《光海君日記》，第30冊，卷56，頁559，光海十二年五月十二日癸丑條。
[16] 《明熹宗天啟實錄》，卷10，頁512-513，天啓元年五月十二日癸丑條。

> 滿洲皇帝致書朝鮮國王，如爾仍欲助明則已，不然凡遼人之避
> 兵渡鎮江而竄者，可盡反之。今遼東官民，皆已薙髮歸順，其
> 降順各官，悉還原職。爾若納我已附遼民，匿而不還，惟明是
> 助，異日勿怨我也。[17]

朝鮮當然不會將之送還，於是「納我遼民」便成了戰爭的絕好藉口。

朝鮮的物產對金人是最大的誘惑。本來金國初期時專靠搶掠為生，此時雖得遼東，而物資的供應並不充足，加以天命十一年（1626）年歲歉收，所以促成了金人的東搶。

關於天命十一年（1626）遼東歉收一事，我們雖然知道這年秋收時節遼東有霪雨破壞秋收，[18]也知道這年農作生長期內，中國關內及朝鮮都有旱災，[19]然而我們沒有氣象統計可資斷定這時遼東也有旱災。可是觀乎天聰元年（1627）金國的飢饉情形，我們有理由推定上一年的歉收。《清太宗實錄》記載天聰元年（1627）「時國中大饑，斗米價銀八兩，人有相食者。」[20]如果不是前一年歉收，何至如此？那麼金人因歉收而春荒，因春荒而發動戰爭，以搶掠物資，是很自然的發展。

清太宗文皇帝被推為八旗盟主，也是戰爭加速爆發的原因之一，因為太宗對朝鮮是主張採取積極行動的。《朝鮮仁祖大王實錄》記載天啟七年（1627）正月乙酉，朝鮮君臣討論金國東侵的目標時，提及：

---

17 《清太祖高皇帝實錄》，卷7，頁105-1，天命六年三月二十一日癸亥條。
18 《明史‧熹宗本紀》及〈五行志〉。
19 《明史》，第2冊，卷22，〈熹宗本紀〉，頁305，天啓六年五月己酉條：「以旱災勅群臣修省。」《朝鮮仁祖大王實錄》，第34冊，卷13，頁104，仁祖四年六月一日朔壬申條：「全羅監司閔聖徵，啓聞列邑旱乾之狀。」又第34冊，卷13，頁111，同年閏六月一日朔辛丑條：「上下教於大臣曰：『……今日大患，冰雹連年，水旱相仍。』」
20 《清太宗實錄》，卷3，頁49-2，天聰元年六月二十三日戊午條。

> 上皆從之。仍問曰：「此賊為擒毛將而來耶？抑專力我國
> 耶？」（張）晚曰：「聞洪泰時（皇太極）者，每欲專力我
> 國，此賊若立，則必成其計矣。」[21]

張晚是朝鮮掌管軍事的大臣，這話想必有情報可據。此時他似乎還不
知太宗之即位，只依金國的動向來推測可能是太宗得位，果然是清太
宗已立，可見清太宗對朝鮮的態度，大家早已知道。又同書天啟六年
（1626）十月癸亥：

> 平安監司尹暄馳啟曰：「唐將徐孤臣言：『賊將劉愛塔，開原
> 之人，而早年被擄者也，使獉子李姓者，持諺書出送曰：奴酋
> 死後，第四子黑還勃烈承襲，分付先搶江東，以除根本之憂，
> 次犯山海關、寧遠等城。』」[22]

這消息是來自劉興祚（？-1630），興祚乃明人在金做情報工作的，消
息當屬可靠，觀清太宗先攻朝鮮，接著便攻寧遠，可證此信之不妄，
也可見清太宗對朝鮮的積極。

　　金國戰略的運用，也是使朝鮮淪為戰場的原因之一。選擇敵
人的弱點而攻擊之，是作戰的普遍原則。當時金明的戰場西為遼西
走廊，東為朝鮮。在遼西方面清太祖已經吃過大虧，自不好輕易再
試，尤其新君即位，不可以出師不利，喪失威望，而朝鮮戰鬥力金
人則知其絕不會強於遼西，於是便選中了朝鮮半島作為戰鬥演習靶
場，一來可以搶東西，再則可以藉朝鮮戰爭來鼓舞士氣，以備西向
攻堅挫銳。

　　金兵東搶之初，朝鮮人均懷疑是姜弘立促使而來，然後知此說失
實，而韓潤導師則有幾分真確。韓潤是仁祖二年（1624）李適事變中

---

[21]　《朝鮮仁祖大王實錄》，第34冊，卷15，頁158，仁祖五年一月十七日乙酉條。
[22]　《朝鮮仁祖大王實錄》，第34冊，卷14，頁146，仁祖四年十月二十四日癸亥條。

叛臣韓明璉之子，明璉失敗被殺，韓潤則於天命十年（1625）逃至金國，太祖以為游擊。他對於李倧這一集團當然懷恨在心，因之誘金人東攻以洩私恨。《朝鮮仁祖大王實錄》天啟六年（1626）回四月丙戌：

> 備邊司啟曰：「……韓明璉之子潤暨其從弟澤，兵敗之後，脫身逃竄，未知去處。上年接得邊臣馳報稱：『剃漢王四明等來自胡中，言韓姓人兄弟，以甲子十二月投入奴穴，自稱其父謀叛伏誅，盡輸本國事情，又誑被拘諸將姜弘立等，以父母妻子盡被誅夷，為誘賊東搶之計』云。其後剃漢之歸毛營者，所言皆與此合，則其為韓潤兄弟明甚，而本國之憂尤大矣。」[23]

丁卯之役後，他又曾勸太宗再伐朝鮮，清太宗拒絕了。上書天啟七年（1627）十二月丁未：

> 義州府尹嚴愰馳啟曰：「走回平壤人盧國男、盧先孫來言，春初被擄入去，今十一月，……得逃還矣。在虜中聞見，則韓潤倡率己未年及今年擄去之人願從者，連呈狀於汗曰：『朝鮮雖已講和，而違約者甚多，不可不再舉深入』云。兩度呈訴，汗曰：『即已誓天講和，約誓事件中，見其違端，然後再舉未晚也。』」[24]

雖然金國的和戰大計不至決於一投降的外國人，然而事實如此，今一並舉之。

---

[23] 《朝鮮仁祖大王實錄》，第34冊，卷12，頁91，仁祖四年四月十四日丙戌條。
[24] 《朝鮮仁祖大王實錄》，第34冊，卷17，頁243，仁祖五年十二月十四日丁未條。

（二）戰爭的經過

　　金國在發動戰爭之前，我們雖不能說他在國際上有什麼周密的布置，然而太宗曾利用了對明和談這一機會，則是事實。天命十一年（1626）太祖死後，袁崇煥（1584-1630）曾孤使弔喪，並乘機偵探金國的情況，太宗遣使報聘，且提議和談，結果以不得要領而返。天聰元年（1636）正月八日，金國東征之師與西向議和使者同時出發。他們的方向相反，一東一西，他們的使命不同，一在戰爭，一在和平。然而他們的目的一樣——勝利獲得。這種以和談緩明師的作法，《明史・袁崇煥傳》即明白指出：

> 我太祖高皇帝晏駕，崇煥遣使弔，且以覘虛實。我太宗文皇帝
> 遣使報之。崇煥欲議和，以事附使者還報。我大清兵將討朝
> 鮮，欲因此阻其兵，得一意南下。（天啟）七年正月再遣使答
> 之，遂大興兵，渡鴨綠江南討。[25]

其對於誰先提議和談雖顛倒其辭，無妨於緩師的證明。

　　戰爭的兩階段：金國與朝鮮的戰爭，自正月十三日金兵夜襲義州開始，至三月三日江都盟誓完畢，兩國直接建立外交關係，終止戰爭狀態為止。其間自十三日至二月八日金軍進駐平山，兩國開始停戰議和，為戰爭實際進行日期。此期中可以分為兩期，即自正月十三日的義州之戰至二十一日的金軍攻下安州，為兩國的城堡攻防戰時期，自此之後，朝鮮軍隊完全失去了抵抗力。敵人未至而先自潰散，金軍長驅而入，至二月八日入平山，為朝鮮潰卻、金兵掩進時期。至二月八日至三月三日為停戰議和時期，這留待下章敘述。為醒目起見，茲將各分期表列於下並略為敘述：

---

[25] 《明史》，第22冊，卷259，列傳第147，頁6711。

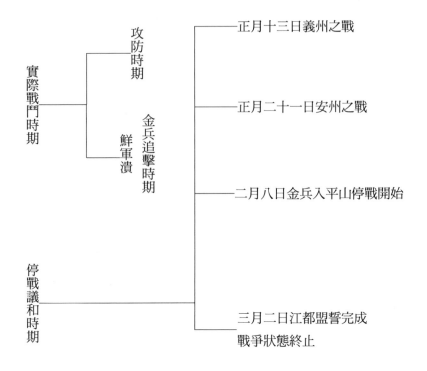

攻防時期 ——— 正月十三日義州之戰

實際戰鬥時期

金兵追擊時期 鮮軍潰 ——— 正月二十一日安州之戰

——— 二月八日金兵入平山停戰開始

停戰議和時期 ——— 三月二日江都盟誓完成 戰爭狀態終止

金兵於正月八日（丙子）自瀋陽出發，統兵將官為二大貝勒阿敏、貝勒濟爾哈朗（1599-1655）、阿濟格（1605-1651）、杜度（1597-1642）、岳託（1599-1639）及碩託（1600-1643）五人，[26] 當時阿敏雖是大貝勒，然並非最高統帥，因金國之設陣前主帥，是天聰五年三月薩哈廉（1604-1636）諫議後的事。[27] 故阿敏致朝鮮國王書時，多以「大金國二王子及眾王子」的名義行之。至於出征兵額，據袁崇煥說有十萬，[28] 而《朝鮮仁祖大王實錄》則稱只有三萬，其奏聞皇朝：

---

[26]　《清太宗實錄》，卷2，頁31-1，天聰元年正月八日丙子條。

[27]　《清太宗實錄》，卷8，天聰五年正月三日乙亥條。（編按，查無此條）至同年四月征南海諸島時已設主帥，見同書，卷9，頁122-123，天聰五年五月二十八日辛丑條。

[28]　《明熹宗天啟實錄》，卷78，頁21a。

> 據議政府狀啟云：本年正月十七日，據平安道都巡察使尹暄等
> 諸將官節續馳啟，本月十三日四更時分，奴賊兵三萬餘騎卒襲
> 義州。[29]

這是金兵退後，朝鮮上明朝皇帝的報告，自然可靠。

他們經過了六天的行軍，於十三日夜襲破明哨，十四日夜到達朝鮮，[30]分兵兩路，一攻義州，一向鐵山收拾毛文龍。《清太宗實錄》記載義州的戰況道：

> 十四日夜，大軍臨朝鮮境，薄義州，樹梯攻城。巴圖魯艾博率
> 八旗精銳先登。總兵官楞額禮，副將阿山及葉臣率八十人繼
> 之，諸軍奮勇齊進，遂克其城。[31]

事實上金軍並未作如何猛烈的戰爭，因為朝鮮守軍防守不嚴，不夠警覺，金兵將守門哨兵襲殺，入城後城中尚未及時發覺，等發覺之後，已來不及布置、作有效的抵抗了：

> 本月十三日四更時分，奴賊三萬餘騎卒襲義州，從水口門，殺
> 其門將，潛師以入城中，軍門不覺兵至。本鎮節制使李莞倉卒
> 出禦，與通判崔夢亮及手下將官，博戰至朝，賊兵多死，而眾
> 寡不敵，力不能支。[32]

敵人既入城中，城防工事失其效用，巷戰的結果，是李莞（1579-1627）

29　《朝鮮仁祖大王實錄》，第34冊，卷16，頁189，仁祖五年四月一日丁酉條。
30　按《朝鮮仁祖大王實錄》金之攻義州在十三日。
31　《清太宗實錄》，卷2，頁35-1，天聰元年三月十四日辛巳條。
32　《朝鮮仁祖大王實錄》，第34冊，卷16，頁189，仁祖五年四月一日丁酉條。

被殺，崔夢亮自盡，[33]城中大小將官，數萬兵民屠戮無遺。[34]義州是朝鮮的大門，國防上第一要塞，而一日之間陷於敵人，既不能殲敵於城下，也沒有繫住敵人部分兵力，使其不能全力深入，或守一短時間，給後方一預備部署的工夫。反之這一戰增加了敵人的士氣，損害了自己的信心。故義州之戰奠定了金國的勝利，也注定了朝鮮的失敗。

金兵向鐵山的一枝也未遇到阻力，他們於十四日晚，分兵趨宣川、浦口及鐵山。但毛文龍自鴨綠江求合後，即移駐雲從島，金兵不得入，乃將各地遼民及明兵大肆屠殺一番而去。[35]

金兵克義州之後，留兵一千駐守，主力休息了一天，便乘勝推進，當晚前鋒即到定州，第二天便開始攻城，克之。繼向郭山郡之凌漢山城招降，守將斬使絕書，誓死守城，金兵乃攻之，於十八日陷其城，於是大將定州牧金搢及郭山郡守朴惟健被擄，宣川府使奇協（1572-1627）不屈而死，三邑軍兵，皆被廝殺，逃生者只數十人，[36]奇協於敵人攻城時，「不脫段衣，射賊被殺」，及城陷，守城高級官員，皆被俘，而協獨死之，因之事後政府特為褒揚。[37]金軍此次攻城，據說是「蒙天眷祐，我軍未傷一人」。[38]然觀乎守城者之堅定，金兵之下凌漢並非如義州那樣奇襲而得，而是力拔堅城，則「不傷一人」之說，殆為虛辭。接著便是安州的激烈爭奪戰。

安州為義州之南的第二重鎮，在清川江之南，為京畿及黃海道的屏障，安州若失，次之便是京畿保衛戰，中間無可守之處。當義州失守後，安州軍情，頓趨緊張，乃請求援兵，平安監司尹暄（1573-1627）派平壤別將金完，率兵一千六百赴援，而金完託故還軍平

---

[33] 《清太宗實錄》，卷2，頁35-1，天聰元年三月十四日辛巳條。「莞」又作「莌」。

[34] 《朝鮮仁祖大王實錄》，第34冊，卷16，頁189，仁祖五年四月一日丁酉條。

[35] 同上註，又見於《清太宗實錄》，卷2，頁35-1，天聰元年三月十四日辛巳條。

[36] 《清太宗實錄》凌漢山城作漢山城，朴惟健作朴田健見。三邑之被攻，見於《朝鮮仁祖大王實錄》，第34冊，卷16，頁217，仁祖五年七月二十二日丙戌條；卷10，頁11a、頁12b、頁15a。

[37] 《朝鮮仁祖大王實錄》，第34冊，卷16，頁196，仁祖五年四月二十二日戊午條。

[38] 《清太宗實錄》，卷2，頁35-1，天聰元年三月十四日辛巳條。

壞。[39]金兵於正月二十日渡過清川江，至安州城下駐營，遣人招降，不聽，乃於翌日黎明時分攻城。[40]守將節度使南以興、防禦使金浚，在外無援兵，敵我兵力懸殊之情況下，嬰城固守。金兵「用雲梯，悉眾蟻附，三戰三退，賊亦死傷頗多。血戰良久，力盡城陷。南以興、金浚等將官數十員，積火藥於中營，自燒死。守城兵民數萬口，屠戮殆盡」。[41]安州之役的戰況，又見於《朝鮮仁祖大王實錄》天啟七年（1627）四月戊午，金起宗（1585-1635）的報告：

> 安州城陷之日，金浚子有聲，隨入火中，而同死；金浚妾良女
> 金姓人，為賊所捕，不屈曰：「夫為忠臣，妾為烈女。」罵賊
> 而死。价川郡守張暾，與金良彥，力爭於南以興曰：「城堞之
> 軍皆是民丁，請以中營射炮分作四衛，隨潰以救。」以興不用
> 其言。城將陷，張暾曰：「事已去矣。」終守信地而死，金良
> 彥則望見烟火曰：「節則高矣，非丈夫也。」當城射賊，矢窮
> 而後，以鞭棍擊殺甚眾，竟投北塘水中而死云。龜城府使金尚
> 毅，東樓將金彥秀與良彥擊賊，力竭而死。[42]

安州以積年專力之地又被攻陷，平壤以東諸城莫不奪氣，於是兩國的攻防戰結束。自此而往，鮮兵潰散於前，金軍迫擊於後，戰事進入另一階段──潰散與追擊時期。

　　《清太宗文皇帝實錄》謂金兵下安州後息馬四日，「二十五日自安州起行，二十六日進至平壤城，城中巡撫總兵以下各官及兵民等皆棄城逃去，是日我軍渡大同江駐營，二十七日師次中和，駐兵秣馬，遣人往朝鮮國王李倧所」。[43]自上述朝鮮政府對黃海道防務一無增

39　《朝鮮仁祖大王實錄》，第34冊，卷15，頁169，仁祖五年二月六日癸卯條。
40　《清太宗實錄》，卷2，頁35-36，天聰元年三月十四日辛巳條。
41　《朝鮮仁祖大王實錄》，第34冊，卷16，頁189，仁祖五年四月一日丁酉條。
42　《朝鮮仁祖大王實錄》，第34冊，卷16，頁195，仁祖五年四月二十二日戊午條。
43　《清太宗實錄》，卷2，頁35-36，天聰元年三月十四日辛巳條。

強，及安州平壤之後，黃海道無可守處，即可推知黃海無戰爭，可是平壤一城朝鮮曾盼望能抵抗一番，豈知它率先潰散，關於平壤的防守兵力，《朝鮮仁祖大王實錄》正月乙酉：

> 平安監司尹暄馳啟曰：「……安州形勢，似難支撐，故海西別勝軍一千七百名已令金完領率往救，平壤則有牙兵二千八百及三手、精抄三千餘名，以此分軍守堞，且令傍邑守令各率民兵入城。」[44]

其後，金完所率一千七百名兵退回平壤（見上），則平壤共有守兵八千，外加民兵，而猶不滿萬。[45]城中軍民早見凌漢陷而已人心惶惶，各作逃難打算。《朝鮮仁祖大王實錄》一月庚寅：

> 尹暄馳啟曰：「……一國存亡，係於安、平兩城，而自凌漢見陷之後，人心洶懼。平壤府品官等三人率妻子潛出，即日梟示云。」[46]

可是尹暄見金人來投書議和，即行呈上，並示斬使絕書，他雖說：「臣非不知斬使、焚書，而古者兩國交兵，使在其間，且少緩賊兵，整頓城守，以待援兵，亦或一道。」[47]然無堅守之心已見，聞安州陷，軍民奪魂，及金兵到肅州，防兵即行潰散。《朝鮮仁祖大王實錄》四月丁酉：

> 游騎遽迫肅川、順安等因。據都體察使張晚馳啟：平壤大鎮，

---

44 《朝鮮仁祖大王實錄》，第34冊，卷15，頁159，仁祖五年一月十七日乙酉條。
45 《朝鮮仁祖大王實錄》，第34冊，卷15，頁159，仁祖五年一月十七日乙酉條。
46 《朝鮮仁祖大王實錄》，第34冊，卷15，頁163，仁祖五年一月二十二日庚寅條。
47 《朝鮮仁祖大王實錄》，第34冊，卷15，頁163，仁祖五年一月二十二日庚寅條。

144　清代中韓關係史論集（卷一）

> 守城軍械，始甚嚴備，而自見安州屠戮，軍民褫魄，縋城逃潰，都巡察使尹暄不能禁制，亦自遁避，本城積年蓄聚蕩然都盡。[48]

尹暄只與四十餘人退往中和，《朝鮮仁祖大王實錄》正月壬辰：

> 尹暄馳啟曰：「賊兵已至肅川，本城軍兵魚駭鳥散，獨坐空城，計無所出。只領軍官四十餘人，退往中和」云。[49]

平壤積年蓄聚所以蕩然者，因城潰時居民乘火打劫，肆行搶掠故。二月壬寅：

> 平安監司金起宗馳啟曰：「……平壤城潰之日，城中人結黨劫掠，恐賊退被誅，堅意附賊，尤極痛惋。」[50]

是劫掠之徒又因而降金矣。

平壤潰後，「中和以東黃州大鎮，及鳳山、瑞興、平山等邑，軍民鳥驚魚駭，望風先潰」。[51]中和府使宋克訒（1573-1635），不告監司，徑先逃走，[52]黃州則敵兵先鋒始至，申景瑗（1581-1641）軍即夜驚潰散，而「平山亦無防守之勢」。[53]瑞興府使金致遠（1572-？）聞州城潰，先自逃走，[54]於是金兵節次進駐。二月二日入黃州，初七進瑞興，八日駐平山城，距漢城僅二百里之遙，那時李倧已先於一月二十六日離都往江華島，以金尚容為留都大將，負責治安，而李倧走

---

48 《朝鮮仁祖大王實錄》，第34冊，卷16，頁189，仁祖五年四月一日丁酉條。
49 《朝鮮仁祖大王實錄》，第34冊，卷15，頁164，仁祖五年一月二十四日壬辰條。
50 《朝鮮仁祖大王實錄》，第34冊，卷15，頁169，仁祖五年二月六日癸卯條。
51 《朝鮮仁祖大王實錄》，第34冊，卷16，頁189，仁祖五年四月一日丁酉條。
52 《朝鮮仁祖大王實錄》，第34冊，卷15，頁166，仁祖五年二月一日戊戌條。
53 《朝鮮仁祖大王實錄》，第34冊，卷15，頁165，仁祖五年一月二十六日甲午條。
54 《朝鮮仁祖大王實錄》，第34冊，卷15，頁166，仁祖五年二月一日戊戌條。

後，都中紊亂，二月乙未二十七日：

> 留都大將金尚容馳啟曰：「大駕出城之後，餘民盡散，三闕衛
> 將託稱扈衛，皆無形影，無賴亂民，乘夜作黨，殺掠難狗，禁
> 捕之際拔劍抗拒，僅捕二人即令梟示」云。[55]

留都大將連亂民都不能治，無論其守城拒敵了，所以金兵一過臨津江
他便抽身而逃。以致官署為盜所燼，如《朝鮮仁祖大王實錄》所載：
「留都大將金尚容，聞賊兵渡臨津，棄城而走，都下大亂。宣惠廳及
戶曹為盜所焚云。」[56]

當金兵主力南下時，「賊又送一枝兵，自義州沿江而上，攻打昌
城府。節制使金時若獨守孤城，力盡無援，城遂陷。時若被執，賊以
刃脅之，時若罵賊不屈，與其二子俱被殺」。[57]而龍川節制使李希建
（？-1627）也於龍骨城破後，轉戰抗敵，[58]然亦無補於大局。

（三）朝鮮的對策

朝鮮的兵力素極微弱，國人自稱其國為「無兵之國」。[59]加之壬
辰之戰，地方酷被摧殘，民力凋弊，無錢養兵，所有尚堪驅使的軍
隊，於己未年（1619）悉數降金，國防武力異常空虛。正月十七日義
州被攻的邊報到達漢城後，朝鮮國王李倧立刻召開了一個大臣會議，
商討應付之策。當時發言盈廷，議論紛紛，然而沒有一個人能拿出及
時有效的辦法來，就是說政府派不出兵來增援前方，戰爭的勝負完全
決於第一線兵力。會議結果決議了下列三點：

　　1. 向三南及江原道徵兵，三南共出兵三萬。

---

[55]　《朝鮮仁祖大王實錄》，第34冊，卷15，頁165，仁祖五年一月二十七日乙未條。
[56]　《朝鮮仁祖大王實錄》，第34冊，卷15，頁173，仁祖五年二月十一日戊申條。
[57]　《朝鮮仁祖大王實錄》，第34冊，卷16，頁189，仁祖五年四月一日丁酉條。
[58]　《朝鮮仁祖大王實錄》，第34冊，卷16，頁189，仁祖五年四月一日丁酉條。
[59]　《朝鮮宣祖大王實錄》，卷35，頁2-1，宣祖二十六年二月二日丁亥條。

2. 任命玉城府君張晚為北四道都體察使；領中樞府事李元翼為三南及京畿道都體察使，金流副之，專制一方，為戰區最高軍事長官。

3. 以李曙專力南漢山城城防；申景禛戍衛京都；金自點籌防江華島。[60]

其後隨著戰事的演進，又有四項措施，就是京都防務的布署、分朝、遷都及議和。今以北路防務、京都防務、分朝及遷都四項述之。

從上述軍事防禦議決中，我們可以看出朝鮮政府的防禦布署重在南漢及江華島。而對於平安黃海並未置於第一位上，這是李倧覺得「賊若長驅，則關西似未及救矣！」[61]「賊過安州、平壤之後，則黃海道無可守之處矣！」[62]所以專力江都南漢，以為遷都或死守之計。至於北路則只派出一個張晚去堵截，然而他沒有足夠的兵力可資調遣，只有開城府的地方部隊，所以他臨行時請調御營炮手一百名，而李倧不允。《朝鮮仁祖大王實錄》天啟七年（1627）正月乙酉：

> 張晚啟曰：「賊若直就大路，則勢必中路相逢，而只帶軍官勢甚孤危，請御營軍中擇精砲手一百名，開城府、長湍軍兵專數調發以去……。」上曰：「依啟，御營軍，姑勿帶去。」[63]

乃請調京畿兵三、四千人，以免空手赴敵。[64]因為他手下無兵，所以雖然前方緊急，而仍然遲遲其行，接到命令後二日方行就道，因之臺官糾劾說：「國勢岌岌，為帥臣者所當星夜以行，規劃捍禦，而張晚受命二日始離碧蹄，請下諭戒飭急急前進。」[65]張晚固不該逗留，然

---

[60] 《朝鮮仁祖大王實錄》，第34冊，卷15，頁158，仁祖五年一月十七日乙酉條。
[61] 《朝鮮仁祖大王實錄》，第34冊，卷15，頁158，仁祖五年一月十七日乙酉條。
[62] 《朝鮮仁祖大王實錄》，第34冊，卷15，頁158，仁祖五年一月十七日乙酉條。
[63] 《朝鮮仁祖大王實錄》，第34冊，卷15，頁159，仁祖五年一月十七日乙酉條。
[64] 《朝鮮仁祖大王實錄》，第34冊，卷15，頁159，仁祖五年一月十七日乙酉條。
[65] 《朝鮮仁祖大王實錄》，第34冊，卷15，頁161，仁祖五年一月二十日戊子條。

其勢力太單弱，也的確值得同情，他在北行途中，向政府報告前方軍情緊急的狀況，及自己的武力情形說：「安州受兵迫在目前，人心危懼，在在告急。臣手下無兵，未能馳救，坐失數百里疆域，沒於腥膻。平壤城子闊大，守備之難甚於以西各城。黃州、平山尤極離離，事出急迫，無計及措，思之氣短。畿輔軍兵千餘名，今始來集，而皆無藥丸。」[66]有將無兵，有兵而無火藥，以此制敵，殆矣！所以張晚沿途逗留，從碧蹄館出發七日始達開城。然而這也有其另外的原因，就是李倧的親貴大臣都佔到便利之地，而獨獨將他空手派出，所以他怨望不前。《朝鮮仁祖大王實錄》一月辛卯：

> 大司憲朴東善，大司諫李楘，……等啟曰：「……殿下親信貴寵之臣宜莫如金鎏、李貴、李曙、申景禛、沈器遠、金自點等，而或入海島，或上出城，或稱扈衛，或除檢察，皆占便安、自全之地，獨使張晚一人空手赴敵，為張晚者能無望乎！是以辭朝七日，始達開城，顯有逗留觀望之狀，臣等以為，張晚不降則走也。」[67]

同時他自己也自始即以為平安不能防守，所以辭朝時曾說：「平安一道，理當棄之。」[68]張晚於正月十七日辭朝，到達開城已是二十五日，那時安州已於二十一日失守，他的北行，無補於北路的敗亡。張晚到開城後，稍微北出，旋即退回。於是兩司官再請催促，說：「體察使張晚，以專制大將，不為守禦之計，而左次退縮於松都，今日國事尚忍言哉！請急速下諭張晚，董率諸道之兵，星火前進，且督咸鏡南北軍，協力備禦。」[69]李倧對於前方的情況比較明白，總共西路四

---

[66] 《朝鮮仁祖大王實錄》，第34冊，卷15，頁162，仁祖五年一月二十一日己丑條。
[67] 《朝鮮仁祖大王實錄》，第34冊，卷15，頁163，仁祖五年一月二十三日辛卯條。
[68] 《朝鮮仁祖大王實錄》，第34冊，卷15，頁170，仁祖五年二月七日甲辰條。
[69] 《朝鮮仁祖大王實錄》，第34冊，卷15，頁166，仁祖五年一月二十八日丙申條。

將所領兵卒不滿五千，「兵力如此，朝廷以為張晚不降則走，宜將士之解體也」。[70]

安州失陷之後，朝鮮「西鄙宿將，皆已敗沒」，[71]乃命鄭忠信（1576-1636）為副元帥，付以西北官兵，添以三南之兵，與張晚商榷進退，同時檄調咸鏡兵付張晚指揮。[72]然咸鏡兵使李檟觀望不進，因之張晚聞賊便走，略無抵抗：

> 合啟曰：「玉城府院君張晚，登途之後，到處遲留，以致平壤、黃州次第潰散，賊騎長驅，視若無人之境。稍聞急報，先自驚怯，賊鋒未到平山，徑走鐵原，出入山峽有同避亂之人，使兩西生靈慘被殺掠之禍。其終始退縮，負國僨事之罪不可饒貸，請命遠竄。」[73]

李倧以其身帶重病，手下無軍，設有所失亦不無可恕之迫，免之。

朝鮮既不能積極的予金兵以有力還擊，阻其南下，便採用消極的清野政策：

> 備局啟曰：「西路各官倉穀分給百姓，清野以待，實合事宜，而倉卒分給，亦恐未免虛踈。或移置山谷，或輸入海島，毋使為賊所得。」上從之。[74]

這種辦法確給金兵造成了很大的困難。《朝鮮仁祖大王實錄》記載，阿敏致張晚書云：「我在野外下營，一百里內，糧、芻撤盡，且無房

70　《朝鮮仁祖大王實錄》，第34冊，卷15，頁170，仁祖五年二月七日甲辰條。
71　《朝鮮仁祖大王實錄》，第34冊，卷15，頁164，仁祖五年一月二十五日癸巳條。
72　《朝鮮仁祖大王實錄》，第34冊，卷15，頁164，仁祖五年一月二十五日癸巳條。
73　《朝鮮仁祖大王實錄》，第34冊，卷15，頁187，仁祖五年三月二十六日癸巳條。
74　《朝鮮仁祖大王實錄》，第34冊，卷15，頁164，仁祖五年一月二十四日壬辰條。

屋，如此艱難辛苦，儞可想了。」[75]其後金將（漢人）劉興祚，又教朝鮮燒艸之策，使金馬無所食。《朝鮮仁祖大王實錄》：

> 但此國之人，人面獸心，難可憑信。預知貴國王投示各城村館，速將糧米轉送空地虛窖裡，人與畜急躲於深山、遠島，毀燒草束，如此則不出半月，勢必回兵。[76]

朝鮮遷都江華之後，恐敵人利用臨津江岸船隻攻島，乃下令將之一燒而光。[77]

我們檢討朝鮮軍隊之所以自安州戰後潰不成軍者，除同安州之慘狀使軍士落膽外，後方的支援無力為最大原因。朝廷派出一個病夫而無兵的張晚去禦敵，這已同兒戲。而張晚又無必死之心，到處遲延逗留，畏怯退縮，欲其不敗，不可得矣。這是北路防務的大概。

京都防務之部署，廷間頗有爭論。崔鳴吉（1586-1647）、李元翼（1547-1634）、尹昉（1563-1640）、沈器遠（1587-1644）及金鎏等，以為臨津江為都城之屏障，不可不防，宜先急此處，而李倧則主張專力南漢山城及江華島。當時畿內可調之兵有三支，即總戎使李曙（1580-1637）所領三千，都監軍申景禛（1575-1643）軍，及水原兵使李時白（1581-1660）軍三千。

李倧令李曙入守南漢，申軍防江，水原軍衛都，後以申軍乃輦下扈術，不可防灘，與李軍對調，而李貴（1557-1633）反對令李時白防守臨津江灘，他說：「臣本不避嫌。李時白，即臣之子也。三千之軍練習已久，若令臨陣，必不旋踵，而今送於臨津乏餉之地，徒死何益！若令勤王，扈衛必固。」[78]這固然也可以說是為公，然顯有袒護

---

[75]《朝鮮仁祖大王實錄》，第34冊，卷15，頁169，仁祖五年二月六日癸卯條。
[76]《朝鮮仁祖大王實錄》，第34冊，卷15，頁178，仁祖五年二月二十六日癸亥條。
[77]《朝鮮仁祖大王實錄》，第34冊，卷15，頁165，仁祖五年一月二十八日丙申條。
[78]《朝鮮仁祖大王實錄》，第34冊，卷15，頁160，仁祖五年一月十八日丙戌條。

之嫌，因之副體使金鎏非常不滿，他道：「寇已深矣。長江之險棄而不守，謀國之道豈宜如此！」[79]李倧乃欲調協折中，令兩軍都派兵守江，金鎏以既已決定不敢更改拒之，然李倧終調時白軍入江華島，而申軍護衛京都，於是臨津江防落了空。領議政尹昉乃請令李曙軍自南漢北移防江，[80]李倧令議處，結果備局希旨請放棄江防，理由是「本津上下五十里，處處淺灘，兵單勢弱，一或失利，次第瓦解。不如專力南漢，以為江都應援」。[81]可是這樣的天然防線棄而不守，是令人難以理解的。於是憲諫兩司於正月十九日疏請命將把守。疏曰：

> 臨津把截之計，尚未堅定，只以若干之兵候望而已。都城無所恃，長江無所賴，此無異於國與敵也。三南軍兵不日將至，定將把守猶可及也，請亟令廟堂極擇大將，急急把截。[82]

始以忠清兵使柳琳（1581-1643）為大將。[83]然琳尚在遠道，不能迅速到職，故江防猶空。其後輔德尹知敬（1584-1634）上言臨津天塹，人人知道該守，所以不能守者，為兵力不足，然李曙兵會於都下者幾三千，各路勤王之師不日將至，不患兵寡。因自請以卒五百截擊江灘；於江中立柵設伏以禦。並慷慨陳辭曰：「古人有以一劍定天下者，以我國兵力，豈可坐而待亡乎！」[84]於是朝廷以尹知敬為臨津檢督御使。

然因南兵未至，只有李曙撥送的部分軍兵，而既無訓練，也無裝備。[85]屢請火藥，而一斤也不到，幸江邊居民聞官軍守江，自動協助伐木立柵，所以他依舊很有信心的說：「上下百里十八淺灘，而若能

79　《朝鮮仁祖大王實錄》，第34冊，卷15，頁160，仁祖五年一月十八日丙戌條。
80　《朝鮮仁祖大王實錄》，第34冊，卷15，頁165，仁祖五年一月二十八日丙申條。
81　《朝鮮仁祖大王實錄》，第34冊，卷15，頁160，仁祖五年一月十八日丙戌條。
82　《朝鮮仁祖大王實錄》，第34冊，卷15，頁160，仁祖五年一月十九日丁亥條。
83　《朝鮮仁祖大王實錄》，第34冊，卷15，頁160，仁祖五年一月十九日丁亥條。
84　《朝鮮仁祖大王實錄》，第34冊，卷15，頁162，仁祖五年一月二十日戊子條。
85　《朝鮮仁祖大王實錄》，第34冊，卷15，頁162，仁祖五年一月二十一日己丑條。

防守，則彼豈能飛渡！」[86]請亟令柳琳北上，撤開城守兵防灘。及平壤潰後，風勢益急，李倧令守漢江，柳琳兵至也屯守漢江，守鷺梁以下，調李曙把截上游。是臨津防務仍然無備。[87]

金兵到中和之後，兩司官再請急防臨津。《朝鮮仁祖大王實錄》天啟七年（1627）二月甲辰：

> 合啟：「伏見張晚狀啟：『賊兵已到劍水，臣將向古長湍，轉入漣川、朔寧』云。趙琦三千之軍，又令張晚領率，則宜急往臨津把截江灘。況雪水方漲，淺灘皆深，虜騎雖疾，豈能飛渡？十三聖陵寢，二百年基業皆在臨津以南，保護淪沒專係於此江之守不守，殿下豈忍舍此而他圖乎？請以此意急速下諭於張晚。」[88]

這纔令趙琦急據臨津險要，移漢江之李曙、柳琳兵（時近萬人）於此。張晚、趙琦未至，於是兩司繼續啟請，尹煌（1571-1639）更猛攻擊道：「自上以為，臺諫皆是迂儒，不足與計事，而今日之誤國，非廟堂而誰乎？……臨津天塹棄而不守，南漢孤城虛老重兵，欲國無亡，不可得也。」[89]幸金兵駐中和不進以議和，臨津得不被兵，而李曙兵始得整頓，稍成軍容。

其後各道兵雖至，而糧藥缺乏，裝備不齊，時猶舊曆二月，天氣仍寒，加以連日大雨，軍卒無處住宿，暴露原野，[90]凍餒交加，於是軍士開始逃散。邊渝軍到谷山，五百餘人一夜逃散，江原道兵兩千，趙琦軍炮手百人均一時亡走，[91]其他漢江、臨津江守軍也因乏糧而時有潰散之虞。

86　《朝鮮仁祖大王實錄》，第34冊，卷15，頁164，仁祖五年一月二十四日壬辰條。
87　《朝鮮仁祖大王實錄》，第34冊，卷15，頁170，仁祖五年二月七日甲辰條。
88　《朝鮮仁祖大王實錄》，第34冊，卷15，頁170，仁祖五年二月七日甲辰條。
89　《朝鮮仁祖大王實錄》，第34冊，卷15，頁170，仁祖五年二月八日乙巳條。
90　《朝鮮仁祖大王實錄》，第34冊，卷15，頁173，仁祖五年二月十二日己酉條。
91　《朝鮮仁祖大王實錄》，第34冊，卷15，頁177，仁祖五年二月二十一日戊午條。

有一事不可不提及者，即李倧為表示國家處於戰爭之中，人人
須有戰鬥精神及準備起見，特命百官戎服視事，其重要舉措首先是分
朝。義州失陷之後，李貴即提議分朝，由李倧在北應付危局，太子南
下另組一政治中心，號召南方人心，如一旦江都被困，不能指揮各道
時，此一分朝即執行統治權。此事有往例可援，故舉朝同意，只有李
倧以愛子而猶豫：

> 上曰：「噫！義州已陷矣。」（李）貴曰：「事已急矣，宜
> 有分朝之舉，但守江都終何所賴？」（尹）昉曰：「李元翼
> 奉世子南下，收拾人心可乎？」上曰：「世子年幼不可遠去
> 矣。」[92]

第二天大司憲大司諫合請曰：

> 分朝之舉自漢、唐以來亦有行之者，況江都僻在海島，大駕一
> 入之後，朝家之命令不行，各道之漕運不通，則豈不大可憂
> 哉？世子雖在沖年，平日臣庶已有愛戴之心，臨亂監撫必有延
> 頸之望，請依古事，亟命分朝屬諸元老大臣，內外控制以為恢
> 復之計。[93]

所謂漢唐以來有行之者，當指唐玄宗（685-762）在蜀，肅宗（711-
762）即位於靈武而言。李元翼又以朝鮮壬辰分朝事相勸，[94]然李倧
以為派一大臣南下亦足號召，元翼答以臣子不足世子號召力大。南漢
山城陷後，元翼等進朝力請，不允不退，且要求勿與宮中商議，因為
女人愛子更甚於男人，一與之商議，一定不成，李倧不得已「勉從」

92　《朝鮮仁祖大王實錄》，第34冊，卷15，頁160，仁祖五年一月十八日丙戌條。
93　《朝鮮仁祖大王實錄》，第34冊，卷15，頁160，仁祖五年一月十九日丁亥條。
94　《朝鮮仁祖大王實錄》，第34冊，卷15，頁160，仁祖五年一月二十一日己丑條。

之。於是決定由領中樞府事李元翼及吏兵兩曹官各一名，奉世子往全州，[95]更命柳斐為分朝大將。安州陷、平壤潰，世子匆匆於正月二十四日起行，是日「政院及侍臣等出送門外，莫不飲泣，道路觀者亦有垂涕者」。[96]

再者是遷都。遷都江華也是李貴所倡。義州戰報始至，他便說：「海西亦難保其必守，須以江華為歸，如有安州敗報，自上即入江都。」[97]當時李倧雖說「徐為此議」，[98]然已令金自點整飭島防，以為遷都之備矣。一月十八日戰報金兵已迫安州，領議政尹昉即促請內殿搬遷，李倧也令防務部署專注南漢、江華，令水原兵使李時白兵，及都監令妻子入島，副都體使金鎏（李元翼南下後為正）入去指揮。

二十一日內殿離都，而同時兩司官則斥責遷都為去邠之邪說。平壤潰後情勢緊急，鄭經世（1563-1633）請幸南部，各承旨應之，張維（1587-1638）知之，乃預告李倧曰：「若然則大事去矣。」李倧也以先已議定遷江華，絕不臨時變動，事乃已。他於二十六日離都，二十九日渡海至江華。渡海時李倧先渡，在後人員混亂異常，《朝鮮仁祖大王實錄》對此有極好的描寫：

> 上所乘馬未及渡，良久乃至，上遂行至行宮，日已暝矣。侍臣從官，人馬相失，或立江上，或在南岸，呼號之聲終夜不止。
> 時人語曰：「並騎翰林，徒步諫官。」[99]

關於江華防務情形，金自點迎接李倧時曾有所報告。《朝鮮仁祖大王實錄》正月乙未：

---

95 《朝鮮仁祖大王實錄》，第34冊，卷15，頁164，仁祖五年一月二十四日壬辰條。
96 《朝鮮仁祖大王實錄》，第34冊，卷15，頁164，仁祖五年一月二十四日壬辰條。
97 《朝鮮仁祖大王實錄》，第34冊，卷15，頁158，仁祖五年一月十七日乙酉條。
98 《朝鮮仁祖大王實錄》，第34冊，卷15，頁158，仁祖五年一月十七日乙酉條。
99 《朝鮮仁祖大王實錄》，第34冊，卷15，頁166，仁祖五年一月二十九日丁酉條。

金自點自江都來謁，上曰：「其處形勢何如？」自點曰：「山河雖美，守備甚虛，通津、金浦、安山與江華有唇齒之勢，而其邑軍兵皆入南漢，非計之得。」[100]

其後軍兵繼集，二月初單單調戍陸軍已有八千五百餘名，而衛戍禁卒及舟師不在其內。[101]江華既為一海島，運輸補給及水師最為重要，故李倧於未離都時即遣人催督忠清、全羅兩道舟師入泊江都。[102]更將陽州、金浦、通津、豐德、仁川、富平留舟楫之官卒調入，[103]水師的人員訓練及裝備也都不錯。《朝鮮仁祖大王實錄》二月癸卯：

上引見金瑬及舟師大將具仁垕。上曰：「舟師事如何？」仁垕曰：「京畿、忠清戰船二十艘矣。喬桐把守則以李時英定別將，甲串把守則以奇汝獻定將矣。」上曰：「火炮及諸具如何？」仁垕曰：「火炮則似非不足。」瑬曰：「……鄭應星則凡事著實，柳孝傑驍將也，可用於陸戰矣。」[104]

此外又造防牌船以濟急。[105]最困難的是糧藥補給不足，及陸軍住宿無所，江都儲米始只二、三萬石，[106]後將京倉及畿內水邊，海西沿海各官倉所儲入運，然直到快要遷都的時侯，所積尚不足一朔支用。及諸軍入後，馬無蒭豆，不堪馳騁。《朝鮮仁祖大王實錄》二月庚子：

全瑬啟曰：「水原馬兵，蒭豆俱乏，又經雨雪，將至顛損，決

---

100 《朝鮮仁祖大王實錄》，第34冊，卷15，頁165，仁祖五年一月二十七日乙未條。
101 《朝鮮仁祖大王實錄》，第34冊，卷15，頁167，仁祖五年二月二日己亥條。
102 《朝鮮仁祖大王實錄》，第34冊，卷15，頁164，仁祖五年一月二十四日壬辰條。
103 《朝鮮仁祖大王實錄》，第34冊，卷15，頁164，仁祖五年一月二十五日癸巳條。
104 《朝鮮仁祖大王實錄》，第34冊，卷15，頁169，仁祖五年二月六日癸卯條。
105 《朝鮮仁祖大王實錄》，第34冊，卷15，頁169，仁祖五年二月六日癸卯條。
106 《朝鮮仁祖大王實錄》，第34冊，卷15，頁160，仁祖五年一月十九日丁亥條。

難騁力於緩急。」[107]

因之馬匹多倒斃。又金自點曰：「馬軍若久留於此，則未滿旬日，馬之死者必過半矣。」[108]「過半」之辭必據當時的死亡率推測者。而軍士乏糧，槍砲又少火藥，二月乙巳：

> 防禦使李時白率將士見於庭，上曰：「爾等為國勤勞，累日暴露，予甚念慮，中夜無寐。今者兇鋒日逼，爾等各思竭力，以圖不世之功。」時白進曰：「軍糧將絕，火藥甚少，奈何？」[109]

無糧無藥之軍，雖思竭力，何以建功？江都軍兵至四月多至三萬餘，[110]其時金兵已歸，不久即分路遣返。

四、停戰與議和

（一）停戰的原因

　　自古無不了之戰爭，一切戰爭最後都歸於和平。金與朝鮮之戰，自亦不能例外。然而戰爭有戰爭的原因，和平有和平的道理。大率戰爭之結束由於三種原因，即交戰一方將他方完全滅亡，或交戰一方提議和談，經對方同意，或有第三者的干涉而制止戰爭的進行。金與朝鮮戰爭的停止，即是由於金國的提議和談，經朝鮮同意而達成者。然則金國何以不繼續戰爭，以達成其取得朝鮮之作戰目的，轉而中途和談呢？朝鮮又為何不抵抗到底，驅敵人於國土之外，而肯中途接受不光榮的和平呢？箇中原因，現在分析言之。

---

[107] 《朝鮮仁祖大王實錄》，第34冊，卷15，頁167，仁祖五年二月三日庚子條。
[108] 《朝鮮仁祖大王實錄》，第34冊，卷15，頁173，仁祖五年二月十日丁未條。
[109] 《朝鮮仁祖大王實錄》，第34冊，卷15，頁170，仁祖五年二月八日乙巳條。
[110] 《朝鮮仁祖大王實錄》，第34冊，卷16，頁194，仁祖五年四月二十日丙辰條。

金國之所以不把戰爭進行到底，最大的原因是由於西顧之憂，就是怕明與蒙古自遼西乘機東進，掩有其本國。此時的所謂蒙古，是指察哈爾部而言。套部蒙古至萬曆而衰，察部繼興，其部長林丹汗（《明史》作虎墩兔，1592-1634）與清太祖、太宗同時，均有擴展勢力、統一沙漠的野心，所以彼此相忌相防。金國南征之師一月八日離瀋，翌日太宗便接到察部征哈爾喀及扎魯特部逃散的邊報。《清太宗文皇帝實錄》天聰之年正月丁酉：

> 有自喀爾喀蒙古逃至者，言察哈爾汗興兵攻掠喀爾喀，人民服者養之，拒敵者被殺，扎魯特部落奔往科爾沁國。[111]

扎魯特部地望在今熱河西遼河流域，金國先曾征之，今察部入來，如循河而下，很快便可以到遼瀋。所以當時瀋陽異常恐慌，這可以於生員岳起鸞的疏中看出。同書三月己巳：

> 生員岳起鸞上言：我國大兵尚未渡江，潛往鳳凰城何益，宜速撤回，儻京城有警，路遠難以猝至，其誰與守？[112]

蒙古東逼又見於同書五年正月太宗致朝鮮國王李倧書：

> 昔我征爾國時，明與蒙古及爾國三路拒敵，我猶整暇自若。[113]

雖有幾分誇張，亦可證蒙古之曾經乘機東逼。然蒙古與明似乎並未聯合一致行動，只有明兵科紀事中李魯生曾於天啟七年（1627）四月丁巳（二十二日）疏陳此意：

---

[111] 《清太宗實錄》，卷2，頁32-1，天聰元年正月九日丁丑條。
[112] 《清太宗實錄》，卷2，頁33-1，天聰元年三月二日己巳條。
[113] 《清太宗實錄》，卷8，頁111-2，天聰八年正月二十八日壬寅條。

閒虎酋素狎奴，奴強實虎忌也。前廣寧未潰時，曾共約滅奴，果能遣諳習情形老曉以利害，大申前約，虎酋必聽我。……倘虎酋從黃泥窪擊瀋，我從河上濟師窺遼陽故墟，毛帥更乘真情歸，邀之半渡，應無弗得志者。……故必虎酋合而後東師進，東師進而後鮮患解。[114]

可是姑無論此一諫議之曾否被採納，縱然採納也已失去時效，因為金兵早已於四月八日渡江回瀋了。

明為金國之至要敵人，自天命十一年（1626）寧遠之役後，袁崇煥乘機修復中、左所及錦州三城，整頓兵馬，欲死戰死守，自錦義而廣寧遼瀋，步步東逼，這是全國的最大威脅，所以太宗於南征時，不敢悉力前往，而留兵十萬防河衛都。形勢雖如此，可是金之南征為明廷始料所不及，且是年一二月間明國傳說金兵將三路西進，一攻寧遠，一截中右，一闖關門，[115]所以朝廷內外正忙於調兵運糧，聯絡東鎮直搗「奴巢」，[116]全然不知金兵之南下，直到二月十五日才接到朝鮮被攻的報告。袁崇煥一面調發水師東援，一面譴責金國之侵略，並要求其退兵。[117]《清太宗文皇帝實錄》天聰元年三月壬申，崇煥致太宗書謂：

方以一介往來，又稱兵於朝鮮，何故？我文武兵將遂疑汗之言不由衷也。兵未回，即撤回，已回，勿再往，以明汗之盛德，息止刀兵。[118]

---

[114] 《明熹宗天啟實錄》，卷83，頁4044，天啟七年四月二十一日丁巳條。
[115] 《明熹宗天啟實錄》，卷81，頁3928，天啟七年二月八日乙巳條。
[116] 《明熹宗天啟實錄》，卷80，頁3884，天啟七年正月十六日甲申條。
[117] 《明熹宗天啟實錄》，卷82，頁3989，天啟七年三月十一日戊寅條。
[118] 《清太宗實錄》，卷2，頁34-1，天聰元年三月五日壬申條。

太宗接書後之四日，便親到遼河視察防務。同書三月乙亥：

> 上與諸貝勒遊幸，次遼河岸，上遣人召大貝勒代善、莽古爾泰
> 至，命代善中坐，莽古爾泰列坐，設宴。上曰：「二兄偕至，
> 朕願各奉一騎。」[119]

「遊幸」二字不過圖掩飾其緊張而已，且此處已透露代善（1583-1648）與莽古爾泰（1587-1633）早已駐屯河上指揮防務。

是時朝鮮陪臣金尚容（《明熹宗天啟實錄》作金象容，1561-1637）適在北京，聞戰訊，乃請速發偏師乘虛搗巢，一舉可以全屬國、滅群醜。明廷也以為「奴兵東犯，朝鮮必不能支，若鮮折入奴，則奴勢益張矣」。[120]因令崇煥以輕師入搗，大兵陳河接濟。[121]崇煥則以為金兵十萬居守以待，且以驚魂少定之兵，不可責之趨險覆巢。[122]因之只遣趙率教（1569-1629）等率兵逼三岔河，以牽制金兵。[123]至於水師為援毛文龍者，四月十三日方自登州出發。[124]這些措施對於朝鮮是緩不濟急，所以它不得不接受和談；對於金國則為莫大的威脅，所以它不能不匆匆撤兵，這是談判之所以成功者一。

朝鮮戰場上的動態也是促成談和的原因之一。朝鮮各城守的斬使絕書，凌漢山城及安州的血戰，朝鮮的遷都及防江，都表示朝鮮人絕不投降，金兵以有限的時間，有限的兵力，對朝鮮事不可能得到澈底的解決，那麼中途妥協是最好的退場辦法。所以當阿敏欲繼續作戰時，高級將領群起反對。朝鮮方面對於戰局的認識也很清楚。明的援助不可恃，毛文龍自救不暇，而自己的軍隊又以缺糧乏餉，時虞潰

---

[119] 《清太宗實錄》，卷2，頁34-2，天聰元年三月八日乙亥條。
[120] 《明熹宗天啟實錄》，卷82，頁3989，天啟七年三月十一日戊寅條。
[121] 《明熹宗天啟實錄》，卷82，頁3989，天啟七年三月十一日戊寅條。
[122] 《明熹宗天啟實錄》，卷83，頁4045，天啟七年四月二十一日丁巳條。
[123] 《明熹宗天啟實錄》，卷83，頁4045，天啟七年四月二十一日丁巳條。
[124] 以上見《明史・袁崇煥傳》；《明熹宗天啟實錄》，卷77，頁24a；卷78，頁21a；卷79，頁2b。

散。雖不能主動的求和，而敵人既來「請和」，自不可不予以「羈麋」之，於是兩相情願，和事遂成。

（二）停戰的接洽

金兵破義州後，到定州，宣川及凌漢山城即派人招降，數朝鮮之罪外，並謂「爾國要和好？差官認罪，火速來講」。[125]定州投書中限朝鮮於正月二十七日前答覆。而各城守將或拒其使，或斬使絕書。[126]攻下安州後，金人說：「安州已陷亦不許和乎？」[127]再遣人持書至平壤投遞。是時平壤人心惶惶，軍民紛作逃計，平安監司乃將金書奏呈朝廷，並謂：「臣非不知斬使焚書，而古者兩國交兵，使在其間；且少緩賊兵，整頓城守，以待援兵，亦或一道。」[128]

漢城方面在正月十八、九之前已接到金書，且已草就覆文，然以臺諫官員之反對，及此時尚未知定州、凌漢之失，對前方戰事猶寄以希望，故未發出。其草文之內容如何，已不可見，惟臺諫官斥為「措辭卑遜，有不忍見」。[129]則其大要可知。定州陷後，朝鮮已決定遷都分朝。適平安監司呈到金書，李倧即召集大臣們商討，大家咸以安州防務不可恃，賊有長驅之勢（時安州已失，敗報未至耳），乃援袁崇煥之對金議和為例，決定與金和談，派姜弘立及朴蘭英（壬辰被金俘，時隨金兵南下）之子姜璡、朴霙持國書往金營接洽。時金兵已越平壤至中和，派人往見李倧，不果，至是遇璡、霙二人，這是雙方為和談第一次碰頭：

---

[125] 《朝鮮仁祖大王實錄》，第34冊，卷15，頁189，仁祖五年四月一日丁酉條。

[126] 《朝鮮仁祖大王實錄》，第34冊，卷15，頁172、173，仁祖五年二月十日丁未條；第34冊，卷15，頁181，仁祖五年三月三日庚午條。定州投書，見第34冊，卷16，頁189，仁祖五年四月一日朔丁酉條；限二十七日回答，見第34冊，卷15，頁164，仁祖五年一月二十四日壬辰條。

[127] 《朝鮮仁祖大王實錄》，第34冊，卷15，頁172，仁祖五年二月十日丁未條。

[128] 《朝鮮仁祖大王實錄》，第34冊，卷15，頁163，仁祖五年一月二十二日庚寅條。

[129] 《朝鮮仁祖大王實錄》，第34冊，卷15，頁160，仁祖五年一月十八日丙戌條。又見《清太宗實錄》，卷2，頁16a，以其文為節略，故不採錄。

二十七日，師次中和，駐兵秣馬，遣人往朝鮮國王李倧所，未達而還。既而朝鮮遣使二人，齎書至中和來迎我師，其使即我前時陣獲朝鮮元帥姜弘立子，及參將朴蘭英子也。[130]

金國的所謂講和，是朝鮮認罪。然而朝鮮不接受此種「劫和」，所以在國書中將金之作戰藉口，一一駁斥，並要求金兵先退出朝鮮，而後再舉行和談：

我國與爾本來無怨恨。我國臣事皇朝二百餘年，皇朝伐爾國時要我兵馬，既有天子敕命，何敢違也？且如爾未背皇朝時，皇朝有命，爾豈不從乎？毛將既是天朝將官，來寄我疆，義不可拒。我與爾既無怨又無恩，疆域阻隔，信使不通，爾國有慶弔，我豈聞知？向來我有吉凶，爾亦嘗通問乎？前日，我國不與爾通好者，以爾之背皇朝也。爾既與皇朝通好，則我國何故與爾不好也？今者爾國無故動兵，出我不意攻我城池，殺我人民，是我國未嘗負爾，而爾先負我，上天有知，其將以爾為直乎？雖然，兩國相戰，多殺人命，非天所好也。爾若息兵通好，則必以禮義相接，不可以兵戈相脅。我國世守禮義，不忍為此，爾若要我通和，須先解兵西歸，方講是事。[131]

阿敏覆書，數金對朝鮮的七大恨事，以駁斥朝鮮無故興師的指責；要求派遣文官議和；拒絕退兵，但允暫停進兵，留中和五天以待和使，如使不來，即繼續進兵。遣阿本、董納密持書隨姜璘、朴𥶿往見李倧，阿本、董納密未返，又遣札弩及科貝前往。[132]阿本與董納密於正月底（二十九日）到開城，時張晚駐此，欲留之而代為呈書，不肯，

---

130 《清太宗實錄》，卷2，頁36-1，天聰元年三月十四日辛巳條。
131 《朝鮮仁祖大王實錄》，第34冊，卷16，頁189，仁祖五年四月一日丁酉條。
132 《清太宗實錄》，卷2，頁36-2，天聰元年三月十四日辛巳條。

繼續進前。

張晚乘夜差人預報李倧，時李倧將渡海往江華，猶駐海邊，乃與朝臣討論要不要接見。臺諫反對議和，故主張拒絕接見，然大部分政府官員均以為「國家危亡在此一舉」，不和則已，和則不可不見，李倧也為「以天子尊，亦見胡使」，決定必要時親自接見。[133]不久阿敏所派第二批人已到，這次金國提出了議和的條件，要朝鮮與明斷絕關係，而與金結為兄弟之國。並促速遣重臣前往議和：

> 胡書曰：「大金國二王子答書於朝鮮國王。兩國和好，共言美事，貴國實心要和，不必仍事南朝，絕其交往，而我國為兄，貴國為弟。若南朝嗔怒，有我鄰國相近，何懼之有？果如此議，我兩國告天誓盟，永為兄弟之國，共享太平。事完之後，賞格在貴國裁處。可差擔當國事大臣，速決完事。不然，途道往返，羈遲不便，毋視我為不信也。」[134]

而「賞格」二字已含禮幣之義矣。

五天的期限已近，而和戰乃國之大事，不可草率從事，因之限內派出大臣，乃不可能者，於是先遣姜瑞及朴霙馳告金人以和使即至，以免其兵鋒南下。可是時間仍然不利於朝鮮，金兵至期未見朝鮮使來，便啟程南下，二月初五至黃州，翌日姜、朴始至：

> 二月初五日，大軍至黃州，城中軍民悉逃遁，我軍即駐營其地。翌日，李倧仍遣姜弘立、朴蘭英之子，並兩使臣偕扎弩至。來使曰：「吾王聞貝勒之言，已遣一親信大臣來矣，令我先來馳告。」[135]

---

[133] 《朝鮮仁祖大王實錄》，第34冊，卷15，頁166，仁祖五年一月二十九日丁酉條。
[134] 《朝鮮仁祖大王實錄》，第34冊，卷15，頁167，仁祖五年二月二日己亥條。
[135] 《清太宗實錄》，卷2，頁37-1，天聰元年三月十四日辛巳條。

朝鮮政府於姜朴去後，一面任命晉昌君姜絪為和談大使，一面將當前局勢作了一通盤檢討，結論是朝鮮軍隊已不能對敵人作有效的抵抗，和平談判非進行不可，可是絕不接受「斷絕南朝」的條件。這是和談的唯一難題，朝鮮決心爭取這一條件的剔出，不然則雖「以國斃不敢從」。而且能戰始能和，金國的和談誠意也並非可靠，所以仍須積極備戰，以作和談的張本，如一旦和談破裂，也可應付金人的攻擊。

可是一面要作戰，一面又要和談，這對作戰士氣有相當壞的影響，同時臺諫官員及大學生猶在竭力主張作戰，反對議和。為了不影響士氣，使國人及敵人知道政府的政策，在和談中的態度，李倧於和使出發的前一天（二月四日）頒發了一篇教諭，說明一切，首先敘述金人的侵略及國軍的作戰情況，引咎自責：

> 教中外書。王若曰：「不弔天（作者按：天上應有一字），降禍於我國，女真小醜越茲蠢，西土人咸罹兵刃，龍灣、凌漢、清川三城，不能一朝守，以至於平壤潰、黃州散，封豕長蛇之勢有不可遏。惟予不德，誕遭大艱，不得不踵太王之踰梁，少避凶鋒，茲奉廟社、慈殿，出次江都。都人士女顛仆道路，萬品失序，八路震蕩，痛心靦顏，罪實在予，尚何言哉！」[136]

繼言金人請和之狀，及政府對和談所持立場：

> 伊賊自過安州之後，累差人致胡書，以要通好。犬羊之言雖不可信，在我權宜應變以為一時緩兵之計，則有不得已。而虜心叵測，至以拒絕天朝為辭，此則君臣天地，大義截然，有以國

136 《朝鮮仁祖大王實錄》，第34冊，卷15，頁168，仁祖五年二月四日辛丑條。

斃不敢從也。朝廷方遣晉昌君姜絪回答於虜中，此一款當嚴辭以拒之。賊若捨此一款仍求和好，則雖有城下之恥，姑紓目前之急。[137]

最後言對敵人須提高警覺，言當前軍事上之困難，要求國人精忠衛國：

> 第無厭之慾、難從之請，一有不從，其禍尤酷，前鑑不遠，在宋之世。乃今日定算，則畿輔之卒，屯據南漢；三南之兵，遮截漢江；西北之軍議賊之後，庶齊鋒淬刃，相機剿滅。但江左根本，形勢孤危，三軍暴露，百官倚壁，而糧餉方匱，舟師未集；沿江諸屯，兵食俱缺，西師新破，北軍未到，而驀突之患正在朝夕。斯乃忠臣烈士，流涕讀詔，血誠報義之秋也。咨爾藩鎮守宰，大小士民，咸奮忠義，敵王所愾，或催趲兵馬，或督運糧餉，同心同仇，以報國難。[138]

於是翌日即以姜絪（1555-1634）假衛刑曹判書，持國書趕往金營。書中說明晉昌君負責和平談判，及斷絕南朝一款不可行。此書與前次者大不相同，前者朝鮮態度強硬，要求金國退兵，今者辭氣和緩，專在和事之成，代表朝鮮政策的新面目：

> 日者專价之還，迫於程限，立馬催行，忽忽作書，未及詳復。吾兩國相好之意，其來有素。雖緣事故多端，聲問相阻，何嘗有纖芥於其間哉？乃者，貴國無故動兵，深入我境，私怪其故，未敢相問。蒙此貴國前後移書，開示悃愊，更尋前好，期享太平；而兵隨書後，事與言異，乍信乍疑，未以為然。近

---

137 《朝鮮仁祖大王實錄》，第34冊，卷15，頁168，仁祖五年二月四日辛丑條。
138 《朝鮮仁祖大王實錄》，第34冊，卷15，頁168，仁祖五年二月四日辛丑條。

接哨報，聞貴國已有退舍，[139]足見貴國求和之意，出於真情，此固兩國之福也。茲以專差重臣，進詣麾下，約誓之成，其在於斯。兩國相好，必須誠心相接，真實無偽，然後方為可久之道，如有一毫未安於心，而徒以口舌外為響應，則不但不穀有自欺之愧，天地神明實所共臨，茲敢盡吐所懷。我國臣事皇朝二百餘年，名分已定，敢有異志！我國雖弱小，素以禮義著稱，如使一朝而負皇朝，則貴國亦將以我國何如也？事大交鄰，自有其道，今我和貴國者所以交鄰也，事皇朝者所以事大也，斯二者並行而不相悖矣。惟當各守封疆，兩盡道理，相安相樂，世世不絕，此固不穀之至願，而上天之所喜也，惟貴國圖之。[140]

現在和談好像就要開始，可是事情沒有那麼簡單，金營諸將對於和戰問題意見的分歧，影響了議和的進展。

　　金將對於和戰意見之不一，不自現在始，早在進入平壤之後便已發生，到中和再度衝突，至黃州已是第三次了，這是姜弘立向朝鮮王報告的：

及陷安州，胡將又曰：「安州已陷亦不許和乎？」既送文書之後，不待二十七日之限又復動兵。到平壤之後，一半則欲還，一半則以為不可，更欲動兵，到中和則國書已來矣。貴永介之子要土以為朝鮮與我非讎，既破一道，今又不可進兵。諸將皆欲從之，而首將稱王子者以為不可，遂進兵黃州。其日朴雯先往，報以遣使臣之言，則諸胡皆喜，及胡差還，胡將發怒進

---

[139] 黃海監司李必榮馳啟曰：「權瑊持國書入去，值賊於中和，賊見書有喜色，將退入平壤云。」見《朝鮮仁祖大王實錄》，第34冊，卷15，頁167，仁祖五年二月一日戊戌條。
[140] 《朝鮮仁祖大王實錄》，第34冊，卷15，頁168，仁祖五年二月五日壬寅條。

兵。聞使臣之來，招臣等，臣等進去，則國書已拆矣。[141]

《清太宗文皇帝實錄》對於前二者未提，只在黃州的衝突情形說：

> 時大軍駐黃州，朝鮮使將至，和議有端緒矣。大貝勒阿敏頗
> 懷異志，凡事不與眾謀，指麾自專，欲率大軍前進。諸貝勒
> 及總兵官李永芳議曰：「我等奉上命，秉義而行，若自背前
> 言，不義。前書已有言：朝鮮若遣親信大臣來，負罪請和，盟
> 誓天地，即行班師。今盡暫駐於此，待其大臣至，聽其言辭再
> 議。」時阿敏面訴李永芳曰：「我豈不能殺爾蠻奴，爾何得多
> 言！」李永芳自是終無一言。於是大軍由黃州前進以迎來使，
> 遇朝鮮使者數輩。行至平山駐營……。初七日我軍自平山啟
> 行，遇其使臣進昌君〔作者按：《朝鮮仁祖大王實錄》「進」
> 為「晉」〕。」[142]

姜絪啟程之後，途中聞說金兵南下，焦急異常，而對於和談的前途毫
無信心，問題就在拒絕斷絕南朝一款，於是他中途奏書，亟請指示：

> 體察使軍官康禹侃等自虜中回來，言虜已進兵，今到瑞興車踰
> 嶺，將向京城，而聞使臣入往，暫駐兵以待。臣急急馳往矣。
> 且李士雄言胡將今將一言而定和、班師，只以與大朝相絕為
> 言。不從則禍迫宗社，從則大義截然，請急急指揮云。[143]

姜絪所持國書已明白指揮了，而今又再請指揮，最終朝鮮接受金人的
條件。他途遇金兵後，與之同入瑞興，以九叩禮見了諸貝勒及八旗

---

[141] 《朝鮮仁祖大王實錄》，第34冊，卷15，頁172，仁祖五年二月十日丁未條。
[142] 《清太宗實錄》，卷2，頁37，天聰元年三月十四日辛巳條。
[143] 《朝鮮仁祖大王實錄》，第34冊，卷15，頁171，仁祖五年二月八日乙巳條。

官。呈遞國書並聲明他所負的任務，表示朝鮮願意賠償物資，金如願和，須立刻就地停戰，否則無可與言。阿敏應允，要求指定駐牧地，待指定之後諸將皆欲駐其地，而阿敏不從，欲率兵直趨王京，結果岳託及濟爾哈朗議住平山城，阿敏猶不滿意，勉強從之，然入城時「因眾意不同，皆分道而行」，這是金營諸將的第四次衝突。[144]

金人進駐平山後，「今後則更不進一步，指天為誓」。[145]是日金留朝鮮使臣於營，遣副將劉興祚率十人乘舟往江華島，與李倧直接談判，於是和談重心自金營轉移到江都，和談正式開始。

（三）談判的經過

劉興祚同朝鮮降將姜弘立及朴蘭英，於二月九日（丙午）到達江華島，他的第一項活動就是要進見李倧，而朝鮮則不「欲使君父，拜於犬羊之差人」。[146]興祚以前的幾番金使都未蒙接見，臨行時朝鮮官員又令之望闕拜謝，金人不滿，移書責之曰：「我差人去，貴國王不惟不叫見，貴國之人叫我差人跪舞行禮。爾的官員妄自尊大，看來不是爭禮節，整差八部道之小民，壞國家之大事也。」[147]此次劉興祚來，一定要進見，否則就不和談、逕自回營。且對於接見禮，也要求待以「唐差」之禮，因之往來爭執不決。[148]最後興祚揭帖勸說，並說明他是為朝鮮的利益而來，興祚書云：

> 不佞，漢人也，豈以一時之流離，失持危扶顛之心乎？今貴國，民遭塗炭，少有人心，無不痛泣。況不佞，素懷慈悲者乎！今來要講完和，竊效古人解紛息難之義。詎知貴國王，執一見而不權變，信小節而不時務乎？似非豪傑之處變也。若能

---

[144] 以上見《清太宗實錄》，卷2，頁37-2，天聰元年三月十四日辛巳條。
[145] 《朝鮮仁祖大王實錄》，第34冊，卷15，頁172，仁祖五年二月九日丙午條。
[146] 《朝鮮仁祖大王實錄》，第34冊，卷15，頁173，仁祖五年二月十日丁未條。
[147] 《朝鮮仁祖大王實錄》，第34冊，卷15，頁170，仁祖五年二月七日甲辰條。
[148] 《朝鮮仁祖大王實錄》，第34冊，卷15，頁172，仁祖五年二月十日丁未條。

屈一時之辱，必申長久之策。況今春農在邇，黎民躲避，或家業失散，或兄弟被擄，日皆引頸以望和字。今貴國王惜一接見之禮，不念小民之塗炭，獨何忍哉！吾恐金人再為一激，勢必下王京，不惟四部道受害，八部道生民亦難安矣。事機一錯，禍不忍言云云。[149]

這種達時權變的觀念，與朝鮮主和派相同。朝鮮允予接見，相見禮約定興祚揖，朝鮮王舉手，然相見時「海（即興祚）欲揖，上未即舉手，海怒甚，起出。是時，左右觀者，莫不駭憤，獨李貴以手叩地曰：『大事去矣！大事去矣！』」[150]這幕話劇沒有解決問題，最後還是朝鮮優厚的禮物使其不了了之。

談判中，雙方共討論了歲幣、質子、退兵、遣俘及絕明五個問題，茲分述於下。

金之南侵經濟上的動機為重要原因，所以兵到朝鮮之後，凡百財物，能拿的便拿，能帶的便帶，及議停戰時，又提出「賞格」一事來，這「賞格」的意義在今日言即是賠償。另一方面，朝鮮對金交涉的主要手法，便定金錢收買，我們可以名之曰「賄賂外交」。凡有交涉，金使來時，自然是「厚餽來使」，而派出使臣時，也每每貨從使行，或先使而行。在那種時代，對金國那樣貪財如命的國家，我們當然不可說朝鮮這種手法是錯誤的，可是這種方法究竟有多大的功效，我們也難以估計。

當朝鮮派晉昌君去金營時，便帶了一批不算少的禮物去，及劉興祚到江都談判時，便開出了賠償清單。完整的數目在兩國記載中已無從查出。只有從零星的材料中見其梗概：

---

[149] 《朝鮮仁祖大王實錄》，第34冊，卷15，頁173，仁祖五年二月十一日戊申條。
[150] 《朝鮮仁祖大王實錄》，第34冊，卷15，頁173，仁祖五年二月十一日戊申條。

> 申景禛曰：「聞賊將欲得木綿四萬匹、牛四千頭、綿紬四千
> 匹、布四千匹，而他物稱是云矣。」[151]

他物為何，不得而知，不過其中有二百匹馬。[152]而依姜弘立「劉海所
求之物，雖竭一國之力似難應副〔付〕」之言」，[153]則其數似猶不止
於此。劉興祚自江都議罷回營時，朝鮮送了如下一等禮物：木綿一萬
五千匹，綿紬二百匹、白苧布二百五十匹，虎皮六十張、鹿皮四十
張、倭刀八柄、鞍具馬一匹。[154]然這還不是歲幣，歲幣問題是劉興祚
至江都時向李倧提出的：

> 興祚曰：「……爾欲修好議和，可遣汝親子弟一人往，盟諸天
> 地。汝國所產財物牲畜，每年循禮貢獻，爾親定額數。」[155]

此外天聰四年（1630）整肅阿敏時，也曾提到「歲貢方物」之事。[156]
至於《朝鮮仁祖大王實錄》中，一見於天啟七年（1627）二月戊申
（九日）：

> 上曰：「質子之言，處之誠難，而至於歲幣則答之以物力蕩
> 殘，無以辦出，可矣。」[157]

再見於三月十三日禮曹正郎申敏一（1576-1650）的疏奏中：

---

[151] 《朝鮮仁祖大王實錄》，第34冊，卷15，頁171，仁祖五年二月九日丙午條。
[152] 「四千頭牛亦不固索，二百匹馬，彼或減省。」見《朝鮮仁祖大王實錄》，第34
冊，卷15，頁174，仁祖五年二月十三日庚戌條。
[153] 《朝鮮仁祖大王實錄》，第34冊，卷15，頁172，仁祖五年二月十日丁未條。
[154] 《朝鮮仁祖大王實錄》，第34冊，卷15，頁175，仁祖五年二月十五日壬子條。
《清太宗實錄》所載異於此，見卷2，頁38-1，天聰元年三月十四日辛巳條。
[155] 《清太宗實錄》，卷2，頁38-1，天聰元年三月十四日辛巳條。
[156] 《清太宗實錄》，卷7，頁100-2，天聰四年六月七日乙卯條。
[157] 《朝鮮仁祖大王實錄》，第34冊，卷15，頁171，仁祖五年二月九日丙午條。

> 禮曹正郎申敏一上疏：「請斬劉海，送於賊營，謀諭虜中，募
> 人內應，勿送歲幣，以賞將士。」[158]

而其結果如何，江都誓文中則未言及，而金人私定的平壤盟誓中則
有之。

人質的要求，也是興祚到江都後提出者，這是阿敏的命令：

> 二王子，見國書謂曰：「吾非天朝屬國，何以用此天啟二字？
> 初既分付劉差，以斥絕天朝，去其年號，然後受質子、成約
> 誓，今乃如此，劉副將必受重略，不從我命令。」[159]

朝鮮初欲入送駙馬，[160]後決定送王弟，[161]而終以興祚及姜弘立之計
謀，以假弟充之。[162]初以李繼先（？-1628）子溥改字「傅」為之，號
遂成君，後以其恐懼，並且在金國的朝鮮人有認識他的，恐被看破，
乃以原昌副令李玖號原昌君送出。[163]臨行時，興祚盟誓保證王弟到軍
前盟誓後即送還，可是金人終於將之帶回瀋陽，直到五月間方送回。

撤退佔領軍及遣還俘擄，是議和中的必要項目，所以李倧先即
遺書興祚稱：「今和好已成……師還之日，毋淹留我境，毋擄掠士
女。……行中我國將官，及今行所擄官民將卒，並一一刷還。」[164]這
是要求戰前被俘軍人，及此次戰爭中所有被俘者的遣返。江都之盟完
成後，朝鮮接著重申前約，促請金人放還俘虜，然這事並未載入盟
約，因之朝鮮的要求對金國無拘束力，金之放還俘虜與否，全依自己

---

158 《朝鮮仁祖大王實錄》，第34冊，卷15，頁174，仁祖五年二月十四日辛亥條。
159 《朝鮮仁祖大王實錄》，第34冊，卷15，頁176，仁祖五年二月二十一日戊午條。
160 《朝鮮仁祖大王實錄》，第34冊，卷15，頁173，仁祖五年二月十一日戊申條。
161 《朝鮮仁祖大王實錄》，第34冊，卷15，頁173，仁祖五年二月十一日戊申條。
162 《朝鮮仁祖大王實錄》，第34冊，卷15，頁173，仁祖五年二月十一日戊申條、仁
　　祖五年二月十二日己酉條。
163 《朝鮮仁祖大王實錄》，第34冊，卷16，頁189，仁祖五年四月一日丁酉條。
164 《朝鮮仁祖大王實錄》，第34冊，卷15，頁177，仁祖五年二月二十四日辛酉條。

的志願，如果放還，這是對朝鮮的恩德，以後還可以責其報償；如果不，朝鮮也無以責問。

斥絕南朝一款，是最重要，也是最棘手的問題。朝鮮曾下了最大的決心，預備去爭取剔除它。交涉的第一步，並非如朝鮮所想像的那樣困難。晉昌君到金營之後，情形便有了轉機。姜弘立述說當時的情景道：「彼賊每以臣事皇朝為不可，自見國書，乃曰：『朝鮮二百年臣事皇朝之言，極有信義，若與之交好，則可久矣』。」[165]

劉興祚初到江都，猶復要求絕明，李廷龜（1564-1635）以大義斥之，興祚曰：「金元之時，貴國何以處之？」[166]朝鮮再三爭之，興祚乃派人回營請示，至二月十四日回來說：「不絕天朝一款，自是好意，不必強要。」[167]雙方遂達成協議，興祚同王弟李玖、侍郎一員，宣傳官四員，將國書並禮物回營，和事幾成矣。然而劉興祚一回到營中便知道他的和平使命並未成功，好事難成，信不虛也。

早在姜瑠、朴𤥀第二次使金營時，阿敏對於書天啟年號的朝鮮國書，便表示拒絕接受，他回朝鮮的信說：「我向說，貴國與南朝斷絕，我方講和，今見來文照舊書天啟年月，既如此，怎麼講得好！我起兵原是為南朝而起，事若完，即去，若事不完，我至王京駐下，耕種一年也不回去。貴國那時，追悔何及？」[168]至是興祚帶來朝鮮國書仍用天啟年月，於是阿敏大怒，拒不受，斥責劉興祚不遵吩咐，欲更遣他人重行議和，結果興祚自請再往江都，完成和事，阿敏許之，興祚乃持致朝鮮書再往，書曰：

> 昨接來札，內書天啟年號，極難達於我汗皇。我今日勉強，原為貴國同心於南朝，故此舉兵，今見來書，亦如舊規，看來貴

---

[165] 《朝鮮仁祖大王實錄》，第34冊，卷15，頁172，仁祖五年二月十日丁未條。
[166] 《朝鮮仁祖大王實錄》，第34冊，卷15，頁173，仁祖五年二月十一日戊申條。
[167] 《朝鮮仁祖大王實錄》，第34冊，卷15，頁174，仁祖五年二月十四日辛亥條。
[168] 《朝鮮仁祖大王實錄》，第34冊，卷15，頁170，仁祖五年二月七日甲辰條。

國挈天啟來壓我，我非天啟所屬之國也。若無國號，寫我天聰年號，結為唇齒之邦，我國有事，爾來救我；爾國有事，我國救爾，永不失信。[169]

不用天啟年號，即是名義上的絕明；用天聰年號，即是臣服於金的表現，阿敏這一手可謂著實，亦且調皮。而其「還弟、區處」[170]直為最後通牒矣。

然而這還是金營諸將的折衷意見，如依阿敏，可能早已衝進朝鮮王京了。因為原昌君至金營後，諸將對和戰意見又趨分裂。《清太宗文皇帝實錄》謂：

時李倧頻首聽命。和議既成，岳託曰：「吾等來此，事已成矣，我國中御前禁軍甚少，蒙古與明皆我敵國，或有邊疆之事，不當思慮備乎？況我軍中俘獲甚多，宜令朝鮮王盟誓，即可班師。」阿敏曰：「汝等欲歸者自歸耳，吾則必到王京。吾常慕明國皇帝及朝鮮國王居城廓宮殿，無因得見，今既至此，何不一見而歸乎？我意至彼近地再議。如不從即屯種以居，至吾等懷念妻子度，有不遣來完聚者乎？」[171]

於是岳託、濟爾哈朗等各歸營，令八旗大臣分坐定議，七旗大臣所議皆同，獨阿敏本旗大臣顧三台、孟坦、舒賽從阿敏議，議久不決。既而岳託、濟爾哈朗、阿濟格等同會於一所，共議遣人令朝鮮王定盟，以告阿敏，阿敏乃從之。

又天聰四年（1630）六月乙卯，太宗數阿敏十六大罪中之第二項謂阿敏欲到王京，岳託阻之之狀曰：

[169] 《朝鮮仁祖大王實錄》，第34冊，卷15，頁177，仁祖五年二月二十一日戊午條。
[170] 《朝鮮仁祖大王實錄》，第34冊，卷15，頁177，仁祖五年二月二十一日戊午條。
[171] 《清太宗實錄》，卷2，頁38，天聰元年三月十四日辛巳條。

岳託謂阿敏之弟濟爾哈朗曰：「汝兄所行逆理，汝盍諫止之。朝鮮王京阻江為險，江岸置木柵槍礮，兵馬環列，且聞冰已解，亦恐難渡，汝欲去則去，我自率我二旗兵還，若兩紅旗兵還，兩黃旗、兩白旗兵亦隨我還矣。」濟爾哈朗以此言力諫，阿敏方回。[172]

自前引各段，我們知道阿敏是有心到漢城去觀光一番的，其藉口即朝鮮不去天啟年號，及岳託等爭之，方派興祚前去與朝鮮定盟。然而《清實錄》中並未載云「天啟」二字一事，這是因為阿敏遭整肅之後，修史者極欲表其惡，而對於以金之立場言為絕對正確的去年號一事，自不能不予以刪除之了。

　　劉興祚之再至江都，引起了朝鮮本來就反對議和者之激烈叫囂。他們以為去年號這事「今則非如金帛、土地，乃毀滅綱常，決不可從。」[173]李倧自始以為可仿袁崇煥在寧遠以揭帖致金書事，劉興祚也如此諫議，朝鮮議政府在激烈的反對聲中，採用了揭帖書式，不著年號，然有一附書，特別聲明不背明朝，其辭曰：

我國臣事皇朝二百餘年，受恩深重，義不可負。前書已盡此意，今不容他說，惟貴國諒悉。[174]

於是決絕南朝一事之交涉，告一段落。

（四）盟誓

　　劉興祚之再使江都，原負有去年號改國書，及定盟兩重任務，然

---

[172] 《清太宗實錄》，卷2，頁101-1，天聰四年六月七日乙卯條。
[173] 《朝鮮仁祖大王實錄》，第34冊，卷15，頁177，仁祖五年二月二十二日己未條。
[174] 《朝鮮仁祖大王實錄》，第34冊，卷15，頁177，仁祖五年二月二十三日庚申條。

而他並沒有要求朝鮮王焚香而誓，只請他作了一篇誓詞帶回金營。[175]
可是當他回程時，遇見金營派來差人，令其速回江華，完誓始可歸：

> 劉海到金郊，送書曰：「昨不佞以為事必完決，欣慰而來，誰
> 想來至開城府北，遇見前日差去二名金人，回來說稱：『貴國
> 王既不發誓，是不願講和之意，何糊塗以了事塞責叫？不佞速
> 回與國王面誓，方繞罷兵。不然，送還王弟，竟到王京』云。
> 何面目以見貴國之人？」[176]

與祚雖然感覺難堪，也只好再回江都，這是他第三次去江華島了，金
國來書謂：

> 金國二王子致書朝鮮國王麾下。和好兩國之願，無盟誓何以信
> 誠？今貴國王慳滯〔堅執〕不誓，是言和而意不欲和也。豈不
> 知近日兵器有備，士卒有鍊，欲一戰以較勝負？若然，大丈夫
> 事也。即還令弟，與大臣敢約日合戰，或勝或負，再定盟約不
> 為遲也。倘貴國王意欲直和，請速為盟誓。兩國罷兵，生民之
> 幸也，乞尊裁之。[177]

劉興祚知道朝鮮人必定反對此舉，所以未到江都先致函左相李廷龜，
勸朝鮮人效法韓信（231-196 BC）、孫臏（382-316 BC）、勾踐（？-
465 BC）之忍辱一時，且須為黎民之安全打算；末後又說，明人也與
蒙古及金人刑白馬、烏牛而誓，則朝鮮何獨不可？[178]然朝鮮答以不知
明國有此等事，且其國俗父母之喪三年內不殺牲。時國王方在憂服

---

[175] 《朝鮮仁祖大王實錄》，第34冊，卷15，頁177，仁祖五年二月二十四日辛酉條。
[176] 《朝鮮仁祖大王實錄》，第34冊，卷15，頁178，仁祖五年二月二十六日癸亥條。
[177] 《朝鮮仁祖大王實錄》，第34冊，卷15，頁179，仁祖五年二月二十八日乙丑條。
[178] 《朝鮮仁祖大王實錄》，第34冊，卷15，頁179，仁祖五年二月二十九日丙寅條。

之中，故不可刑牲盟誓。劉興祚以不得要領，乃求進城，直接與國王面議。[179]

興祚雖入都，而談判當然仍與大臣進行，結果對於刑牲及李倧預盟儀節，取得了協議。關於後者，朝鮮人頗爭到了些便宜，興祚同意盟誓時，「國王於殿上舖一氈，告天燒紙，俺等跪云則跪，坐云則坐，見行禮而已」。[180]這是說只要作個樣子給在場金人看看而已。然朝鮮以為這還不夠，說：「我國告天之禮，則殿上設高足床、香爐等物，書告辭，置於床上，令人立讀其文，然後燒其紙。」[181]興祚沒有反對。

犧牲一節，朝鮮以國內牛馬已盡被金兵掠去，無法辦理。雙方爭之不已，後興祚允派庫爾纏（？-1633）回營請示。而庫爾纏猶未啟行，阿敏催盟之使已來，責興祚遲遲不盟，於是興祚恐再去請示，則金人益怒，請議於朝鮮不再遣人。朝鮮也恐庫爾纏一去則金兵必進，而不堅持，於是提出折衷辦法：牲禮必定舉行，然不需李倧親手宰殺，而由大臣代決。[182]

協議既成，乃於三月庚午（三日）之夜歃血焚香而誓：

> 是夜，上出大廳，親行焚香、告天禮，大臣、勳臣立於東階上，胡差等立西階上，承旨三員、史官，諸將官，侍衛於殿上。都承旨洪瑞鳳導上出，張禮忠引入劉海等。上以翼善冠、黑袍、烏帶立於桌子前，都承旨告上香，上炷香，左副承旨李明漢讀誓文曰：
>
> 「朝鮮國王，以今丁卯年某月日，與金國立誓。我兩國已講定和好，今後各遵約誓，各守封疆，毋爭競細故，非理徵

179 《朝鮮仁祖大王實錄》，第34冊，卷15，頁179，仁祖五年二月三十日丁卯條。
180 《朝鮮仁祖大王實錄》，第34冊，卷15，頁179，仁祖五年二月三十日丁卯條。
181 《朝鮮仁祖大王實錄》，第34冊，卷15，頁179，仁祖五年二月三十日丁卯條。
182 《朝鮮仁祖大王實錄》，第34冊，卷15，頁180，仁祖五年三月二日己巳條。

求。若我國與金國計仇，違背和好，興兵侵伐，則亦皇天降災；若金國仍起不良之心，違背和好，興兵侵伐，則亦皇天降禍。兩國君臣各守信心，共享太平，皇天后土，嶽瀆神祇，監聽此誓。」

讀訖，焚之於西階桌子上。禮訖，上還宮，劉海出。大臣吳允謙、金瑬、李貴、李廷龜、申景禎、申景裕、許完、黃履中等偕劉海至於誓壇。胡人等宰牛馬，盛血骨於器。李行遠讀誓文曰：

「朝鮮三國老、六尚書某等，今與大金國八大臣南木太（納穆泰）、大兒漢（達爾哈）、何世兔（和碩圖）、孤山太（顧三泰）、托不害（托博輝）、且二革（車爾格）、康都里（喀克篤禮）、薄二計（博爾晉）等，宰白馬、烏牛立誓。今後同心同意，若與金國計仇，存一毫不善之心，如此血出、骨暴；若金國大臣仍起不良之心，亦血出、骨白，現天就死。二國大臣各行公道，毫無欺罔。歡飲此酒，樂食此肉，皇天保佑，獲福萬萬。」南木大等亦誓之曰：

「朝鮮國王，今與大金國二王子立誓。兩國已講和美，今後同心合意。若與金國計仇，整理兵馬，新建城堡，存心不善，皇天降禍。若二王子仍起不良之心，亦皇天降禍。若兩國二王同心同德，分道偕處，皇天保佑，獲福萬萬。」誓罷，劉海乃告歸。[183]

此即所謂江都盟誓也。

江都盟約，除朝鮮王誓書內各守封疆勿相侵伐，勿非理徵求兩點外，有兩點值得注意：第一，江都盟約未用天啟年號，這是金國的勝

---

[183] 《朝鮮仁祖大王實錄》，第34冊，卷15，頁181，仁祖五年三月三日庚午條。

利，它究竟使朝鮮在名義上絕了明廷。第二，金人誓辭中禁止朝鮮整理兵馬，新建城堡，然對金國則無此約束。這等於解除朝鮮的武裝，將朝鮮半島變為非武裝地帶，這樣金國對朝鮮便可為所欲為了。可是更嚴厲的還是平壤盟約。

所謂平壤盟誓是金兵撤退至平壤時，阿敏及八旗固山與朝鮮國王弟李玖所盟的誓。其誓詞乾隆本《清太宗文皇帝實錄》與《清太宗實錄稿》所載，[184]用字間有不同，今並錄於下，以資觀摩：

（乾隆本太宗實錄）

大滿洲國大貝勒阿敏，固山額真納穆泰、和碩圖、顧三台、拖博輝、達爾哈、車爾革、喀克篤禮、博爾晉。朝鮮國王弟李覺、吳雲乾、李廷桂、金鎏、李遠、沈靜正、沈正玉、黃呂鐘、邵完等。自盟之後，朝鮮國王李倧應進滿洲國皇帝禮物，若違背不進；或不以待明國使臣之禮待滿洲國使臣；仍與滿洲結怨，修築城池，操練兵馬；或滿洲俘獲編入戶口之人逃回朝鮮，容留不行遣還；或違王所言，與其遠交明國，毋寧近交滿洲之語，當告諸天地征伐之，天地譴責朝鮮國王，殃及其身。朝鮮國王若不違誓詞。共相和好，滿洲國大貝勒阿敏無故加兵，殃亦如之。兩國永遵誓詞，天地垂佑，曆祚延長。[185]

（清太宗實錄稿）

大滿洲國貝勒阿敏、固山額真那木大、和石兔、孤山太、托波賀、打兒哈、扯兒革、康都里、波兒沁。（朝鮮人名同上）。朝鮮王李倧該送滿洲國汗等物，違背不肯送來；滿洲國差去人不與明朝一樣待；與滿洲國記仇，修築城池，操演兵馬；滿洲剃頭人逃走到朝鮮，潛留本

---

[184] 編者按：《清太宗實錄稿》係指收藏於中央研究院歷史語言研究所的版本。作者在《生平絮語》自承：「為了寫碩士論文，除了唸《朝鮮實錄》、《明實錄》、《清實錄》等基本材料之外，也到史語所看了《天聰實錄稿》等書。」見張存武，《生平絮語》（臺北：秀威資訊，2019），頁208。

[185] 《清太宗實錄》，卷2，頁40-1，天聰元年三月十八日乙酉條。

國不送還；王言不與遠處大明通往，而與近處滿洲往來。若後違背此言，吾必稟告天地往伐之，天地譴責其王，減其壽等而生。王若遵其誓詞，兩國和好，阿敏貝勒故意征伐之，亦不得善終。兩國永遵誓詞，天地保佑，壽命延長。

文間可得而述者有兩端，第一是前後兩書間文字上的修改。如「送」改為「進」；「滿洲國汗等」改作「滿洲國皇帝」。汗改為皇帝固屬重大變遷，而這個「等」字的被抹去，尤饒有意義，蓋此「等」字代表那時太宗權勢地位與其他貝勒差不了許多，所以朝鮮送禮物時，不能只送給太宗，而也須送給這個「等」字所意指的人們。

其實這個「滿洲國」也是修改後的名稱，不過早在修實錄稿時已改了。平壤盟誓因為是金國片面的行動（詳後），所以《朝鮮實錄》不載，我們無從對照，但從江都盟誓中可見其時只有「金國」或「大金國」，而無「滿洲國」；「貝勒」之上加一「大」字，按實錄稿中當時岳託等稱貝子而非貝勒，故無煩「大」字來誌別，這必是後來將他們改稱貝勒時加上去的。

「明朝」或「大明」改為「明國」，「滿洲剃頭人」改為「滿洲浮獲編入戶口之人」，這一改很重要，因為天聰間兩國為逃歸麗人交涉頻繁，如根據「滿洲剃頭人」則不可能包括麗人，則金國的一切要求皆屬無理。第二是這一誓詞中的條件比江都盟誓多出了四款：要送禮物給金國，這是歲幣來源；要待金使同明使一樣。朝鮮待明使是以屬國待宗主國之禮，如待金使同明使，則朝鮮豈非成了金之屬國；朝鮮要負責送還逃歸麗人，這是日後逃人交涉的根據；絕明聯金。加上禁修城池，禁練兵馬兩條，已足可以將朝鮮亡國。

這是投降的誓辭，是金人在兵威之下逼著李玖等接受的。可是這時不是崇德元年（1636），在天聰元年（1627）的國際局勢，及金國的有限力量之下，朝鮮人還不肯接受此種和平。當此誓文於三月二十一日（戊子）送達江華時，朝鮮君臣集會討論，當即指出金人欲依此

條款為日後之執言。要想將之送回，又恐使和平破裂，乃議將江都盟約抄送給金人以示不同：

> 胡將誓文謄本入來，乃引見大臣、備局堂上。上曰：「賊之誓文未能解見，而大概與當初誓意，大相不同。且誓文，不使我人見之，何也？今者宜托以未能解見而還送，第觀其語意，極凶巧耳。」僉曰：「若還送則是斥絕也。」張維曰：「其言既不可從，則書獨可受乎？」崔鳴吉曰：「渠亦知我國之必不從，欲以此五條，為後日執言之計也。」金鎏曰：「何可以此拒絕，至於生梗乎？」維曰：「今宜以前日誓文，並送於劉海曰：『前後誓意何若是不同乎？』以觀其所答，似當。」上曰：「自我有可為之勢，亦豈可牢守其盟乎？今可如前答之。」[186]

於是當天便發出一書，聲明此一誓文未與朝鮮商議，乃私自寫定者，朝鮮所守者乃江都盟約而非此：

> 得書知好過浿江，且蒙誓文之示，良慰良慰。前日我國立誓時，草成誓文與貴國許多差人往復講定，然後告天成約，其誓文曰：「我國已講定和好，今後兩國各遵約誓，各守封疆，無爭競細故，無非理徵求。若我國與金國計仇，違背和好，興兵侵伐，則皇天降禍，血出骨暴。若金國仍起不良之心，違背和好，興兵侵伐，則亦皇天降禍，血出骨暴。兩國各守信心，共享太平，皇天后土，嶽瀆神祇，鑑聽此誓。」立文之意明白，和平如此，而今見來文中說話與前誓相左，未曉其故。且貴國立誓時，不以誓文示我人講說，而徑自寫出，何其與我國所為

---

[186] 《朝鮮仁祖大王實錄》，第34冊，卷15，頁186，仁祖五年三月二十一日戊子條。

不相同耶。我國曾與貴國差人告天成誓，所當遵守勿失者，其不在於此乎。兩國一家，不宜含糊不言，致有疑阻茲，敢明白說破，幸貴國體諒。[187]

然而日後金國仍然援此向朝鮮作種種要求，如天聰七年（1633）二月金致書朝鮮，即依此約責其不還逃俘，不待金使如明使：

復遺書於朝鮮國王李倧曰：「朕屢次開誠勸諭，冀爾悔悟自新，何乃自掩已非，反言朕有更變耶！……初定盟時，曾議定朕所俘獲之人若逃歸爾國，不得藏匿，即察出送還。又爾求還義州時，亦曾以爾之邊界，我兵守之，或有逃亡，爾無由知，求以爾兵駐守，易於稽察。既而爾國食言，不還我逃人，朕復從寬，將兩次逃亡者，俱置不究。我之待爾如此，而爾反致議於我，爾豈以盟誓時，不曾許還官民地方，而一旦還之，謂朕更變耶！抑初議必還我逃人，後爾背盟藏匿，我竟置而不究，謂朕更變耶！朕推誠相與，自省實無闕失，爾反謂朕有更變，朕試以爾之更變者言之。初盟時，曾言待朕使與待明使無異，而今已變矣，又曾云不窩隱我逃人，而今已變矣。」[188]

（五）朝鮮王廷的和戰之爭

此次戰爭中，朝鮮軍隊沒有一次勝利，照理朝鮮有和而已，不該會有甚麼主戰的論調。然而事實不然，反和主戰的聲浪，有時竟壓倒一切。這是因為朝鮮也和明朝一樣，士大夫們好為高論，不切實際，充斥狹隘偏激的民族情感，政府則無能無為。朝鮮士人批評君臣上下只圖苟安，而不激勵士氣民心；他們以為與金這樣野蠻的民族講和論好，是莫大的恥辱，所以有時他們主張縱然亡國亦不可和。

---

[187] 《明清史料甲編》，第一本，〈朝鮮致金國論誓文書〉，頁44。
[188] 《清太宗實錄》，卷13，頁184-2、185-1，天聰七年二十四日丙戌條。

反和派人士主為臺諫兩司及玉堂儒學。他們的職務多為言論範圍內的事，執義論政而不知實際政務上的困難。這一派人物可以尹煌（1571-1639）為代表，他嘗攻擊李倧的謀和是「惑於奸臣僥倖之計」，卻「恬然不知為恥」，[189]及見將軍畏死，士卒潰散，乃大聲呼籲整軍備戰，斬使絕和，諤諤之風也彌足令人欽敬。

　　國王李倧贊同談和，然意志有時動搖不定。領議政尹昉及右相吳允謙（1559-1636）為中間派，有時贊成和談，有時反對，且每斤斤於具文末節，而忽略了主題。左相李廷龜、都體察使金瑬、右贊成李貴，及完城君崔鳴吉為主和派之中堅，其中以李貴尤為積極。貴為人粗放，每於御前及眾人中辱罵同僚及言官，然見事明敏，處事實切。以言官撓和，他罵他們「豎儒幾敗，何代無之」，說「誠用臺論，國事去矣」，[190]因之與臺諫時常齟齬，尹煌嘗三請斬之。

　　初，議政府接到金人在定州所投的議和書後，已備好覆文，想予以回答，而兩句啟稱：「伊賊無故請和，其愚弄恐嚇之言，言之痛矣。今此國書，非徒不能嚴辭斥絕，措辭卑遜，有不忍見。……請令廟堂更加詳量。」[191]政府為之留書不發。這是反和的第一聲。及議遷都，他們指責李倧「殿下何不堅定此心」，[192]致有去邠之邪說，請斬首倡去邠者，更「赫然發憤，出御國門，以親往之意曉諭軍民。」這表明他們的主戰態度。[193]

　　金使第一次自中和來見時，要求親呈國書，尹昉以為「國家危亡，在此一舉。雖欲親呈，何可不從」？[194]而大司諫李楘（1572-1646）則曰：「何忍親受乎！」[195]弘文館典翰姜碩期（1580-1643）也

---

[189] 《朝鮮仁祖大王實錄》，第34冊，卷15，頁175，仁祖五年二月十五日壬子條。
[190] 《朝鮮仁祖大王實錄》，第34冊，卷15，頁178，仁祖五年二月二十七日甲子條。
[191] 《朝鮮仁祖大王實錄》，第34冊，卷15，頁180，仁祖五年一月十八日丙戌條。
[192] 《朝鮮仁祖大王實錄》，第34冊，卷15，頁669，仁祖五年一月二十三日癸亥條。
[193] 《朝鮮仁祖大王實錄》，第34冊，卷15，頁163，仁祖五年一月二十三日辛卯條。
[194] 《朝鮮仁祖大王實錄》，第34冊，卷15，頁166，仁祖五年一月二十九日丁酉條。
[195] 《朝鮮仁祖大王實錄》，第34冊，卷15，頁166，仁祖五年一月二十九日丁酉條。

表示「親受二字，臣不忍聞」。[196]這是他們太注重細節而不顧大局的地方。姜弘立及朴蘭英子往來金營，頗有勞績，政府欲除授官職，而言官們說：「二俘之子有何功勞？」[197]及朴蘭英、姜弘立同劉興祚入來，太學生啟「請斬差胡及朴蘭英等首，函送天朝，舉義斥和，背城一戰」。[198]言官復以金之劫和，「無非弘立等為之主謀，而贊成兇計也」，[199]對於李倧的接納弘立甚表不滿，說：「弘立乃降虜之叛臣也。自上賜之坐而見之，國家之羞辱極矣。」因請先斬弘立。[200]可是事後證明姜、朴並未忘恩負義，甘心禍國。可見他們的言論及行動，確屬過激。

對於接見金使，談判，他們反對說：「殿下以堂堂千乘之尊，乃與犬豕忍行主客之禮乎？若此不亡，則終至於不忍言之地而後已。祖宗在天之靈，天下後世之人，謂殿下為何如也？君臣上下，背水一戰，同死社稷，豈忍使我殿下甘心受辱於伊虜之差人乎？請還收接見胡差之命。」[201]其時劉興祚要求朝鮮以唐差之禮接待金使，崔鳴吉以為即如此也無不可，他甚至說：「我國自前朝並事金、宋，欲不稱臣，其可得乎？」而張維則以為「國雖亡，豈以不義圖存乎」？[202]

和戰之爭最激烈的一幕，還是二月十日李貴與尹煌的辯論，其時劉興祚要求謁見李倧，李倧召集會議討論之：

> 上曰：「劉海請面決，何可不見？」左右皆曰：「和既難成，何可徒取辱也？」上曰：「胡書亦以不見差人為言，不得不一見。」貴曰：「誠如聖教。」司諫尹煌，直視貴曰：「欲使君父拜於犬羊之差人？李貴之心，臣未實知。」……貴曰：「一

---

196 《朝鮮仁祖大王實錄》，第34冊，卷15，頁166，仁祖五年一月二十九日丁酉條。
197 《朝鮮仁祖大王實錄》，第34冊，卷15，頁166，仁祖五年二月一日戊戌條。
198 《朝鮮仁祖大王實錄》，第34冊，卷15，頁168，仁祖五年二月三日庚子條。
199 《朝鮮仁祖大王實錄》，第34冊，卷15，頁172，仁祖五年二月十日丁未條。
200 《朝鮮仁祖大王實錄》，第34冊，卷15，頁172，仁祖五年二月十日丁未條。
201 《朝鮮仁祖大王實錄》，第34冊，卷15，頁177，仁祖五年二月十日丁未條。
202 《朝鮮仁祖大王實錄》，第34冊，卷15，頁172，仁祖五年二月十日丁未條。

朝圍逼，則以臺論卻賊乎？」煌曰：「秦檜雖主和，必不如李貴矣。」貴曰：「岳飛、宗澤能破賊，煌亦能之乎？」……煌曰：「國事至此，李貴、鳴吉之罪也。」[203]

崔鳴吉即是主和要角之一，臺諫也張大撻伐，亟請竄黜：

> 兩司合啟曰：「完城君崔鳴吉，專擅軍國之政，其償國敗事之罪，不一而足。至於早定去邠之計，不守臨津之議，終始主張者鳴吉也。欲售己見，拑制公議，以致國事，到此十分地頭，豈不痛哉！及今又以和議為己任，乃謂狡虜為可信，降將為忠節。竭一國之力，以充谿壑之慾；屈千乘之尊，親接犬羊之醜，此皆鳴吉為之也。凡有血氣者，莫不憤惋，請亟命竄黜。」[204]

李倧不從。

劉興祚第一次離開江都回金營之際，司諫尹煌疏論此次請和實際是投降，並謂李倧惑於奸計，不知恥辱，他說：

> 今日之和，名為和，而實則降也。殿下惑於奸臣僥倖之計，力排公議，甘心屈伏，乃以千乘之尊親接醜虜之差。悖慢無禮，侮辱備至，而殿下恬然不知為恥，臣不勝痛哭焉。[205]

又說國家處可戰之勢，不必言和，應立即絕和作戰：

---

[203] 《朝鮮仁祖大王實錄》，第34冊，卷15，頁173，仁祖五年二月十日丁未條。
[204] 《朝鮮仁祖大王實錄》，第34冊，卷15，頁174，仁祖五年二月十三日庚戌條。
[205] 《朝鮮仁祖大王實錄》，第34冊，卷15，頁175，仁祖五年二月十五日壬子條。

況此賊懸軍深入，已踰千里，軍無後繼，卒疲馬倦，此所謂強弩之末勢。而我勤王之師方集，或把守江津，清野以待；或據險設伏，剿殺游騎，則彼前不得鬭，退無所掠，不過十日，有自破之形矣。伏願殿下，亟斬虜使以慰群情，斬主和誤國之臣，以絕邪說，斬逗撓奔潰之將，以振軍律，回略胡之物，以犒三軍，則人心激勵，士氣自倍矣。[206]

李倧覽奏大怒，說疏中「降」字極兇慘，未知以何事為降，命速回答，尹煌略不示弱，他說：

此虜無故興兵，攻陷我邊城，殺害我士民，長驅深入，脅之以和，國家不能發一兵以嬰其鋒，乃質以王弟，稛載許多貨物以餉仇讎。夫和字，兩國相好之意也，降字一國屈服之謂也，臣不敢知，今日之事，為兩國相好乎？為一國屈服乎？昔者趙宋之君惑於汪、黃之議，甘心和虜，決幸東南，先斬陳東以絕正論。今殿下斥臣以兇慘，臣亦請伏斧鑕，以絕奮議討賊之意，以快主和誤國者之心。[207]

李倧批曰：「勿辭。」接著弘文館典翰姜碩期出為尹煌辯護，指李倧之斥尹煌為一言喪邦。他說：

虜以和字為芳餌，而君臣上下曾不覺悟，謂降將不失臣節，謂虜使〔劉興祚〕解紛釋亂，抗禮親接，貽辱殿陛。略以金、繒、質以王弟，包羞忍恥，哀乞於犬羊，尹煌所謂一國屈伏者，不亦宜乎？既云屈伏，則名雖和，實則降者，實非過激之言也。殿下不獎其直，反以兇慘等語斥之。殿下待言者之道，

---

[206] 《朝鮮仁祖大王實錄》，第34冊，卷15，頁175，仁祖五年二月十五日壬子條。
[207] 《朝鮮仁祖大王實錄》，第34冊，卷15，頁175，仁祖五年二月十六日癸丑條。

不當如是也，一言喪邦不幸近之，正士結舌，直氣摧沮。伏望殿下，改心易慮，斥絕和議，廓開言路，以旌忠直之士，修明軍律，蕩掃兇賊，永有辭於天下後世。[208]

朝鮮王答稱：「尹煌之言極可駭也，爾等如是稱譽，今日人心不難知也。爾等俱以有識之人，臣事降虜之君，不亦羞辱乎？勿為徒責寡躬，各自潔身而退，以為後日之地。」[209] 反和派現在直接以李倧為攻擊的對象，那只有遭受貶斥了。李倧當天下教說：「尹煌以降字，勒定予罪名，固當拿鞫，而姑先削奪官爵，中道付處。」承政院封還教命而罷。然姜碩期卒點為楊根郡守。[210]

興祚再到江都，要求朝鮮去國書中天啟年號，兩司奏稱：「劉海乍往乍來，漸起難從之事，其愚弄羞辱之狀，已不忍聞。況斥絕天朝之言，既發於賊口，今之再來專為爭此一款，則大義所在，豈可容忍？決不可委遣重臣，接待江上。」[211] 及議定用揭帖不著年號，兩司爭曰：「賊差初以去正朔為辭，接待宰臣堅執不許，又以揭帖之規為請，其意實在於去天啟二字也。曲從其請，以揭帖為名，而不書年號，則是亦去正朔也。君臣之分天經地義，截然不可犯，寧以國斃豈忍為此，請還收改書之命。」議政府以「事勢十分危急，不得已為權時之計」，不從。[212]

兩司猶連續啟請，終不從。及盟誓交涉起，朝臣或以為不可許，李貴曰：「事有權宜，何拘小節？」[213] 又曰：「目今軍務有同兒戲，而皆言和事不可從，堅儒幾敗，何代無之？……誠用臺論，國事去矣。」[214] 為此言官全體一致請辭，不允。其後數經會議，金鎏以為凡

---

[208] 《朝鮮仁祖大王實錄》，第34冊，卷15，頁176，仁祖五年二月十八日乙卯條。
[209] 《朝鮮仁祖大王實錄》，第34冊，卷15，頁176，仁祖五年二月十八日乙卯條。
[210] 《朝鮮仁祖大王實錄》，第34冊，卷15，頁176，仁祖五年二月十八日乙卯條。
[211] 《朝鮮仁祖大王實錄》，第34冊，卷15，頁176，仁祖五年二月二十一日戊午條。
[212] 《朝鮮仁祖大王實錄》，第34冊，卷15，頁177，仁祖五年二月二十二日己未條。
[213] 《朝鮮仁祖大王實錄》，第34冊，卷15，頁178，仁祖五年二月二十七日甲子條。
[214] 《朝鮮仁祖大王實錄》，第34冊，卷15，頁178，仁祖五年二月二十七日甲子條。

講好盟在其中，且此事乃具文，不必爭執；李貴說春秋亦有義盟。李倧說：「禦敵之道，戰、守、和三策而已。今日之勢既不能戰，又不能守，奈何不和！」[215]而反對者猶不已，李倧乃曰：「兩司長官，其聽予言。上有宗社，下有生靈，今日蒞盟非予樂為之也。」李粲曰：「國事至此……無可為者。」[216]此次會議中李貴與大司真李粲、大司諫朴東善當廷爭吵，李倧為之調停乃已。是日張維入見，亟論刑牲一事絕不可從，李倧以為此非大義所關。絕不可為惜二牲而致亡國，張維曰：「國豈朝夕亡乎？以一人論之，死生有命，況二百年之宗社乎！」李倧曰：「今日之事予皆自當。」[217]張維的話可以代表反主戰派之觀念，義利之間的取捨如此，李倧說他們是腐儒，在某一種角度上看，是良有以也。

盟誓的前一日，又開廷臣會議，李貴欲在御前與臺諫較曲直，說：「臣曲則臣受罪，臺諫曲則亦宜決杖。」[218]時盟誓之事皆已議妥。兩司人員以此乃天下萬古所無之羞，一國人民無窮之痛，而連章未停，格天無術，無顏苟冒言地，請全體罷職。於是兩司十一人並命出仕，最後完川君崔來吉（1583-1649）欲以佩刀與金使死於一劍之下，其事雖未行，然也可見爭論之激烈了。[219]

五、天聰元年至四年的金鮮交涉

（一）金兵的撤退與留兵義州

江都盟誓於天啟七年（1627）三月三日晨間完成，午刻金使即動身回營，翌日子刻到達。初五，諸貝勒大臣將前後議和事馳奏瀋陽，

---

[215] 《朝鮮仁祖大王實錄》，第34冊，卷15，頁179，仁祖五年二月三十日丁卯條。
[216] 《朝鮮仁祖大王實錄》，第34冊，卷15，頁180，仁祖五年三月一日戊辰條。
[217] 《朝鮮仁祖大王實錄》，第34冊，卷15，頁180，仁祖五年三月一日戊辰條。
[218] 《朝鮮仁祖大王實錄》，第34冊，卷15，頁180，仁祖五年三月二日己巳條。
[219] 《朝鮮仁祖大王實錄》，第34冊，卷15，頁181，仁祖五年三月二日己巳條。

同時開始退兵。[220]他們先自平山退至平壤，在那裡完成了平壤之盟後，繼續北歸，四月八日渡鴨綠江，十八日到達瀋陽。

金兵自平山到平壤途中，曾大掠三日，人畜財物盈馱。據《清太宗實錄》謂這完全是阿敏一人造成的：

> 先是，朝鮮請和，盟成，既遣庫爾纏奏上，之後，大貝勒阿敏曰：「朝鮮王雖已盟誓，吾等並未與盟，軍還時，可仍縱兵掠之。」貝勒岳託及諸貝勒止之曰：「誓詞內，吾等俱已書名，對天地焚之矣，盟誓既成，復縱兵肆掠，恐非義也，且此行俘獲已多；當和議未成之先，軍士掠取猶屬無傷，和議既成，復行掠取，咎豈不在吾等乎！」阿敏不從，復令八旗將士分路縱掠三日，財物人畜悉行驅載，至平壤城駐營，即於城內分給俘獲。[221]

岳託的勸止阿敏，《朝鮮仁祖大王實錄》中也有記載，天啟七年（1627）三月乙酉（十八日）朝鮮致姜弘立書：

> 曾聞貴永哥，每每向我作好，今番要土不食而苦爭云，亦是大段奇特事也，尤用嘉嘆，亦宜密致本國不忘之意，使之終始勉力為妙。[222]

此處雖未明示所爭者何事，然三月十八日金兵已退至平壤（見下），據《清太宗實錄》自平山至平壤一段時間中，岳託與阿敏之間，除有關搶掠一事外，別無所爭，則岳託不食苦爭者為此事，當屬無疑，一

---

[220] 《清太宗實錄》，卷2，頁38-2、39-1，天聰元年三月十四日辛巳條。
[221] 《清太宗實錄》，卷2，頁39-2，天聰元年三月十八日乙酉條。
[222] 《朝鮮仁祖大王實錄》，第34冊，卷15，頁185，仁祖五年三月十八日乙酉條。

個金人會為朝鮮的利益不食苦爭，的確是「大段奇特事也」。[223]

金兵的撤退及搶掠情形，自《朝鮮仁祖大王實錄》中可窺其大概。他們分兵三路，一由鳳山，一由遂安，一遵海邊。《朝鮮仁祖大王實錄》三月甲戌（七日）：

> 鄭忠信等馳啟曰：「……此賊分路，一取鳳山，一取遂安，一枝又向海邊云。」[224]

阿敏即是向鳳山的一支。同書三月壬申（五日）：

> 姜絪自賊營還。上引見，為問賊情，對曰：「二王子，發向鳳山之時，招見臣於馬頭。」[225]

緣海的一支三月十六日到達海州。而各路於初十之前已過黃、鳳之界，[226]十五日李倧已在江都說「海西賊兵，幾盡捲還」。[227]十六日鄭忠信報告「所謂王子者，與諸將，一時設誓、告天之後」，[228]平壤盟誓十六日朝鮮已在江華得知，則金兵之到平壤總在十六日之前。至於搶掠之撤底及地區之廣，張晚馳啟云：

> 平山、瑞興、鳳山、牛峯、新溪、遂安、載寧、海州、信川、文化等邑，無不酷被凶鋒，蕩然一空。[229]

朝臣乃請致書詰責金人，並令軍隊相機剿殺。《朝鮮仁祖大王實錄》

---

[223] 《朝鮮仁祖大王實錄》，第34冊，卷15，頁185，仁祖五年三月十八日乙酉條。
[224] 《朝鮮仁祖大王實錄》，第34冊，卷15，頁182，仁祖五年三月七日甲戌條。
[225] 《朝鮮仁祖大王實錄》，第34冊，卷15，頁182，仁祖五年三月五日壬申條。
[226] 《朝鮮仁祖大王實錄》，第34冊，卷15，頁183，仁祖五年三月十日丁丑條。
[227] 《朝鮮仁祖大王實錄》，第34冊，卷15，頁184，仁祖五年三月十六日癸未條。
[228] 《朝鮮仁祖大王實錄》，第34冊，卷15，頁185，仁祖五年三月十七日甲申條。
[229] 《朝鮮仁祖大王實錄》，第34冊，卷15，頁184，仁祖五年三月十三日庚辰條。

三月丙子：

> 備局啟曰：「忍辱講和，為生靈也。約成之後，伊賊尚留海
> 西，分兵搶掠，無處不到，海西一帶，已成空壤，雖渡浿江，
> 必將留連，搶盡各邑。依前啟辭，成一文書，就加詰問，似或
> 無妨。且賊兵知我無備，分道四出，恣意搶掠，則出奇制勝，
> 豈無其策？因民齊憤，勦殺一二陣，則賊勢小挫，我軍稍振。
> 仍令鄭忠信躡後之兵，前後相應，則事或可成。……請以此意
> 下諭金起宗。」[230]

李倧以約和之後又令勦擊，事屬不妥，不准，只允致書詰問，書曰：

> 劉副將去後，聞王子已解兵而西，足見遵守約誓之意也。我兩
> 國約未成時，是為敵國，約成之後，便成一家……近接哨報，
> 貴國三路分兵，勦掠郡邑，許多生靈盡被俘殺。至於潛師猝襲
> 新溪云，聞來大失所望。無乃部下諸將，不遵王子約束，以至
> 於此耶？願王子嚴行禁斷，俾民按堵……不然而任他搶掠孤人
> 之子、寡人之妻，則香火茲盟，共享太平之意，果安在哉！天
> 地神明，豈不致怪於貴國乎！王子其勉之。[231]

兩司言官合請截勦，他們當初反對議和，而主和者以拯救生靈為辭和
之，如今和成而生靈反益遭塗炭，所以他們說：「今日之和初出於為
生靈之計，而適足為魚肉生靈之歸。殿下為民父母，何忍恝視而莫
之救乎！」因請「即令廟堂急抄精銳，便道取疾，觀勢進勦，禁遏
旁掠，且下諭諸將相機進退，左右挾持，使賊遊騎，不得任意出沒然
後，賊有忌憚，而民命亦可以救濟矣」。乃選江華精兵三千，以中

---

230 《朝鮮仁祖大王實錄》，第34冊，卷15，頁183，仁祖五年三月九日丙子條。
231 《朝鮮仁祖大王實錄》，第34冊，卷15，頁183，仁祖五年三月九日丙子條。

軍李慎率之前進。同時令平安監司金起宗於金兵經過處備送酒牛以
犒之。[232]

其實此令下達之前，朝鮮各地軍隊已經在相機勤截了，齎疏走報
瀋陽的庫爾纏即曾被截擊過：

> 初五日，諸貝勒大臣，以朝鮮前後議和事奏於上，遣庫爾纏率
> 二十人齎疏赴瀋陽。時朝鮮外臣不知其王已請和，兩次截殺使
> 者五六人，平壤步騎千人，突來要截庫爾纏……庫爾纏令從人
> 前行，自率十人殿後。初次，伏兵擊之，殺朝鮮一人。又一
> 次，擊殺二人，馳行六十里，朝鮮步兵不能進，止，騎兵三百
> 人來追，庫爾纏令十人伏於隘處，俟敵近，發矢衝入，敗之，
> 殺其官四員，兵五十人，獲馬百四。[233]

姜弘立曾為此致朝鮮政府書謂：「劉海謂曰：『二王子令郎差（即庫
爾纏）帶十六名，持誓文入送瀋陽，歸報汗皇，且朝鮮兵欲截殺於大
同江灘』云。郎差即新汗叔母之子，若果被害，何面目見汗云。」[234]
其他黃州、順安等處也有斬殺。而金營很快的便來信抗議，並要求查
審。《朝鮮仁祖大王實錄》天啟七年（1627）三月庚戌（十三日）：

> 賊將送書曰：「禿頭屯里我撥兒人四個，被海州兵馬殺了。又
> 黃州領兵軍，我撥兒人對戰，五個人被傷，殺死二個馬。又平
> 壤放的十個駱駝、一千多馬、看馬兵丁及歸順高麗人，又被孚
> 戮。繼後要駝、馬，又不肯給。……令弟來時，我以為必和，
> 差官四員，帶兵丁四十名，往義州，平壤都堂，趕至安州殺
> 了。未知的實，為因兩個和完，差我人八個，啟報汗上，又被

---

232 《朝鮮仁祖大王實錄》，第34冊，卷15，頁183，仁祖五年三月十日丁丑條。
233 《清太宗實錄》，卷2，頁38-2、39-1，天聰元年三月十四日辛巳條。
234 《朝鮮仁祖大王實錄》，第34冊，卷15，頁184，仁祖五年三月十三日庚辰條。

平壤都堂殺了。劉副將、郎參將，同國王講和、誓盟，啟報汗
上，又被平壤都堂趕去，存亡未審。我與國王，一心尋好，只
是邊上都堂，領兵將官等生事，故壞兩國事，情極可惡。望國
王查審。」[235]

朝鮮答以此等事多在和約之前，今不宜提起，且截殺金人非朝家之
令，亦非將領有意交戰而然，乃因金兵殺掠，人民憤恨，故相聚報
仇，因責金人違盟欺天，並要求速度鴨綠江，以各守封疆之約。[236]十
六日，阿敏便回書反責朝鮮，然答應自平壤至安州禁士卒搶掠：

> 胡書略曰：「貴國蒞盟之後，先就背盟，殺我差人，天誰怪
> 耶？天賜我京與八道，有意我在此為王，我不肯居，還留與貴
> 國；（貴國）只說外呼我兄弟，內感如父母，而如此呪罵，有
> 是禮乎？貴國莫說：『我已在島中，其奈我何！』不知我一到
> 王京，八路盡屬於我，雖在海島，水能為田，魚能為民乎？
> 跟隨大臣以我兵速出，故暫時共難，倘效箕子在此為王，所跟
> 大臣各戀房產，豈不說王來降乎？……既差人遠來，已於十五
> 日。平壤至安州一帶，俱如命。此復。」[237]

自平壤至安州固禁士卒搶掠，然這無異說安州以北不負責任，朝鮮乃
立刻致書姜弘立說：

> 阿將回書以「自平壤至安州，俱如命」為答。此則必不食言，
> 但安州以西各邑，何莫非我國地方，而如是言之，極可怪也。
> 劉將為本國，終始致力，極感極感。二三宰臣，切欲致書，怕

---

[235] 《朝鮮仁祖大王實錄》，第34冊，卷15，頁184，仁祖五年三月十三日庚辰條。
[236] 《朝鮮仁祖大王實錄》，第34冊，卷15，頁184，仁祖五年三月十三日庚辰條。
[237] 《朝鮮仁祖大王實錄》，第34冊，卷15，頁185，仁祖五年三月十七日甲申條。

煩不果。宜密示此書，相與並力。曾聞貴永哥，每每向我作好，今番要土不食，而苦爭云，亦是大段奇特事也，尤用嘉嘆。亦宜密致本國不忘之意，使之終始勉力為妙。[238]

姜弘立是否如此作不知，不過安州之北金兵也未搶掠。《清太宗實錄》謂：「平壤之盟既定，我軍出朝鮮境，秋毫無犯，遵大路肅伍而還。」[239]

然而金兵並未如各守封疆之約，完全撤出朝鮮國境，而仍留下滿州兵一千，蒙古兵二千駐守義州，據說這是清太宗的指示：

乙酉，上召諸貝勒大臣集議，復遣巴克什庫爾纏，往諭大貝勒阿敏等曰：「……區處攜回義州，留滿洲兵一千，蒙古兵二千，於楞額禮、達朱戶、圖爾格、阿山、舒賽、葉克書、屯布祿、葉臣等。每旗下派滿洲官二員，蒙古官一員駐防……與朝鮮王書內，可再言我所以駐兵義州者，原為防毛文龍耳，爾若不容文龍，吾兵亦不駐義州矣。」[240]

然據《朝鮮仁祖大王實錄》阿敏也早已要留兵關西。因為清太宗的諭旨阿敏到清川江上才接到：

於是庫爾纏齎諭，至安州江遇大軍，即以敕諭付阿敏。[241]

而阿敏到清川江乃自十六日以後之事，觀其答朝鮮要求禁搶掠云：

---

238 《朝鮮仁祖大王實錄》，第34冊，卷15，頁185，仁祖五年三月十八日乙酉條。
239 《清太宗實錄》，卷2，頁40-1，天聰元年三月十八日乙酉條。
240 《清太宗實錄》，卷2，頁39-1、39-2，天聰元年三月十八日乙酉條。
241 《清太宗實錄》，卷2，頁39-2，天聰元年三月十八日乙酉條。安州江即清川江，乃金人隨便稱的。

「已於十五日。平壤至安州一帶，俱如命。」[242]則金兵十五日始到安州，清川江在安州之北，必十五日以後才經過，才遇到庫爾纏。然十六日李倧在江都已說：「海西賊兵，幾盡捲還，而欲留關西，事竟如何！」[243]關西乃對平安道之通稱。如阿敏早無留兵之言，則此時李倧尚不及知太宗之指示，何能言之？

至於留兵為防毛文龍，此不過其目的之一耳，另一目的乃在為以後征朝鮮留餘地，劉興祚即曾作此暗示：

> 劉海送秘揭曰：「……若言前已誓盟，今又駐兵義州何也？伊賊用意，有不待揣摸而知也。況近日之勢，已為窮寇，攻寧遠不下，則欲斂兵，無食，再攻不能，又不知將何往乎？」[244]

（二）義州撤兵交涉

根據江都盟誓「各守封疆」一條，金兵須完全撤離朝鮮領土，如今它留兵佔領義州，當然是違背約誓，侵犯朝鮮的領土主權之完整；而且金人佔有此地，隨時可以進兵南下，這對朝鮮的國防是一個莫大的威脅，所以朝鮮便根據盟約向金國要求撤兵。

早在四月二十日，李倧便想遣人至金作此交涉，[245]而大臣們反對，以為「當初賊鋒逼近，而彼先請和，故不得不應。今若自我先發使，送書虜穴，則似涉於得已而不已者。且此奴留兵，非一紙書所能撤去，今番送人，無益而有損」。[246]李倧雖不滿此種態度，說：「賊徒留在我境，而力不能舉兵征討，又不詒書開諭，可謂無謀矣！古人之內修、外交，緩敵而雪恥者，必不如今日之所為也。」然終以「群

---

[242] 《朝鮮仁祖大王實錄》，第34冊，卷15，頁185，仁祖五年三月十六日癸未條。
[243] 《朝鮮仁祖大王實錄》，第34冊，卷15，頁184，仁祖五年三月十七日甲申條。
[244] 《朝鮮仁祖大王實錄》，第34冊，卷16，頁207，仁祖五年五月二十九日甲午條。
[245] 《朝鮮仁祖大王實錄》，第34冊，卷16，頁194，仁祖五年四月二十日丙子條。
[246] 《朝鮮仁祖大王實錄》，第34冊，卷16，頁196，仁祖五年四月二十四日庚申條。

議皆曰不可」而罷。[247]

五月中，金國遣劉興祚及英俄爾岱（《朝鮮仁祖大王實錄》作「龍骨大」，1596-1648）送朝鮮王弟李玖返國，李倧命李廷龜接待來使，順即與之交涉義州撤兵事。興祚及英俄爾岱未奉此項使命，也無權作任何承諾，交涉自無結果。[248]六月中沈正笏及朴蘭英使金，一方面答謝送還王弟，一方面交涉撤兵。《清太宗實錄》天聰元年（1627）七月甲戌朝鮮來書云：

> 數月以來心有所介，然致訝於貴國者，若不一一吐露，是不以誠信相待也。當初約誓時，既以各守封疆為言，而輟兵之後，餘眾尚留我境，妨民耕種，四出侵掠，豈貴國所不知耶？甚非所望，願細思而善處之。[249]

金國解釋留兵的目的非為朝鮮，而是防毛文龍的乘虛佔據。時金國往義州換防的軍隊待命出發，以朝鮮「書辭懇切」而停發，並願將義州佔領軍調回，可是仍然懷疑朝鮮的兵力是否能阻毛兵下岸。朝鮮使答以朝鮮之被兵乃完全由毛文龍挑起，及戰爭起，文龍反竄伏海島，終不敢出，「今何顏面更下岸耶？」這種答覆無一點責任的承諾，金人當然不信任，乃曰：「當送我人，講定於爾國，而回路當撤還兵馬矣。」這是說明鮮必先有所保證才肯撤兵，於是交涉自瀋陽移到了漢城。[250]

金國使臣阿什達爾漢及霸蘭奇（《朝鮮仁祖大王實錄》作「阿什月介」及「朴只乃」）與隨員劉興祚等於八月一日到達漢城，帶來國書曰：

---

[247] 《朝鮮仁祖大王實錄》，第34冊，卷16，頁196，仁祖五年四月二十四日庚申條。
[248] 《朝鮮仁祖大王實錄》，第34冊，卷16，頁195，仁祖五年四月二十一日丙戌條。
[249] 《清太宗實錄》，卷3，頁51-2，天聰元年七月十日甲戌條。
[250] 《朝鮮仁祖大王實錄》，第34冊，卷17，頁219，仁祖五年八月六日己亥條。

我兵留住義州，非疑貴國，意謂兩國仇隙，皆因毛賊所致，幸得事成，恐毛將復為壞之，故留兵防守耳。今王弟邊內，不容毛賊上岸，宜速具書，及發住民，與護守之兵，到了義州，我兵即時過江退回。若住民、護兵未到，我兵先回，恐毛賊乘空住擾不便。[251]

然而金國要求的條件實不止，劉興祚致朝鮮書云：「撤兵之後，義州未割田禾，意欲計畝索糧；毛師仇深不容上岸；兩國貨物相資貿易。依此三者則和好可成，而兵馬可撤，未知貴國君相，能曲從其情否耶？」[252]防毛兵上岸固然重要，然更重要的恐怕是「計畝索糧」及「兩國貨物相資貿易」，[253]因為這時「國中大饑，斗米價銀八兩，人有相食者，國中銀兩雖多，無處貿易」。[254]顯然這是由於經濟上的原因，在撤兵方面讓了步。

「計畝索糧」我們未見到朝鮮的答覆，兩國貿易的途徑的確是打開了（見後第四節）。至於防毛兵上岸，朝鮮回答稱：

貴國之留兵義州，固知本無反意，但業已誓天罷兵，而猶復屯兵他境，非各守封疆之意，故前書及之。今貴國有意捲退；我國地方我自住守。寧有任人竊據之理？便即差官偕來，使替守，慎固疆場，不至貽貴國慮也。[255]

九月十二日，朝鮮義州府尹嚴惶馳奏：金兵業已退去。[256]翌日，金使

---

[251] 《朝鮮仁祖大王實錄》，第34冊，卷17，頁221，仁祖五年八月十四日丁未條。
[252] 《朝鮮仁祖大王實錄》，第34冊，卷17，頁221，仁祖五年八月十三日丙午條。
[253] 《朝鮮仁祖大王實錄》，第34冊，卷17，頁221，仁祖五年八月十三日丙午條。
[254] 《清太宗實錄》，卷3，頁49-2，天聰元年六月二十三日戊午條。
[255] 《朝鮮仁祖大王實錄》，第34冊，卷17，頁222，仁祖五年八月十六日己酉條。
[256] 《朝鮮仁祖大王實錄》，第34冊，卷17，頁225，仁祖五年九月十二日乙亥條。

及金兵便回到瀋陽。[257]其間雖因金兵換防，將義州全府男女老弱盡擄而去，[258]朝鮮的願望終算達到了。

（三）遣俘交涉

一個文化落後，或更恰切的說，一個未具有現代國際法智識水準的國家，戰爭時將俘獲的敵國軍隊與人民視作戰利品，驅為奴隸，戰敗者如欲其人民重獲自由，只能用財貨贖取，這是歷史上的普遍現象。1621年的金國，文化落後，戰爭與搶掠即是其生活的重要內容，而且以此事為天經地義。它在對朝鮮戰爭中俘獲了大批軍民，這是它的財產！可是當時朝鮮以為戰爭完、和事既成之後，無條件遣還俘擄，是理所當然的。所以江都盟誓後，朝鮮便要求金國遣還被俘軍民，不過其時金兵壓境，所以辭氣異常軟弱。《朝鮮仁祖大王實錄》三月庚午：

> 揭帖於二王子曰：「……和事幸已完成……第有一事，實係惻隱之衷。自兵鋒深入，被獲男婦，其數甚多。此輩各有父母、夫婦，若羈縻流離，遂作異域之魂，此誠仁人所不忍也。貴國地廣、兵足，些少俘獲，無關損益。渡江之前，一一還送，則非但義聲無窮，仁心及物，天必監臨。未知王子，能有意於斯乎？」[259]

阿敏非但無意於斯，且在退兵時大加擄掠。可是四月初旬，他便將已剃頭的朝鮮宣、定、郭、鐵三萬餘人送還，[260]這是清太宗的敕諭。《清太宗實錄》三月乙酉：

---

[257] 《清太宗實錄》，卷3，頁53-2，天聰元年九月十三日丙子條。
[258] 《朝鮮仁祖大王實錄》，第34冊，卷17，頁222，仁祖五年八月十九日壬子條。
[259] 《朝鮮仁祖大王實錄》，第34冊，卷15，頁181，仁祖五年三月三日庚午條。
[260] 《朝鮮仁祖大王實錄》，第34冊，卷16，頁193，仁祖五年四月八日甲辰條。

> 往諭大貝勒阿敏等曰：「朝鮮既經和好，其歸順之民毋得秋毫
> 擾害，仍留彼處，俾各寧居，可作書諭朝鮮王，言歸順之民，
> 俱已放還，惟我軍臨陣俘獲者，賞給被傷士卒。」[261]

此諭阿敏於安州稍北接到，故有此舉。

太宗諭旨將俘虜分為兩種，一則陣前俘獲者，一為「歸順」之
民。此等歸順之民當即阿敏在退兵時俘獲者，這種俘虜可以遣還。至
於前者因要把他們當作財產賞給被傷士卒，所以不能遣返。可是那些
陣前俘虜被帶走後，沿途、甚至到金國後，紛紛伺隙而逃。五月平安
監司金起宗報告各地逃回的人數是：

> 平壤……逃還三百四十四人……；江東……逃還六十七
> 人……；三登……逃還一百十一人；順安……逃還七十八人；
> 肅川……逃還三十三人。[262]

我們相信實際人數絕不只此，這僅是部分的統計，因為朝鮮平時的戶
口統計尚不可靠，戰後秩序紊亂，逃回人民不一定有家可歸，很多都
投奔各處去謀生，單單平安道的統計自不足代表。這許多人的逃走，
當然是金國的重大損失，所以當金國送李玖歸國的時候，便提議兩國
互相送還逃人。《朝鮮仁祖大王實錄》五月乙未：

> 自立誓之後，貴國人逃至我國，我即查出送去，若金、漢人及
> 擄獲麗人，有逃至貴國者，亦即查出；互相隱匿，不肯查送，
> 兩國和好之事，反復無益云。[263]

---

[261] 《清太宗實錄》，卷2，頁39-1，天聰元年三月十八日乙酉條。
[262] 《朝鮮仁祖大王實錄》，第34冊，卷16，頁203，仁祖五年五月十六日辛巳條。
[263] 《朝鮮仁祖大王實錄》，第34冊，卷16，頁208，仁祖五年五月三十日乙未條。

這一提議說來是互惠的，然實際上是要朝鮮替金看守俘虜。因為朝鮮人絕少會逃到金國去，而金所擁有的大批被俘麗人，則不斷的逃回，如果他們一逃回，政府便將之執送於金，那麼這政府非金國俘虜營看守所而何？而且朝鮮政府欲交涉將其人民放還而力不能，今既自行逃回，何可反將之送回，使終身為奴。

至於漢人乃是皇朝子民，自亦應當庇獲容納。所以朝鮮對於金的提議，只贊成兩國人民互相送還，拒絕包括被俘麗人在內。《清太宗實錄》天聰元年（1627）七月甲戌（十日）朝鮮來書云：

> 自今兩國之民越境逋逃者，各相察還，毋得容隱，當如所示。惟是我國之人為貴國俘獲者，懷思父母鄉土，亡命逃歸，乃人子之至情，即上天所矜憐也，我為民父母，既不能保存於被兵之初，及其來歸，又從而縛送之，奈天理何！決不忍為此也，幸原諒之。[264]

金國的回答完全根據報復及報償觀念，提到：

> 為逃民言：「懷思父母、鄉土，舍命脫來，而縛送之，決不忍為」，則己未年兵入我境，殺擄東窩、宅兒哈失等處之民。後容住毛賊，收我逃走遼民，以致起兵，雖攻剋城池，豈不損人？其原受害之人，舍命攻戰，所得人民逃去，不肯刷送，仍言：「懷思父母、鄉土。」昔日我國受害人民，豈無父母、鄉土，何嘗可離？[265]

因之以重啟戰端相脅，「只恐逃人之主怯忿，趕至貴國查原走之人，混拏綁來，那時兩國和好反致無益矣。此非因得逃民，恐兩國和事之

---

[264]《清太宗實錄》，卷3，頁51-1、51-2，天聰元年七月十日甲戌條。
[265]《朝鮮仁祖大王實錄》，第34冊，卷17，頁221，仁祖五年八月十四日丁未條。

壞也。既為逃民，則剃頭歸順之民，立誓之後，又何送回？惟王弟裁思，逃民務要與來」。[266]可是金人並不堅持一定送還逃人不可，如肯以財物來贖，也可解決。所以口氣一轉，「若父母、兄弟，不忍分離，亦當查出，交與原主，兩相計議贖取可也」。[267]朝鮮人須將被外國擄去逃回的親友先交給敵人，再依敵人要價去贖，價格太高也只好聽之，否則就讓自己的親友再被牽走，去過牛馬生活。這是金人的如意算盤，也是為了維持和平的一大讓步。

朝鮮政府當然不能接受此議，可是它很巧妙的將贖取逃俘的提議解釋，轉變為贖取俘虜。朝鮮政府答應並告訴人民去贖，同時它還想利用此贖俘的交易代替金國正在要求的開市。它回答金人說：

> 被俘人民皆我赤子，拘擊異域，父失其子，兄失其弟，呼天蹙額，歸怨不穀，為民父母實不忍聞。今見來書，欲令各人親戚，通議贖取，此意尤善。顧今西鄙遺民酷被兵禍，生業蕩然，恐無財可以質贖，然其中若有願贖者，當諭以來意，俾遂其願。[268]

其中無一字提及逃俘事，可謂極盡偷天換日之能事。而金國也許為了急欲財物之獲得，也就接受了此種解釋，於是這一遣俘的外交問題，一變而為市場上的交換問題。

在敘述個別的贖取之前，我們先將朝鮮政府集體贖俘的交涉交代一下。由於金國極力促請在義州糴米，朝鮮拒絕，而拒絕之後又感覺不大妥當，於是提出了三千石米，以兩千石發賣，一千石贈於金汗。朝鮮覺得賣給金國二千石米已是恩惠，再送一千石則所施於金者更大，所以要求金國放還俘虜作為報酬。當時金使必欲先知市上的米數

---

266 《朝鮮仁祖大王實錄》，第34冊，卷17，頁221，仁祖五年八月十四日丁未條。
267 《朝鮮仁祖大王實錄》，第34冊，卷17，仁祖五年八月十四日丁未條。
268 《清太宗實錄》，卷3，頁53-2，天聰元年九月十三日丙子條。

而後才肯答應，且朝鮮贖俘或以米，或以他貨，難以預知，所以交涉未成。[269]其後朝鮮派李溰及朴蘭英到瀋陽交涉，金人只收米不還俘，於是李、朴欲並此千石也發賣，根本不贈，而金國以「兩國相和⋯⋯何可以此持難乎」？[270]強請不肯，李、朴不得已而求放還一、二百人以保持面子，而金人則並此一、二百人也不肯：

> 回答官李溰、朴蘭英等，還到義州馳啟曰：「臣等與龍骨大、大海等，相議千石米發賣之事。龍胡等以為：『兩國相和，所言皆從，何可以此持難乎？』屢度爭辨，終不動聽⋯⋯臣等言又於大海等曰：『貴國若許還被擄者一二百人，以為千石米回謝之資，則貴國之所送甚易，我國之所得甚多，而其在吾等亦且有光。』大海等即告於汗，而還來言曰：『被擄人等既已分與甲軍，使之各自買賣，到今還奪，事勢甚難。各於其主處，給價買去為當。』」[271]

朝鮮白白的送了一千石米，一個人也沒得到，這次外交澈底失敗，而在瀋被擄麗人，日日聚於使館號哭，慘不忍聞，李、朴回時以自己所乘的馬，金汗所賞人蔘，及一行員役所有的財物贖取二十二人帶回，[272]然而這數目太少了！

在義州市場上，人被當作貨物一樣的評價、買賣，然而行情也不甚佳，因為被俘者多為兩西人，而該地已差不多成為一片丘墟，被俘者的家人，或被殺死，或互相走失，即使不然也無財力贖人，故俘虜帶到市上後，銷路遲滯。銷售不了的「貨物」，金人只好再將之帶回，而被俘者來時滿望有人來贖，及見無人來，再被帶回，乃大失所

---

[269] 《朝鮮仁祖大王實錄》，第34冊，卷18，頁249，仁祖六年一月五日丁卯條。
[270] 《朝鮮仁祖大王實錄》，第34冊，卷18，頁262，仁祖六年二月二十八日庚申條。
[271] 《朝鮮仁祖大王實錄》，第34冊，卷18，頁262，仁祖六年二月二十八日庚申條。
[272] 《朝鮮仁祖大王實錄》，第34冊，卷18，頁262，仁祖六年二月二十八日庚申條。

望，號泣路上，狀不忍睹。《朝鮮仁祖大王實錄》天啟八年（1628）二月庚申（二十八日）李溭、朴蘭英自義州啟曰：

> 且贖還人來到市上者，多至四五百人，而其中亦多無父母、兄弟之人，不得買取，使之空還，則非但所見慘惻，刷路自此將絕，開市本意，又歸落莫矣。[273]

金人的抱怨，價格的討論，及失望者的哭聲，又見於義州府尹嚴惶的報告。《朝鮮仁祖大王實錄》天啟七年（1627）四月三日：

> 義州府尹嚴惶馳啟曰：「龍胡等罷市撤歸時，招臣及贖還差使員，言曰：『前日上京時接待官曰：「挈來被擄人則自當贖還」云。故今番率來者二百餘人，而所賣之數未及三分之一，何如是相負耶？』諸胡中，或有願留置約價，欲於追後來捧者，未可論價約買耶？臣等與之論價，再三低昂，以青布六十五匹，約定一人之價，即成契券。男女並三十人，則約價留置，其餘許多人，則並還驅入去，顧瞻我境，痛哭徹天云。」[274]

這些俘擄一踏上本國土地，便拼命的設法逃亡，於是金國非但賣不出去，反而失去了很多，憤恨異常，責朝鮮故意不買，且助之逃去：

> 申景瑗馳啟曰：「商胡撤回，未及瀋陽一日，而義州、鐵山、郭山被擄女人四口逃還言：『商胡輩以為：「朝鮮既請贖還，而不惟不即贖出，又從而使之亡走」，常懷憤怨』云。……胡

---

[273] 《朝鮮仁祖大王實錄》，第34冊，卷18，頁262，仁祖六年二月二十八日庚申條。
[274] 《朝鮮仁祖大王實錄》，第34冊，卷18，頁268，仁祖六年四月三日甲午條。

差近將出來，請令廟堂善處。」[275]

金國雖普遍接受了朝鮮贖俘的意見，然對於在逃俘虜並未放鬆追究，天聰元年（1627）十二月九日遣阿什達爾漢及霸奇蘭致書朝鮮曰：

> 至於我國逃人，當兩國盟誓時，原議自盟之後，爾國即行送還，爾並未踐約，後爾弟歸國，復約以過江日為始，送還逃民，亦未見送還，爾云：「兵駐義州，縱有逃民無由得知，若撤義州兵回，各守封疆，有逃來者便易稽察。」今我撤兵之後，已細察逃往人數？！其外藩逃人，俟再察出以告！[276]

朝鮮拒絕。天聰二年（1628）二月遣使告金，說逃回人數很少，即是有也不能縛送，因為這是人情天心所不忍的，況且兩國和好之後，釋放庇倪，為自然之理，不應有理外的要求。[277]

此時義州贖俘的交易很壞，朝鮮復拒絕金國之開市要求，金人乃大肆咆哮，責令刷還逃俘一千三百餘人，投書義州，語辭悖慢，又派投金朝鮮邊民朴仲男到漢城交涉，一時情勢緊張，朝鮮王廷視為嚴重事件，咸以為金人將藉口尋釁。廷議對策時，朝臣意見又復分歧，一派以為事關存亡，既已許和不可中途因此生釁，致前功盡棄，逃回者雖不可刷還，而逃時為金人捕獲押禁者則可贖回，以解金人之怒。李倧始贊同此議。一派主張根本拒絕金人的要求，他們的看法可於吏曹判書張維的奏疏中見之，他說：

> 刷還之事，誠所不忍，此虜狡譎叵測，意欲無窮。今茲既從其

275 《朝鮮仁祖大王實錄》，第34冊，卷18，頁270，仁祖六年四月十五日丙午條。
276 《清太宗實錄》，卷3，頁55-1，天聰元年十二月九日壬寅條。
277 《清太宗實錄》，卷4，頁57-2，天聰二年二月二日甲午條。

欲，安知繼而至者，不有難於此者，而其可一一曲從乎？雖只送一二人，與送千百人，無以異也。民心既去，則國之危亡，豈待虜馬之南牧乎？[278]

此中有三點意見：他們以為這不是一個獨立的事件，而是金人一連串要求的一環，為杜絕其未來的欲求，應當從現在開始拒絕；他們以為金人的要求既不合理，則雖一、二人也不應當刷還；他們以為如果曲從金人之要求，是國家不負保護人民的責任，人民自然會生離貳之心，這才是國家真正的危機。

　　這種見解從遠大處著眼是很正確的。所以李倧覽奏之後，立刻轉變了態度，反對贖取逃俘，甚至說：「今因此事，雖被兵禍，決不可忍副虜言矣。」[279]這使負責政務的人很難措手，因為如果真的率爾拒絕，說不定會引起金兵的再度南下，國家事是不可以作賭注的！因之兼兵曹判書李廷龜上言：「謀國之道，不可不因時審勢，獸心難回，我勢又弱。……在我所答之辭，徒以義理爭辯，則禽獸何以知之？」[280]又言如兵端再起，萬人被禍，則是「不忍於數人，而能忍於千萬人，未知合於義理」！[281]這點李倧以為似有所見，故不得不勉副大臣之請。乃將部分逃回俘虜送還金人，同時帶貨財去贖回，金人怒氣始平。[282]此後年餘金國注意開市以取財物，對逃人事很少提起，至三年（1629）始再相詰責，而朝鮮則一味的拖，企圖不了了之，這政策究竟有些成功，至天聰五年（1631），金人便自動的提出解決辦法。

　　天聰五年（1631）閏十一月金國派庫爾纏、滿達爾漢及董納密使朝鮮，順即提議是年閏十一月以前之逃人悉數不問，其後逃回者一律

---

[278] 《朝鮮仁祖大王實錄》，第34冊，卷18，頁277，仁祖六年六月二十六日乙卯條。
[279] 《朝鮮仁祖大王實錄》，第34冊，卷19，頁278，仁祖六年七月一日庚申條。
[280] 《朝鮮仁祖大王實錄》，第34冊，卷19，頁279，仁祖六年七月六日乙丑條。
[281] 《朝鮮仁祖大王實錄》，第34冊，卷19，頁279，仁祖六年七月七日丙寅條。
[282] 《朝鮮仁祖大王實錄》，第34冊，卷19，頁279，仁祖六年七月七日丙寅條。

刷還。此次交涉無直接紀錄，只見於是年十二月丁亥（七日）備局啟書中：

> 朴蘭英疏陳禦戎之策，備局回啟曰：「朴蘭英所陳，皆朝廷之所留念也……走回人雖本國之人，自彼逃還，彼亦有執言之端。今番骨者（庫爾纏）所言：『辛未閏月以後，一一刷還』云者，若出於誠心，則依願定約，未為不可。且贖還之價，不過六桶青布，而自此投彼者，其為國患，有不可勝言。此約若成，未必不為本國之利也。今後國書，申定約束，走回者便即備價贖還……則在我者直，而彼亦無辭矣。」上從之。[283]

及天聰八年（1634）兩國來往文書中多及此事。其時金國要求朝鮮送還逃到該國的金人，朝鮮乃圖援該約拒之，答金國謂：「查送逃人一事，自辛未歲定約以來，前後往來書辭，亦非一、二次矣，何貴國復言及此耶？」[284]金國回答說：「來書，謂自辛未年定約以後，一切逃人，概置不索，斯言誤矣，辛未年所言，乃陣獲高麗人逃回者，我不索還，未嘗言及我國之人也。」[285]是金明白承辛未以前逃回之麗俘不索也，於是橫於兩國中的這一麻煩問題始得解決。

（四）貿易問題

金人最迫切的需要是生活物資。天聰元年（1627）有兩件事使得此一需要更加急切，就是饑荒與許多蒙古部落的來降。前者使消費物資過度缺乏，在此情形下只能設法增加物資的生產或減少消費，始可渡過危機，而金國則因為國際形勢的關係，不能不收容來歸的蒙古人，於是物資沒有加多，而消費反而增加了，這使得饑荒格外嚴重，

---

[283] 《朝鮮仁祖大王實錄》，第34冊，卷25，頁464，仁祖九年十二月二十四日壬辰條。
[284] 《清太宗實錄》，卷17，頁232-1，天聰八年二月十八日乙亥條。
[285] 《清太宗實錄》，卷18，頁233-2，天聰八年三月二日戊子條。

其嚴重程度據《清太宗實錄》元年（1627）六月戊午云：

> 時國中大饑，斗米價銀八兩，人有相食者，國中銀兩雖多，無
> 處貿易，是以銀賤而物騰貴，良馬一銀三百兩，牛一銀百兩，
> 蟒緞一銀百五十兩，布疋一銀九兩。盜賊繁興，偷竊牛馬，或
> 行劫殺。[286]

瀋陽城中野獸出沒，災異迭現，金國甚至欲遷都鐵嶺。[287]饑荒如此，
消費不能減少，便只有想法增加物資，增加之道不外生產，然農業生
產受天候時間的限制，不能立刻奏效；掠奪呢，其時新敗於寧錦，且
由於西戰場的牽制，也不可能再事東搶，於是只有貿易一途。

　　解救經濟上的危機，固為金人貿易的第一目的，然而其目的猶別
有所在，那便是戰馬的獲得，他們用自朝鮮半買半奪得來的貨物去交
換蒙古人的馬匹。天聰五年（1631）金兵出圍大凌河時清太宗說：

> 瀋陽遼東之地原非我有，乃天所賜也。今不事征討，坐視漢人
> 開拓疆土，修建城郭，繕治甲兵，使得完備，我等豈能安處
> 耶？朕是以不惜財帛，及與朝鮮通市，所得貨物，盡與蒙古，
> 易甚馬匹興師致討此行倘荷天佑。[288]

天聰元年（1627）八月，金使阿什達爾漢及霸奇蘭，到漢城交涉義州
撤兵，及送還逃俘時，第一次提到貿易問題。《朝鮮仁祖大王實錄》
天啟七年（1627）八月丙午（十三日）劉興祚致函朝鮮云：

> 相議撤兵之後，義州未割田禾，意欲計畝索糧，毛師仇深，不

---

[286] 《清太宗實錄》，卷3，頁49-2，天聰元年六月二十三日戊午條。
[287] 《朝鮮仁祖大王實錄》，第34冊，卷17，頁243，仁祖五年十二月十四日丁未條。
[288] 《清太宗實錄》，卷9，天聰五年七月二十八日庚子條。

容上岸；兩國貨物，相資貿易。依此三者，則和好可成，而兵馬可撤。[289]

是貿易為撤兵談判的條件也。又同書八月戊申（十五）：

備局啟曰：「似聞虜中情形，要我開市，先發贖取之言，不無因此差人更來之患。」[290]

朝鮮也看透了金國要以贖逃俘為貿易的開端，所以在答書中對於貿易開市事避而不談。可是到十月間金國便開門見山，直接了當的要求糴米義州了。同書十月戊戌（五日）：

備局啟曰：「今見胡書，乃開市買糴之事也。前已備陳此事於答書中，而今又以義州留穀糶賣事，催迫至此。」[291]

且要求十一月之前開始買賣。同書十月辛酉（二十八日）：

義州府尹嚴愰馳啟曰：「……仲男曰：『開市期限已迫，而尚不回答。通貨之意，若是遲遲……朝廷若以為日子太迫，則退定於十一月初一日』云矣。」[292]

朝鮮乃遣朴蘭英至瀋陽，答以西路荒涼，無人貿易，開不成市。《清太宗實錄》天聰元年（1627）十一月辛巳（十八日）朝鮮來書云：

---

289 《朝鮮仁祖大王實錄》，第34冊，卷17，頁221，仁祖五年八月十三日丙午條。
290 《朝鮮仁祖大王實錄》，第34冊，卷17，頁221，仁祖五年八月十五日戊申條。
291 《朝鮮仁祖大王實錄》，第34冊，卷17，頁231，仁祖五年十月五日戊戌條。
292 《朝鮮仁祖大王實錄》，第34冊，卷17，頁233，仁祖五年十月二十八日辛酉條。

日有邊臣傳至來書，言開市一事。前日來使回時已悉言之，豈貴國未能詳悉耶？凡開市必待人民聚集，財貨繁阜，然後以所有易所無，交往貿邊，庶幾通行無礙。即今西路千里之地，墟莽極目，煙火斷絕，有何人民貨財可以買賣，恐不成開市規模也。……若夫糧粟糴買之事，恐貴國尚未俯諒，事情近邊郡邑，地無開墾焉，得復有糴賣之穀耶？[293]

雙手折衝的結果，同意不開邊市，但彼此使臣來往時，可帶商人市易於都下；而糴米一事金國堅不放鬆，於是金使再到朝鮮交涉，《清太宗實錄》天聰元年（1627）十二月壬寅（九日）：

命參將英俄爾岱，遊擊霸奇蘭同朝鮮使臣朴蘭英齎書往。書曰：「兩國相好，若不交相開市，似乎疏遠，吾所以有開市之議也。爾言大兵所至，俱經殘破，難以開市，須到王京交易，此言誠是。爾遣來貿易之人，已經隨物獲售，我亦令人至爾處往市矣。我國糧石，若止供本國民人，原自充裕，適因蒙古汗不道，蒙古諸貝勒攜部眾來降者不絕，爾國想亦聞之，因歸附之國多，概加贍養，所以米粟不敷。爾與毛文龍糧餉贍養，已經七年，我豈似彼無故索取！惟于歲市糴一年，以濟窘乏，爾能開糴助我，方見敦睦之誼。爾云，國被兵殘，平安、黃海二道俱經殘破，然所餘尚多，且六道仍如故也，若願以糧相濟，則從鴨綠江運亦可，海運亦可。」[294]

朝鮮乃賣與二千石，贈與一千石米（見遣俘交涉）。而在京貿易，金以為只利富人，不便；朝鮮也以金人到京騷擾不堪，相議停止京城市

[293] 《清太宗實錄》，卷3，頁54-1，天聰元年十一月十八日辛巳條。
[294] 《清太宗實錄》，卷3，頁55-1，天聰元年十二月九日壬寅條。

易，[295]改在邊上中江互市，[296]朝鮮政府飭令京外行商及西邊二屬遺民之願贖其父母妻子者，各出米穀物貨以赴之。於是金國開市的目的終於達到。

朝鮮以為開市乃大事，不可漫無限制，宜各定期，勿相濫越，交易之際，嚴加禁約，無抑勒，無攘奪。[297]關於開始貿易的日期，金人最初要求天聰二年（1628）二月一日，後定於二月二十一日。每年開市次數，則朝鮮初欲一次，「此外如有相通之事，則各以國書，付諸邊臣，以憑傳致」。甚後在瀋陽交涉時，以金國嫌次數太少，乃加多一次，每年春秋兩次，然而金則要求春夏秋三次，[298]朝鮮拒之。《朝鮮仁祖大王實錄》天啟八年（1628）四月壬寅（十一日）：

> 備局啟曰：「今見胡書，欲以春夏秋開市。雖春秋開市，物貨亦慮其難辦，況三季朔開市，則何以應辦手？六月則農務方急，且多雨水。請以開市難便……令承文院急急撰出，遣胡譯一人，傳授而還。」上從之。[299]

結果以春秋二次市定議。

中江開市之後，金人進一步要求會寧開市，且不經協商，便一面派出貿易人員，一面知會朝鮮。《朝鮮仁祖大王實錄》天啟八年（1628）二月甲寅（二十二日）：

> 申景瑗以高牙夫齎來金汗書，馳啟。其書曰：「金國汗，致書於朝鮮國王弟。今兩國既成一國，中江大開關市。竊思東邊之民，原在會寧做市矣。今見此處開市，皆欲往會寧貿易，料無

---

[295] 《朝鮮仁祖大王實錄》，第34冊，卷18，頁249，仁祖六年一月五日丁卯條。
[296] 《清太宗實錄》，卷4，頁56-2，天聰二年正月二十六日戊子條。
[297] 《清太宗實錄》，卷4，頁57-2，天聰二年二月二日甲午條。
[298] 《朝鮮仁祖大王實錄》，第34冊，卷18，頁250，仁祖六年一月九日辛未條。
[299] 《朝鮮仁祖大王實錄》，第34冊，卷18，頁269，仁祖六年四月十一日壬寅條。

> 王命，會寧官豈敢擅專？故具悉預報，如允當，速令會寧官遵
> 行。」[300]

朝鮮以會寧昔因瓦爾喀人居住六鎮者多，故商業繁盛，今則其人散亡
殆盡，市易久已不行，縱開市也無人前往貿易，且中江一處國力已
不支，況再添一處，拒之。[301]然金國不理，數百人員至會寧求開市，
地方官不允，反生怒色，且要朝鮮供給以應生活所需，地方官無法應
付，乃請朝廷允許開市。《朝鮮仁祖大王實錄》天啟八年（1628）三
月甲申（二十三日）：

> 北兵使尹璙馳啟曰：「使朴仲男[302]父應參及兄仁賢，往論以不
> 可開市事，而頓無動聽之理。仲男與者胡同惡，日加迫脅，會
> 寧府使黃溭不能支吾。臣馳到會寧，又給略物，終日強爭，則
> 反生怒色，將以此意，馳通於汗處，渠則取此路，上京停當
> 云。臣僅得止之。數百之胡，一日供給米太，多至數十石、牛
> 豬二三頭，不出旬日，會寧將不能收拾矣。且騎胡等或二十人
> 連續出來云，將來之憂，不一而足。若竟不得堅拒，則不如許
> 市，促還之為愈，速賜指揮，俾無生梗之患」云。[303]

朝廷不許。金國以會寧開市不成，且朝鮮仍接濟毛文龍，不肯刷還逃
人，又修復城池，乃於六月中來書大肆恐嚇，朝鮮恐復啟戰端，且以
「北人本與藩胡，交易為生，不甚厭苦」，群議允許開市。[304]於是金
國又達到了目的。

---

[300] 《朝鮮仁祖大王實錄》，第34冊，卷18，頁260，仁祖六年二月二十二日甲寅條。
[301] 《清太宗實錄》，卷4，頁58-2，天聰二年三月八日己巳條；《朝鮮仁祖大王實
錄》，第34冊，卷18，頁260，仁祖六年二月二十二日甲寅條。
[302] 朴仲男乃投金之朝鮮邊民，時為金國來交涉開市。
[303] 《朝鮮仁祖大王實錄》，第34冊，卷18，頁267，仁祖六年三月二十三日甲申條。
[304] 《朝鮮仁祖大王實錄》，第34冊，卷18，頁273，仁祖六年五月二十六日丙戌條。

至於貿易的貨品種類，朝鮮輸出者以米糧為大宗，其次為布匹，有時為耕牛；金國則以人蔘，毛皮為主，然交易不公，貨物價格金人任意勒定，甚之鞭笞市民，大有明嘉靖時大同馬市之概。《朝鮮仁祖大王實錄》天啟八年（1628）十二月丙申：

> 胡差出給人參四百八十餘斤，責換青布一萬九千餘匹。市民等竭力湊合，猶未準數，鞭笞狼藉，市民叩心號訴。[305]

又天聰七年（1633）朝鮮答覆金國停市的原因稱：

> 但於春秋開市時，貴國商人，不肯平價交易，以此敝邦商賈，爭相逃避。孤深恐兩國釁端，從此而生，累累說與來使，亦貴國所知也。[306]

有時強買未經協議之物，且令朝鮮供應市易人員之生活物品。《朝鮮仁祖大王實錄》天啟八年（1628）三月甲子：

> 虜中回答官朴蘭英、李溟等馳啟曰：「臣等與義州府尹嚴惶，過江往見龍骨大、所頭里兩將，則高聲作色曰：『俺等到此，貴國頓無供饋之意，暴露風雨，軍馬飢餓，兩國相好之意安在？且聞商賈來者，不滿三十人，而牛則不來云，以何物交易乎？當送數十差人，先往義州、安州、平壤等地。說此曲折，而監、兵使亦不從，則仍詣京城，先得牛數百頭、三千軍馬一月糧，然後庶免餓死之患』云。」[307]
>
> 備局啟曰：「貿牛之事，本不載約誓中，而誘以書於宰臣書給

---

[305] 《朝鮮仁祖大王實錄》，第34冊，卷18，頁310，仁祖六年十二月十日丙申條。
[306] 《朝鮮仁祖大王實錄》，第34冊，卷28，頁513，仁祖十一年二月二日甲子條。
[307] 《朝鮮仁祖大王實錄》，第34冊，卷18，頁262，仁祖六年三月三日甲子條。

之中，欲見其書，則託以不持來。……賈胡及守護軍兵所饋，初無所約，而今乃迫責，其兇狡之計，有不可勝言。」[308]

朝鮮乃與之約定，以後市場「自初到日，以貿米為食」，以免侵奪之患，至於將領饋以食物，以示相好之意。[309]金人之迫供商賈及守護軍兵食用，據他們自己說乃比照與明開市的規例，因為他們「曾與中原開市之日，牛豬及贈給之物，其數甚多」。[310]

會寧的情形更壞，在那裡金人一面市易，一面掠奪村民。《朝鮮仁祖大王實錄》天啟八年（1628）十二月庚戌（二十四日）：

> 差胡者老等，率商胡八十人，出來會寧府，稱以交易，多發恐嚇之言，奪掠閭里之間，民不堪其苦。[311]

金人這種搶掠式的交易，弄得朝鮮北部人民無法生活，如義州人民即因開市而輟耕，造成年歲饑饉。同書九月丙寅（九日）：

> 上曰：「今年義州之民，不務耕作，終未免阻飢，何以致此耶？」對曰：「前府尹嚴惶，當春耕之時，盡驅一州之民，而赴於開市之處，故致此廢農、飢荒之患也。」[312]

因為此種弊害，人民自始即不樂赴市，市易的事差不多完全由政府經營，然政府並不將之作為一種商業，而是視為政治及外交問題去處理，一種不為人民所支持，不合商業原理的行為是不會持久的。中江開市只天聰二年（1628）開過一次，便陷於停頓，會寧開市也中止

---

308 《朝鮮仁祖大王實錄》，第34冊，卷18，頁263，仁祖六年三月五日丙寅條。
309 《朝鮮仁祖大王實錄》，第34冊，卷18，頁263，仁祖六年三月五日丙寅條。
310 《朝鮮仁祖大王實錄》，第34冊，卷18，頁262，仁祖六年二月二十八日庚申條。
311 《朝鮮仁祖大王實錄》，第34冊，卷18，頁312，仁祖六年十二月二十四日庚戌條。
312 《朝鮮仁祖大王實錄》，第34冊，卷18，頁287，仁祖六年九月九日丙寅條。

了，於是京城貿易再興，而此一方式的交易，也因種種原因進行的不順利，雙方彼此指責不休。

（五）交聘問題

朝鮮與金國者無外交關係，金國在丁卯之役以武力迫使朝鮮訂江都盟約，自此兩國始有邦交上的來往，而此種關係的表徵是兩國使臣的互相聘問。其實所謂邦交、聘問，不過是金國向朝鮮要求利益，及朝鮮的應付而已。四年中除金兵撤退義州佔領軍一事，是朝鮮主動的要求外，其他如開市、刷還逃俘、贖取俘虜等等，無一非金人的索求，這已見於前面各節；此處再就歲幣及其他物貨的索需，略陳其梗概。

歲幣事在和平談判時曾討論到，然不載於江都盟約，而金人則將之私入平壤盟誓中，及劉興祚與英俄爾岱送李玖歸國時，即向朝鮮提出此事。《朝鮮仁祖大王實錄》天啟七年（1627）六月朔丙申：

> 接待所堂上李廷龜啟曰：「……劉差曰：『貴國回禮，今不必為式，明年定其數目可也。』臣力言：『兩國禮單，各以土產，豈可預定數目？』劉與龍再三問其數目，其意叵測，臣曰：『貴國一番送禮，我國亦一番送禮，數目之說，殊甚未安。』劉與龍相目而笑矣。」[313]

是金國欲朝鮮循規送禮，以示歲幣之意也。這次朝鮮雖未照辦，可是回禮頗厚，因為朝鮮對金交涉的法寶便是行賄，凡接觸到的，負責的金國官員，各有多少不同的禮物，對臣下如此，對國主更不例外。每使臣至金均帶有相當數的贈禮，不過這究竟是禮物，不是歲幣，因為此種餽贈是彼此的，不是單方的獻納，雖然朝鮮送的比金國送的要多些。

---

[313] 《朝鮮仁祖大王實錄》，第34冊，卷16，頁208，仁祖五年六月一日丙申條。

至於兩國使臣每年聘問的次數，天聰二年（1628）兩國曾有一番交涉，當時朝鮮欲每年一次，而金國則主二次，結果以二次為定式，但如臨時有需要派遣使臣時不在此限。事實上這等於金人的規定，因為朝鮮使臣對於金人的提議並未爭辯，金汗如此說，便如此辦。《朝鮮仁祖大王實錄》天啟八年（1628）二月庚申：

> 回答官李溟、朴蘭英等，還到義州馳啟回：「……臣等言於大海等曰：『和事已完，使臣往來，開市交易，當有定式。』大海等曰：『使臣往來，一年幾度……為可乎？』臣等答云：『使臣往來，一年一度……則可矣。』大海等曰：『當稟定於汗。』是夕以汗意回答曰：『使臣往來，則秋冬各一度……或有不得已相通之事，則不在此限。』」[314]

　　一年兩度的約定為最後的但書否定了，因為究竟如何纔算不得已而需要相通，並無一客觀的第三者為之判定，而是一由金國決定，那麼它以為許多事都是不得已而需相通，則一年中便可任意往來了。金使終年不斷的往來於朝鮮，對於朝鮮的一切情形都很明瞭，知己又知彼，在雙方的鬥爭中便佔了優勢，朝鮮除了好好的接待並滿足金人外別無他法；它自己根本討厭金國，也無需於他，所以除了如期派使之外，絕不多遣一人，因而對金之內情茫然不知。

　　兩國曾約定兩國的商人可以隨使臣至彼此國都貿易，後以中江開市，朝鮮將國中貿易停止，而金人則既享有邊市之利，也不放棄國中貿易，使臣至朝鮮時照常持貨求售，或求買各種物品。[315]而且百般需索，有時要書籍：

> 上御崇政殿接見龍骨大等，其國書曰：「……聞貴國有金、

---

[314] 《朝鮮仁祖大王實錄》，第34冊，卷18，頁262，仁祖六年二月二十八日庚申條。
[315] 《朝鮮仁祖大王實錄》，卷20，頁9a。

元所譯《書》、《詩》等經及《四書》，敬求一覽，惟冀慨然。」[316]

有時要馬匹。同書崇禎三年（1630）二月庚辰：

義州府尹李時英馳啟：「仲男到灣上，恐喝百端，索馬甚急。率從胡五十餘人，馳過龍川，將入內地云。」[317]

有時求牛、鷹：

胡差索牛……上令日給一牛，而又加給豬羊。胡差又求鷹子，上命擇大鷹給之。[318]

或索黃金：

句管所啟曰：「龍骨大潛謂朴璜曰：『俺回還後，當有婚事，欲得黃金。』」……上下其議備局。大臣吳允謙、金瑬、李廷龜等皆以為：「……宜令句管所堂上，更示以難行之意，而終不聽從，則若干許給為當。」答曰：「依啟。」[319]

或求果實：

備局啟曰：「……胡差等屢求果實，而最貴者紅柿云。紅柿、乾柿、大棗、黃栗等物，請令該曹，優送為當。」從之。[320]

---

[316] 《朝鮮仁祖大王實錄》，第34冊，卷19，頁308，仁祖六年十二月四日庚寅條。
[317] 《朝鮮仁祖大王實錄》，第34冊，卷22，頁367，仁祖八年二月三十日庚辰條。
[318] 《朝鮮仁祖大王實錄》，第34冊，卷19，頁307，仁祖六年十二月三日己丑條。
[319] 《朝鮮仁祖大王實錄》，第34冊，卷19，頁308，仁祖六年十二月四日庚寅條。
[320] 《朝鮮仁祖大王實錄》，第34冊，卷18，頁249，仁祖六年一月六日戊辰條。

或責送人蔘：

> 仲男入平壤，索人蔘一千七百斤，恐嚇萬端。監司金時讓，以
> 管餉所儲與之。[321]

等等不一而足，甚至收納叛人：

> 金差阿之虎（阿朱戶）等到肅川時，有人夜至所館處，密求見
> 金差，自言：「我，朝鮮人洪大雄也。謀反得罪，今既亡命，
> 願從瀋陽。」阿之虎等得之大喜，仍屏人密語，遂潛送於安
> 州，使龍骨大，與之俱以行。[322]

求與天朝使節享同等待遇：

> 備局啟曰：「仲男所謂：『往來使臣，視天使』云者，約條所
> 無，而今乃發言，極可痛惋。監司金時讓所當嚴辭斥絕，而顧
> 乃巽辭答問，若是繁複，殊甚可駭。從今以後酬應之際，宜據
> 事理，明白曉諭，使彼知之。」金時讓請見當初條約文字，以
> 為他日酬應之地，朝廷從之。[323]

朝鮮雖拒絕，然其後金人堅執此請，這個要求是表明金人欲取得名義
上對朝鮮的絕對地位，因之兩國關係漸趨緊張。

---

[321] 《朝鮮仁祖大王實錄》，第34冊，卷22，頁367，仁祖八年三月九日己丑條。
[322] 《朝鮮仁祖大王實錄》，第34冊，卷22，頁382，仁祖八年六月一日己酉條。
[323] 《朝鮮仁祖大王實錄》，第34冊，卷22，頁368，仁祖八年三月十二日壬辰條。

六、天聰五年至十年的金鮮關係

（一）金鮮關係的惡化

天聰三年（1629）十月，金兵捨遼西走廊的寧錦不攻，自今熱河省南越長城，直攻明關內之地深入固安、良鄉等處，至翌年（1630）二月主力撤回，留二貝勒阿敏守永平、遵化等四城，五月阿敏便棄甲卸兵，狼狽敗回，軍隊損失頗大。捷音傳之東國，朝鮮為之望闕陳賀，頒布八方，[324]且乘金國挫敗之運，減其餽禮。金國雖敗於永平，此次入關，實為軍事上的一大進展，發現了不經關寧而入內地的新航路；且雖敗於明，對付朝鮮的力量仍綽綽有餘。金人對於朝鮮態度的轉變，憤怒在心，而思予以打擊，以遏其輕蔑之譏。

天聰五年（1631）春，朝鮮使臣朴蘭英使金致春信禮，後金以其禮金不按定額，漸漸減少，卻而不受，並故示慷慨，厚賜朝鮮來人，贈其國王大批人蔘。蘭英以金國不納己禮，也不受，金人曰：「不納爾之貢物者，以爾等違背盟言，漸減舊額故也。」蘭英駁以金國贈禮也漸減少，於是金人坦白的告訴他說：「納貢於我，為何與我為較量之語耶？」乃將蘭英及其從人李必章扣留，派員致書朝鮮曰：「前後來獻禮以次漸減，我非以貨幣為重，意爾恭漸衰，故減於禮物耳。王之恭敬漸衰者，得無謂明強我弱乎？」因謂永平之敗乃金由阿敏有意傾覆國家所致，並歷數其罪，以證明之非強、金之非弱，且謂：「王……以為明強我弱，將俟我兵入明之後侵我疆域乎？我亦計及此矣，豈不量力而行耶！」又謂：「爾若欲助明而輕我，我不必遣發精兵，止遣蒙古無賴者十萬人，往襲爾地，爾惟有遁逃海島而已。」[325]

當金兵圍攻燕京時，朝鮮頗有人主張興勤王之師，乘虛搗巢，結

---

[324] 《朝鮮仁祖大王實錄》，第34冊，卷23，頁385，仁祖八年七月一日戊寅條。

[325] 《清太宗實錄》，卷8，頁111-2，天聰五年正月二十八日壬寅條。

果雖未搗巢，確曾調兵遣將做了做樣子。其時金國不斷的派人偵察朝鮮的動靜，對於朝鮮的軍事調動自然清楚的很，上述金國的話，就是對此而發，所謂禮有缺額，也不過是藉口報復，給朝鮮一個臉色看看而已。金國的禮物雖減少了，朝鮮卻沒有足夠的力量它去和金人講平等，只好在「帝王待夷狄之道，當務包荒」的堂皇理由下，答應金人的要求，「就禮單諸物中，贓者改之，少者益之，另差解事之人（魏廷采），偕差胡入送，兼探事情」。[326]

魏廷采於三月丁酉（二十三日）同金使趕到瀋陽，補送春禮。[327]我們雖不知禮物中改了些什麼，益了些什麼，但金人確實是暫時滿意了，於五月二十八日將扣留的朝鮮使者送還。[328]然而一波始平，一波接著又起，即劉興治事件。

（二）劉興治事件

劉興治（？-1631）乃明國在金間諜劉興祚之弟。興祚開元人，初以干法背明降金，清太祖以為副將，管蓋、復、金三州，後以其屢與明通，獲罪被軟禁。天聰二年（1628）九月興祚乘金兵西征，詐死潛逃。十月興治亦走，[329]至皮島依毛文龍（其弟興基早已在此）。崇禎二年（1629）六月，袁崇煥殺文龍，分其軍二萬八千為四協，以副將陳繼盛及興治等三參將領之，其後合為東西兩協，由繼盛、興治分領之。

劉興治兇狡好亂，與繼盛不相能，遂於崇禎三年（1630）四月殺繼盛，自領其軍，[330]兼併諸小島，數約降於金：

> 初，叛賊劉興祚弟興治，收集逃亡滿人，恃其強力，殺副將陳

---

[326] 《朝鮮仁祖大王實錄》，第34冊，卷24，頁417，仁祖九年三月五日己卯條。
[327] 《清太宗實錄》，卷8，頁120-2，天聰五年三月二十三日丁酉條。
[328] 《清太宗實錄》，卷9，頁122-1，天聰五年五月二十八日辛丑條。
[329] 《清太宗實錄》，卷4，頁63-1，天聰二年十月十五日壬寅條。
[330] 《明史》，第23冊，卷271，〈黃龍傳〉，頁6967。

繼新等，遂據南海皮島，兼併諸小島，後數遣使求降，上命興治母及其妻子，併其兄弟興祚、興基、興亮、興沛、興邦等妻子，及陣獲興治之弟興賢，向加囚禁者，俱去其械繫，止令人朝夕看守，恩養加厚，又遣人送興治妻至皮島。[331]

是金於興治逃走後，將上述諸人悉行械繫，至是因興治欲降，故而放鬆，據《朝鮮仁祖大王實錄》則興治之欲降，乃因金人執其母而誘之：

先是，椵島劉興治之母，在虜中，虜欲誘降興治，興治亦遣使約降，仍欲借兵東搶我國。[332]

興治以降金而謀殺不從己者，不果，反為參將沈世魁（？-1637）等所殺。《朝鮮仁祖大王實錄》崇禎四年（1631）三月乙未：

椵島守將劉興治謀叛，為張燾、沈世魁等所殺。興治欲投虜而恐島眾不從，潛與降猹結為腹心，先殺將校之不與己者，又欲盡誅島眾之不從者。燾及世魁等揣知其意，相與密謀，乘夜突入興治營，仍縱火鼓譟，殺降猹無遺類。興治不知去處，或云死於亂兵中矣。[333]

興治殺繼盛之後，朝鮮聞訊起水陸之師，圍椵島，代夫子討叛將。及

---

[331] 《清太宗實錄》，卷8，頁120-1，天聰五年三月二十日甲午條。
[332] 《朝鮮仁祖大王實錄》，第34冊，卷24，頁434，仁祖九年六月二十八日庚午條。
[333] 《朝鮮仁祖大王實錄》，第34冊，卷24，頁419，仁祖九年三月二十一日乙未條。按《清太宗實錄》之記載異於此。卷8，頁120-1，天聰五年三月二十日甲午條言興治來求降：「嗣後興治變其初心，與島中眾漢人謀，欲盡殺滿洲逃人。滿人覺之，因糾眾攻執興治兄興亮，與島眾相持二日。興治紿言曰：『今漢人之強壯者已盡，僅餘疲羸耳，我等殺牛為盟，當收其所餘漢人為奴。』滿人信其言，遂刑牛與興治盟歃血盟，眾滿人是夕各酣飲醉寢，興治與其兄興亮等率島中餘眾，還攻滿人，滿人力戰殺興治，及其兄興亮……於是島中漢人盡殺興亮等之妻孥。」滿紙矛盾，蓋掩飾其因興治投降不果，而盡沒殺其家人之殘暴也。

興治被殺，部分滿人自椵島逃出欲回金國，路經朝鮮，為朝鮮阻殺俘獲。《朝鮮仁祖大王實錄》崇禎四年（1631）三月辛丑：

> 龍骨大率千餘騎，來屯九連城。義州府尹申景珍、肅川府使孟孝男，與蘭英往見之，龍胡曰：「聞島中生變，降獷五百餘人，欲投我國，而為貴國攔阻云，然耶？我當直抵降獷所住處矣。」孝男等措辭以答之，龍胡等曰：「貴國若有異意，則吾等雖渡江而死，瀋陽亦有兵矣。」其後監司閔聖徽請以降獷接置僻處，給料安頓，從之。[334]

朝鮮截殺滿人情形，《清太宗實錄》天聰五年（1631）三月甲午載：

> 滿人……率所餘男婦三百八十五人乘船至朝鮮國登岸。……時有守船滿洲十五人先奔瀋陽，上聞報，隨使人諭前往朝鮮使臣英俄爾岱等，收撫島中逃歸滿人。其後來三百八十餘人自島中逃出，朝鮮國麒麟寨人以鳥鎗截殺，欲執送明國，英俄爾岱等聞之，隨遣人迎歸瀋陽。[335]

這些金人回到瀋陽後言「興治被殺，島中未定，若於此時，以一枝兵襲島，則可全利也」。[336]清太宗納其議，一面派一「高山（固山）領甲騎一萬二千餘人，由義州猝入宣、定、嘉、鐵」，[337]一面遣朴仲男、滿月介（董納密、滿達爾漢）持書往朝鮮，數其容明兵上岸，接濟島中糧米之罪，並要求出糧米、船艦助攻海島，其書云：

---

[334] 《朝鮮仁祖大王實錄》，第34冊，卷24，頁420，仁祖九年三月二十七日辛丑條。
[335] 《清太宗實錄》，卷8，頁120-1，天聰五年三月二十日甲午條。
[336] 《朝鮮仁祖大王實錄》，第34冊，卷24，頁434，仁祖九年六月二十八日庚午條。
[337] 《朝鮮仁祖大王實錄》，第34冊，卷24，頁434，仁祖九年六月二十八日庚午條。

今我將遣兵往征南海諸島，爾當以船助我，若不與船，當還我所得義州鐵山之地，以便駐兵拒守。爾既尊明人為父，濟以糧糗，我與爾有恩，亦可以糧助我，贍我戌兵。此次出師，一以招撫無依之島民，一以察爾國之真偽。我軍尚未諳舟楫，爾國人操舟之善，更勝於明，如念兄弟之好，宜與堅大戰船，每船各撥給善操舟之人，如此，則前釁可釋，倘以敗舟拙工，苟且充數，我兵萬一有失，則結怨豈淺鮮哉！[338]

金使至漢城，朝鮮三日不接見，最後告以「明國猶吾父也，撫我二百餘年，今征我父之國，豈可相助以船？船殆不可借也」。[339]金兵借船不得，只在海邊搜得十一舡，分屯身彌島、宣沙島、都致串等，將攻島，適明都督簽事黃龍來鎮椵島，聞金兵至，迎戰，斬金將三員及許多兵卒，明軍也有相當損失。金兵不得勝利，於六月庚午撤回。[340]

金兵之入朝鮮也，朝鮮君臣頓覺自丁卯以來卑辭厚禮所求得之苟安立將破滅，國之危亡又在目前，因之一面部署防務，以金時讓為八道都元帥，駐節安州，調兵運糧，預備金兵一到安州，即行開戰。朝鮮同時也竭力在外交上求得和平之維持，雖不借金兵船舡，終不得不濟其旬日之糧。[341]及金使以借船不得怨去，朝鮮恐使去兵來，乃遣人將之請回，[342]盛禮待之，解釋不借舟乃大義所在，萬不得已之舉，請金體諒。金使以目的不達，享受一番之後，憤而離去，朝鮮乃提前於六月派出秋信使，厚其禮物，間道馳赴瀋陽，以免金使先到，致動干戈。

此次借舟事件，朝鮮在所謂大義與自己的存亡之間，硬著頭皮作

---

[338] 《清太宗實錄》，卷9，頁122-2，天聰五年五月二十八日辛丑條。
[339] 《清太宗實錄》，卷9，頁122-2，天聰五年五月二十八日辛丑條。
[340] 《朝鮮仁祖大王實錄》，第34冊，卷24，頁434，仁祖九年六月二十八日庚午條、仁祖九年六月二十九日辛未條。
[341] 《朝鮮仁祖大王實錄》，第34冊，卷24，頁432，仁祖九年六月十二日甲寅條。
[342] 《朝鮮仁祖大王實錄》，第34冊，卷24，頁432，仁祖九年六月十三日乙卯條。

了一個勇敢的抉擇，而當時竟未引起嚴重的後果，其故安在？完全是遼西戰場上的動態拯救了朝鮮。明人自天聰五年（1631）三、四月間即積極築大凌河城，作逐城東逼之計。金人很清楚，若大凌城完築，對他們是個嚴重的威脅，因之自四月中便密切注意，七月即傾全國之兵往困之，金兵六月中自朝鮮撤退者，即為休養整補，作西征之用。

（三）金使的接待與贈幣交涉

後金提高其使臣地位及增加歲幣的要求，也促成了雙方關係的緊張。天聰五年（1631）十一月明援大凌河之師敗潰，守將祖大壽（？-1656）出降，金兵凱旋而歸，六年（1632）四月至七月金人西征察哈爾，林丹汗遠遁黃河上游，金人於回軍途中順侵宣、大，一時兵威極盛。一個強大的國家當然要享受應有的尊敬和待遇。金國以為朝鮮對它不夠尊敬，待遇不夠優厚，於是要求朝鮮待金使如同待明使，並堅決要求提高歲幣數額。

五年（1631）閏十一月金派庫爾纏「往諭」朝鮮「嗣後貢獻勿違定例」。[343]十二月朝鮮使臣張翼「貢元旦方物，復違定額」。六年（1632）正月「遺書責之」。九月朝鮮秋信使至瀋陽，金汗多日不見，終且退還禮單曰：「朝鮮以父母待南朝，故南朝使臣出去時，朝鮮大小官，皆下馬相接。我國之於朝鮮，是兄弟之國，彼此使臣往來時，不過馬上相揖以接而已，我差往來時，一路四大官，不為出接云，今後又如是，則我差當自還來。」[344]時金派滿達爾漢往朝鮮祭弔王妃，行至平壤聲言：「華使之來，排用金銀器，而於我則皆以沙器，待我何獨草率耶？」[345]朝鮮聞之，以「我使之之彼，彼亦馬上相迎，則四大官遺其佐貳官，出城相迎，在我別無卑屈之事」，決定由四大官之佐貳出迎。[346]

---

[343] 《朝鮮仁祖大王實錄》所載金汗來書無此語，或為使臣口頭傳話。

[344] 《朝鮮仁祖大王實錄》，第34冊，卷27，頁498，仁祖十年九月二十七日壬戌條。

[345] 《朝鮮仁祖大王實錄》，第34冊，卷27，頁499，仁祖十年十月四日戊辰條。

[346] 《朝鮮仁祖大王實錄》，第34冊，卷27，頁498，仁祖十年九月二十七日壬戌條。

接著金使巴都禮，察哈喇及董納密（《朝鮮仁祖大王實錄》作「所道里、沙屹者、朴仲男」）三人出來，始到鳳城便知會朝鮮說：「今番接待之禮，一如天使例則前進，不然則當自此還去。」[347]朝鮮只以平安監司，平安兵使、黃海兵使及開城留守四官之貳出迎。金差到安州聞兵使不出，「便生嗔怒，又以無一處設宴，咆勃不已」。[348]到京之後猶言何以待天使八處設宴，朝鮮答以「父子之國與兄弟之國其禮不全」，不聽，朝鮮不得已，乃議定金使來時，由平安觀察使，黃海兵使及開城留守分別接宴於平壤、黃州及開城。[349]接待問題獲一解決。

朝鮮致金禮物原有定額，其後以贖俘之故，加其額，然此非禮數，乃贖價。其後贖俘事寢，額亦復舊，而金則以贖價為常禮之加額，復舊為常額之減少，加則喜，減則怨，因於天聰五年（1631）閏十一月派庫爾纏至朝鮮，要求朝鮮年送金國：

> 白綿紬五十四、草綠紬五十四、白苧布五十四、象血皮一百張、豹皮十張、水獺皮五張、木綿一千四、白木綿二百四、青木綿一百四、紅木綿一百四、藍木棉一百四、霜花紙一百卷……彩花席五十張、丹木一百斤、胡椒十斗。[350]

而朝鮮當時則含含糊糊，敷衍過去，事後又裝作未知其事一樣，此次巴都禮等來，開出的禮數遠多於前，有金百刃、銀千刃、細布萬疋、綿細蔴布各千疋，豹皮百張、水獺皮四百張，其餘各物均視前約十倍。[351]

---

347 《朝鮮仁祖大王實錄》，第34冊，卷27，頁504，仁祖十年十月三十日甲午條。

348 《朝鮮仁祖大王實錄》，第34冊，卷27，頁505，仁祖十年十一月六日庚子條。

349 《朝鮮仁祖大王實錄》，第34冊，卷27，頁505，仁祖十年十一月十三日丁未條。

350 庫爾纏提出此單，《朝鮮仁祖大王實錄》當時未予記載，惟從第34冊，卷27，頁507，仁祖十年十一月十七日辛亥條；《清太宗實錄》更不載。

351 《清太宗實錄》，卷12，頁175-1、175-2，天聰六年十一月十八日壬子條。

金使之來不持國書，只傳禮單，且要求準此數每年進送二次。朝鮮答以告天立誓時並未約定此等事，且言即允此數，情雖願而力不足，此必渝盟之計，「不然則責人之力所不及，何至於此乎」？[352]金使根本不理這些，說他們只傳漢命，其餘不知。其後屢屢磋商，方允減額。結果朝鮮允依庫爾纏所定禮單送去，只有水牛角及倭劍以非本國所產不與，復厚贈來使，打發回去。然他們以未能爭得新單禮數，未敢將贈物攜回，留之安州而去。[353]

　　當金使與朝鮮政府談判之際，曾派八人回瀋陽報告朝鮮不從新單禮數，太宗乃遣十騎致書朝鮮邊官，說如朝鮮不從所定即斷絕邦交，書曰：

> 諭朝鮮國邊官知。爾王與我國證盟時，禮物許與南朝一樣，後漸減薄。故此番專人講說，禮單果如去人所言，則不妨進入，倘或似前，不必來。來即來，亦不得入我邊。特諭。[354]

所謂「不妨進入」、「不必來」乃指朝鮮使臣而言。朝鮮得書後，一面命邊吏答以江都誓盟並無「禮物許與南朝一樣」之言，同時派申得淵（？-1585）為回答使及春信使，將禮及國書北去，書言金國要求力所不能，頂多以庫爾纏所定為恆規。[355]

　　申得淵到瀋陽後，金人逐日來詰，要求朝鮮助兵借船以征明，並斷絕與明的關係，「侮辱之語，愈往愈甚。且以禮物不滿其意，終不肯受」。得淵乃將其禮物「完璧而歸」，並帶回金國答書。書中有三端，其一為增幣事，謂：「貴國供奉南朝甚繁，使官往來，欺索無厭，此則何甘心，而獨於我些少之物，輒自懊恨耶？」謂：「貴國

《朝鮮仁祖大王實錄》，第34冊，卷27，頁506，仁祖十年十一月十五日己酉條。
[353]《朝鮮仁祖大王實錄》，第34冊，卷27，頁506，仁祖十年十一月十五日己酉條。
[354]《朝鮮仁祖大王實錄》，第34冊，卷27，頁510，仁祖十年十二月二十四日丁亥條。
[355]《清太宗實錄》，卷13，頁179-2、180-1，天聰七年正月九日辛丑條。

所遺之物，本非情惠，且非予之乞求，乃貴國無故助南朝侵我，天譴而賜之也」，[356]因之新定禮單，其額視巴都禮所定猶多，[357]朝鮮必須接受，如不能一年二次則一次也可。又駁朝鮮道：「貴國言金銀段帛，非土產云，與南朝市易不絕，予所悉知。貴國雖非，南朝豈無乎？」[358]

其二為助船征南海諸島，曰：「曾助南朝侵我，今亦當助我攻南朝。……今欲征島，亦當借我大船三百艘於義州河內。誠如是則貴國之心迹，白矣。」以上兩端若不從，則使節只復往來，但相貿易。其三責朝鮮丁卯盟約後以族弟假稱親弟，金國遣反官員俱處死。最後促朝鮮作速答應，以保和平。[359]書到漢城，朝鮮舉朝震動，申得淵以奉使無狀拿鞫。李倧態度強硬，以為金國侮辱太甚，「今日之事，決不可姑息」，因主遣使臣回答金國：「我國之人……皆懷憤惋，思欲一戰」以絕和。[360]

群臣見李倧立意堅決，皆不敢反對，而唯唯稱是。乃以金大乾為回答使北去。一方面布告國中，戰火即起；鼓勵臣民奮起衛國；以林慶業（1594-1646）為清北防禦使，金時讓為四道都元帥，運輸糧草火藥於前方，調三南水師帶數月糧泊衛江都，積極備戰。二月初二為回答使出發之日，前一天備局官員啟請勿決絕，輕挑虎狼之怒，李倧不允。金大乾出發了，朝鮮臣民覺得戰爭就要到來，人人憂慮，而都無敢言者，惟崔鳴吉疏陳羈縻之策，言挑怨連禍之非計，書奏不省。朝鮮人沉悶地等待著戰神的降臨！[361]

《朝鮮仁祖大王實錄》，第34冊，卷28，頁512，仁祖十一年一月二十五日丁巳條。

新定禮單：金一百兩、銀一千兩、雜色綿紬一千匹、白苧布，細麻布各一千匹、雜色細綿布一萬匹、豹皮一百張、水獺皮四百張、弓角一百副、丹木一百斤、霜華紙二千卷、雜色彩花文席一百張、細龍席一百張、胡椒十斗、肖鼠皮二百張、副刀、小刀各二十柄、松蘿茶二百包。《朝鮮仁祖大王實錄》，第34冊，卷28，頁512，仁祖十一年一月二十五日丁巳條。

《朝鮮仁祖大王實錄》，第34冊，卷28，頁512，仁祖十一年一月二十五日丁巳條。

《朝鮮仁祖大王實錄》，第34冊，卷28，頁512，仁祖十一年一月二十五日丁巳條。

《朝鮮仁祖大王實錄》，第34冊，卷28，頁512，仁祖十一年一月二十八日庚申條。

《朝鮮仁祖大王實錄》，第34冊，卷28，頁513，仁祖十一年二月一日癸亥條。

金大乾行至義州，將渡江，一過江就是金國，要回來也不可能，那樣局勢便無可挽回。在這最後的一刻，元帥金時讓及副元帥鄭忠信等遣人留大乾於灣上，聯名上書、分析時局，言金無渝盟之意，志在幣帛而已，朝鮮無可戰之勢，不可輕易絕和，因請修改國書，再遣使臣。此疏言朝鮮臣民之所欲言而不敢言者，茲按錄於此，以見當時情況。首先說金志在禮幣，不在渝盟：

> 古人所謂介胄之士，言戰而已，不當於和字上掉舌，而但念奴酋恐喝之言，雖極凶悖，欲準取所胡所言之數，乃其本意。其曰借船、助兵，不過設為是辭，使我辭其難而取其易。不然則其與得淵言也，何以曰：「欲準此數，則留置禮單，隨後備來乎？」[362]

繼謂朝廷之輕易絕和非謀國之道：

> 今之聲罪、絕和，不計成敗，寧以國斃，則臣等固不敢容議，若有姑示絕和之意，使彼懼而從之，則此虜凶狡有餘，必不為此言所動。謀國之道，豈宜行此危計！[363]

因朝鮮無可戰之勢：

> 目今西糧，不支二萬兵半年之食。使虜聲言渝盟，欲來不來，待其師老、糧匱，而虜乃長驅，則未知何以應之？一國繹騷，農夫拋鋤，無食自潰之患，在所必至。雖使虜來就殲，國勢將不支矣。……今日國書之言，只是挑怒速禍之舉，臣竊危之。[364]

---

[362] 《朝鮮仁祖大王實錄》，第34冊，卷28，頁514，仁祖十一年二月十一日癸酉條。
[363] 《朝鮮仁祖大王實錄》，第34冊，卷28，頁514，仁祖十一年二月十一日癸酉條。
[364] 《朝鮮仁祖大王實錄》，第34冊，卷28，頁514，仁祖十一年二月十一日癸酉條。

故請改書以留餘地：

> 大乾所持國書，略改其語，善為措辭，如黃金非土產者外，姑
> 從其意，試觀其答然後，絕之未晚也。[365]

且羈縻夷狄有故事可援：

> 昔宋重而遼輕，猶有增幣之事。韓琦、富弼專主遣使報聘之
> 議，國家賴以為安，後世不以為非。況今日之事乎！[366]

加以戰爭所費遠過歲幣，故人民寧出錢而不願絕和：

> 姑以利害言之，一年用兵之費，豈止數年禮單而已？自得淵出
> 來之後，西路之民，爭願計口出布，以充萬匹之數，民情亦可
> 戚矣。[367]

故留使臣，請另議。至於留使之罪願靜候朝廷處分：

> 臣等姑留大乾於灣上，更待朝廷分付。擅留使价，罪合萬誅。
> 此非受鉞閫外之臣所敢與議，當此國家安危，係於呼吸之時，
> 豈可心有所懷，含默不言！[368]

末了暗指李倧任性行為之不當：

---

365 《朝鮮仁祖大王實錄》，第34冊，卷28，頁514，仁祖十一年二月十一日癸酉條。
366 《朝鮮仁祖大王實錄》，第34冊，卷28，頁514，仁祖十一年二月十一日癸酉條。
367 《朝鮮仁祖大王實錄》，第34冊，卷28，頁514，仁祖十一年二月十一日癸酉條。
368 《朝鮮仁祖大王實錄》，第34冊，卷28，頁514，仁祖十一年二月十一日癸酉條。

凡天下之事，快意則必有後悔。他事可悔，此事不可悔也。[369]

李倧見書大怒，下其事於備局議，諸臣奏曰：

> 今者時讓等，身在戎行，目見防備之無形，故其言更切也。大乾所齎國書，略加刪改，使有餘地，恐合機宜。但帥臣之道，當激勵士卒，惟恐敵之不至，至於擅留使臣，聯名上章，敢請羈縻之策，有乖將不言和之義，並請推考。[370]

李倧見朝臣也如此，憤怒益甚，下教曰：

> 虜書中所脅三件事，辱我甚矣，若不據理開諭，懼而許之，則大義虧於待以華使之禮，民力竭於年年增幣之舉。及今善為停當，則他日之事亦或因此有益，故敢以拙計相議以定矣。厥後人情大變，武臣不寒而慄，文官顧屋而悲，遑遑度日，歸咎君上，寡人已知國事之無可為也。[371]

於是賭氣的說：「大抵此事關係甚重，非予一人所可自斷，依議施行。」國書是允改了，而金時讓等則以「為將之道，不敢言和，而金時讓等，擅留使臣，指揮朝廷，此前所未有之事。若不斬首警眾，則無以振肅頹綱」，令朝臣速議梟示當否。於是三公待罪，請先拿而後科罪，且請更命新元帥，以資防禦，李倧悻悻的下教曰：「此賊東搶之計雖或已定於前日，今若出來，則人皆以為，自我開釁，而歸咎君上，此一不幸也；人皆危懼，少無扼腕慷慨之志，難遏者人情，而人

---

[369] 《朝鮮仁祖大王實錄》，第34冊，卷28，頁514，仁祖十一年二月十一日癸酉條。
[370] 《朝鮮仁祖大王實錄》，第34冊，卷28，頁514，仁祖十一年二月十一日癸酉條。
[371] 《朝鮮仁祖大王實錄》，第34冊，卷28，頁514，仁祖十一年二月十一日癸酉條。

情如此，二不幸也。有此二不幸，而強令行之，實涉可慮。國書宜速改撰，俾無敵人生怒之患。且虜不來寇，則兩元帥差出，似不緊急，其徐議處之。」[372]大臣們見此光景，乃奏陳「自古謀國之道，君臣上下同心協力，不厭論難可否，終歸於至當而後行之。若微有不平之端，而強之以行，則其於吁咈、都俞之道，恐或未盡。伏願聖明，平心察理，亟許金大乾仍遣之請，且差兩元帥，以備邊上朝夕之虞」。李倧方「啟辭至此，當勉從焉」，於是信使再發。[373]

金大乾（《清太宗實錄》作「金大根」）持去國書之辭氣仍相當強硬，[374]書中言丁卯和約訂立時，金國同意朝鮮不背明國，不非理徵求，[375]而今乃違背初約，發難從之言，「強人以義所不敢，責人以力所不能」。並駁斥金國停止往來但相貿易之言曰：「不通信使而猶欲貿易，寧有此理！」「敝邦雖弱小，所秉者禮義也，所守者約誓也，所恃者皇天后土也，若我不遵約誓，自失其道，致乖兄弟之好，天必厭之矣。」可謂悲壯，然所恃之皇天后土則遠不如金人之武力為現實。書末言「貴國言外之意已可知矣」，言金國志在渝盟也。[376]

大乾至瀋陽，金人不納其禮，遺書遣回。書責自丁卯以來朝鮮違約背盟之事，惟末云：「來書云：『言外之意，已可知矣。』貴國擬料者，無乃過乎？若予果有此意，自明以告語，必不暗中欺愚也。……王若徙心易慮為言，予豈有不聽之理？若乃狃前言，亦由王心，予無如之何。」[377]「徙心易慮為言，予豈有不聽」乃金人不渝盟，為朝鮮所留餘地。朝鮮見事有轉機，乃參照巴都里所訂禮單擬定禮物，遣朴蕾為春信使，於天聰七年（1633）四月北使，五月至瀋

---

[372] 《朝鮮仁祖大王實錄》，第34冊，卷28，頁514，仁祖十一年二月十一日癸酉條。

[373] 《朝鮮仁祖大王實錄》，第34冊，卷28，頁515，仁祖十一年二月十一日癸酉條。

[374] 書見《朝鮮仁祖大王實錄》，第34冊，卷28，頁515，仁祖十一年二月十一日癸酉條；《清太宗實錄》，卷13，頁183-2，天聰七年二月二十二日甲申條。

[375] 《朝鮮仁祖大王實錄》不載，只見於《清太宗實錄》，卷13，頁184-1，天聰七年二月二十二日甲申條。

[376] 《朝鮮仁祖大王實錄》不載，只見於《清太宗實錄》，卷13，頁184-2，天聰七年二月二十二日甲申條。

[377] 《朝鮮仁祖大王實錄》，第34冊，卷28，頁517，仁祖十一年三月六日丁酉條。

陽，金受其禮，事乃已。[378]

　　此次增幣交涉險象環生，金國雖無意發動戰爭，然如朝鮮先自決裂，則金兵之來殆屬難免，金時讓、鄭忠信挽救了朝鮮的厄運，使它的投降拖延了四年，然而天聰七年（1633）是金鮮關係多事之年，此方了結，而孔耿事件接踵而至。

（四）孔耿事件

　　崇禎四年（1631）明後軍督府都督僉事黃龍出鎮東江，游擊耿仲明（1604-1649）之黨李梅以通洋事覺，龍繫之獄，仲明弟仲裕在龍軍謀作亂，十月率眾以索餉為名，圍綁龍，將殺之，諸將救出，龍斬仲裕。朝廷派登萊巡撫孫元化（1582-1632）究仲明主使情況，仲明懼，遂與孔有德（1604-1652）反。崇禎五年（1632）正月陷登州，為朱大典（1581-1646）等屢敗，乃於六年（1633）二月航海謀降金，至旅順為黃龍大敗之，[379]只以殘軍於四月五日抵獐子島，[380]十日便移舟指向九連城，欲與金通。

　　朝鮮令都元帥金自點進兵清川江北，清北防禦使林慶業進兵鴨綠江上，俟孔耿登陸截擊之。時明兵五千以二百艘船追到，諮請朝鮮協剿叛賊，而適在此時金兵也及時趕到，與孔耿相合，明兵始退向皮島。[381]然而在鴨綠江方面金國無糧是以支援孔耿軍隊，乃派英俄爾岱至朝鮮請接濟之，金汗書云：

---

[378] 《朝鮮仁祖大王實錄》，第34冊，卷28，頁521，仁祖十一年四月二十四日乙酉條。新禮單見《朝鮮仁祖大王實錄》，卷28，頁16b。

[379] 以上見《明史》，第23冊，卷271，〈黃龍傳〉，頁6968。黃龍之得救，仲裕之被誅，朝鮮亦有功，朝鮮於聞悉龍被困後，曾傳中，停濟糧米，要求島眾縛取元惠，不然將「奉皇靈，致王法而已」。見《朝鮮仁祖大王實錄》，第34冊，卷25，頁454，仁祖九年十一月五日甲戌條。

[380] 《朝鮮仁祖大王實錄》，第34冊，卷28，頁520，仁祖十一年四月六日丁卯條：「皇朝叛將……有德與仲明，收散兵，由海路，來泊於獐子島，本道監司以聞。」

[381] 《朝鮮仁祖大王實錄》，第34冊，卷28，頁520，仁祖十一年四月十一日壬申條。《清太宗實錄》，卷14，頁190-2、191-1、191-2，天聰七年五月二十一日壬子條。

新附來山東官軍，乃予取遼東時已得者，續背叛入島。彼時貴國給糧周濟，養成其勢，至今日，皇天福庇，渠眾率甲士二萬，船百餘隻，復歸於予。其口糧周濟，似宜復仰於貴國也。若伊附南朝時，而貴國撫恤之，今附弊邦，而輒更其事，恐非兄弟友於之道也。幸貴國務敦隣好，相為周濟廼可。[382]

朝鮮以「孔、耿兩賊耶？此是天朝叛將，我國讐賊，方嚴兵待變，寧有給餉之理」拒絕之。當時孔耿軍隊部分登陸朝鮮，部分被未及登陸者，在獐子島被明軍載去，其登陸者當金兵未到時，為明與朝鮮軍合力攻剿，泊於海邊船隻約計六十餘艘，悉被焚毀。[383]朝鮮兵奮勇作戰，明將特咨請報，並賞給銀兩：

> 都督周郁送令牌三度。其一曰：「賊船泊近義州，地屬鮮土，責有所歸。該摠兵官候過夜分，乘風縱火，盡行燒毀，以絕逆賊出沒鮮地之患，賞銀五百兩云。」其一曰：「相戰時，臨陣兵將，勇功與死傷，詳悉開報，以憑轉奏云。」其一曰：「林慶業忠義格天，臨敵奮揚，茲將花幣，用示旌獎云。」[384]

雖帶幾分誇張，亦非子虛也。其後孔耿軍隊進入金國，所餘部分船隻由金兵看守，明鮮水師猶日夜巡左右，欲俟機而毀，金乃致書朝鮮要求罷兵，並接濟守船金兵糧米，《清太宗實錄》天聰七年（1633）六月丙寅：

> 我國因新增戶口，借糧於貴國，而爾以毛氏為敵人，謂無輸糧養敵之理，斯言近是。但毛氏已歸我國，我不得不撫恤之，比

---

[382] 《朝鮮仁祖大王實錄》，第34冊，卷28，頁521，仁祖十一年四月二十八日己丑條。
[383] 《朝鮮仁祖大王實錄》，第34冊，卷28，頁521，仁祖十一年十月二十三日壬午條。
[384] 《朝鮮仁祖大王實錄》，卷28，仁祖十一年四月二十八日己丑條。

歲雖云不登，亦未至於饑餒，已取於本國大臣富室之儲，量毛氏戶口給之矣。我念天賜戰艦，不可輕棄，故發兵守之。我國非無糧糒給此駐守之兵也，道里遙遠，輸輓為艱，貴國相距甚近，與其輸自我國，何如暫就爾處糧糒給之，較為便易。朕思貴國視明為父，輸粟者十次，朕既為兄，獨不可與一次乎？……朕前聞國王以兵助明，共攻毛氏，想亦懼禍之及已耳。今毛氏已移住東京，其守戰艦者，乃我國之兵，而貴國仍以兵助明，合為一處。若不速行撤回，構兵實自爾始矣。[385]

朝鮮答以輸助米糧「乃鄰國道理當然，固不煩貴國之囑，但恨邊儲略少，不能稱情相給耳」。[386]關於撤兵，則云陸軍早已罷還，惟水師受明軍逼脅，進退不能自由，將再令罷之矣。其實即是金兵守船時，朝鮮也曾攻擊過一次：

孔有德、耿仲明航海歸我，爾國截戰二次……孔有德、耿仲明來後，留我兵守船，爾國復攻擊一次，似此攻擊，豈非構兵。[387]

最後金國以船隻無用，又煩兵看守，乃燒之而歸。

（五）在戰爭邊緣上的年代

前面已經說過，天聰七年是金鮮關係險象環生的一年，戰爭瀕於邊緣者再，而究竟都過去了，可是足以導致戰爭爆發的高溫並未降低多少，而且又從而慢慢、慢慢的提高，到天聰十年（崇德元年，1636）遂一發而不可收拾。

朝鮮自劉興治事件以後，開始注意修築國防工事，天聰五

---

[385] 《清太宗實錄》，卷14，頁193-1、193-2，天聰七年六月六日丙寅條。
[386] 《清太宗實錄》，卷15，頁201-2，天聰七年八月一日癸酉條。
[387] 《清太宗實錄》，卷16，頁216-2，天聰七年十一月十六日甲辰條。

年（1631）相繼修復龍骨、劍山、義州、雲巖山城等城。[388]七年
（1633）九月金汗來書說：「近聞修築樓臺城垣，自古來不知險足恃
耶？德足恃耶？諒王自明知也。若不修德而睦隣，雖秦皇萬里長城，
竟何益哉？祇足以資後來之他人耳！」[389]然而是年三月金國也築了岫
巖、攬盤城、通遠堡及鹹塲諸城，金人云疆土日廣，必資保障故而修
城，可是這四城都偏在朝鮮方面，自然是為防朝鮮而修的。[390]

　　孔耿事件之後朝鮮又修築白馬山城。此種城防的修築，顯出對金
無限的猜忌和敵意，同時自劉興治及孔耿事件中，金人也看透了朝鮮
對他們的仇視，所以無論商人、使臣對朝鮮的行動都密切注意，隨時
報告瀋陽。天聰七年（1633）七月十八日，金國派赴朝鮮貿易的使臣
英俄爾岱遣人送回一對情報，說：「明國遣人諭朝鮮王云：『爾何故
與滿洲財物，可以不受為詞，即與之絕。爾如借兵倭國，我亦相助。
滿洲與同類之國，如烏喇、哈達、葉赫、輝發先曾講和，後竟伐之，
爾若與之講和，終蹈覆轍。』朝鮮信其言，因借兵倭國，倭國助以兵
四萬，彼亦屯聚士馬……又遣二萬人於義州南嶺右山岡上，築城蓋
房，工竣而去。」[391]這一情報的可靠性很差，因為朝鮮築城固有之，
明勸其不與金國財物也許可能，可是借兵倭國則全屬子虛，蓋自壬辰
戰後，朝鮮對日本的侵略始終很警覺，三南水師終年巡於海上，他們
對日人的敵視與防範並不下於對金人。

　　丁卯之役時，日人曾告朝鮮願出兵相助，朝鮮尚且拒絕，今在平
時，自無借兵之理。可是清太宗相當重視這一報告，所以當天就開了
個軍事會議，討論征朝鮮、明及察哈爾三者用兵何先。這個討論的主
題似乎並不是專為朝鮮，可是這個會議適於剛剛接獲上述情報之後舉
行，我們不能不說是由於這報告的刺激所致。會中大家均以為明為主

[388] 《朝鮮仁祖大王實錄》，第34冊，卷25，頁436、437，仁祖九年七月九日辛巳條。
[389] 《朝鮮仁祖大王實錄》，第34冊，卷27，頁497，仁祖十年九月十七日壬子條。
[390] 《清太宗實錄》，卷13，頁186-1，天聰七年三月六日丁酉條。
[391] 《清太宗實錄》，卷14，頁194-2，天聰七年六月十八日戊寅條。

要敵人，打倒了明其他可以不招而至，所以應先征明，次為察部，朝鮮置之可也。如濟爾哈朗說：

> 臣思朝鮮不遵我約，當反其貢物，姑與之互市，不必往征。[392]

多鐸（1614-1649）以為：

> 先圖其大者，則其餘自滅⋯⋯至已和之朝鮮，又何必計財物之多寡，遂與之絕耶，如蒙天佑，得其大者，隨我所求而自至矣。如大者不得，徒與朝鮮較多寡，相責讓，何益之有！[393]

薩哈廉以為：

> 明與察哈爾朝鮮三國，若論其緩急當寬朝鮮，拒察哈爾，而專征明國。[394]

豪格（1609-1648）說的更清楚：

> 至於朝鮮，且暫行撫慰，俟我與敵國勝負既定，再為區處。[395]

其他諸人大意均如此，是金人已將朝鮮視為外府，為圖明，故緩朝，朝鮮在金國國策的運用下又多得了十年的和平。然而金國也並不放鬆對朝鮮的「眷注」，像貓對付一隻被捕的老鼠一樣，它將朝鮮放在身邊監視著，只要高興或見朝鮮有什麼動態，便立即去咬一口、擊一

---

[392] 《清太宗實錄》，卷14，頁194-2，天聰七年六月十八日戊寅條。
[393] 《清太宗實錄》，卷14，頁195-2，天聰七年六月十八日戊寅條。
[394] 《清太宗實錄》，卷14，頁196-1，天聰七年六月十八日戊寅條。
[395] 《清太宗實錄》，卷14，頁196-2，天聰七年六月十八日戊寅條。

爪。有時它語平氣和的請朝鮮調停金明戰爭，有時又聲色俱厲的威脅一番，侮辱一番。

軍事會議決定征明之後，太宗立命岳託等攻取旅順，蓋旅順為遼西、登州及朝鮮間的聯絡線保護基地，如其在明手中，則渤海海峽為明所有，各方交通均甚安全。如為金取得，則與明共有海峽，對於明船之往來可以阻擾掠奪。

其時登州與朝鮮的航線是循長山列島，再轉經遼東東南沿海外島。旅順一失，明鮮聯絡便告失靈。且自旅順北上可直搗遼瀋；西與遼西，東與東江、朝鮮呼應靈活，為遼東南海諸島之奧援及屏障，故自天聰七年（1633）七月岳託克復旅順後，各島明軍相繼來降。八年（1634）三月尚可喜即先自廣鹿歸降，金國南顧之憂既去，乃於是年六月至九月西征察哈爾，適林丹汗已死，部眾散亡，相率來投，金收集之。自林丹汗之子及三大福金歸後，全部內蒙古為金所有。時明朝雖困於流寇之亂，然後金除偶爾突襲竄擾外，猶無進占之力，於是轉而加強對朝鮮的壓力。

天聰七年（1633）九月，後金要求朝鮮開市，刷還瓦爾喀人，朝鮮不許，乃於十一月派英俄爾岱往漢城數朝鮮以十大罪狀，[396]並續與朝鮮責辯一載。次年（1634）十月朝鮮羅得憲使金，要求金國交還叛亡，並拒絕其開市之請。金以其國書「書詞悖戾」，訊之，並加扣留，不納其禮，同時送書朝鮮，炫己武功之盛，並責朝鮮不慰遠征之勞：

> 予今年往征明國，略宣府大同兩巨鎮，克其城七八，屯堡不勝計，人民牲畜俘獲無莫，為時三月，遍歷明邊，明國將帥未見一介胄而出者，燕京暨各城，俱塞門避匿……察哈爾國王，畏避我兵敗走身死，其國人先後來附，予盡為收集安全之。王果篤兄弟之誼，當言「兄汗擐甲遠征……或恐衣屨糗糧之不贍，

---

396 《清太宗實錄》，卷16，頁216-2、217-1，天聰七年十一月十六日甲辰條。

特相齎助，遣使稱賀」……觀來書護助明國之意已盡見矣；意者貴國厄運未除，將以明國之禍引為己禍，而不能自由耶？[397]

他明知明與朝鮮的關係，明被攻，朝鮮助之猶恐不及，而反要其賀父母之國的敵人，這完全是故意作弄，至於以明國之禍為己禍，則無異說兵戎相見了。朝鮮不得已修改國書，重遣使臣，金方受之。九年（1635）八月金獲傳國璽。九月通令國中改稱金為滿洲。次月朝鮮使臣朴薈到瀋陽，金人特以傳國璽示之，其意人盡可知。隨後派馬福塔（？-1640）至朝鮮，要求如數補足累年缺禮，責朝鮮渝盟欺凌金國，故問道：「是豈以我國寡弱，而貴邦強盛，故以是相陵耶？」[398]馬福塔至朝鮮後，「沿鐵山縱掠，所獲財畜甚多」，對人民擄殺任意，滿載而歸。[399]此種行為除意在敗盟之外，別無理由。

馬福塔回後，旋於十二月中奉命再往朝鮮，責朝鮮人越境採蔘，送皮島駐軍遼船五十隻，每年春秋二次助米二萬六千包，而於金人則吝惜；責市易時故意壓低蔘價，不以好貨出售；說金國武力強，國土日廣，東至海濱諸國，西北半壁天下統而為一，而不入賀；說朝鮮致金國書昔時用「奉」字而今乃用「致」字以示輕蔑之意；說明運將終。其有意尋釁顯而易見。[400]

朝鮮一一答辯，復再增禮幣，遣使於天聰十年（1636）正月送出，然此時導致第二次金鮮戰爭的上尊號事業已上演，金國已不願再與朝鮮稱兄道弟，而欲君臨其上。至此朝鮮的「羈縻」政策無能為力，花錢買安也不可能。朝鮮經過一次大變動後，終究不得不在昔日的敵人面前呼吾皇萬歲。

---

[397] 《清太宗實錄》，卷20，頁274-2、275-1，天聰八年十月二十九日壬子條。
[398] 《清太宗實錄》，卷25，頁331-2，天聰九年十月二十五日壬寅條。
[399] 《清太宗實錄》，卷26，頁336-2，天聰九年十二月十日丙戌條。
[400] 《清太宗實錄》，卷26，頁338-1，天聰九年十二月二十日丙申條。

（六）貿易

在那瀕於戰爭邊緣的數年中，有三件事情的發展須加以交代，就是上述開市、瓦爾喀人的刷還，及朝鮮人私越邊境偷採人參的問題。

天聰五年（1631）後的金鮮貿易、市場、交易貨物之種類，貨色及價格為爭執的主題，而四者間又互相有連帶關係，如貨色因價格低而變壞，而價格又因貨色壞而降低，市場的開關也受到二者的影響。

金鮮貿易市場計有邊市，春秋信使時的國都貿易，及不定期貿易市場三者。邊市是指中江及會寧而言，這兩處均因金國的堅決要求而開放，兩國商人定期交易於此。然均以開市時金國勒定價格、其市場監督官員的無厭勒索，及其掠奪而停市。可是金國太需要貿易了，停止貿易，它的經濟、軍事等即遭受到很大的困難，所以它決意恢復貿易。天聰六年（1632）三月，金國不待通知朝鮮即派郎格至會寧貿易，持金汗書要朝鮮供給貿易人員食糧草料，[401]七年（1633）二月又遣郎格，吳巴海往貿耕牛，得百餘頭而還。可是這種交易完全是金人的片面強制行為，朝鮮政府並未同意。

沒有朝鮮的同意與合作，貿易終歸是不方便的，而且精神上也不光榮。是年春夏之交，以孔耿事件金兵進駐朝鮮清北之地，金人想大兵壓境，交涉事情會方便些吧，於是乘機又提出會寧貿事來，而朝鮮則含糊其詞的答稱：「貴使到會寧，傳致來書，且悉示意，良慰良慰，恭敬來使禮所當然，乃至商人並給糧料，俾從平價買賣，第未知果能兩皆滿意否？」[402]朝鮮在不得已時每每將事情拖下去，希望一拖了之，此次又是拖，於是這種非正式的貿易也就繼續下去了。

天聰八年（1634）十月朝鮮致書金國說：「……兩國使臣既有春秋交易之事，則會寧開市，不宜疊行，以滋弊端。」[403]時瓦爾喀人刷

---

[401] 《朝鮮仁祖大王實錄》，第34冊，卷26，頁480，仁祖十年三月二十九日丙寅條。
[402] 《清太宗實錄》，卷15，頁202-1，天聰七年八月一日癸酉條。
[403] 《清太宗實錄》，卷20，頁273-1，天聰八年十月二十九日壬子條。

還及增幣交涉正急，金主見書大怒，留使不遣，並謂朝鮮永停互市是「兵自爾啟矣」，朝鮮無奈，只好同意開市，然而要求廢除市場監督官，由人民相互自由貿易，以此輩監督官敲詐勒索無厭也。金以無官員監督恐人民滋事，令地方官代中央官監之，朝鮮允許，事乃告一結束。[404]

中江開市，自天聰五年（1631）後朝鮮堅決停止，絕不恢復。七年（1633）九月金國指責朝鮮負約中止貿易為經濟封鎖，欲以閉關停市以困之，十一月數朝鮮十大罪狀中「義州停市」為其中之一。然任憑金人如何咆哮恐嚇，至天聰十年（1633）春，朝鮮依然堅決「市易一款實涉未便」而拒絕開市。[405]京城貿易雖曾瀕於中斷，終究繼續下去了。[406]至於不定期貿易，是金國於既非邊市開市時期，也非春秋信使時期，臨時遣人持貨至朝鮮京城或其他地方貿易。此種貿易次數相當多，朝鮮乃於天聰八年（1634）十月間要求停止：

> 但春秋使臣外，復有貴國差人持貨來市，頗無限節，敝邦物力甚難以應，自今以後，春秋信使外，再勿齎貨來，為長久之道可也。[407]

金人接書後怒曰：「所言無限節者係何月日？往市凡幾次？係何姓名？曷不明白開說，而徒以空言傷和好，果何謂耶？」[408]朝鮮在金人的盛怒之下，只好道歉了之。[409]

交易貨物種類問題，最主要的是所謂唐貨的禁賣。早在天聰元年

---

[404] 《清太宗實錄》，卷21，頁279-2，天聰八年十二月四日丙戌條；卷22，頁290-1、290-2，天聰九年正月二十八日己卯條；卷23，頁309-1、309-2，天聰九年六月十三日辛卯條。

[405] 《清太宗實錄》，卷27，頁346-2，天聰十年正月十六日壬戌條。

[406] 《清太宗實錄》，卷13，頁17b、19b、22b。

[407] 《清太宗實錄》，卷20，頁273-1，天聰八年十月二十九日壬子條。

[408] 《清太宗實錄》，卷20，頁274-1，天聰八年十月二十九日壬子條。

[409] 《清太宗實錄》，卷21，頁279-2、280-1，天聰八年十二月四日丙戌條。

（1627）兩國始議開市時，朝鮮司直金尚憲（1570-1652）即奏請勿以中國貨物上市，他說：

> 自古關市之道，皆出土物，以有易無，寧有貿異國奇貨，以中夷虜之欲，而啟無窮之弊哉？況大義至嚴，後患至重！臣之愚意，虜使贈給及邊上市易，只用土產，其以中國物貨發賣者，宜一切禁斷。[410]

又說：

> 議者多言：「兇賊密邇，其勢可畏；天朝寬大，必不我責。」臣之事君，猶子事父，豈可恃父母之慈愛，而怠於敬謹；畏盜賊之侵陵，而不顧大義乎！[411]

李倧嘉納之，因禁日後金鮮交易中國貨物。然貿易事，有處自然向無處流，利之所在，商人雖冒生死不辭。故朝鮮政府雖禁之而實不能斷，且金國對於中國貨物非常愛好，他們知道朝鮮有中國貨而不肯賣，乃屢書詰問，朝鮮則答以明國嚴禁此貨出口故不得，如天聰八年（1634）十月致金汗書曰：

> 且青布、蟒緞、大緞、倭緞、天青緞、閃緞、硼砂、水銀、彩色等物，原係中朝所產，近來禁令特嚴，絕不得貿，六月貴使來時，適值詔使至，尚有所齎，故敝邦悉以所得應之，此則出於偶然耳。若貴國以為恆有之物，每責市易，是不知敝邦情事也。須以本國土產，依約交易，其或商賈間有所得別貨，不售於貴國，更用於何處？要之土產為主，其他不出於敝邦者，隨

---

[410] 《朝鮮仁祖大王實錄》，第34冊，卷17，頁245，仁祖五年十二月二十五日戊午條。
[411] 《朝鮮仁祖大王實錄》，第34冊，卷17，頁245，仁祖五年十二月二十五日戊午條。

所得而應之，乃兩國交易之常道也。[412]

其他如耕牛為金國所需而朝鮮也不願賣，亦為糾紛之一。

　　金人的勒價交易為雙方通商的主要阻礙，因商人裹足不前則市不成矣，天聰七年（1633）二月朝鮮致金汗書云：

> 我兩國結為兄弟，春秋信使往來如織，五六年間略無異言，但於開市時，貴國商人不肯平價交易，以此敝邦商賈爭相逃避，孤深恐兩國釁端從此而起，屢屢說與來使，亦貴國所知也。[413]

可是古今中外的商人都是最精明的，要他們吃虧是很不容易的。朝鮮商人在價格上既吃了虧，便從貨物之質量上求補償，將布帛剪短，紙張減少，或以劣質物充好貨出賣，金國抓住這一點又來一個反擊，天聰七年（1633）二月金汗致李倧書謂：

> 貿易事，謂我減價，不過王飾詞耳！近者貴國所市緞疋，不滿二丈，布疋不過一丈，且粗惡不堪，乃欲照四丈之緞、二丈之布，一例索價，即王心以為何如？想必不樂交易故耳，若貨物如初，則我國價值亦如初給與也。[414]

果如所云則物量減半，不可謂減的不大，想必能補足在價格上的損失。對於這些指責，朝鮮說這不是他們減的，是貨物自明運來時已減了，金又致書道：

> 爾國所市布帛，每以一疋斷為二三疋，紙則每卷減六七張，及

---

[412] 《清太宗實錄》，卷20，頁273-1，天聰八年十月二十九日壬子條。
[413] 《清太宗實錄》，卷13，頁184-1，天聰七年二月二十二日甲申條。
[414] 《清太宗實錄》，卷14，頁193-2，天聰七年六月六日丙寅條。

詢其故，據布商云皆係明國減之也。緞與青布固明國所出，白布與紙豈亦明國所出耶？王其思之！以缺半之物務索全價，其誰與之！……今後王當遣賢能官從公評價，嚴飭商賈勿斷布帛，勿減紙張。[415]

又云：

王又禁止商民，不許以往佳貨市於我國，豈篤兄弟之誼故出此乎？王每諉言南朝禁市佳貨，夫南朝漢人，陣獲以及歸順者此間俱有，每一詢問，立辨真假，予寧不盡知之！[416]

這種彼此的責辯，各以已是而人非，然究其實則各有是非，勒價強買甚至掠奪固為金人的作風，而商人欺騙外國人，尤其文明國的商人欺騙文化落後的外國人也是天下之普遍現象。

人蔘價格的爭執也很大。金國可供出口的貨物不多，人蔘為主要品，為了維持購買力，乃不管市場上的供求情況如何，大量向朝鮮責售人蔘。但朝鮮自己也出產此物，其需要量當然是有限的，一旦供於求，價格自然下跌，再加上一種有意的勒殺，乃將蔘價定的很低，天聰七年（1633）八月太宗諭岳託書：

英俄爾岱，代松阿自朝鮮還……攜往銀兩照常互市。惟人參未曾貿易，朝鮮每勸止與價九兩，我使欲索原價，安州總兵亦為啟請，朝鮮王已許諾，而其臣云：「人參乃我國所產，屢次攜來甚多，如依原價，後必不繼，與其日後相爭，莫若及今定價九兩，以杜後日爭端。」卒不允，因將人參俱留安州至覽來奏。[417]

---

[415] 《清太宗實錄》，卷18，頁233-2、234-1，天聰八年三月二日戊子條。
[416] 《清太宗實錄》，卷25，頁331-2，天聰九年十月二十五日壬寅條。
[417] 《清太宗實錄》，卷15，頁202-1、202-2，天聰七年八月一日癸酉條。

然朝鮮每年都有很多人偷入金國去採蔘，金人想既然朝鮮自己產蔘，說不需很多，故降低蔘價，為甚麼還有這麼多人去偷蔘？既然人們甘冒生命的危險去偷蔘，一定是蔘缺價貴，那麼朝鮮的降低蔘價不是旨在剝削嗎？於是致書朝鮮云：

> 曩定參價一十六兩，貴國云：「人參我國無用，止給九兩，否則止之。」……貴國既言人參無用，乃每年出爾邊界，入我疆土，不顧罪戾，採此無用之參何為乎？[418]

可是金人這種想法是不對的，因為偷蔘的人並非求利潤，他們除了時間和勞力之外，不費資金成本，賣多少錢就是賺多少錢，即是售價低於每斤九兩也無妨，所以朝鮮答覆說：

> 參價高下亦非敝邦有所違負，古今物價原無一定不易之理，或前貴而後賤，或舊乏而今饒，自然之勢也。此參價亦非我有意增損，不過視一時貴賤而定高下耳。至於邊民姦濫無識，迫於饑寒，圖尺寸之利以資朝夕，豈肯以參價減少，便自知止耶？其冒禁越境，本自可罪，若執此以證參價之高下，無乃未之思乎！[419]

直到天聰九年（1635），金國猶在責備朝鮮減低蔘價，並謂朝鮮在皮島貿易，每蔘一斤價銀二十兩，朝鮮答道：

> 大概市道，求剩利也。若皮島與貴國其價相似，則商人孰肯轉

---

[418] 《清太宗實錄》，卷15，頁207-2，天聰七年九月十四日癸卯條。
[419] 《清太宗實錄》，卷16，頁215-1，天聰七年十月二十六日乙酉條。

販乎！然如來示所謂「售價二十兩」者，決無是理矣。[420]

造成這種爭執的原因，大半由於金人的經濟知識太淺；人與人間，國與國間的爭鬥、戰爭多半由於當事者的無知和近視，這是人類的不幸，也是應當挽救的。

（七）瓦爾喀人的刷還

天聰七年（1633）以後金國的「刷還逃人」一辭，換了個新的內容，就是從刷還逃歸麗俘轉為刷逃亡金人及會寧瓦爾喀人。

按瓦爾喀為金國征服的東海三部之一，居住在圖們江流域及烏蘇里江以東至海之地，或稱為魚皮夷人，[421]朝鮮咸鏡道亦為所居之地。他們與朝鮮人市易於會寧，故當時會寧為藩胡雜居、商業繁盛之地。努爾哈赤興起後，即將圖們江以北所居者收服之。而居於朝鮮境內者，亦於萬曆三十七（1609）年請明令朝鮮將之遷入建州，[422]然尚有許多已與朝鮮人結婚生子實已成為朝鮮人者未遷，金國現在卻要算舊賬，要求朝鮮將此輩之子裔及有關財產統統送還。

天聰五年（1631）十二月朝鮮使臣鄭櫼至瀋陽，金國首次提出此事。翌年金使郎格（《朝鮮仁祖大王實錄》作「狼革」）率人至會寧貿易，便正式書面提出，要將六鎮藩胡之隱匿者一體刷還，[423]朝鮮不肯，以為前已約定辛未以前逃人不究，會寧事在辛未前，自不當追究，[424]金人回答說：

---

[420] 《朝鮮仁祖大王實錄》，第34冊，卷31，頁620，仁祖十三年十二月三十日丙午條。
[421] 《清太宗實錄》，卷2，頁36-1，天聰元年三月十四日辛巳條，可見阿敏致朝鮮書曰：「爾謂我等無故興兵，試言其故，向者我軍往取我屬國瓦爾喀時，爾國無端出境，與我軍相拒，一也。」《太宗實錄稿》則曰：「你國來文書云我兩國原無仇怨，無故興兵是矣。先年我軍取屬夷魚皮夷人，你國截殺，此一宗也。」
[422] 《清太祖實錄》，卷2，頁4a。
[423] 《朝鮮仁祖大王實錄》，第34冊，卷26，頁480，仁祖十年三月二十九日丙寅條。
[424] 《清太宗實錄》，卷16，頁215-2，天聰七年十月二十六日乙酉條。

置而不索者，乃貴國逃民，豈曾言我國金人骨肉連屬者，置而不索乎？[425]

夫我索會寧逃人者，蓋當我兩國無怨無德時，我嘗遷邊民於內地，邊民密邇貴國，與貴國之人聯姻結友，往來相善。內遷之時，其人畜財物一旦不能攜取，暫寄於親識之家，以俟再取者有之，私自逃避逗留者亦有之。今乃物主親戚，各索其所寄耳，王不可不遣發也。[426]

瓦爾喀人種零落散居各處，並無統一的政治組織，在金為金人，在鮮為鮮人，當烏拉強盛時，控制了大部分瓦爾喀人，及布占泰敗亡，其人或西投金國，或南入朝鮮，則其原非金人可知，而今金人堅持其為金人，要求送還，朝鮮自然視為無理的要求，故謂金曰：

會寧索人一事，自謂敝邦處置，已得十分正理，貴國必已悉之，不意復有云云也。當兩國無事之時，東者自東，西者自西，我民西投者今猶在也，不敢致恨於貴國，而貴國人東來投孤者，亦不當致怨於敝邦。況布占泰在日於我兩國均為鄰敵，其種類既投貴國，敝邦欽重貴國之言，其原係江北之人，前已一一刷送，餘皆親故，不過我國婚嫁所產幼稚耳。而貴國聽其妄訴，屢行責刷於十有餘年之後，其被貴使勒刷而去者亦不少矣。邊氓雖愚，各有覺悟，其事理之應刷與否，孰不知之。皆謂孤身，既為民牧，重違貴國之言，使小民父不能保其子，夫不能保其妻，號泣怨懟，咸思離散，孤將何以解於民不然？兄弟之間，有何所惜，汗之明恕料必能鑒察。[427]

[425] 《朝鮮仁祖大王實錄》，第34冊，卷27，頁497，仁祖十年九月十七日壬子條。
[426] 《清太宗實錄》，卷15，頁203-2，天聰七年八月六日乙丑條。
[427] 《清太宗實錄》，卷15，頁206-1，天聰七年九月一日庚寅條。

堅決拒絕，金國再來書，說布占泰乃蒙古人，瓦爾喀則為女真人，與金同種，昔雖役屬於烏拉，今自當歸金，並請派出官員往會寧會訊辦理：

> 觀王來書言布占泰在日，與我兩國均為鄰敵，其種類投貴國者則是貴國之人，投我國者，則是我國之人，此言乃告者之誤也。布占泰來自蒙古，乃蒙古苗裔，瓦爾喀與我，俱居女直之地，我發祥建國與大金相等，是瓦爾喀人民，原係我國人民也。昔年布占泰侵掠我國所遺人民，我兩國由此搆兵，貴國亦常聞之矣。今索取之由，蓋以實係我國所遺……乃王又以予偏聽小人之言，未能相信，可遣一公直大臣，予亦遣一公直大臣，同抵會寧，各聽口詞，辨別是非，便可灼然明晰。若謂瓦爾喀與我，非係一國，爾國有孰知典故者，可遣一人來，予將以世系明告而遣之。爾試再觀遼金元三史，自曉然知予索所當索，非強索也。[428]

朝鮮堅持不肯，且謂：「貴國但知瓦爾喀遺民之或入我境，而不思我民之流入貴國者亦多也？若如貴國之指名追刷，則我國亦當請刷我民，第以事在數十年之前，不宜復為較論，故自約和以來敝邦未嘗一言及此。」[429]而金國卒派人前去會寧，朝鮮不得已也派人去。金使岱杜阿及郎格於天聰八年二月至朝鮮，雙方會辯情形，史無詳文，難以稽陳，惟朝鮮「北邊之民，因會寧開市，及江北人刷還等事，往往流離，漸至空虛」。[430]則北邊必不會有許多江北人矣。

[428] 《清太宗實錄》，卷15，頁208-1、208-2，天聰七年九月十四日癸卯條。
[429] 《清太宗實錄》，卷16，頁215-2，天聰七年十月二十六日乙酉條
[430] 《清太宗實錄》，卷21，頁279-2，天聰八年十二月四日丙戌條。

（八）朝鮮人越境採蔘

　　中國東北境內盛產人蔘，為當地居民對外輸出的重要物品，其運銷市場為明之遼東各城市及朝鮮。天聰之前，金國對境內人民控制很鬆，邊地居民與朝鮮人自由貿易，交換各種貨物，故朝鮮北部如會寧等處商業頗盛，而當地人民即依此藩胡貿易為生。及清太宗即位後，繼太祖相繼征服瓦爾喀等各種部落，或遷之內地，或約束加嚴，禁止人民私相貿易，故以往之繁盛商業頓衰，而賴之維生者也遽失生理。於是每每潛入金國，或獵虎豹，或採人蔘，以資朝夕之計。

　　加以朝鮮地方大員如監司兵使等，上貢方物時，多以人蔘責令地方官取之，地方官則攤給民家；民家無法，即盜採之。這種私自盜採自然侵害到金國的利益治安，金國乃搜捕之，並對朝鮮屢次抗議與譴責。然而朝鮮人之所以業此一行，乃由於經濟上的需要，和政治上的弊端，如果這兩個根本原因不消除，則這種行為便會繼續存在。加以朝鮮政府對人民的約束力一向很鬆，所以朝鮮政府雖因金人的抗議譴責而禁止人民越境盜蔘，可是不能澈底肅清，因之在外交上便給了金人一項把柄，對於金人的指責只好賠笑臉、說好話而無辭可對。金人有時便利用此點向朝鮮作種種要脅，其後朝鮮嚴立科條，欲絕對禁止，然猶不可能，茲將交涉經過略述於左。

　　天聰三年（1629）二月滿達爾漢及阿朱戶使朝鮮，於謁見李倧時說：「兩國既已和好，而貴國之人，或因採蔘，或因畋獵，常有殺害之事，何也？」[431]當時朝鮮官員告訴金使這些事乃有司所事，不必聲於至嚴之地，而金使也未進一步談及。同年四月，金汗再責。五年（1631）閏十一月，庫爾纏等使朝鮮，交涉增幣事，金國書即列舉盜蔘實例，並要求朝鮮王留意說：「今年五月內，貴國十人、九馬，至我國卜兒哈兔地方行獵，彼札怒，捉住四人，九馬放回，其六人逃

---

[431] 《朝鮮仁祖大王實錄》，第34冊，卷20，頁317，仁祖七年二月二十五日辛亥條。

散。九月內，貴國人來灰扒地方挖蔘，與我人對戰，貴國五人被殺；又於九月內，貴國人、同島人來寬奠挖蔘，被我人捉得……自盟好以來，只有貴國人屢屢越界生事，我國曾有一人越界否？推誠相告，幸王留意焉。」[432]朝鮮為之當面斬盜蔘人安德幹及金大水於刑曹。[433]安德幹乃青城簽事，三品官，而竟置極刑，朝鮮之重此事可知。

天聰九年（1635）三月，金要求朝鮮將越境人與所屬地方官一併治罪。九年八月，朝鮮人遠至距興京僅五六十里之地採蔘，金人擒獲，再責朝鮮，朝鮮回書致歉，並道出越境採蔘的原因，回書道：

> 承示敝邦邊民違禁採蔘，乃至深入貴國，距興京城纔五六十里，及遇巡哨者，猶未肯束手服罪，反力抗之，聞之來使，不任惶悚。夫敝邦商賈，未入民籍，隨意東西，見利而趨，如恐不及，無利則違而去之，官家號令，不復及於此輩，其來久矣。且從前與江北之人往還貿易，遂成積弊。年來江北恪守貴國威令，不敢冒禁相通，此輩頓失生理，乃為竊蔘資生之計，前後為貴國縛至者，非止一二次矣，悉斬之境上，其為邊臣所發覺者，亦比比有之，然見利忘生之輩，猶懷僥倖之心。且邊臣心性不一，往往掩匿其姦狀，故覺輒拏治，猶不能永絕其弊也。每承貴國之訓，不穀實無辭以對，然貴國深念兄弟之好，開示勤懇，欣幸何如！[434]

至於邊臣「往往掩匿其姦狀」乃不能禁斷越境的重要原因之一，然此等邊臣又何為而如此？請看咸鏡監司閔聖徽的馳啟，他說：

> 碧潼等鎮居民三十餘人，越境採蔘，竟皆被擄。蓋禁法雖嚴，

---

[432] 《朝鮮仁祖大王實錄》，第34冊，卷25，頁459，仁祖九年十一月二十二日辛酉條。
[433] 《清太宗實錄》，卷16，頁215-1，天聰七年十月二十六日乙酉條。
[434] 《清太宗實錄》，卷25，頁323-1，天聰九年九月十日丁巳條。

而京外上司，入送貨物使之貿參，取責多門，守令不得已分給民間，責令貿納，故其勢不得不冒法忘死，至於被擄云。[435]

為了杜絕此弊，朝鮮政府頒訂〈江邊採參事目〉，規定州縣轄民有私自偷越採參者，除犯者科以應得之罪外，地方長官一起連坐。李倧執法過急，甚至追溯於既往，判義禁崔鳴吉疏諫法律不究既往，李倧不納，罷崔氏職，竟將法前犯人處決，這事發生於崇禎八年（1635）十一月：

> 先是，渭原所屬楸仇非、碧團兩堡之人，越江採參，被擄者三十六人。金人屢貽書責之，乃囚其郡守許詳、僉使李顯基、萬戶金進等。上欲誅此三人，以懲後，判義禁崔鳴吉上疏曰：「國家斷罪之律非一，而至於越境冒犯，誅止犯人，不及官吏，其來久矣。今者〈江邊採參事目〉，因許詳輩而始設，則此輩所犯，乃令前事也。法輕於未犯之前，律重於既犯之後，使人將何畏，而知所避哉？臣之愚意，先以所制事目，頒布兩界，使人人曉然知國法之如此，然後其有不從吾令者，按法而處之，則好生之仁，守法之道，兩盡其道矣。」上不悅，下教於政院曰：「此近於作威作福，其漸不美矣。」遂命遞鳴吉判義禁。後詳等皆被誅。[436]

十二月朝鮮回金國說，採參之事「未敢遽謂地方官知情」，且說：「敝邦之法，凡有死者必加慎審，每以輕殺為戒。往年青城僉使安德幹，雖緣此被誅，國人猶有餘議，故厥後雖有犯者，必分首從，或誅或罰，至所部之官吏，例止削職發配耳。」[437]又謂：「今年七月間，

---

[435] 《朝鮮仁祖大王實錄》，第34冊，卷31，頁612，仁祖十三年十月十五日壬辰條。
[436] 《朝鮮仁祖大王實錄》，第34冊，卷31，頁616，仁祖十三年十一月二十日丙寅條。
[437] 《清太宗實錄》，卷26，頁336-2、337-1天聰九年十二月十日丙戌條。

見咸鏡、平安兩道監司，所報犯禁姓名，幾至七十餘人，遂將各處郡邑、鎮堡等官，細加查問，其中固有失於覺查者，亦有私縱土民強取蔘利者，不穀始為驚駭，其情輕者已重責遠配，重者累月因禁，方議處斬。」[438]最後告訴金國，「仍飭邊臣，每當春秋採蔘時，使於要津捷徑，潛伏偵探，俾無一夫得遺」。[439]可是金人的指責朝鮮人盜採人蔘，直至第二次金鮮戰役爆發方才終止，就是說朝鮮始終未能禁斷國人的偷渡私採。

七、後語

　　這篇半個世紀前，我寫的臺灣大學歷史研究所碩士畢業論文，題名為〈清天聰時代後金汗國與朝鮮的關係〉。文章除外部形式帶當時色彩外，由於朝鮮史料的詳備，對九年間的金鮮關係作了仔細的觀察。看到了後金的兵強將勇、野蠻嗜殺掠奪，看到了「無兵之國」的萎弱不振，以仁義抗鐵騎，宛如宋明末葉的朝議；看到了兄弟邦誼的衰萎，封貢體制關係的膨脹，體會到兄弟邦誼的過渡性格，北宋維持對遼關係的非易，蘆溝橋事變前中國對日交涉的艱難。雖當年尚不知所寫文字可以鉛印行世，其後劉家駒及閻崇年教授對本題歷史也均有足備參考的研究，2007年5月仍發起整理，作為韓國研究的序章。

2015年4月21日

---

[438] 《清太宗實錄》，卷26，頁337-1天聰九年十二月十日丙戌條。
[439] 《清太宗實錄》，卷26，頁337-1，天聰九年十二月十日丙戌條。

八、附錄　清天聰時代金鮮交聘表

派使國別	使者姓名 太宗實錄	使者姓名 仁祖實錄	出發時間	到達時間	交涉事項	備註
金	劉興祚 英俄爾岱	劉海 龍骨大	天聰元年五月庚午（5日）（太卷3，頁146）[440]	同年五月甲午（29日）（仁卷16，頁32-35、37-39、45a）[441]	送朝鮮王弟歸國，求定禮幣數額，兩國互還判逃；朝鮮要求金兵撤離義州。	
鮮	沈正佖 朴蘭英	同左		天聰元年七月甲戌（10日）（太卷3，頁30a；仁卷17，頁3a）	謝還王弟、撤兵義州，發還滯金之朝鮮差官和使，拒還逃歸麗俘。	
金	阿什達爾漢 霸奇蘭	阿比耳介 朴只乃	天聰元年七月癸未（19日）（太卷3，頁32a、33）	同年八月十四日（仁卷17，頁5b-9b）	允撤義州兵，逃離麗俘可贖還。	二人同時，帶歸朝鮮國書，謝義州撤兵，同意贖兵。
鮮	朴蘭英	同左		天聰元年十一月辛巳（18日）（太卷3，頁38）	秋禮，謝義州撤兵，拒開市，拒金人糴米。（仁卷17，頁53）	
金	英俄爾岱 霸奇蘭		天聰元年十二月壬寅（9日）（太卷3，頁41a）	天聰二年正月乙丑（3日）（仁卷17，頁53、54；卷18，頁1、5b、6b、7、8）	開市，還逃俘。	

[440] 「太卷3，頁14b」，即《清太宗實錄》，卷3，第14頁，下仿此。

[441] 「仁卷16，頁32-35」即《朝鮮仁祖大王實錄》，卷16，第32頁至35頁，下仿此。

派使國別	使者姓名		出發時間	到達時間	交涉事項	備註
	大宗實錄	仁祖實錄				
鮮				天聰二年正月庚寅（27日）（太卷4，頁3a）	允濟米三千石，開市中12時需平價交易。	
鮮	李溰 朴蘭英	李溰		天聰二年二月甲午（2日）（太卷4，頁5a）	春禮、開市、不還逃俘。（仁卷18，頁34）	
金	高牙夫			天聰二年二月甲寅（仁卷18，頁38a）	致國書諭會寧開市。	
鮮				天聰二年三月己巳（8日）（太卷4，頁9a）	致國書，拒會寧開市。	
金					致國書責朝鮮人越境採蔘。（太卷4，頁14b）	
鮮				天聰二年五月乙酉（25日）（太卷4，頁14b）	致國書答越境採蔘事。	
金	朴仲男			天聰二年六月庚寅	刷還逃人。（仁卷18，頁63b-65；卷19，頁13）	
鮮	鄭文義 朴蘭英	鄭文翼 朴蘭英	（仁卷18，頁59a、65a）	天聰二年八月乙卯（27日）（太卷4，頁17b）	秋禮、逃人事。（仁卷19，頁30a）	回國後述金國情形。（仁卷19，頁41b）
鮮	吳希南	吳信男（仁卷20，頁76）		天聰三年正月丙寅（10日）（太卷5，頁2a）	問朝鮮人越境採蔘事。	

派使國別	使者姓名		出發時間	到達時間	交涉事項	備註
	太宗實錄	仁祖實錄				
金		滿月介 阿之好		天聰三年二月辛亥（25日）（仁卷？，頁8b-9b）		
鮮	朴蘭英				秋禮。（仁卷21，頁18b）	
金		阿之好 朴仲男		天聰三年九月辛未（仁卷21，頁18b、20）		
鮮		朴蘭英		天聰四年正月（仁卷22，頁15a）（太卷6，頁24b）	春禮。	
金		阿之好 朴仲男		天聰四年六月乙卯（仁卷22，頁46a、48）	責朝鮮濟皮島糧。	
鮮	吳希男			天聰四年八月戊戌（21日）（太卷7，頁25）		
鮮	朴蘭英			天聰五年正月庚子（26日）（太卷8，頁6b）	春禮，令人卻期禮物。（仁卷24，頁14a）	
金	阿朱戶 董納密		天聰五年正月壬寅（30日）（太卷8，頁7）	二月丙午（仁卷24，頁7）	告朝鮮永平之敗乃阿敏之罪。開市。	
鮮	魏廷米	魏廷喆		天聰五年三月丁酉（23日）（太卷8，頁36a；仁卷24，頁31a）	加補春禮。	

派遣國別	使者姓名 大宗實錄	使者姓名 仁祖實錄	出發時間	到達時間	交涉事項	備註
金	滿達爾漢 董納密	滿月介 朴仲男		天聰五年四月辛丑（28日）（仁卷24，頁41b、42b、43）	借舟征南海諸島。	六月庚戌（19日）（太卷9，頁5a）
鮮		朴蘭	天聰五年八月丁卯（25日）（仁卷24，頁42b、44b、46）	八月辛未（30日）	秋禮，拒借舟，允濟糧。	
金	庫爾纏 滿達爾漢 董納密	滿月介 朴仲男	天聰五年閏十一月庚子（太卷10，頁29、31b）	閏十一月庚申（21日）（仁卷25，頁48b、49、50a、29a）	解決逃人等事。	
鮮	張翼			天聰五年十二月壬辰（24日）（太卷10，頁31b；卷11，頁2a、5a）	春禮。	
金	狼革			天聰六年三月丙寅（29日）（仁卷26，頁31a）	會寧貿易。	
鮮		朴蘭英	天聰六年七月壬寅（6日）（仁卷27，頁2b、17b）	九月己亥（4日）（太卷12，頁24b）	秋禮，求送還叛逃。	
金	滿達爾漢	滿月介	天聰六年九月戊申（13日）（太卷12，頁27b）	十二月辛未（7日）（仁卷27，頁18b、19b、22a、23、24）	祭大妃。	

派使國別	使者姓名 大宗實錄	使者姓名 仁祖實錄	出發時間	到達時間	交涉事項	備註
鮮	溫楂紀	元翻	天聰六年十月乙卯（15日）（仁卷27，頁24b）	十一月乙未（11日）（太卷12，頁35b、37b）	謝金弔喪。	歸時帶回金國書。
金	巴都里、蔡哈喇、董納密	所道里、沙屹、車河里、朴仲男	天聰六年十一月壬子（18日）（太卷12，頁36a）	十一月丙午（12日）（仁卷27，頁31a、29-34b）	增幣及金遣使接待。	
鮮	朴蘭英			天聰六年十二月庚辰（17日）（太卷12，頁42）		金卻其禮。
鮮	申得淵			天聰七年正月辛丑（9日）（太卷13，頁5b、7a）	春秋禮，交涉增幣事。	得淵之任命為使（仁卷27，頁34a）金卻其禮，得淵將回，帶歸金汗書要增幣措付、開市（仁卷28，頁3、4）
要鮮	金大根	金大乾	天聰七年二月癸酉（11日）（仁卷29，頁5b-9b）	七年二月甲申（22日）（太卷13，頁16b）	增幣、開市，帶回金國書，責朝鮮種種背盟事。（仁卷28，頁14；太卷13，頁20a）	先於二月甲子（2日）派出為金時讓載留出為於癸酉後再發。

派使國別	使者姓名		出發時間	到達時間	交涉事項	備註
	大宗實錄	仁祖實錄				
鮮	朴棪	朴簃	天聰七年四月壬戌朔（仁卷28，頁15、16、18、21a、22a）	五月丁巳（26日）（太卷14，頁9b、13a）	春禮。	六月丙子回（仁卷28，頁27a）
金	英俄爾岱霸奇蘭	龍骨大眾只	天聰七年四月乙亥（14日）（太卷28，頁13、27a）	四月己丑（28日）（仁卷28，頁21、22）	要求朝鮮濟孔耿糧，增幣，開市。	
金	英俄爾岱代松阿	骨所乃	天聰七年六月丙寅（5日）（太卷14，頁13）	六月（21日）（仁卷28，頁27、28）	按濟宋、孔、耿船之金兵糧、貿易之事，請詢停金明之事，帶回朝鮮國書。	八月庚申朔回（太卷15，頁16）
金	溫塔石	雲他時	天聰七年八月乙丑（6日）（太卷15，頁6b）	八月乙亥（16日）（仁卷28，頁41、42a）	霸借船，請勿濟皮島糧，越境採參，會寧逃人。帶回朝鮮國書。	九月庚寅朔回（太卷15，頁14b）
金	英俄爾岱伊愻	龍骨大伊愻	天聰七年九月癸卯（14日）（太卷15，頁19）	九月壬子（23日）（仁卷28，頁45、46a）	瓦爾喀人刷退、貿易、採參、使臣接待等事。帶回朝鮮國書。	十月乙酉（26日）（太卷16，頁8b）
鮮	羅德憲			天聰七年九月丁巳（28日）（太卷15，頁30；卷16，頁16）	祭弔胃泰。	
金	英俄爾岱	龍骨大	天聰七年十一月甲辰（16日）（太卷16，頁17a）	十一月癸丑（25日）（仁卷28，頁57、58）	責朝鮮十大罪。	

派使國別	使者姓名		出發時間	到達時間	交涉事項	備註
	大宗實錄	仁祖實錄				
鮮	李士英	李時英	天聰八年正月乙未（8日）（仁，卷29，頁16）	二月乙亥（16日）（大卷17，頁37；卷18，頁2a）	春禮送逃人，帶回金汗書言瓦爾喀人互市事。	三月辛丑（15日）回國（仁卷29，頁10b）
金	英俄爾岱、馬福塔	馬夫達（大）	天聰八年三月甲辰（18日）（太卷18，頁5a）	四月戊午（3日）（仁卷29，頁14、16b）	春禮，請調停對明戰事。	四月壬午（27日）回，帶歸朝鮮國書（太卷18，頁18a）
鮮	羅德憲	羅德憲		天聰八年十月壬子（29日）（太卷20，頁38a）	貿易、叛逃。	金人扣留之，遣人回國另備書送還，金復朝鮮書見太卷20，頁40-45。
鮮	李廷顯	李廷顯	天聰八年十一月甲子（12日）（仁卷30，頁38a）	十二月癸未（1日）（大卷21，頁12a、13b）	為德憲被留回答金國。	
金	馬福塔	馬夫大	天聰八年十二月甲午（12日）（太卷21，頁17a）	十二月庚戌（28日）（仁卷30，頁47a）		天聰九年正月己卯（28日）帶朝鮮國書回國。（太卷22，頁12b）
鮮	李俊			天聰九年六月壬戌（12日）（太卷23，頁2b、3b、5）	春禮，會寧開市不用監官，帶回金汗書，用地方官監市，越境採蔘。	

派使國別	使者姓名		出發時間	到達時間	交涉事項	備註
	大宗實錄	仁祖實錄				
金	馬福塔博爾惠		天聰九年四月戊子（9日）（太卷23，頁6b）	五月庚戌朔（仁卷31，頁25a）	春禮。	六月辛卯（30日）回。（太卷23，頁32a）
鮮		崔國圇		天聰九年六月辛卯（13日）（太卷23，頁33）	接回遭難船員。帶回金汗書，書中諮耀武功。	
金	董德貴連拜	董得貴	天聰九年七月癸酉（25日）（太卷24，頁6a）	八月乙酉（8日）（仁卷31，頁53b）	求染料，越境探蔘。	九月丁巳（10日）帶朝鮮國書回。（太卷25，頁6a）
鮮		朴蘆	天聰九年八月乙酉（8日）（仁卷31，頁53b）	十月壬辰（15日）已在金（太卷25，頁29b，30a）	秋信禮。	十一月戊午（12日）回至金國。（仁卷31，頁67b）金以所得國寶示之。
金	馬福塔穆枯		天聰九年十月壬寅（25日）（太卷25，頁31b）	十一月戊午（12日）（仁卷31，頁67b）	增幣，秋禮。	十二月丙戌（10日）帶朝鮮國書回。（太卷26，頁12b）
金	馬福塔穆枯		天聰九年十二月丙申（20日）（太卷6，頁15b）	十二月丙午（30日）（仁卷31，頁76a）	責朝鮮送國書用「致」，不用「奉」字。	

派遣國別	使者姓名		出發時間	到達時間	交涉事項	備註
	大宗實錄	仁祖實錄				
鮮				天聰十年正月庚申（14日）（太卷27，頁5b）		朝鮮來書見仁卷31，頁77。
金	英俄爾岱 馬福塔		天聰十年二月丁丑（2日）（太卷27，頁10a）	二月己亥（24日）（仁卷32，頁8b、10-11a）	祭王妃、春禮，與蒙古四十九貝勒至朝鮮，勸至朝鮮，要求李倧同上皇太極尊號。朝鮮拒之。（太卷28，頁6-9）	致朝鮮書（太卷27，頁11a-13）
鮮	羅德憲 李廓		天聰十年三月戊申（3日）（仁卷32，頁12b）	三月丁卯（22日）（太卷28，頁11a）	謝弔祭、表明除使臣外不見他差，金國來意憲不敢奉、春禮。	四月金上皇太極尊號，羅德憲不拜，己丑（15日）回國，金汗回書（太卷28，頁41-49）

第十二章
丁卯和議後金兵的撤退

　　結束丁卯之役的江都盟誓於天聰元年（1627）三月三日晨間完成，金使午刻自江華動身回營，翌日子時到達。三月初五，諸貝勒大臣將議和經過及結果馳奏瀋陽，[1]同時分三路撤兵。右路經新溪、遂安，中路循瑞興、鳳山，左路趨海州，十日前會於黃州，[2]至平壤完成平壤盟誓，四月八日渡鴨綠江，四月十八日回到瀋陽，飲至策勳。[3]

　　金兵的分路撤退，目的在搶人畜財物。上述諸地及載寧、信州、文化等海西諸邑無不酷被兇鋒，蕩然一空。[4]金兵搶掠乃衡常之事，不過此次搶掠主要為大貝勒敏之意。

　　《清太宗實錄》說：

> 先是朝鮮請和。盟成，既遣庫爾纏奏上之後，大貝勒阿敏曰：
> 「朝鮮王雖已盟誓，吾等並未與盟，軍還時可仍縱兵掠之。」
> 貝勒岳託及諸貝勒止之曰：「誓詞內，吾等俱已書名，對天地
> 焚之矣，盟誓既成復縱兵肆掠，恐非義也，且此行停獲已多。
> 當和議未成之先，軍士掠取猶屬無傷，和議既成復行掠取，咎

---

[1]　《清太宗實錄》，卷2，頁38-2、39-1，天聰元年三月十四日辛巳條。
[2]　《朝鮮仁祖大王實錄》，第34冊，卷15，頁181，仁祖五年三月三日庚午條；頁182，仁祖五年三月七日甲戌條。
[3]　《清太宗實錄》，卷3，頁43-2，天聰元年四月十日丙午條；頁45-2、46-1，天聰元年五月五日庚午條。
[4]　《朝鮮仁祖大王實錄》，第34冊，卷15，頁184，仁祖五年三月十三日庚辰條。

豈不在吾等乎。」阿敏不從,復令八旗將士分路縱掠三日,財物人畜悉行驅載,至平壤城駐營,即於城內分給俘獲。[5]

我們不可因清太宗(1592-1643)與阿敏(1586-1640)有政治鬥爭而以為這段記載為誣謗之辭,因為朝鮮政府致姜弘立(1560-1627)的信中也說;「曾聞貴永哥每每向我作好,今番要土不食而苦爭云,亦是大段奇特事也,尤用嘉嘆。亦宜密致本國不忘之意,使之終始勉力為妙。」[6]貴永哥即代善(1583-1648),要土即岳託(1599-1639)。據《清太宗實錄》,自平山至平壤間,除有關搶掠一事外,岳託與阿敏別無所爭。可見阿敏強主搶掠屬實,且岳託曾因爭勸無效而氣不能食。

朝鮮政府以為忍辱請和乃為生靈,而今約成之後金人猶遲留搶掠,致海西一帶成為空壤,如不禁止,則雖渡大同江,亦必留連搶盡各邑,因請國王致書金人詰問,並謂金人之恣意搶掠乃因知朝鮮無備,宜因民之憤慨,令各軍前後勦殺,或可稍緝,而振軍心。國王以約和之後又令勦殺不妥,只遺書阿敏道,和後兩國為一家,而猶搶掠俘殺,潛襲新溪,聞來大失所望,請嚴行禁斷,俾民按堵。不然則香火盟,共享太平之意安在,天地神明豈不致怪金國。[7]然斥和的兩司官員指責說,當初以救生靈而求和,而今則適為魚肉生靈之歸,「殿下為民父母,何忍恝視而莫之救乎」![8]請急調精銳,使間道疾趨進勦,且令戰地諸將相機進退,使金兵游騎不敢四出,而收禁旁掠,救民命之效。國王乃以江華精兵三千遣往戰地。[9]

其實此命下達前朝鮮各地軍隊已相機勦截了。《清太宗實錄》謂庫爾纏率二十人回瀋陽奏報和議情形時,平壤鮮兵步騎千人來截,

5   《清太宗實錄》,卷2,頁39-2,天聰元年三月十八日乙酉條。
6   《朝鮮仁祖大王實錄》,第34冊,卷15,頁185,仁祖五年三月十八日乙酉條。
7   《朝鮮仁祖大王實錄》,第34冊,卷15,頁183,仁祖五年三月九日丙子條。
8   《朝鮮仁祖大王實錄》,第34冊,卷15,頁183,仁祖五年三月十日丁丑條。
9   《朝鮮仁祖大王實錄》,第34冊,卷15,頁183,仁祖五年三月十日丁丑條。

騎兵三百馳逐六十里，數次戰鬥，清人死五六人，殺朝鮮官兵五十餘人，獲馬百餘匹。[10]此外黃州、順安等地也有截殺。劉海為庫爾纏之被截曾託姜弘立致書朝鮮政府，說庫爾纏乃太宗叔母之子，若果被害，他將無面目見太宗。[11]阿敏也致書抗議道，朝鮮海州兵殺了他四個我撥兒人，黃州兵傷了他五人並殺馬兩匹，平壤軍拏戮他放置該處的十個駱駝、一千多匹馬、看馬兵丁及歸順高麗人，且拒絕索還。[12]

李玖至其營時他以為必和，差官四員兵丁四十名往義州報信，而被平壤兵殺了，未知的實。因兩國和完，他差八人往報太宗，又為該處軍兵殺害。劉海與英俄爾岱於盟誓後啟報瀋陽，亦為平壤兵追趕，存亡不知。他說他與國王一心尋好，而邊上地方官及領兵將如此生事，壞兩國事情，極可惡，請國王查審。朝鮮答以此等事多在議和之前，今不宜提起。且截殺非朝令，亦非將領之意，乃以金兵違盟殺掠，故人民憤恨，相聚報仇，願悉還俘掠，速渡鴨江，以守各守封疆之約。[13]

阿敏對朝鮮前次請禁止搶掠以免天譴的書信反控道：「貴國蒞盟之後先就背盟，殺我差人，天誰怪耶！……（貴國）只說外呼我兄弟，內感如父母，而如此呪罵，有是禮乎？」然對於禁掠一事答稱「已於十五日平壤至安州一帶俱如此命」。[14]「已於」二字應為金兵十五日自平壤退向安州時已不搶掠，此後也不搶掠。然朝鮮認為阿敏之意是平安之間如命不搶，安州以北不負責任。所以立刻通知姜弘立請劉海及代善、岳託幫忙。[15]《清太宗實錄》說：「平壤之盟既定，我軍出朝鮮境，秋毫無犯，遵大路肅伍而還。」[16]是安州以北也未搶掠。然這不一定是姜弘立活動的結果，因為阿敏令金兵在平山平壤之

---

[10] 《清太宗實錄》，卷2，頁39-1，天聰元年三月十四日辛巳條。
[11] 《朝鮮仁祖大王實錄》，第34冊，卷15，頁184，仁祖五年三月十三日庚辰條。
[12] 《朝鮮仁祖大王實錄》，第34冊，卷15，頁184，仁祖五年三月十三日庚辰條。
[13] 《朝鮮仁祖大王實錄》，第34冊，卷15，頁184，仁祖五年三月十三日庚辰條。
[14] 《朝鮮仁祖大王實錄》，第34冊，卷15，頁185，仁祖五年三月十七日甲申條。
[15] 《朝鮮仁祖大王實錄》，第34冊，卷15，頁185，仁祖五年三月十八日乙酉條。
[16] 《清太宗實錄》，卷2，頁40-1，天聰元年三月十八日乙酉條。

間大掠三日時已為岳託等反對。

　　金兵並未尊各守封疆之約全部退出朝鮮，而仍留滿洲兵一千、蒙古兵兩千，於楞額禮、達朱、圖爾格、阿山、舒賽、葉克書、屯布祿、葉臣等每旗下派滿洲官二員，蒙古官一員統率駐紮義州。[17]《清太宗實錄》謂這是太宗在三月十八日（乙酉）御前會議決定後，令庫爾纏往諭阿敏等而行的，並令書告朝鮮「我所以駐兵義州者原為防毛文龍耳。爾若不容文龍，吾兵亦不駐義州矣」。[18]不過駐兵之意恐在出兵時已有。因為十六日（癸未）朝鮮王已在江都向群臣說：「海西賊兵，幾盡捲還，而欲留關西，事竟如何！」[19]十七日甲申接張晚馳啟說，阿敏等盟告天後「定渡清川，留兵迤北云」。[20]至於留兵的目的，除太宗所說為除毛文龍之外，劉興祚則以為乃為再征朝鮮預留地步。他在致朝鮮密函中說：「若言前已誓盟，今又駐兵義州何也，伊賊用意，有不待揣摸而知也。況近日之勢，已為窮寇，攻寧遠不下則欲歛兵，無食，再攻不能，又不知將何往乎？」[21]

　　朝鮮當然不肯讓金人久居要塞，得隨時進兵南下之便。於是根據江都盟誓中各守封疆一條提出交涉，促金人撤兵。四月間李倧（1595-1649）便欲差人赴金交涉。[22]而大臣們以為當初金兵逼近且先請和，所以不得不應，「今若自我先發，送書虜穴，則似涉於得已而不已者。且此奴留兵，非一紙書所能撤去，今番送人無益而有損」。國王雖不滿此種態度，說：「賊徒留在我境，而力不能舉兵征討，又不貽書開諭，可謂無謀矣。古人之內修外交，緩敵而雪恥者，必不如今日之所為也。」然終以「群議皆曰不可」而罷。[23]

　　五月中，金國遣劉興祚及英俄爾岱送朝鮮王弟李玖返國，李倧

17　《清太宗實錄》，卷2，頁39-1，天聰元年三月十八日乙酉條。
18　《清太宗實錄》，卷2，頁39-1，天聰元年三月十八日乙酉條。
19　《朝鮮仁祖大王實錄》，第34冊，卷15，頁184，仁祖五年三月十六日癸未條。
20　《朝鮮仁祖大王實錄》，第34冊，卷15，頁185，仁祖五年三月十七日甲申條。
21　《朝鮮仁祖大王實錄》，第34冊，卷16，頁207，仁祖五年五月二十九日甲午條。
22　《朝鮮仁祖大王實錄》，第34冊，卷16，頁193，仁祖五年四月八日甲辰條。
23　《朝鮮仁祖大王實錄》，第34冊，卷16，頁196，仁祖五年四月二十四日庚申條。

命李廷龜接待來使，順便交涉撤義州金兵事。然因英俄爾岱等未奉此項使命，無權作何承諾，所以交涉無結果。[24]次月朝鮮遣沈正笏、朴蘭英使金答謝送還李玖，並致書稱：「當初約誓時，既以各守封疆為言，而撤兵之後，餘眾尚留我境，妨民耕種，四出侵略，豈貴國所不知耶？甚非所望，願細思而善慮之。」[25]

金方解釋留兵非為朝鮮，而是防毛文龍乘虛佔據。時金國往義州換防的軍隊待命出發，因朝鮮「書意懇切」而停發，並願將佔領軍調回，然仍懷疑朝鮮兵力能否阻毛兵下岸登陸。朝鮮使答以該國之被兵全由毛文龍挑起，及戰爭起毛氏反竄伏海島，終不敢出，「今何顏面，更下岸耶」？金人對此毫無承諾的答覆自不信任，便說「當送我人講定於爾國，而回路當撤還兵馬矣」。[26]於是交涉自瀋陽移至漢城。八月一日金使阿什達爾漢及霸蘭奇（《朝鮮仁祖大王實錄》作阿比月介及朴只乃）與隨員劉興祚等帶著國書到達漢城。書謂：

> 大金國汗，致書於朝鮮國王弟。當日我兩國相好，彼此無事，後因毛賊，致生事端。不意兩國，還有相好之分，故天使重成和事。若彼此謹守，不唯兩國共享無強之福，而美名遠播於天下矣。倘立心不正，復壞和事者，難逃上天降罪。我兵留住義州，非疑貴國，意謂兩國仇隙，皆因毛賊所致，幸得事成，恐毛將復為壞之，故留兵防守耳。今王弟邊內，不容毛賊上岸，宜速具書，及發住民與守護之兵。到了義州，我兵即時過江退回。若住民護兵未到，我兵先回，恐毛賊乘空住擾，不便。[27]

這封信除有誓書的性質外，是要朝鮮保證毛兵不得上岸。朝鮮答稱：

---

[24] 《朝鮮仁祖大王實錄》，第34冊，卷16，頁195，仁祖五年四月二十一日丙戌條。
[25] 《清太宗實錄》，卷3，頁51-2，天聰元年七月十日甲戌條。
[26] 《朝鮮仁祖大王實錄》，第34冊，卷17，頁219，仁祖五年八月六日己亥條。
[27] 《朝鮮仁祖大王實錄》，第34冊，卷17，頁221，仁祖五年八月十四日丁未條。

「我國地方我自住守，寧有任人竊據之理！便即差官偕來使替守，慎固疆場，不至貽貴國慮也。」[28]九月十二日朝鮮義州府尹馳報金兵已退，[29]翌日金使，金兵偕至瀋陽，[30]義州全府人口雖於八月間為換防金兵悉數劫掠而去，[31]但此邊防重鎮終於回到了朝鮮手中。

*原刊於《東方學志》，第18輯（首爾，1978），頁219-223。

---

[28] 《朝鮮仁祖大王實錄》，第34冊，卷17，頁222，仁祖五年八月十六日己酉條。
[29] 《朝鮮仁祖大王實錄》，第34冊，卷17，頁225，仁祖五年九月十二日乙亥條。
[30] 《清太宗實錄》，卷3，頁53-2，天聰元年九月十三日丙子條。
[31] 《朝鮮仁祖大王實錄》，第34冊，卷17，頁222，仁祖五年八月十九日壬子條。

第十三章
清韓關係：1636-1644

一、前言

在中國與列國的關係史中，中韓關係可說是源遠流長，最豐富的一域。公元前一千餘年有箕氏朝鮮的建立，第三世紀燕將秦開的部隊開抵清川江畔，再過百年漢武帝便在半島北部設立四郡，其中樂浪一郡直到南北朝時代始終由中國人統治。隋唐兩朝是中國與北朝政權大衝突的時期，也是韓國民族國家形成，大量吸收中國文化的時代。王氏高麗和元朝之間，戰爭打得很兇，和親也進行得很積極。李氏朝鮮與中國明清兩朝關係更為密切，曾先後兩次聯合抗日；加以朝鮮文教昌明，朝野勤於記錄，故為中韓關係資料最豐富的時代，不但裨益兩國關係的研究，且對中國歷史有莫大的補正功能。

中韓關係史上，有許多問題值得我們去思考，例如兩國關係是怎樣開始的？當然人們會從東夷系民族及箕氏朝鮮著手研究，而作者則對於戰國時代中國勢力的東進頗感興趣，願意加以推測。

那完全是戰略地理的關係。從商朝的高宗時代開始，對中國的侵略者主要來自蒙古高原。那裡以色楞格河流域為中心，右翼經科布多盆地、準噶爾盆地到中亞，左翼經克魯倫河到嫩江流域。南侵中原的路線是西面由翁金河以入陝甘，東則由熱河丘陵地區下燕代。這是歷代北人南下牧馬，及中原肅清沙漠的路線。所以蒙古高原的遊牧

民族，如果要侵入燕山之南，必先入據西拉木倫河、大凌河，及灤河上流之地。而中原的防務，也以佔領這三區為急務，尤其是大凌河流域。戰國時代直當東胡者為燕國，燕昭王用秦開逐東胡，由今之古北口一帶越燕山山脈，入灤河上游，再東進大凌河流域。[1]當他們到達大凌河下游時，舉目一望，肥沃的遼河平原展現眼前，這是精於農業的華夏民族最喜歡的地方。於是越遼河，建立起他們的前進基地——遼東郡。

　　一直到明代為止，這裡是監視和控制東蒙古的堅強據點。軍事上的安全感是無止境的，是時他們感覺到遼陽背面的防務必須顧到，於是他們越過了數百公尺高的千山山脈，到達鴨綠江流域、清川江流域。我們現在自然會將鴨綠江看成一條界線，可是歷史上沒有劃江而治這回事。在明代以前，鴨綠江是北朝鮮和遼河以東的中心。這裡是興王之地，高句麗就是以此為都，建立了強大的國家。歷史上的南北界限，不是鴨綠江，也不是現在的北緯三十八度半，而是三十九度，正確的說，從長山串到永興灣。

　　對古代的中國人而言，漠北、西域、和西藏等地方都是那麼遙遠，多麼和自己不同！朝鮮半島則不然，血緣相近、文化相同。但是當蒙古、西域、西藏一塊塊鑲嵌到「中原」上時，朝鮮半島卻脫離中國，而成了一獨立的民族國家，這也是需要解釋的。

　　另一件有趣的事是，李唐帝國在半島上犧牲了無數的生命，花了億萬錢財，將高句麗、百濟平了，然自己沒有享受到勝利的成果，卻替南部的新羅人作了統一的先驅鋪路工作。靠近中國的高麗、百濟雖然也吸收中國文化，但並不積極，而這個僻在南方的新羅卻成了唐化的執行人和進出口商。三韓民族的性格及成分，的確值得分析。

　　研究中韓關係會使我們認識近代以前的東方國際關係和國際法。今天東方各國都採用了西方的國際外交方式，但在以前他們有自己的

---

[1] 稻葉岩吉著，楊成能譯，新馬晉校，《滿洲發達史》（奉天：萃文齋書店，1940），頁9、12-14。

一套，那就是以中國為中心的封貢外交。而中韓關係恰恰是這種外交的典型，尤其以明清兩代為然。

可是本文並未對上述各點有所貢獻，而只敘述了從清太宗崇德元年（1636）到世祖順治元年（1644），短短八年間清國與朝鮮的關係。全文共分八節，依次說明兩國以前的關係，丙子之役的成因及經過，戰後朝鮮對明清戰爭的影響，明朝亡後，朝鮮世子隨清軍入關，憑弔那戰後北京的情形。

二、回顧過去

朝鮮與女真人的關係自明朝初年便很密切，但與努爾哈赤（1559-1626）所領導的部族正式有往來，是明神宗萬曆二十年（1592）的事。那年日本侵朝鮮，數月間攻陷八道，朝鮮國王逃到義州向中國請援。這時努爾哈赤已統一建州，收服鴨綠江諸部，有步騎精兵七、八萬人，聞日本進寇事，便通知朝鮮政府，願發兵救援。朝鮮慮招後患，請明朝諭止。[2]

朝鮮的拒絕實是努爾哈赤的幸運。衡以明日戰況的激烈，如果他真的東下，縱不被日軍消滅，必受重創。是時明朝和日本正從事決鬥，無暇他顧，他便乘機發展，於萬曆二十一年（1593）打敗呼倫蒙古等九部聯軍，滅長白山部。壯大了的建州女真首領沒有遲疑，馬上表現他的力量，於二十三年（1595）派部將到朝鮮的滿浦鎮呈遞文書，要求通好，[3]這對朝鮮是一種警號。因為建州女真以前對朝鮮也頗為畏敬，而今竟然要求通好。

當時朝鮮正處對日戰爭中，不願北方多事，便派主簿申忠一到建州作非正式的交聘。申氏此行，不僅使朝鮮對建州衛有更清楚的認

2　日本東京大學文學部東洋史研究室編，《明代滿蒙史料‧李朝實錄抄》，第12冊（東京：日本東京大學文學部，1958），頁506。
3　日本東京大學文學部東洋史研究室編，《明代滿蒙史料‧李朝實錄抄》，第13冊，頁18-30。

識，其詳實的聞見報告至今仍為寶貴的歷史文獻。光海君當國時期，建州繼續發展，滅輝發烏拉之後，建八旗制度，號後金汗國，建元天命，公開與明朝對敵。

萬曆四十六年（1618）明朝徵兵朝鮮伐後金。光海君初無積極表示，後以大臣主張，派都元帥姜弘立（1560-1627），副元帥金景瑞（1564-1624）率一萬三千兵援明。臨行光海君（1575-1641）密旨：「觀形勢，定背向。」及明兵戰敗，姜弘立即派人通敵，陳說出兵乃不得已之舉，並率眾投降，金國留其將遣其兵。其後姜弘立返國，力主與後金建立邦交關係。

金兵敗楊鎬（？-1629）大軍後，下遼瀋，進迫河西，朝鮮與金國強弱之勢大變。天啟二年（1622），毛文龍（1575-1641）據皮島為東江鎮，圖恢復遼東。朝鮮對金、明的外交益形艱難。綜觀光海君的對金政策，除嚴備國境防禦外，頗能及時把握明金雙方的正確動態，巧妙的保持觀望態度，採取不背明、不怒金的兩面外交政策。故能免於金人的侵略，即戊午援明一事，當時也頗得金人的諒解。[4]

天啟二年（1622）光海君姪李倧（1595-1649）廢其君自立，是為仁祖。數年之後努爾哈赤死，子皇太極（1592-1643）即汗位，改元天聰。兩國領導人物的更替，及數年來時勢的發展，使得後金和朝鮮走上了戰爭，這就是天聰元年（1627）正月發生的第一次朝鮮之役。該年天運丁卯，所以朝鮮人叫作丁卯胡亂。

戰爭的原因很多，在後金方面有四：太宗一向主張對朝鮮積極侵略，所以即位伊始，便發動戰爭；遼西方面袁崇煥（1584-1630）以佛狼機砲固守寧錦，清太祖失敗於此，太宗也不敢輕試，所以乘機蹈瑕，擇弱而攻；春荒嚴重，征朝鮮所以掠奪物資，以濟凶年；朝鮮降人韓潤教唆，以復私仇。來自朝鮮方面的主要因素是毛文龍在遼東沿海及北朝鮮大肆活動，威脅到後金的安全；而這種活動是獲得了新登

---

[4]　參見李丙燾著，許宇成譯，《韓國史大觀》（臺北：正中，1962），頁352-353。

王位，急於得到冊封的仁祖之徹底支持。[5]

戰爭的結果，朝鮮敗北，仁祖逃往江華島避難，會金人也不欲戰爭擴大，乃締結江華條約，兩國約為兄弟，各守封疆，互不侵犯，歲貢、互市，並禁止朝鮮整建國防等，然後金兵撤退。和平恢復後，兩國便按約交往，然對於遣俘交涉、歲幣互市等，無一順利執行。金人因窮貪且強，朝鮮也每事想簡化，所以關係齟齬。

天聰四年（1630）春，金國二貝勒阿敏（1586-1640）等棄永平、遵化等四城，狼狽敗回。朝鮮聞明人勝利，大事慶賀，且對金國生輕視之心，減其餽禮。金人大怒，扣留使臣，致書詰責。朝鮮補禮了事。同年，皮島因參將劉興治（？-1631）反叛，島中大亂，滿州人、蒙人逃出，欲假道朝鮮往投金國，然為朝鮮截殺不得登陸。瀋陽聞島亂，派兵萬餘，向朝鮮借糧借船，圖攻該島，而為朝鮮拒絕。金人目的不達，愈怒朝鮮。

天聰七年（1633），金人要朝鮮增加歲幣，待金使如待明使，因朝鮮不依，幾致動兵。是年孔有德（？-1652）、耿仲明（1604-1649）等率船泊獐子島降清時，為朝鮮與明軍聯合截擊。金兵接應乏糧，復向朝鮮借貸，該國以孔、耿乃天朝叛將，再度拒絕。其他越境採蔘、逃俘及向化之捕送等事，也引起嚴重的交涉。這年兩國關係劍拔弩張，後金一度欲再行東征，後以先其所急——征明及察哈爾——而罷。然金鮮兩國之不免一戰的形勢已經成了定局。[6]

當國際政治處在無政府狀態的時代，所謂邦交只是利害和勢力的表現活動。國際間強凌弱、眾暴寡，沒有和平，更無所謂正義。明末的東北亞正是如此。這時維持國際秩序的明朝已經失去了控制力，中國、蒙古、後金、朝鮮等，正以力相競。

5　張存武，《清天聰時代後金汗國與朝鮮的關係》（臺北：國立臺灣大學歷史學系碩士論文，1957），第二章第一節「戰爭的原因」。
6　張存武，〈清天聰時代後金汗國與朝鮮的關係〉，第二章第一節「戰爭的原因」。朝鮮之政，見《朝鮮仁祖大王實錄》，卷32，頁6，尹煌奏文；頁19，金時讓陳書。

自天聰元年（1627）以來的金鮮交涉，朝鮮似乎還很強硬。其實不然，每一次交涉爭論，最後總是該國讓步。這並非因為朝鮮是禮義之邦，乃是由於彼此的國勢正向強弱兩方分頭演進，而朝鮮是走向衰弱。這個新經兩次外患的王國，沒有一點振奮中興的氣象，領導階層依然在鬧黨爭，這是斲喪元氣的有力因素；他們競尚奢侈，居處衣食喪葬浪費得可怕，政治上貪污成風，不求效率；人民負擔，除正稅之外種種貢獻數倍賦稅，官吏復藉機苛斂中飽；國家以大量金錢養馬，而不歸軍士，只留賞貴族；軍政尤壞，「為閫帥邊將者，各以諸色軍兵除防徵布，故雖富民一隸其役，則傾資破產，繼之以逃，侵及鄰族，一村為墟。至於各官束伍則編籍農民，自備衣糧，兼供雜役，不能自保，雖有百萬，何賴於急緩」。[7]所謂束伍就是私賤（奴），該國「私賤天下萬國之所無，號牌之時，定軍役者纔十五萬，而私賤多至四十餘萬」。[8]朝鮮的封建階級制度猶盛，但是貴族們並不當兵，兵役全落在貧窮的平民身上。他們當然不會為保衛貴族的利益而拚死命，所以朝鮮軍隊無戰鬥力。朝鮮君臣對國防無信心，軍事部署只重江華島，除逃難之外，似乎沒有保衛國家的意志。

　　朝鮮君臣所尚者只「義理」二字，然而歷史上不義之國常強，義之國又常弱！反觀後金汗國，在天聰年間從一個部落社會向官僚政府、中央集權制的國家急遽邁進。在這演變中，清太宗以漢人、蒙人的力量平衡八家世族，所以他厚待漢蒙人民，解放奴隸。在八家中，他始而聯岳託（1599-1639）鬥爭阿敏、莽古爾泰（1587-1633）。二人失敗後，再整肅岳託。

　　清太宗設八旗大臣以奪貝勒之權，設六部二院以綜國政，置八旗於次級。設科取士二，行人才政治；獎勵農業，增加生產；在軍事

7　張存武，《清天聰時代後金汗國與朝鮮的關係》，第三章第四節「盟誓」、第五章第二節至第五節。
8　張存武，《清天聰時代後金汗國與朝鮮的關係》，第三章第四節「盟誓」、第五章第二節至第五節。

上，他製造紅衣礮，壓制明軍火力；取旅順，收孔、耿而奠定了海軍基礎，敗察哈爾而有內蒙全區。這是個新興的國家，朝氣蓬勃。金鮮兩國的實力氣象如此懸殊，邦交關係那樣惡劣，又處在一個無國際政府秩序的時代，其將再度走上戰爭，朝鮮陷入更深的痛苦，已是不待智者而明的了。

三、不承認主義：拒上尊號

天聰九年（1635）十二月二十八日，後金的大臣們勸其國汗改稱皇帝名號。太宗以為「朝鮮乃兄弟之國，應與共議」[9]，於是滿洲的八和碩貝勒、十七固山大臣，以及蒙古的四十九個貝勒各派代表，與後金的使臣英俄爾岱、馬福塔（1594-1640）同去朝鮮，要求朝鮮王「速遣親近子弟來，同為勸進」。[10]滿洲、蒙古同派代表，是為了表示勸號稱尊乃內外一致的要求，而更重要的是，表示後金汗國兵力的強大。

他們一入朝鮮的國門義州，便立刻引起了朝鮮王廷的憤激、緊張，和意見的分歧。朝鮮人應已瞭解後金汗國這一舉動的目的，且應迅速決定應付的方策。可是他們接到邊報五天之久未採取任何行動。這是因為李氏王朝的言論機構三司有相當力量，行政部門每察其反應而行動，對此與國運有關的事，更不可率爾操觚。實際上，漢城對於此事陷入了徬徨失措。

清太宗這一舉措的動機很明顯，他要朝鮮參加勸進，增加他即位大典的光彩。如果朝鮮照辦，則兩國的關係便決定了，否則也可以此為採取軍事行動的藉口。朝鮮人對他的心跡看得非常清楚，他們說：「苟欲稱天子、蒞大位，唯當自帝其國，號令其俗，誰復禁之！而必欲稟問於我，而後行帝事哉。其所以渝盟、開釁，嚇我、藉

---

[9]　《清太宗實錄》，卷26，頁343-2，天聰九年十二月二十八日甲辰條。
[10]　《清太宗實錄》，卷26，頁348-1，天聰十年二月二日丁丑條。

我者明矣。而亦見其要我立信,將以稱於天下曰:『朝鮮尊我為天子。』」[11]他們知道「彼既欲僭竊偽號,則必不待我以鄰國,將臣妾我也,屬國我也」。[12]

朝鮮官員絕對不接受這種要求,尤其代表朝鮮儒學精神的三司人員,激切的反對。掌令洪翼漢(1586-1637)上疏說:「臣聞今者龍胡(英俄爾岱)之來,即金汗稱帝事也。臣墮地之初,只聞有大明天子耳,此言奚為而至哉?……我國素以禮義聞天下,稱之以小中華,而列聖相承,事大一心,恪且勤矣,今乃服事胡虜,偷安僅存,縱延晷刻,其於祖宗何!其於天下何!其於後世何!」[13]他要求仁祖對金國採取「戮其使而取其書、函其首,奏聞於皇朝,責其背兄弟之約,僭天子之號,明言禮義之大,悉陳鄰國之道……亟執虜使之在館者,列於藁街,顯加天下之誅。如以臣言為謬妄而不可用,請先斬臣頭,以謝虜人」。[14]玉堂人員同日上箚說:「豈忍以堂堂禮義之邦,俛首犬羊之虜,竟遭不測之辱,重為祖宗之羞乎?殿下雖未能焚其書、斬其使,以作三軍之氣,豈至於親接賊使,以聽不道之言乎?宜以嚴辭峻語,顯示斥絕之意,痛折僭逆之端,使彼虜得知我國之所秉守,不可以干紀、亂常之事,有所犯焉,則雖以國斃,可以有辭於天下後世也。」至於同來的蒙古,他們以為「於天朝有新犯叛逆之罪,且於我國曾無往來通信之義,而敢隨虜使擅入疆域,臣等以為亟命拘禁,勿令上京,以示嚴截之防」。[15]

由上引證我們可以見出,關於拒絕後金的要求,洪翼漢和玉堂諸人意見一致,就是具有高度文明的朝鮮,不可屈服於一個落後野蠻的女真民族;朝鮮和明朝的名分一定,不容更改,即使因此亡國,也在所不惜。但他們應付的方法則不同:洪翼漢主張斬使焚書的激烈手

---

[11] 《朝鮮仁祖大王實錄》,第34冊,卷32,頁624,仁祖十四年二月二十一日丙申條。
[12] 《朝鮮仁祖大王實錄》,第34冊,卷32,頁625,仁祖十四年二月二十一日丙申條。
[13] 《朝鮮仁祖大王實錄》,第34冊,卷32,頁624,仁祖十四年二月二十一日丙申條。
[14] 《朝鮮仁祖大王實錄》,第34冊,卷32,頁624,仁祖十四年二月二十一日丙申條。
[15] 《朝鮮仁祖大王實錄》,第34冊,卷32,頁625,仁祖十四年二月二十一日丙申條。

段，而弘文館則較為緩和，只要求仁祖不親接金使，但仍由政府派人交涉拒絕。政府採納了玉堂的意見。

二月己亥英俄爾岱等進入漢城。他是春信使，雖受命口頭傳達一應事宜，但未發生意外，只是滿洲、蒙古大臣的代表致送要求朝鮮勸進的書信時，遭到了拒絕。朝鮮官員以「人臣無致書君上之規，鄰國君主一體相敬，何敢抗禮通書」[16]的理由，拒受來書。但後金的人員並未及時撤退，朝鮮政府也在考慮回答的辦法。

大司諫鄭蘊（1569-1641）深恐政府態度不堅決，上疏促請答問答書之際，要堅決峻議，不可有低回苟且語，以遺未來之患，並以邊釁已開，應速作軍事布署。同時太學生一百三十餘人，上疏請斬使焚書，以明大義。這可歸為不妥協派，或斥和派。另一方面，完城君崔鳴吉（1586-1647）則持不同的主張。他在第一次朝鮮戰爭中，是主和要角。他以為：「龍胡之行，唯以春信弔祭為名，汗書亦無別語，其所謂慢書，乃八高山及蒙古王子書也。答其循例之書，而拒其背理之言，君臣之義、鄰國之道，得以兩全。權宜緩禍之策，亦何可全然不思乎！金差不妨招見，所不可見者西㺚耳。西㺚不必薄待，所當嚴斥者悖書耳。事機一誤，後雖悔之，不可及已。請令廟堂議處。」[17]這「權宜緩禍」四字，是主和派的中心理論，這論調和政府的看法一致，所以備局立即奏請明白處置，回答國書。但李倧否決了。

後金的使團在漢城等了三天，朝鮮王不予接見，不收受滿蒙大臣的信件，雖經金使日日催索，也不回答國書，只令宰臣與之口頭講論。正在此時，「斬使」的風聲傳了出去，英俄爾岱等驚聞之下，立刻搶奪馬匹，馳出都門。朝鮮政府見金人不辭而去，驚慌了，急使譯人挽留。英俄爾岱以回答國書為條件，朝鮮不應，金使終不回。朝鮮乃以報書追付英俄爾岱，使之持去。

後金使臣的邊爾離去，意味著兩國邦交的破裂。以當時兩國的關

---

[16] 《朝鮮仁祖大王實錄》，第34冊，卷32，頁625，仁祖十四年二月二十四日己亥條。
[17] 《朝鮮仁祖大王實錄》，第34冊，卷32，頁625，仁祖十四年二月二十六日辛丑條。

係情勢，邦交破裂就是戰爭。所以金使離開漢城後，朝鮮一方面立即派春信回答使到後金去努力和平，同時採取備戰措施，以金鎏（1571-1648）為上四道都體察使，李時白（1581-1660）為南漢山城守備使兼扈衛大將，並以絕和備禦事下諭八道：

> 我國辛致丁卯之變，不得已權許羈縻，而谿壑無厭，恐喝日甚，此誠我國家前所未有之羞恥也。含垢忍痛，思將一有所奮，以淔此辱者，豈有極哉？今者此虜，益肆猖獗，敢以僭號之說，託以通議，遽以書來。此豈我國君臣所忍聞者乎？不量強弱存亡之勢，一以正義斷決，卻書不受。胡差等累日要請，終不得接辭，至於發怒而去。都人士女，雖知兵革之禍，迫在朝夕，而反以斥絕為快，況八路若聞朝廷有此正大之舉，危迫之機，則亦必聞風激發，誓死同仇，豈以遠近、貴賤而有間哉？忠義之士，各效策略；勇敢之人，自願從征，期於共濟艱難，以報國恩。[18]

這一號召動員書，在發送平安道時，被金人截獲而去。

英俄爾岱等於三月二十日回到瀋陽，報告出使經過，並呈閱所奪諭令。後金諸貝勒大臣均主立刻興兵征伐，太宗令「先遣人持書往諭以利害，令其以諸子大臣為質，彼許諾則已，不則再議征罰」。[19]而朝鮮的春信使羅德憲（1573-1640）、回答使李廓（1590-1665）也於第三天趕到。他們聲明兩點：朝鮮已增加給後金的禮幣；後金大臣的投書於條約無據，朝鮮拒絕接受乃屬完全正確。[20]

這時後金正忙於建號稱尊，四月十一日改國號大清，年號崇德，

---

[18] 《朝鮮仁祖大王實錄》，第34冊，卷32，頁625，仁祖十四年三月一日丙午條。

[19] 《清太宗實錄》，卷28，頁358-1，天聰十年三月二十日乙丑條。

[20] 《清太宗實錄》，卷28，頁357-2，天聰十年三月二十日乙丑條；《朝鮮仁祖大王實錄》，第34冊，卷32，頁631，仁祖十四年四月二十六日庚子條。

國汗為皇帝。朝鮮使者參加了這建國大典，但拒絕跪拜，因之受盡了種種侮辱。太宗前次之不即刻興師東征，固有許多其他原因，但也未嘗沒有不戰而屈人國家的意思，只要朝鮮承認大清的宗主地位，戰爭當可以避免；今見來使不屈，便進一步給朝鮮一顏色。他們辭退朝鮮的春禮，為了表示大方慷慨，且厚賜來使，但致朝鮮國書的內容則不告知朝使，也不許拆閱。

羅德憲和李廓被清人驅逐到十里堡後，將書拆看，發現款式、語氣等都和以前大不一樣：清主自稱皇帝，稱朝鮮曰爾國，完全以君父對臣子的姿態出現。朝鮮使者不敢將這書帶回，行到通遠堡時，將之棄置堡中，另謄錄一份帶回奏上。朝鮮政府因羅、李奉使辱命，查拿懲辦，又因怕遺置在通遠堡中的大清國書，「彼虜雖或見之，必將隱沒不宣，猶稱我國使臣甘心受來矣，如此不但專受卑侮，永為一國難湔之羞」。乃以羅德憲李廓的名義寫一檄書，送於通遠堡守官，說明中道拆見清書不敢持回，棄置堡中的情形，並請將之轉達汗前。這就是《清太宗實錄》所謂「朝鮮國使臣羅德憲，還至通遠堡，貽書於守臣」的那封信。[21]

清人的國書，除了形制的變動，以宗國自居外，內容上更是聲色俱厲。他們歷數朝鮮的罪狀，從萬曆四十七年（1619）助明伐金開始，到羅德憲、李廓拒不跪拜，說朝鮮有意敗盟啟釁。太宗對朝鮮使者說：「爾王若自知悔罪，當送子弟為質，不然朕即於某月某日舉大軍以臨爾境，爾時雖悔，何及乎。」[22]不論「某月某日」的真實性如

---

[21] 《朝鮮仁祖大王實錄》，第34冊，卷32，頁631，仁祖十四年四月二十六日庚子條。李祖之文，又見《清太宗實錄》，卷28，頁373-2，天聰十年四月二十八日壬寅條，及《滿清入關前與高麗交涉史料》，收入臺聯國風出版社輯，《清史資料·第二輯·開國史料（二）》（臺北：臺聯國風出版社，1969），頁8-9。後者為原件，其前有小序曰：「崇德元年五月九日朝鮮國王來書一封，來時恩國太入廂內不令人知，至六月初二日復問張八阿哥，伊與常耐取書看過，說只記日子，書不記罷。此書是張八阿哥從通遠堡接來的，答前與羅德憲、李廓等賫去的長語的回書。」後有附記曰：「此書原來來不抄簿，後於崇德三年六月初五日從國王發書架內察出，記此以便日後稽查。」清人收到此書後，密而不宣，可知朝鮮人所度甚為正確。
[22] 《清太宗實錄》，卷28，頁372-1，天聰十年四月十五日己丑條。

何，這是清人向朝鮮發出的最後通牒。投降還是戰爭，他們讓朝鮮人去選擇。

　　一個無力自存，或一個有抵抗意志能力的國家，對於這種問題，很容易抉擇，前者投降，後者迎接戰爭。但現在朝鮮的情形並不如此簡單，這一國家，提封數千里，人口數百萬，物資生產也相當豐富，不得謂之無力；他的領導階級，經過幾百年宋學的涵化，明於春秋大義，嚴於夷夏之辨，攘外的呼聲，頗為激昂，不能說沒有抵抗意志；可是朝鮮人真正的奮鬥精神、戰鬥力量，早被他們的封建社會、黨爭政治腐蝕盡了。同時歷史證明，農業朝鮮無法和統一的北方遊牧（或半遊牧）部族相對抗，何況大明與後金的鬥爭就是現實的例子！在這種背景之下，朝鮮人基於各自不同的觀點，對大清最後通牒的反應，就頗不一致。

　　我們前面曾提到過以三司人員為中心的斥和派。這些人堅決反對與帝制自為的滿清維持邦交，當然他們也不會發動戰爭，但到不得已的時候，雖無把握，也不惜決裂，接受戰爭。他們執著的是「義理」二字。另一方面以崔鳴吉為代表的主和派，則主張備戰言和，承認滿清帝國，但仍謀維持兄弟之國的關係，和是目的，備戰是手段。可是清人的目的在以武力改變兩國的對等地位為主屬關係，所以這一派不得已的時候，便走上投降的路。他們的著眼點是「利害」二字。

　　斥和派的態度，在處分羅德憲、李廓的主張中已表露無遺。二人還未回都門，平安監司洪命耇（1596-1637）便上疏，請准「募得義士數人，持德憲等之首，投之賊汗之門，據大義而峻責之」。[23]同時憲諫兩司也請梟示警眾。這表示他們對後金稱帝一事，極端反對。國王及備邊司負責國家實際政務，對國家的力量與前途利害，認識的比較清楚現實，所以他們實際是傾向於主和一派。但是因為對明朝的感戴，雙方關係的悠久和睦，以及士論對大義執著的影響，李倧也常常

23　《朝鮮仁祖大王實錄》，第34冊，卷32，頁631，仁祖十四年四月二十六日庚子條。

自動或被動地與斥和派走在一起。總之斥和、主和兩派的義利觀念同時在他的心中互相傾軋、隱現，所以他的行動多少有些搖擺不定。英俄爾岱二月間到漢城時，他始則否決崔鳴吉的謀和主張，而金使怒去後，他又採用了他的意見，追付報書，且迅派回答使臣，這都是他搖擺不定的證明。

清人的最後通牒來到後，朝鮮政府一個多月沒有提出答覆。在此期間，他們一面將清鮮兩國的關係現狀報告明朝，同時考慮是否需要回覆，以及如果需要，應如何答覆。按朝鮮政府代羅德憲致通遠堡清軍的信，係裝作不知清書內容，圖糊塗了事。後來發覺，羅使既已拆閱，裝作不知乃不通之事。所以於六月庚寅以檄書的方式向清國提出了答辯說，說「使臣雖不傳國書，其所口申之辭，則大都已悉」。[24]這答辯書僅送至義州，以俟清人得便帶回。

答辯書首先駁斥朝鮮敗盟的指控，說「貴國士馬精勇，戰勝攻取，今又係屬插漢，綿地沙漠，雄強之勢，宜其自負而無所畏憚也。況我國僻處海隅，耕桑自養，禮義自保，兵甲戰鬥，本非所習，有何相勝之勢而慢蔑貴國，自敗盟約乎！」因清人勝道其兵威，指朝鮮萎弱，故如此回覆。繼而說明不可背明附清：「以臣向君，乃窮天地、互古今之大義也。……我國自前代事中朝，稱東藩，未嘗以強弱成敗變其臣節。我國之素稱禮義自守者，專在於此。今我大明乃二百餘年混一之主，我國安得以一失遼瀋一片地，輒萌異心，從貴國所為耶。」更重要的是，「中朝於我國，至尊也，然且待以殊禮，辭命之間，未嘗加以慢辭峻責；我國貢獻至薄，而中朝賜賚極厚，此乃遼瀋人所明知。奈何貴國約為鄰好，而每加以卑侮詆罵」！更說：「今番信使之往。劫以非禮，困辱百端，是果待鄰國使臣之禮耶？貴使之來，辱我臣僚，無復禮敬，劫賣橫奪，靡有止極。……辱我困我強我，以必不從之事，徒欲以兵力之強，脅制兄弟之國，而至謂我先啟

---

[24] 《朝鮮仁祖大王實錄》，第34冊，卷32，頁635，仁祖十四年六月十七日庚寅條。

兵端，此不可以口舌爭，亦恃上天之臨我而已矣。」這是指明清人纔是真正的敗盟啟釁者。最後李倧聲明，朝鮮人民已因清人的侵暴而反對和平，不過他還是願意極力維持以往的關係，但是，如果逼迫過甚，他將被迫選擇抵抗的道路。同時他告訴清人，源氏日本，國富民盛，且與朝鮮有三十年的友好關係。[25]

當朝鮮政府計劃回答清國的時候，斥和派就不贊成，例如金尚憲（1570-1652）在知經筵時對國王說：「虜使之持僭書而來也，元不開見，又通絕和之意於都督，天下已聞之矣。今若更修和事，則國體顛倒，將何以舉顏乎？」李倧說：「此固正論，而虜若出來，何以禦之？」右相洪瑞鳳（1572-1645）附和金尚憲，以為答書無益。於是李倧說：「謀國之道在於大臣，大臣若曰能禦之，則不須答書矣。」[26]及旨在呼籲清人維持丁卯和約的答書草成，斥和派更是議論紛紛，諫院甚至全體疏請動員備戰。他們要全國各階級都要當兵，要求燒江都行宮，以絕苟安心理，要求國王進駐平壤，以國君守邊疆。然政府終無一策施行。[27]

依舊約，兩國在春秋二季互送信使，而大致朝鮮者在先。現在兩國邦交已破裂，當然不能送信使，然而時已中秋，清人的動態，毫無所知，而政府又無定策，崔鳴吉覺得很煩悶，因之他在知經筵時諫議國王派遣翻譯人員至瀋陽觀察形跡。他以為這樣做合乎國家的利益，因為「丁卯變初，皆以和議為非，及至結和之後，皆以為便矣」。[28]然而他這主張立刻遭到反對。侍讀趙贇（1587-？）說：「丁卯以後不能自強者，以和議為之病也，雖與之和，終亦不免於禍，等是被兵，無寧明大義而絕之也。」[29]備邊司對這種辯論，仍不加可否，於是崔鳴吉上疏攻擊備局無定算，專事婫婀，「欲言進戰，不無疑懼之念；

---

[25] 《朝鮮仁祖大王實錄》，第34冊，卷32，頁635，仁祖十四年六月十七日庚寅條。

[26] 《朝鮮仁祖大王實錄》，第34冊，卷32，頁634，仁祖十四年五月二十一日甲子條。

[27] 《朝鮮仁祖大王實錄》，第34冊，卷33，頁643，仁祖十四年八月二十日辛卯條。

[28] 《朝鮮仁祖大王實錄》，第34冊，卷33，頁645，仁祖十四年九月四日乙巳條。

[29] 《朝鮮仁祖大王實錄》，第34冊，卷33，頁644，仁祖十四年八月二十七日戊戌條。

欲言羈縻，又恐謗議之來。彼此不及，進退無據」。他極力主張，一面備戰，一面派人到瀋陽謀恢復兩國關係。疏上不報。[30]

　　備局之不採鳴吉意見，是怕被人攻擊。恰好明廷以朝鮮春間拒上尊號，派監軍黃孫茂（？-1637）來頒敕獎勵，黃氏諫議朝鮮派人赴清行反間計，觀形勢。於是備局抓住這一藉口，準備派人入瀋。但反對的聲浪又起了。兩司人員指責這種行動是假間諜之名，濟羈縻之計，自為之計。說「和事既絕，獎敕纔降，而舉措不正，群情疑惑，不幾於上負皇朝，下欺吾民乎」！[31]更責問「誰為殿下畫此計者」？[32]校理趙贇更將他的反和理論，極力發揮。他說每一國家都有其立國之本，朝鮮立國之本是尊中國、攘夷狄。李朝之所以興，是因尊明，光海君之所以亡，是由於潛通女真。他說朝鮮人視天朝如父母，乃自然的，非教令所能改。他責問諸侯之國與僭號之賊送使通書，此使此書何以名之。他警告說，如果一定與清人相通的話，恐怕「虜盟未渝，虜馬未牧，而癰疽內潰，宗社先傾」。這種言論，壓力太大，以致政府另派往瀋陽的人暫留義州，以待辯論完畢時再行。[33]

　　崔鳴吉以謀和心切，建議國王不理會三司少年議論，並請只與心腹大臣議定政策，即承旨內官也不令預聞。他更大膽的請國書上用「清國汗」的稱呼。這一來一切的攻擊都集中到他身上了。諫院首先指控他挾數任術，恣行己志，塞聰掩明，必行其胸臆，「若使其言得行於世，則其為國家之禍，迨無所不至，古來大奸慝所為不翅過之」，[34]請削奪官職。修纂吳達濟（1609-1637）更抗論崔鳴吉一言喪邦，校理尹集（1606-1637）更比之為秦檜（1091-1155），說他「外挾強寇之勢，以內劫其主」。[35]對於這些攻擊，國王李倧雖加抑制，然

---

30 《朝鮮仁祖大王實錄》，第34冊，卷33，頁645，仁祖十四年九月五日丙午條。
31 《朝鮮仁祖大王實錄》，第34冊，卷33，頁647，仁祖十四年九月五日丙午條。
32 《朝鮮仁祖大王實錄》，第34冊，卷33，頁647，仁祖十四年九月十五日丙辰條。
33 《朝鮮仁祖大王實錄》，第34冊，卷33，頁649，仁祖十四年九月二十二日癸亥條。
34 《朝鮮仁祖大王實錄》，第34冊，卷33，頁650，仁祖十四年九月二十七日戊辰條。
35 《朝鮮仁祖大王實錄》，第34冊，卷33，頁652，仁祖十四年十一月八日戊申條。

崔鳴吉也不自安，而辭判尹之職。

　　清人四月稱帝，五月三十日就派兵征明，深入河北，九月末回兵，牽制關外明軍的偏師十月初撤退。這就是朝鮮人爭論和戰的時間。但清人則早在九月中已命令外藩蒙古秣馬厲兵，俟冰合時大舉。[36]十一月從遼東逃到朝鮮的漢人報告，清人「冬間欲東向高麗地方牧馬」。[37]同時朝鮮派到瀋陽去的翻譯回來後，也說清人有動兵之勢，[38]情勢的緊迫，不容再事躊躇了。朝鮮如果不想坐待戰禍之降臨，應該從速決定備戰還是和談。

　　國王李倧面對著內部的分裂，及即將來臨的災禍，感到抑鬱而悲觀。他曾嘆息道：「欲為守禦之備，則形勢如此，欲為羈縻之策，則名士輩皆曰不可，賊來而已，將如之何！」[39]備局則請國人捐資修備義州城防，調三南兵北上守邊，命守關人員勿任許清人入邊，如在千人以上，雖稱和好，也不准深入，否則以干戈從事。同時以朴仁範所謂「彼虜之不欲與我國相絕，見於辭色」為藉口，請派別使入清，「一邊試探其情，一邊示以自我不絕之意」。[40]崔鳴吉對於備局的措施，非常不滿，說他們不堅定、不一貫，「昨日啟請徵兵，今日請送使臣，又明日請除國書。何其恇擾無定至此也」。說他們的政策是徒具虛文，因守義州須豫籌兵糧，而今則「既無可守之兵，又無可繼之糧」。至於發動人民捐資，更是不著實際。

　　崔鳴吉說朝鮮人民已到了民窮財盡的境地，不能再作戰，只有和的一路，而且越快越好。所以他主張派正副秋信使，將商賈及所抓胡人，一齊送出。他以為這才是謀國之道，因為「先了和事，休息民力，撙節財用，使國計稍裕，然後方可別有區處」。為了完成

---

[36] 《清太宗實錄》，卷31，頁398、399-1，崇德元年十月十五日丙戌條。
[37] 《朝鮮仁祖大王實錄》，第34冊，卷33，頁652，仁祖十四年十一月四日甲辰條。
[38] 《朝鮮仁祖大王實錄》，第34冊，卷33，頁653，仁祖十四年十一月十二日壬子條。即胡譯朴仁範也。當即《清太宗實錄》，卷31，頁399-2，崇德元年十月二十七日戊戌條，所謂拜米，他於十月二十七日持書至瀋，清人不接書。
[39] 《朝鮮仁祖大王實錄》，第34冊，卷33，頁653，仁祖十四年十一月十二日壬子條。
[40] 《朝鮮仁祖大王實錄》，第34冊，卷33，頁653，仁祖十四年十一月十三日癸丑條。

這利國安民的事，即使被嫌疑，也在所不惜。國王對這建議「嘉納之」。於是派朴簥為秋信使。所持國書本用大清國號，後因遭反對而不書國號。[41]

朴簥於十二月四日啟行，然而兩司仍舊阻止。李倧令招兩司官員說明，然均不奉命，仍請追回使臣，國王終不聽。[42]於是大司諫辭職，而言官繼續攻擊政府及國王不重視輿論，破壞制度。正當這時，都元帥金自點（1588-1651）馳報：「賊兵已到安州。」所謂議論未定而兵已渡河，朝鮮不幸當之。[43]

四、丙丁戰和

清人的東征，從十月開始準備，十一月中旬下令動員。首以「分道征明」的名義，調外藩古兵，攜兩旬糧糧，限三十日集結盛京。[44]八旗兵則每牛彔各選騎兵十五人、步兵十人、護軍七人，共甲三十二副。漢軍復攜雲梯等攻城之具，各帶半月行糧，限二十九日會於瀋陽。[45]同時告廟誓師，聲討「有罪」。

十二月一日，命鄭親王濟爾哈朗（1599-1655）留守盛京，多羅武英郡王阿濟格（1605-1651）駐牛莊，多羅饒餘貝勒阿巴泰（1589-1646）駐噶海城防備明朝海軍的襲擊。翌日太宗率禮親王代善、睿親王多爾袞（1612-1650）、豫親王多鐸（1614-1649）、多羅貝勒岳託及豪格（1609-1648）、多羅安平貝勒杜度（1597-1642）等統軍起行。至沙河堡令多爾袞及豪格分統左翼滿洲三旗、蒙古三旗，及外藩蒙古左翼兵從寬甸路渡鴨江，取朝鮮昌城，以斷咸鏡援兵，掩護大軍左側。命戶部承政馬福塔、前鋒大臣勞薩（？-1641）率兵三百，偽裝商人，

41　《朝鮮仁祖大王實錄》，第34冊，卷33，頁653，仁祖十四年十一月十五日乙卯條。
42　《朝鮮仁祖大王實錄》，第34冊，卷33，頁656，仁祖十四年十二月四日甲戌條。
43　《朝鮮仁祖大王實錄》，第34冊，卷33，頁657，仁祖十四年十二月十三日癸未條。
44　《清太宗實錄》，卷32，頁403-2，崇德元年十一月十一日辛亥條。
45　《清太宗實錄》，卷32，頁406-1，崇德元年十一月十九日己未條。

星夜往圍漢城。又令多鐸率護軍千人，岳託及揚古利（1572-1637）帶兵三千，先後繼續跟進，支援前鋒。[46]

清朝這次東征，動員軍隊十萬，除留守的以外，重要大將全部出動，志在必得朝鮮。可是太宗自天聰元年（1627）受挫於寧錦之後，總是竭力避免攻堅，而且他似乎從蒙古或者中國的流寇學到了機動流竄的戰術。從天聰三年（1629）開始，他的軍隊幾度入關，到處縱掠，但都捨堅城不攻，現在對朝鮮的戰爭又是如此。清人非常明瞭，他的前途不決定在東方，而是在對明的鬥爭，所以他們不在朝鮮打逐城戰，將力量浪費在那裡，而是打越城戰、穿心戰，以期迅速懾服朝鮮，迅速退兵。

大清的前鋒部隊沒有與朝鮮人作任何衝突便到了漢城。太宗所統的大隊中途遇朝鮮使臣。然而現在是戰爭，不是和平，所以將他們拘捕。十日渡鴨綠江，駐義州城南。義州是朝鮮北防的第一道門戶，在朝鮮的國防上，算是比較堅固的，所以他捨去不攻，直趨郭山、定州，兩城望風而降。這一地帶，邇近明人的東江鎮皮島，明兵每出沒其間，遮截來往的清人。太宗乃命後隊統帥杜度，「簡選精騎，往皮島、雲從島、大花島、鐵山一帶，凡朝鮮國人所居，與明國相鄰者，悉略之」。[47]又命蒙古兵沿海縱掠，以肅清明國間諜，斷絕可能自海上來的援兵，造成右翼的安全。[48]

安州是平安道兵使營，漢城的北門，防守嚴密，清兵圍困兩日，招降不聽，乃繞城縱掠，解圍南去，[49]進駐平壤。時多鐸奏報朝鮮王逃入南漢山城，清軍追至，立柵圍之。朝鮮諸道兵來援，太宗乃再遣軍增援前防，並催調礮兵及火器部隊──漢軍及三王兵，自己於二十

---

[46] 《清太宗實錄》，卷32，頁409-410，崇德元年十二月一日辛未條、十二月二日壬申條、十二月三日癸酉條、十二月七日丁丑條。

[47] 《清太宗實錄》，卷32，頁411-1，崇德元年十二月十三日癸未條。

[48] 《清太宗實錄》，卷32，頁411-1，崇德元年十二月十四日甲申條。

[49] 《清太宗實錄》，卷32，頁411-412，崇德元年十二月十六日丙戌條、十二月十九日己丑條。

七日渡臨津江，繞漢城渡漢江，直抵南漢城西，駐營圍困。[50]

清軍的前鋒，行進的那樣快！他們於十二月三日自沙河堡出發，十四日便進圍南漢山城，日行百里以上，簡直閃電襲擊。朝鮮王廷十三日得報清兵已到安州，尚以為敵人不會深入，所以雖下令徵諸道兵，並任命首都防衛司令（留部大將），但還持觀望態度。可是「賊兵已過松都（開城）」的警報，第二天便到達。乃立刻決定逃亡（去邠），先將宮眷、大臣家屬、及廟社主遷往江華島。傍晚國王及大臣將行，而清兵已到良鐵坪，斷江都去路。

在此緊急時際，完城君崔鳴吉「請赴虜陣以觀變。遂遣鳴吉請成於虜，以緩其師」。[51]他到城門外見馬福塔、勞薩問；「爾等之來何為？」答以奉皇上命與國王議事。他說：「既為議事而來，俟啟王，以禮相迎。」遂設宴相迎。勞薩方設哨卒，李倧得乘機逃入南漢山城，清兵得知，追四十餘里，圍南漢山城。[52]《朝鮮仁祖大王實錄》記載：「是時變出倉卒，侍臣或有步從者，城中人父子兄弟夫婦相失，哭聲震天。」[53]李倧入山城後，決意繞道西南，經衿果之野入江都。十五日曉發山城，然以雪大風緊，山路崎嶇冰滑，墜馬受傷，不能行，乃復返山城。[54]

清人春間迫朝鮮人上尊號時，曾要求朝鮮以王弟及大臣為質。此次東征，太宗也並未有新的指示，所以崔鳴吉自清軍回到南漢山城時，便說三件事講定，和似可成。所謂三件事，就是以王弟大臣為質，及背明侍清、列位藩封。朝鮮乃以綾峰守（李儞）稱王弟，判書沈諿（1569-1644）假大臣銜，送往清營。清人以丁卯時朝鮮曾以假王

50　《清太宗實錄》，卷32，頁413-414，崇德元年十二月二十六日丙申條、十二月二十九日己亥條。

51　《朝鮮仁祖大王實錄》，第34冊，卷33，頁657，仁祖十四年十二月十四日甲申條。

52　《清太宗實錄》，卷32，頁412，崇德元年十二月十九日己丑條；卷36，頁466-1，崇德二年六月十九日丙辰條。

53　《朝鮮仁祖大王實錄》，第34冊，卷33，頁657，仁祖十四年十二月十四日甲申條。

54　《朝鮮仁祖大王實錄》，第34冊，卷33，頁657，仁祖十四年十二月十五日乙酉條；《清太宗實錄》，卷32，頁412-2、413-1，崇德元年十二月二十五日乙未條。

弟冒充，便問：「此則真王弟乎？」謂不能對，又問曰：「爾是真大臣乎？」又不能對。清人遂問從官朴蘭英（？-1636），蘭英答以真王弟、真大臣。清人大怒，殺蘭英，並說：「出送世子，然後方可議和。」[55]

在歷史上，文化高的民族與落後民族交往時，欺詐不誠，往往屬於前者。文明不一定增進人類的誠實品格，朝鮮人與後金或清人交往時，也每每欺弄之。但這次欺騙行為，顯然增加了和談的困難。王弟大臣出質，事尚容易，若以國之元良儲君出質，問題就嚴重得多了。現在朝鮮面臨的問題是投降，以世子為擔保；突圍，出走三南，堅守待援。

以朝鮮的步兵而想逃離清人騎兵的追逐，是不可能的，所以突圍之路不通。堅守待援則並無信心，所以能行的還是第一條路，背明侍清，雖然不習慣，在良心上有點歉咎。李倧曾向大臣哭道：「三百年血誠事大，受恩深重，而一朝將為臣妾於讎虜，豈不痛哉！」但究竟到此地頭也無暇爭名分。至於世子出質，就不同了。

十二月十七日金鎏、洪鳳瑞等請以世子為質，說：「交質之事，自古有之，雖使世子往虜營，或不至迫之入瀋矣。」王謂：「古有交質之事，而此則非質也。雖然，群情如此，則予當遣之。三大臣隨行可矣。」是國王雖免從眾議，心則不甘，何況那還不是眾議，只是主和派的意見。於是兩司及講院官員出而攻擊，說：「備局諸臣欲以元良為奇貨，將入送虜營，此實亡國之言也，不可不正其罪。」東陽尉駙馬申翊聖（1588-1644）更憤怒道：「誰為殿下劃此策者？殿下獨不見宋朝事乎，欽宗被執，徽宗繼擄，殿下何不察此事理乎，當今與執君父遺賊虜之大臣共圖國事，不亡何待？……臣當以所佩劍，斬倡論者之頭，挽世子之馬碎首於前。伏願勿以為恠。」沈光洙（1598-1662）更在王前直呼斬崔鳴吉以謝人心。李倧為之奮發，鼓舞士氣，

---

[55] 《朝鮮仁祖大王實錄》，第34冊，卷33，頁658，仁祖十四年十二月十六日丙戌條。

親巡城防，加強守備，蠟書催諸道兵，且令都副元帥，率兵入援。[56]

朝鮮兵的確曾數度擊退攻城的敵人，但各路援兵，並未能前來解圍。而清軍方面則一再增援圍城的兵力，至十二月末皇太極御駕親圍時，號稱統兵三十萬。[57]所以雖然國王不甘出送世子，斥和人士極力反對，和議並未就此停止。不過在太宗到達之前，雙方雖繼續接觸，並未達成具體結果。崇德二年元月二日太宗致朝鮮國王一書，除數朝鮮敗盟之罪外，並謂：「爾若有辭，不妨奏朕。」[58]翌日朝鮮報書，稱「朝鮮國王李倧上書於大清寬溫仁聖皇帝」，除慷慨的認過，委婉的反駁外，說：「夫往月之事，小邦已知罪矣，有罪而伐之，知罪而恕之，此大國所以體天而容萬國之心也。如蒙念丁卯誓天之約，恤小邦生民之命，容令改圖自新，則小邦之洗心，自今日起矣。若大國不肯恕罪，必欲過煩兵力，小邦理窮力竭，惟有俟死而已。敢陳肝膈，恭俟指教。」[59]

我們不要以為朝鮮致太宗的信上有「上書」二字，便是朝鮮已經屈服，事實並不如此。書的款式上，不稱奏、不稱臣、不呼陛下，不曰「謹昧死以聞」而曰「恭俟指教」；內容上未提任何乞和討饒的條件，而尚持丁卯和約。朝鮮人不先提投降，大清的皇帝就不作答覆。元月四日他北渡漢江，在距漢城東二十里處紮營。這可能是因為朝鮮兩湖兵來援，他怕屯兵城下，受到內外的夾擊。同時多爾袞等率左翼兵，杜度領礮兵部隊先後到達，清人似想將朝鮮困而降之。[60]

朝鮮的信送出七、八天之久不聞清人回音，而各處戰敗的噩耗則不斷傳來。咸鏡道兵已被多爾袞擊敗，平安兵也因兵使柳琳（1581-

[56] 《朝鮮仁祖大王實錄》，第34冊，卷33，頁658，仁祖十四年十二月十七日丁亥條。
[57] 《朝鮮仁祖大王實錄》，第34冊，卷34，頁662，仁祖十五年一月一日辛丑條。
[58] 《清太宗實錄》，卷33，頁417-2，崇德二年正月二日壬寅條。按《朝鮮仁祖大王實錄》，第34冊，卷34，頁662，仁祖十五年一月二日壬寅條。也載太宗詔諭一道，但那是在瀋陽就寫好的諭鮮官屬軍民人等的。
[59] 《清太宗實錄》，卷33，頁418，崇德二年正月三日；《朝鮮仁祖大王實錄》，第34冊，卷34，頁662，仁祖十五年一月三日癸卯條。
[60] 《朝鮮仁祖大王實錄》，第34冊，卷34，頁667，仁祖十五年一月二十一日辛酉條。

1643）的不合作，觀察使洪命耉壯烈成仁；江原兵敗於丹山，慶尚兵敗於雙嶺，兩南聯軍於元月五日、八日為清將多鐸所敗。是役聯軍進抵山城，清軍拚命截擊，戰況至烈，清驍將超品公額駙揚古利敗死，然卒因眾寡不敵，鮮軍終敗走。[61]

山城的防守情況又如何呢？士氣沮喪，存糧六千餘石，至元月七日已只餘二千八百餘石。[62]到這種外援已絕的境地，朝鮮耐不過清人，只好再行致書問訊。太宗乃於是月之十七日，諭朝鮮說：「今爾欲生耶，宜亟出城縣命。欲戰耶，亦宜亟出城一戰。」[63]清人的條件又加了一層，不但要世子為質，且要國王出城親降。

出城縣命比世子為質還要嚴重。他們深怕一出城門，清人將執之北歸，所以朝鮮覆書願意位列藩國，但於出城一事則曰：「然念重圍未解，帝怒方盛，在此亦死，出城亦死，是以瞻望龍旌，分死自決，情亦悽矣。古人有城上拜天子者，蓋以禮有不可廢，而兵威亦可怕也。」[64]朝鮮現在已承認了屬國的地位。然而這曾經遭到反和派的激烈反對，金尚憲且當李倧的面將繼續回答清人的國書撕碎。故後送國書上去掉「陛下」二字，仍然沒有「臣」字。信送出後，清人不收，乃回來添寫三字。但三司人員又爭論了，領相金鎏乃謂：「臣當為罪首，何敢嫌避乎，今若不稱臣字，徒以前樣文書往復，則彼必生怒，更無可為矣。自古外服諸侯，安有為上國伏節死義者哉！」[65]後一句話是主和派的新思想、新論調，他們想以這理論從根打倒反和派的理論。這句話同時也為東方式的宗藩關係加一層說明。

太宗的答覆來了，然而他並未允許李倧的請求，只解釋說：「命爾出城見朕者，一則見爾誠心悅服，一則欲加恩於爾，令永主爾國，

[61] 《朝鮮仁祖大王實錄》，第34冊，卷33，頁661，仁祖十四年十二月三十日庚子條；卷34，頁672，仁祖十五年一月二十八日戊辰條；《清太宗實錄》，卷33，頁418-2、419-1，崇德二年正月八日戊申條。
[62] 《朝鮮仁祖大王實錄》，第34冊，卷34，頁664，仁祖十五年一月八日戊申條。
[63] 《清太宗實錄》，卷33，頁424-1，崇德二年正月十七日丁巳條。
[64] 《滿清入關前高麗交涉史料》，頁21。
[65] 《朝鮮仁祖大王實錄》，第34冊，卷34，頁666，仁祖十五年一月二十日庚申條。

旋帥以後，示仁信於天下耳。」並且他又增加了一個條件，就是懲治戰犯。他要李倧縛送首謀敗盟之臣三四人，正國法以儆後人。他說：「若不縛送首謀，俟爾歸順之後始行索取，朕不為也。爾若不出，縱諄諄祈請，朕不聽矣。」[66]這是繼續談判的最後條件。

第二天（二十一日）朝鮮再奉書懇免出城，並免送戰犯。國書的上款是「朝鮮國王臣李倧謹上書於大清國寬溫仁聖皇帝陛下」，[67]下款是「謹昧死以聞。崇德某年月日」。[68]懇免出城的理由是，自麗朝以來無出城之事，所以滿城百官士庶反對，如果出城，人民將不肯戴以為君，反失清人保存之厚意。又說：「若大國督之不已，則他日所得，不過積屍空城而已！」關於斥和人員的綁送，他說這些人見識褊暗，不知天命所在，所以膠守故常。他懇求大度如天的清帝，「既赦國君之罪，則此等蟣蝨小臣，直付之小邦刑政之中」。[69]書至清人不納。

李倧出城，朝鮮人是一致反對的，至於送斥和派人員便不同了，這牽涉到黨爭及個人恩怨。清人退書後，金鎏便說：「斥和之人，當時雖曰正論，到今誤國之罪，無所逃矣。渠輩若自請出去則好矣。洪翼漢則方在平壤，宜令彼任其處置。」[70]我們曾看到斥和人員以主和為誤國，要求國王斬崔鳴吉、金鎏，以勵士氣而謝人心。現在情形正相反，斥和者是誤國的罪人，政府下令要他們自首，水原軍將官且集於政院門前，請將他們送於敵人。於是吏曹判書鄭蘊、禮曹判書金尚憲、前校理尹集、修撰吳達濟、用諫李命雄（1590-1642）等，紛紛請去清營。[71]

66　《滿清入關前高麗交涉史料》，頁22；《清太宗實錄》，卷33，頁425-1，崇德二年正月二十日庚申條。
67　《清太宗實錄》，卷33，頁425-2，崇德二年正月二十日庚申條。
68　《清太宗實錄》，卷33，頁426-2，崇德二年正月二十日庚申條。
69　《清太宗實錄》，卷33，頁426-1，崇德二年正月二十日庚申條；《朝鮮仁祖大王實錄》，第34冊，卷34，頁667，仁祖十五年一月二十一日辛酉條；《滿清入關前高麗交涉史料》，頁24-26。
70　《朝鮮仁祖大王實錄》，第34冊，卷34，頁668，仁祖十五年一月二十二日壬戌條。
71　《朝鮮仁祖大王實錄》，第34冊，卷34，頁669，仁祖十五年一月二十三日癸亥條。

明末的朝鮮人士，和他們父母之邦的士人一樣，雖然有些好高空論，不切實際，但那種「臨危一死報君王」的氣概，真悲壯動人，值得我們灑同情之淚。世子李淏（1612-1645）見此淒慘而感人的情景，封書備局說：「泰山既垂於鳥卵之上，國步誰措於磐石之堅，事已急矣，予既有弟二人，又有一子，亦可奉宗社，予雖死於賊，尚何憾焉，其以予出城之意言之。」[72]這時候清軍開始以大礮攻城，自二十三到二十五日，晝夜攻擊，礮聲終日不絕。城堞遇丸盡頹，彈丸飛落行宮，人皆辟易，軍情益洶懼。

　　翌日守城將官申景禛、具宏、具仁垕（1578-1658）、洪振道（1584-1649）統訓練都監及水原軍自城防上退聚闕門，要求出送斥和人。於是人情益發不安，朝鮮乃急至清營，言欲以世子為質。但清人告訴朝鮮，非國王親出，沒什麼可談的。[73]

　　儘管清人的礮火強烈，儘管南漢山城內的糧藥將竭，軍情不穩，朝鮮至今並未無條件的投降。促成朝鮮君臣接受清人一切要求的是江華島的淪陷。江華島偏在仁川灣中，地勢易守難攻，對抗不諳水性的北方遊牧民族，是個理想的據點。自高麗王朝以來，這裡數度保障了韓人政權的存續。這次清人東犯，國王斷未能及時避入，但宮眷、廟主及大臣家屬則都遷了進去。然而所任正副檢察使金慶徵（1589-1637）、李敏求（1589-1670），皆紈綺子，不知兵，至江都後，以敵兵不能飛渡，日以詩酒為事、不理防務，且每掣肘留守張紳事權，故防守不嚴。[74]

　　元月十六日太宗致書濟爾哈朗時已說，聞朝鮮宮眷在江華，若得其妻子，則城內（南漢山城）自然歸順。因令徵集匠人，在靉陽河邊伐木造船，用車載至海邊，由多爾袞率軍自甲串津渡海攻島。朝鮮四十餘船迎戰，清軍以紅衣大礮轟擊，鮮軍怯，檢察正副使、江都留守

---

[72] 《朝鮮仁祖大王實錄》，第34冊，卷34，頁668，仁祖十五年一月二十二日壬戌條。
[73] 《朝鮮仁祖大王實錄》，第34冊，卷34，頁670，仁祖十五年一月二十五日乙丑條。
[74] 《朝鮮仁祖大王實錄》，第34冊，卷35，頁704，仁祖十五年九月二十一日丙戌條。

及忠清水使均望風面走，全羅水帥則奉命入衛後，逗留興安不前。清軍人島招降，王子李淏（1619-1659）率軍民投降，並作書致李倧。[75]

元月二十六日，太宗諭朝鮮國王，告訴他江華已克，他的家眷都善為照顧，令他依二十日詔出城投降，否則不負保護家眷之責。[76]朝鮮得信後，以最後保障之地已失，百官族姓舉繫累而北，覺得出城則半存半亡，不出則十分十亡，乃特錄太宗二十日諭中所說要李倧出城親盟的目的，以求信實，並說：「第惟臣方以三百年宗社，數千里生靈，仰託於陛下，情理誠為可衿，若或事有參差，不如引劍自裁之為愈矣，伏願聖慈俯鑒血忱，明降詔旨，以開臣安心歸命之路。」並將前弘文館校理尹集、修撰吳達濟二人，及現任平攘庶尹洪翼漢之名，送於清營處分。[77]二十八日太宗復諭，保證出城無他，如肯信守下列條件即和：

（一）與明國斷絕關係，去其年號，納其所賜誥命冊印。

（二）奉大清正朔，歲時貢獻表賀，往來禮儀，一如明制。

（三）委身歸命，以世子及另一子為質，諸大臣以子或弟為質。

（四）有征伐徵調軍兵，不得有誤。

（五）發鳥槍、弓箭手等五十船助攻皮島。

（六）軍中俘虜過鴨綠江後逃回者須送回。

（七）兩國通婚。

（八）不許擅修城池。

（九）任與日本貿易，惟須導其使朝清。

（十）居朝鮮瓦爾喀人須送還。

（十一）每年進貢一次，其方物數目為：黃金百兩、白銀千

75 《朝鮮仁祖大王實錄》，第34冊，卷34，頁668，仁祖十五年一月二十二日壬戌條；《清太宗實錄》，卷33，頁420-422，崇德二年正月十六日丙辰條。
76 《清太宗實錄》，卷33，頁420-2，崇德二年正月二十七日丁卯條。
77 《朝鮮仁祖大王實錄》，第34冊，卷34，頁671，仁祖十五年一月二十七日丁卯條；《清太宗實錄》，卷33，頁430-2，崇德二年正月二十八日戊辰條。

兩、水牛角兩百對、豹皮百張、鹿皮百張、茶千包、水獺皮四百張、青黍皮三百張、胡椒十斗、腰刀二十六口、順刀二十口、蘇木二百觔、大紙千卷、小紙千五百卷、五爪龍蓆四領、各樣花蓆四十領、白苧布二百疋、各色綿紬二千疋、各色細麻布四百疋、各色細布萬疋、布千四百疋、米萬包。[78]

朝鮮一一應諾，清帝乃於三十日在三田渡行受降禮，還江華所俘朝鮮君臣家屬於漢城。於是清與朝鮮的關係進入了另一階段，這種君臣宗藩的關係，直到1895年方告終止。

此次朝鮮之役，清軍鐵騎幾踏遍北半島，以六十天的短短時間，迫國土數千里，人民數百萬的朝鮮結城下之盟，臣妾其國家，俘虜其人民，質納其元良王子。大清固勝利的榮耀，朝鮮則失敗的太慘。魏默深（1794-1857）說：

有國家者，禮義以為防，城郭甲兵以為固，自義、黃以來不能偏廢。朝鮮北距遼，南東西三面距海，東西皆崇山絕島……是其地利非不可恃也。安平〔平安〕、咸鏡俗尚弓馬，人驁悍，耐寒苦，是兵非不可用也。徒以八道十九無城，不知王公設險守國之義。兵多長衫大袖，無訓練，又俗貴世官、賤世役，一切草莽梟桀之材，禁錮勃鬱，往往東走倭、西走遼，為腹心患，故屢覆於敵國。[79]

充分說明朝鮮的封建政治，貴族壟斷一切，以致人民因不願為貴族的利益而戰而不愛其國家。當南漢圍城派兵出擊之時，一個士兵跑來跪

[78]　《清太宗實錄》，卷33，頁431-1，崇德二年正月二十八日戊辰條。
[79]　魏源著，韓錫鐸、孫文良點校，《聖武記》（北京：中華書局，1984），第1冊，卷6，〈國初征撫朝鮮記〉，頁261。

到國王面前說：「錦衣紳衣之人，定將則身坐城底，獨使孤軍進戰，請以隊伍中人定將出戰。」[80]就是很好的證明。武備的荒廢，朝鮮自己並非不知，他們給大清的國書中屢次地說：「小邦僻在海隅，惟事詩書，不事兵革。」[81]這種禮義、甲兵偏廢的情形，一遇國家有警，便顯得騎兵有異於仁義，王道迂濶而莫為了。

回憶高句麗時，城防之堅固，軍隊之善戰，以天可汗（唐太宗，598-649）之威，不免鎩羽而歸，李氏朝鮮視之，相去何只霄壤？當然我們也可以說，高句麗是大陸民族（濊貊）的政權，不在半島民族之列。朝鮮半島自從由韓民族政權（新羅）統一之後，未曾產生過武力強大的國家，而多半是文弱，這也許與趙宋的右文政策、理學，以及宋明的科舉取士有關。

朝鮮廟堂和戰不決，也是加甚此次災害的原因之一。最壞的政策比沒有政策也好，而朝鮮政府則在最需要堅決果斷的時候猶豫了。始則口唱大義決絕，不欲損害與明朝的關係，然並未放棄和談的念頭與行動。斥和者攻擊這「和」字毀滅了士氣人心，也並非完全沒有道理。世間事原無一定，同是斯土斯民，甲姓則亡，乙姓則興。這非關天數，全在人為。

清軍雖強，然而南漢山城以一萬四千名軍隊，並不充裕的糧貯，竟抵抗四十五日之久，可見如果漢城一開始便放棄妥協的意圖，號召國人堅定抵抗，局勢並非全無可為，縱然不能驅敵人於國土之外，最後和談的地位則優越的多。何況朝鮮的鳥槍是當時良好的武器，而清人也不敢置明人於不顧，從事持久戰爭（清人之欲速戰速決，從他們採越城戰術上，可以判斷）。反之，如像金鎏所說，自古外藩無為上國死節者，則朝鮮早就應與蒙古人共上金汗尊號，列位稱藩，備位推戴元勳，何必分期投降，招致死亡和破壞。

---

80 《朝鮮仁祖大王實錄》，第34冊，卷33，頁660，仁祖十四年十二月二十四日甲午條。
81 《朝鮮仁祖大王實錄》，第34冊，卷33，頁664，仁祖十五年一月十一日辛亥條。

就清人而言，孔有德、耿仲明等帶來的航海技術和大礮，是他們勝利的重要因素。江華島的攻克是靠航海和大礮，而此處的佔領是促成朝鮮投降的決定因素，同時紅衣礮的威力，促成了南漢守軍的迫和。英俄爾岱在崇德七年（1642）曾說：「丁丑之變，諸王皆以為：『朝鮮八道中，三道則使國王臨蒞，六道則自此定將句管。』云云，而帝曰：『語音不通，事理不當。』」[82]如此說屬實，這是此次戰爭中，對雙方都是幸運的惟一智慧決定。

五、和平開始的一年

清兵於二月二日開始撤退。清太宗命多爾袞及杜度率滿蒙兵押解俘虜在後行，命貝子碩託（1600-1643）及孔、耿、尚三王留攻皮島，自己先行北歸。朝鮮王率群臣出京十里跪送，並以地方殘破，請減貢物。太宗令免丁丑、戊寅兩年貢，自己卯秋季按式進貢，如力有不逮，臨時自有定奪。[83]他於十八日過鴨綠江，二十一日回到瀋陽。多爾袞攜朝鮮王子及大臣子，杜度領後隊也先後於四月十、十五日回京。

這次戰爭帶給朝鮮的災難很大。國家的地位固不論，生命財產的損失，更無法估計。從太古到現在，戰勝者視戰敗者的一切為戰利品。從後金汗國時代起，滿洲的軍隊就沒有薪餉，除行軍時發放有限餱糧外，一切作戰配備統由戰士自己負責製辦。他們長年的犧牲辛苦，惟有在勝利的戰地得到補償。在那裡，只要他們願意和能夠，上帝所創造的一切，人與物，任憑毀滅和佔有，以滿足他們精神上的摧毀、佔有慾，和物質上的需要。

在東征的清國軍隊中，有相當數量的蒙古軍。蒙古人的擄掠，在成吉思汗時代已為全世界的人所熟知，至今雖然過了四百年的光陰，

---

[82] 《朝鮮仁祖大王實錄》，第35冊，卷43，頁137，仁祖二十年十月十二日己酉條。
[83] 《清太宗實錄》，卷34，頁433-2、434，崇德二年二月一日壬申條。

且有釋迦牟尼的感化，但並未發生太大的功效。可恥的是，朝鮮軍隊搶掠自己的同胞，無異敵軍，[84]而不肖歹徒的趁火打劫，更是意料中事。這一切構成了朝鮮的創痛。

京畿地方是敵軍集結之地，所以受害最大。禮親王代善在戰爭進行中，違令秣馬王京。[85]蒙古兵於戰爭結束，朝鮮王回到漢城後，仍在城中搶掠，經英俄爾岱下令驅出，以滿兵守城，方才平安。在撤退時，他們猶到處殺掠不止，致引起朝鮮軍隊與之交戰，結果水原軍大半被俘，南兵死亡數千。劫後的漢城是閭閻多被焚燒，僵屍縱橫於街路，壯年男女均被擄掠而去，餘下的全是未滿十歲的兒童，及年過七十的老人。且因物資蕩然，個個都在飢寒的死亡線上掙扎。[86]

直到年底，京畿暗行御史還報告說：

> 京畿一道蕩殘無形。其中楊、廣、衿、果等邑為尤甚。去南漢稍遠之邑，則村閭稍完，人民稍集，而牛畜盡死，明年耕墾，束手無策。人皆羸病，盡是喪失父母妻子，及被擄逃還之髡徒，慘目傷心，不可盡陳。諸邑官庫，一樣蕩然，為守令者，寄坐空館，徒謀朝夕繼糧之資。如有不得已差役之事，則不用文書，招集開諭，而民窮已甚，事事怨咨云。[87]

江華島被害和京畿同樣嚴重。當時多爾袞於佔領該島，攜大君渡海還向大營時，島上蒙兵作亂，「焚掘殺掠，殆盡無遺。都提調尹昉奉廟社主落留城中，埋安於廟下，至是為蒙兵所掘，仁順王后神主見失」。[88]同時春秋館藏實錄及時政記，也完全散失。清軍甚至入長陵，掘破陵土。這些雖與民主無關，但都是對國家神聖的侵犯。

84　《朝鮮仁祖大王實錄》，第34冊，卷34，頁678，仁祖十五年三月四日癸卯條。

85　《清太宗實錄》，卷36，頁469-1，崇德二年六月二十七日甲子條。

86　《朝鮮仁祖大王實錄》，第34冊，卷34，頁673，仁祖十五年二月三日癸酉條。

87　《朝鮮仁祖大王實錄》，第34冊，卷35，頁713，仁祖十五年十二月二十六日庚申條。

88　《朝鮮仁祖大王實錄》，第34冊，卷34，頁668，仁祖十五年一月二十二日壬戌條。

292　清代中韓關係史論集（卷一）

清軍初入朝鮮時，因為急行襲擊，無暇在沿途駐留，所以黃海、平安兩道，受害不大。但回軍時則從容撤退，前陣後隊彌滿沿海及山郡，處處淹留。遊騎四出，蒭糧雜物，盡數搶掠。人民走避不及，便被剃頭擄去。且因軍行踰山越壑，不遵常道，所以雖在僻野，也難逃劫數。他們不但掠奪人民，連進貢世子的物品及馬匹，也被搶奪。他們俘擄的人口那樣多，北歸時籠山絡野，日行不過三、四十里。[89]這種大量的擄掠行為，連太宗自己也覺得有防止的必要。他在北歸時，曾命令其軍隊，不可在兩國既和之後猶行掠殺。

　　然而清太宗不敢相信他的軍令能被遵守，所以反而勸朝鮮人躲避。他諭朝鮮義州的官員說：「現在我國凱旋，大軍經過，可即收集爾民人妻子，令各避匿，止令丁男於大軍凱族之路哨探。如大軍至，須約束耕種人等一併避匿。今朕躬先歸，漢人、蒙古各處兵馬紛集，雖經嚴飭軍士，然恐陽奉陰違，執爾等耕種之人，冒稱俘獲，亦未可知。」[90]這種洗劫使得朝鮮人畜一空，導致東作失時，而造成連年的荒歉，和大量的繼續死亡。

　　這一切當然已夠痛苦，但這還僅僅是戰爭過程中的創傷，根據投降國書，朝鮮今後還需要負擔更多的義務，忍受更多的屈辱，現在我們先敘述協攻皮島、冊封，和朝貢貿易條約的訂定。

　　皮島於天啟二年（1622）為毛文龍佔為東江鎮駐節地，自崇禎三年（1630）以來沈世魁（？-1637）為鎮帥，不時派人出沒北朝鮮，截擊清人，偵探情報。直至偷襲清國後方，如崇禎七年（1634）八月，他會登津之師，大舉北進，直至蘇谷里寨。這不但對清國構成嚴重威脅，並且關於朝鮮對明向心力的維持，也發揮著一定的功用。同時他還容納自遼東逃出的漢人。因之早在天聰四年（1630）劉興治叛亂的

---

[89] 京城帝國大學法文學部校訂，《瀋陽狀啟》（京城：京城帝國大學法文學部，1935），頁2、4、7、8；《昭顯瀋陽日記・一》，收入林基中編，《燕行錄全集》（首爾：東國大學校出版部，2001），第24冊，頁439，丁丑年二月十八日。

[90] 《清太宗實錄》，卷34，頁440-2，崇德二年三月六日乙巳條。

時候，太宗便想趁機征服，但那時候他沒有船隻及航海人員，向朝鮮借，又不蒙允許，故無計可施。現在他有孔、耿等的水師，又可向朝鮮徵兵徵船，所以便乘征鮮之便，謀攻佔皮島。他於二月壬申回軍的時候，命三順王（編按：即孔有德、耿仲明、尚可喜）大治舟楫，仿造朝鮮船隻，命貝子碩託負責籌劃及前敵指揮，而以多羅武英郡王阿濟格為統帥。

根據元月二十八日太宗的詔諭，朝鮮須派五十艘船，「水兵、鎗礮、弓箭，俱宜自備」，以協攻皮島。這裡只說五十隻船，而未明言大船還是小船。當時朝鮮船的容量，小者可載十數人，大者三四十人。以此計之，五十船之兵，不過兩千。因之朝鮮便以此數調撥。可是臨調發時，清將馬福塔令出兵一萬二千。這個數目，一方面與約無據，一方面超過當時朝鮮的負擔能力。漢城乃派人向多爾袞及馬福塔請求減少。結果先定為五千名，[91]繼而朝鮮也得到清人的諒解，名義上為五千，實數則以五十船所載為限。[92]朝鮮所派黃海道水師由信川郡守李崇元（？1584）、寧邊府使李浚率領，陸軍則由義州府使林慶業（1594-1646）、平安兵使柳琳統率之。

朝鮮得知清軍將攻皮島的消息如此之早，本想通報島中，然恐為清軍緝獲，乃於二月中將此信散播於沿海居民，使流傳於島中，[93]所以皮島得從容佈署防務，且請求援兵。不過守軍過恃海島地形的險峻，以為敵軍不能飛渡，所以清軍於四月八日夜間，乘霧以朝鮮船渡大軍登陸島上。經一番攻守戰之後，終於降其軍，佔其島。沈世魁被耿仲明部下擒獲，押至阿濟格陣中，不屈，為馬福塔殺害。後朝鮮令平安道觀察使收其屍，具棺槨葬埋島中，其他軍民屍骸，也收瘞之。[94]

---

[91] 京城帝國大學法文學部校訂，《瀋陽狀啓》，頁10-11。
[92] 《朝鮮仁祖大王實錄》，第34冊，卷34，頁671，仁祖十五年一月二十八日戊辰條。
[93] 《朝鮮仁祖大王實錄》，第34冊，卷34，頁675，仁祖十五年二月十三日癸未條。
[94] 《朝鮮仁祖大王實錄》，第34冊，卷35，頁685，仁祖十五年四月六日甲辰條。

朝鮮的紀錄極力避諱他們軍隊參戰的史實，但清方文獻則告訴我們，在此次戰役中，不但朝鮮的運輸工具，即是朝鮮的武力也發揮了相當的功效，清人甚至說，朝鮮「砲手精銳，椵島之役，賴此成功」。[95]因之清帝除將島中麗民還給朝鮮，獎有功將領林慶業、柳琳外，並且敕獎該國，勳勞卓著，忠順可嘉。[96]

清人攻取皮島的收穫及影響，約有以下數點：第一，他們擄獲了大批人口及物資。第二，雖不能如清帝所云絕門庭之寇，海氛掃淨，但的確是自此以後，明人在長山列島的勢力失去了中心，促成石城、廣鹿、獐子等各島明軍的走降清國，其中以沈志祥的投降，為最重要。第三，從此清人認識了朝鮮火器營的優越性，立刻從朝鮮俘虜中挑選了一千六百餘人，在海州接受槍砲訓練，參與戰鬥行列後，加強了清軍的戰鬥力。而且此後清人屢屢徵調鮮軍，參加對明的戰爭。這毫無疑問收到了相當效果。

當朝鮮的軍隊被迫幫助清軍進攻皮島的時候，他們的斥和志士正在瀋陽刑場受戮。清兵回軍時將洪翼漢、尹集、吳達濟押解到瀋陽，三月太宗便開始派人訊理。首先殺害洪翼漢。《朝鮮仁祖大王實錄》說：「（洪）翼漢曾為掌令，上疏請斬虜使以明大義，至是清人入寇，去邠之日，廟堂建議以翼漢差平壤庶尹，促行赴任。及吳達濟、尹集被執而去也，朝廷令平安都事械繫翼漢，並送於虜陣，入瀋陽遂被害。」臨行時他還索筆為文曰：：

> 大明朝鮮國藥臣洪翼漢斥和事意歷歷可陳，而但語音不相慣曉，敢以文字控白。夫四海之內皆可為兄弟，而天下無兩父之子矣。朝鮮本以禮義相尚，諫臣惟以直截為風。故上年春適授言責之任，聞金國將渝盟稱帝，心以為若果渝盟，則是悖兄弟也；若果稱帝，則是二天子也。門庭之內寧有悖兄弟

---

[95] 《朝鮮仁祖大王實錄》，第34冊，卷35，頁696，仁祖十五年七月四日庚午條。
[96] 《清太宗實錄》，卷35，頁455-1，崇德二年五月二十日丁亥條。

哉，覆載之間寧有二天子哉。況金國之於朝鮮，新有交鄰之約而先背之，大明之於朝鮮，舊有字小之恩而深結之。則忘深結之大恩，守先背之空約，於理甚不近，於義甚不當，故首建此議。欲守禮義者是臣職耳，豈有他哉，但臣子分義，當盡忠孝而已，上有君親俱不得扶護而安全之，王世子大君皆為俘，老母存歿亦不知，良由一疏之浪陳，以致家國之禍敗，揆諸忠孝之道，掃地蔑蔑矣。自究乃罪，可殺罔赦，雖萬被殊戮，實為甘心，此外更無所言，惟願速死，惟願速死云。[97]

至死猶守忠孝之道，可謂朝鮮儒士的楷模。

尹集、吳達濟在清軍後隊，於四月十五到達瀋陽，十九日英俄爾岱招集世子館所的宰臣、講官到衙署，命尹、吳坐於眾人之前，宣布太宗的旨意：「爾等倡議絕和，使二國成釁，其罪極重，可以殺之。特以人命至重，欲令全活，爾輩可率妻子入居於此。」可見清人對他們相當尊重，所以赦其死而欲收為子民。尹、吳對於這一赦令的反應不同，尹集說：「喪亂之後，不知妻子存歿，徐當聞見而處之。」達濟則說：「我之濡忍至此者，萬一生還復見吾君與老母耳，若不得復歸故國，生不如死，須速殺我。」英俄爾岱說：「渠不念皇帝全活之恩，抗言如此，今不可復貸矣。」於是將之縛出西門外斬之。朝鮮人請收屍，清人不許。[98]

朝鮮自三田渡出降，繳出明國所頒印信誥敕之後，在法律上已經與明人斷絕關係，而和清國成了父子盟國了。誠如朝鮮國王李倧所說：「自正月三十日以前，則為明朝之臣子，正月三十日以後，則為

<hr>

[97] 《朝鮮仁祖大王實錄》，第34冊，卷35，頁678，仁祖十五年三月五日甲辰條。
[98] 以上見《朝鮮仁祖大王實錄》，第34冊，卷34，頁684，仁祖十五年四月十九日戊子條。

大清之臣子。」[99]然而這層關係的確定，還須要一次法律手續，那便是東方國際關係的法定程序——冊封。

崇德二年（1637）十月，清主賜英俄爾岱、馬福塔達雲一品服色，率從官通事往封李倧為朝鮮國王。他們於十一月到達漢城，宣讀皇敕：

> 皇帝敕諭朝鮮國王李倧，朕惟禮不廢玉帛，賞以勸忠誠，所從來尚矣。念爾歸命，宜有封錫。今特……封爾為朝鮮國王，齎賜玉紐金印誥命，並黑狐套一領、製帽黑狐皮一張、貂皮百張、鍍金雕鞍良馬一匹，王其祇受，以見朕優賚至意。[100]

誥命文曰：

> 奉天承運寬溫仁聖皇帝制曰：天地布塞燠之令，帝王操賞罰之公，惟叛服之無常，故恩威之異用。念爾朝鮮，係我隣國，往來行李，不啻兄弟。朕方期金石之堅，王忽起參商之異。拒我信使，戒爾邊臣。王實興戎，朕方耀武。雖云聲罪以致討，惟圖革面而回心。王今既悔前非，朕豈仍念舊惡。從茲創始，嘉與維新……爰銷傳國之印，用頒同文之符，特遣使臣，齎捧印誥，仍封爾李倧為朝鮮國王，嘉乃恭順，金章寶冊重新；作我藩屏，帶河礪山不改。立一時之名分，定萬載之綱常，天地無移，冠履不易，王其洗心滌慮，世修職貢之常，善始令終，永保平康之福，敬之懋哉，勿替朕命。[101]

李倧遣議政府右議政申景禛，於三年春如瀋，謝清人「續已墜之緒」

99　《滿清入關前高麗交涉史料》，頁43。
100　《清太宗實錄》，卷39，頁510-2，崇德二年十月二十六日庚申條。
101　《清太宗實錄》，卷39，頁510-2、511-1，崇德二年十月二十六日庚申條。

的千載異數之恩。朝鮮自明洪武二十六年（1392）宗事明朝，至是正式改事滿清。

回憶天啟四年（1624）明朝封李倧為朝鮮國王的時候，因為他「翼戴恭順，輸助兵糧，戮力圖功」，所以封為朝鮮國王。目的是要他「整兵索賦，同平遼總兵官聯絡聲勢，策應軍機，偵探情形，設奇制勝」。[102]曾幾何時，這位忠於明人而激烈抗清的國王，又伏在他昔日的敵人面前，稱頌聖德。我們除了同情這位國王的遭遇，慨嘆世事無常之外，還能說甚麼！

表現兩國關係的禮儀，在崇德二、三年（1637-1638）中，雙方都完善的做到了。清軍撤退不久，朝鮮便派左議政李聖求（1584-1644）、懷恩君李德仁等往瀋陽謝再造之恩。十月二十五日是太宗誕辰，朝鮮首次派重臣崔鳴吉前來表賀萬壽。其他冬至、元旦兩節，朝鮮也莫不極盡其恭敬的態度及頌禱的文辭。崇德三年（1638），清人規定朝鮮朝貢的道路，須由鳳凰城而達瀋陽，同時兩國訂互市條約：凡鳳凰城各地清國官員人民往義州市易者，每年定限二次，春季二月，秋季八月；寧古塔人往會寧市易者，每年一次；庫爾喀人往慶源市易者，每二年一次。由部差朝鮮通事官二人，寧古塔官驍騎校、筆帖式各一人，前往監視。每次市易期限定為二十日。[103]

六、徵調陸軍

孟子曾說：「以力服人者，非心服也，力不贍也，以德服人者，中心悅而誠服也。」朝鮮這次因清人強兵壓境，力盡而屈，當然不會心悅而誠服，一旦清軍撤出半島，她絕無誠意去實踐那些城下之盟的條文，而清人則事事責以忠誠，要求許多不合理的事情，因之僅僅短

---

[102] 《朝鮮仁祖大王實錄》，第33冊，第35卷，頁612，仁祖二年四月二十日癸卯條。
[103] 《清史稿》（臺北：鼎文，1981），卷526，列傳313，〈屬國一・朝鮮〉，頁14581。

短的兩年，到崇德三年底，朝鮮與大清的關係，便進入了第一次惡化的高潮。

促成惡化的因素頗多，例如朝鮮沒有履行兩國大臣結婚的盟約，沒盡力將向化逃人捕送清國等，但較大的原因則有三點：朝鮮未與明人斷絕關係，繼續來往；請求讓世子回國；以及故意延誤清人的軍隊徵調。

朝鮮投降時，清人規定地明明白白，要朝鮮與明朝斷絕一切關係，但事實上朝鮮有意或不得已的違犯了此一約定。當清軍還正在撤退的時候，漢城便商議將清人來侵之事，密報明朝。皮島陷落後，陳洪範、白登庸等仍率水師棲息於附近其他島上，不時與朝鮮發生接觸。

崇德二年（1637）閏四月，陳洪範傳徵漢城，陞林慶業為總兵官，矢志滅虜。同時又派呂碧乘朝鮮漁舟傳書聯絡。朝鮮政府受其文書而辭其人，並令鐵山府使送人蔘、糧餉、火藥等物。[104]不久石城、廣鹿等島明軍走降清國，將這事統統報告清人。於是清人帶著走降漢人到朝鮮世子館大事詰問，說當初誓告天地，不與南朝相通，而不數月就違約敗盟，且言朝鮮拾得都督沈世魁印，不送清國而繳還南朝，是何道理。朝鮮雖力辯其無，然清人終猜疑不釋。[105]

此外，崇德元年（1636）朝鮮拒上太宗尊號之後，北京曾頒敕嘉獎其忠貞，朝鮮乃派金堉（1580-1658）為冬至使，往北京賀冬至，兼謝恩。二年六月金堉返國，清人知之，令朝鮮將其帶回明朝文書，原封奏捧瀋陽，而朝鮮託故不肯，也啟清人之忌恨。[106]朝鮮交通明朝是清人最注意的，而今事實如此，清人當然憤怒責怪了。

清軍進圍南漢之初，傳言以世子為質可和，其後則以國王出城投降為條件。國王出城了，但世子仍不免於青城之行。世子伴國王在三

---

[104] 《朝鮮仁祖大王實錄》，第34冊，卷34，頁687，仁祖十五年四月十五日癸丑條。
[105] 京城帝國大學法文學部校訂，《瀋陽狀啟》，頁34、38。
[106] 京城帝國大學法文學部校訂，《瀋陽狀啟》，頁28、35。

田渡投降後便被留在清營，預備帶回瀋陽。二月乙亥世子自清營回京告辭，群臣哭送於道旁，或執鞭攀號。世子為悲哀的情緒所懾，坐在馬上發呆，清國鮮語翻譯鄭命壽（？-1653）揮鞭呵辱催促，見者莫不驚愕、傷心、痛恨。一國的副君被一個舌人如此對待，怎能不令朝鮮的君臣感到恥辱！

二月八日多爾袞撤軍，押著世子及鳳林大君李淏（1619-1659）西歸，朝鮮王涕泣而送之，告世子說：「勉之哉，勿激怒，勿見輕。」世子伏而受教，群臣牽裾痛甚，世子止之，上馬而去。[107]他們經兩月行程，於四月十日到達瀋陽，入居臨時行館，開始他人質的生活，負起外交特派員的責任來。在這異域敵國，他要度過九年的悠悠歲月。清太宗很愛護朝鮮世子，不時派人去看顧，或招見，或頒賜食物用器。但此間並不樂，他們仍天天思念祖國。

對朝鮮人而言，世子的滯留瀋陽，等於他們國家的命運，繫在清人的馬鞍旁邊，隨時有被毀滅的可能。他們固然向清人納貢稱臣，但那是事大。自新羅以來，朝鮮半島上任何政權的傳統國策是惟強且大者是服。這種以小事大而保其國家的政策，是智慧的表現。然而自李朝立國以來，從未有過儲君押質外國的事。這是恥辱，何況朝鮮人永遠忘不了世子去國時那一幕悲慘的景象，因之朝鮮一直想著東宮回國的事。

三年冬月是世子大君母妃的兩週年忌辰，朝鮮便以此及國王有病為理由，想請世子歸國。七月，國王吩咐：「世子大君別已累月，非但父子之情切，大祥已迫，宜別制一咨，懇陳出送之意。」[108]這一呈文到瀋陽後，即為禮部大臣及管部親王所阻，未達帝前。他們說「世子大君既為來此，雖許出送，所當願留，而徑先請去，甚未妥當……請還之言，更勿出口。」[109]十一月，崔鳴吉以賀冬至到瀋陽，親呈國王奏文，請世子還。清人厭惡了，諭朝鮮國王說：

[107] 《朝鮮仁祖大王實錄》，第34冊，卷34，頁674，仁祖十五年二月八日戊寅條。
[108] 《朝鮮仁祖大王實錄》，第34冊，卷35，頁696，仁祖十五年六月二十九日丙寅條。
[109] 京城帝國大學法文學部校訂，《瀋陽狀啓》，頁39。

但王之二子，朕非左右乏人，而藉之為侍衛也，非有利於師行，而藉之以坐鎮也；更非王本意內附，而令子來也。言及於此，不幾誤與。王果抒誠圖報，渾忘彼此之見，不待奏請，聽其自往自來，方是兩國一家之象。今既言君臣猶父子，兩國猶一家，而復有歸國之請者，又似仍在異國也。萬一朕心稍疑，則如之何！王子若未諳事宜而興此念，主應訓之云：吾等忠誠未著，胡為不候上命，便有歸省之思，以起君父之疑哉。如此教誡，乃為義方之訓。[110]

觀此當知兩國是如何猜疑不洽。

然而促成兩者惡化的最大原因卻是徵兵問題。「朕若征明朝，降詔遣使，調爾步騎舟師，或數萬，或刻期會處，不得有誤。」[111]是清人允許朝鮮投降的條件之一，而且朝鮮兵也已參加過皮島之役了。在此次戰爭中，清人得知朝鮮的槍砲手戰鬥力很優越，所以一方面自挑麗俘訓練，一方面決定動用鮮軍參加對明戰爭。清太宗給祖大壽（1579-1656）的信中便說：「觀朝鮮之兵，雖無馬上之能，然不違法度，長於步戰鳥鎗，以之攻取城池，大為有用。今若西征，徵兵多寡，惟朕是聽。」[112]這種觀點，朝鮮知道得很清楚，所以老早就在憂慮徵兵日子的來臨，並且企圖修改此條規定，懇請清人免徵兵之事。

最先提出此意者是兵曹參判李時白。他於崇德二年（1637）三月間，請求國王令入瀋大臣備陳而力爭之。[113]四月中，左議政李聖求入瀋謝恩，行前國王召集大臣討論此事。國王以助兵一款是礙難遵守，主張懇請清人免行此款。他們以為朝鮮與中原有父子之義，絕不忍以

[110] 《清太宗實錄》，卷39，頁518-1，崇德二年十一月十七日辛巳條。
[111] 《朝鮮仁祖大王實錄》，第34冊，卷35，頁671，仁祖十五年一月二十八日戊辰條。
[112] 《清太宗實錄》，卷37，頁494-1，崇德二年七月二十六日壬辰條。
[113] 《朝鮮仁祖大王實錄》，第34冊，卷34，頁677，仁祖十五年三月二日辛丑條。

兵刃相加。或謂朝鮮協攻皮島，手上已經染上了不義的污血，現在還有什麼好爭論的？他們則以為皮島不過避亂之人，不可與犯中原相比，而且朝鮮兵力無用於戰陣，在皮島之役，業已顯出，正可以此為理由，加之以義理，感動清人。

當時李聖求、金鎏對此舉採取保留態度，他們說清人根本不相信朝鮮，所以才有世子之質，現在陳請，恐不惟無效，甚至可能惹禍。他們並且說：「外議皆慮其生梗。」國王的意思是，清人准不准是一回事，在朝鮮不得不如此表示，所以不致生事。李聖求齎奏以往，勉力而行。[114]但是他到瀋陽之後，並未呈進奏文，他回京後向國王報告說：「賫去奏文終不得呈進，不勝惶恐。奏文中措語，只舉分義，不論事勢，實恐彼之發怒，故趑趄而竟不敢耳。」[115]李聖求並未因此而受處罰，可見他背後有金鎏、崔鳴吉等的支持。然而已引起了大司憲金榮祖的攻擊。他說：「親奉國書，任意齎還之使臣，求之古今，未聞其人，況今日之憂，莫大於請兵一事，以義理言之，則倫紀有關，以事勢言之，則存亡所繫，李聖求身為大臣，若使憂國如憂其家，則必不肯用彼言，而忙忙空還。」[116]可見朝鮮國是的爭論，並未因丙子之役而息。

十一月，崔鳴吉以冬至使到清，正式呈奏，請免徵兵。鳴吉是當初主和要角，頗得清人信任，朝鮮乃打出這張王牌，以為可冀萬一。[117]奏文首述事勢之艱，說自經兵禍，國內空虛，烟火蕭條，而雨雹為災，收成無望，牛疫遍八道，東作維艱。當此之際，少有動作，立見土崩，而「民間又相傳以為大朝早晚且有徵兵之命，與其徵役於異地，不如四散而偷生，互相煽動，各懷疑懼，東西逃徙，洶洶不止」。次陳義理，很巧妙地以南漢之事為例，說大清之龍興，朝鮮非

---

[114] 《朝鮮仁祖大王實錄》，第34冊，卷34，頁683，仁祖十五年四月十七日丙戌條。
[115] 《朝鮮仁祖大王實錄》，第34冊，卷35，頁696，仁祖十五年七月四日庚午條。
[116] 《朝鮮仁祖大王實錄》，第34冊，卷35，頁700，仁祖十五年八月十二日丁未條。
[117] 《朝鮮仁祖大王實錄》，第34冊，卷35，頁710，仁祖十五年十一月二十九日癸巳條。

不知早應歸命，之所以遲回不決，坐致天討者，徒以臣事明國，其來已久，分義為重。最後說他現在情有所未俘，勢有所自阻，恐將敗亡，有負清帝存活之恩，而籲太宗「既已垂恩曲貸於其初，必能加意存全於厥後」。[118]

　　文則美矣，然而不僅不能感動清人，反適激其猜怒。清太宗回文說：

> 覽王奏，稱小邦自經兵禍，國內空虛。又稱民間相傳有徵兵之命，疑懼逃徙，且牛疫起於國中等語。誠若此，則王之奏請固宜，朕豈慮不及此，但徵兵自當量時度勢，詎可強以所難堪乎。……但朕之所慮者，恐王復似當年，聽書生迂見，以空言掩飾，巧計朦朧為尚耳。」並言書生每不知通變達權，勸王勿專聽。[119]

是清人對徵兵一事，只答應斟酌情形辦理，並未允免，而且對朝鮮給了一番相當的警告。但朝鮮則將這句話，作不同的解釋，居然於崇德三年（1638）派申景稹（1575-1643）到瀋陽，謝免徵兵之恩。清人很驚訝地問他所幹何事，答以為冊封及准免徵兵兩事謝恩。清人說：「謝冊封宜矣，所謂徵兵准請，未知那裡停當耶？」申說：「明降聖旨，諭以斟酌，皇恩如此，曷為不謝！」清人問：「爾等之意，謂是限年不徵耶？抑為終不之徵耶？」謝恩使答稱：「敕書中無限年之語。」[120]可知朝鮮將「量時度勢，詎可強以所難堪乎」解釋成了免徵的意思。[121]

---

[118] 《清太宗實錄》，卷39，頁512-2、513-2，崇德二年十一月六日庚午條；《滿清入關前高麗交涉史料》，頁42-43。
[119] 《清太宗實錄》，卷39，頁517，崇德二年十一月十七日辛巳條；《滿清入關前高麗交涉史料》，頁44。
[120] 《朝鮮仁祖大王實錄》，第35冊，卷36，頁10，仁祖十六年二月二十八日壬戌條。
[121] 《清太宗實錄》，卷39，頁517-2，崇德二年十一月十七日辛巳條。

崔鳴吉回京時，國王招見慰問道：「助兵一事，舉國遑遑，而卿今得請而來，喜幸何如！」鳴吉說：「當初助兵之言，蓋出於試我也。」[122]可見這是真正的誤會，而非故意曲解。朝鮮憂慮的事終於來了，這年九月，清軍三路征明，揚武大將軍多羅貝勒岳託，及奉命大將軍睿親王多爾袞，分統右左兩翼軍，越長城探入山東等處，太宗與濟爾哈朗等則往山海關一帶牽制該線明軍，使其不能入援關內。四月十八日，英俄爾岱招申景稹傳太宗旨意：「止發五千兵留屯安州、義州之間，聽調兵旨到即來。」[123]書到漢城，朝鮮多日無反應。清人乃天天到世子館所追問，並派館所官員回國傳達旨意。

朝鮮用拖延法，續遣使懇清，「今遣使臣如不得請，則又當送使，往復之際，師期已迫，則不無萬一得免之望也」。[124]於是遣議政府左贊成賚諮禮部文與方物往瀋陽。文內除再度陳述國內饑饉、動亂不安之外，強調民之死生、國之存亡所繫的徵兵一事，業經崇德二年（1637）十二月十八日崔鳴吉賚到敕諭賜准免徵，朝鮮且已將此敕諭頒布八路人民，今忽又徵調，人民甚為失望，請特遵前旨行事。[125]

使臣到瀋後，清人鎖置行館數日，然後卻書退禮，將之遣回，降旨切責朝鮮違背降約，曲解詔諭，說：

> 昔王拜見之光景，朕猶依然未忘，王奈何遽爾忘朕，且忘王之二子也。朕之活王，古來未有之事，朕意王亦以非常之恩報之，不意二年間頓忘活爾之恩，反以朕為食言，自王之外，再無忘恩者也。[126]

在瀋陽的世子館中，清人更聲色俱厲的喊道：「欲為背叛耶？」我

122 《朝鮮仁祖大王實錄》，第35冊，卷36，頁8，仁祖十六年二月十日甲辰條。
123 《滿清入關前高麗交涉史料》，頁51。
124 《朝鮮仁祖大王實錄》，第35冊，卷36，頁20，仁祖十六年五月十一日癸酉條。
125 《滿清入關前高麗交涉史料》，頁51。
126 《滿清入關前高麗交涉史料》，頁52。

們在前面已經知道，朝鮮的不肯助兵，只是表示不忘明朝的一番心意而已，他們盡量的做，能爭取一分是一分，走多遠算多遠，絕不會堅持到底致再引起戰爭。所以他們一面交涉，一面遵照清人的指示，派柳琳為平安兵使（前因得罪清國罷官），及使臣歸來，知徵兵之舉，終不得免，便以平安、黃海及三南赴防兵五千，整編備調，同時以柳琳為副將、李時英為總督使，一面派人赴瀋奏報，並聲明兩點：

（一）小邦兵政，寓兵於農，既不可以久聚，亦不可以後時，久聚則生怨，散處則後時，指揮分付，務遵機宜，俾無二者之患。

（二）糧餉補給無力供應，請清人接濟。[127]

　　和往常一樣，朝鮮政府有關不利明人的決定，必然引起反對。此次助兵雖係被迫，然也不能取諒於全體人民。如檢討申冕（1607-1652）上疏說：

嗚呼！今日之事，既無彌縫之策，則當以大義為裁，成就一箇義字，則國雖顛仆，尚不得罪於天地矣，其何忍以神宗皇帝再造之國，用神宗皇帝所活之民，驅之以渡江哉！[128]

館學儒生多人也上疏道：

比者廟議已定，將領已差，臣等駭然而視，蹶然而起，若無所容於天地之間也。嗚呼，二百年臣事之義，可謂無君臣之分乎？壬辰拯濟之恩，可謂無父子之恩乎？臣等思之至此，不覺

---

[127] 《朝鮮仁祖大王實錄》，第35冊，卷37，頁32，仁祖十六年八月十日庚子條。
[128] 《朝鮮仁祖大王實錄》，第35冊，卷37，頁30，仁祖十六年八月一日辛卯條。

聲淚俱發，心膽欲裂也。伏願殿下思神皇再造之恩，念祖宗事大之義，請亟寢助兵之議。[129]

國王面臨清人勢力，國人的正義言辭，心內異常痛苦，他曾哭泣著對大臣們說：「助兵之舉，雖在約條中，而目前無此事，故意謂不必徵，到今終不得免，在山城時，君臣若皆坐死，則豈有今日。」左右為之掩涕，莫敢仰視。他答覆館學儒生說：「國事至於此，極俯仰愧懼，唯願速死也。」大臣們勸他，不可徇匹夫之節，且世子在清，情勢無可奈何，「中原豈不諒之」。朝鮮乃發兵，但報告陳洪範，轉奏明廷，言其不得已之狀。[130]

朝鮮雖已定將備兵，但還是慢慢地拖，派往瀋陽報告的人，一月長的時間才到，但清人卻不耐煩了。八月四日，英俄爾岱傳旨，皇帝以朝鮮軍隊失期，令世子隨皇帝西征；因西征軍第一批八月二十五日出發，鮮軍須於二十三日趕到；令世子不經國王，直接行文助防兵統帥，著其一面開拔，一面啟知國王，庶幾能及時趕到。[131]現在朝鮮急了，立刻以林慶業為助防將，馳到瀋陽，報告軍兵已經在道。最後一批西征清軍定九月三日出發，清人希望朝鮮軍能於是日趕到，所以命林慶業立刻還到九連城督發前進，同時預備糧餉及犒賞物品。

九月三日到了，朝鮮軍依然沒有聲息，清人一日三次到世子館咆哮怒責，說朝鮮有欺罔皇上之罪，將官後期，難免軍律。太宗盛怒之下，派英俄爾岱傳諭世子：

朝鮮軍兵至今不來！往在戊午年，明朝所徵，則鑿山通谷，不分晝夜，及期赴戰，廝殺我人。今番所徵則百般稱頉，至今不

---

[129] 《朝鮮仁祖大王實錄》，第35冊，卷37，頁32，仁祖十六年八月九日己亥條。
[130] 《朝鮮仁祖大王實錄》，第35冊，卷37，頁32，仁祖十六年八月九日己亥條；頁31，仁祖十六年八月一日辛卯條。
[131] 京城帝國大學法文學部校訂，《瀋陽狀啓》，頁93、97。

送。存亡繼絕之恩，則有大於明朝，而命令則慢侮不行，不亦恠甚乎。軍兵既已失期，此後則雖來更無可用之處，故馬夫大（福塔）明日出去鳳凰城，入來軍兵盡為驅逐還送！[132]

馬福塔出去，在獐項地方將朝鮮上將李時英、副將柳琳、助防將林慶業統統驅逐回去。

我們沒法判斷朝鮮軍最後未能及時達到，是無意的延誤，因為他們根本就不願意做這件事。但也不敢說是有意的拖延，因為軍隊到達，或者還有挽回世子從征的可能。不過根據備邊司的啟文：「頃見平安監司閔聖徽啟，前營之兵趑不前進者，實由於道路泥濘，江水漲溢，而時英等若催進灣上，隨到隨送，則宜不至生事，而濡滯江間，坐待畢渡。至於見卻之後，亦須屯駐江上，稟命朝廷，然後方可進退，而一聞馬夫達之言，遽即放兵，揆諸師律，豈容如是，李時英、柳琳拿鞫處置。」[133]知係指揮官處置失當所致。

無論什麼原由，朝鮮現在有軍事失期之罪，清人對之猜忌、憤怒、責備一層加一層。他們明白地說：「軍之後期，非軍勢之不及，朝鮮與漢人通謀，故為遲延耳。」[134]世子為之闕門待罪，漢城也急派崔鳴吉赴瀋請罪。十月十日太宗西征，以世子有病不克隨行，攜鳳林大君李淏而去。至於失期之罪，初議納銀贖免，後以朝鮮多方表示忠誠，遣使貢物往來不絕，在三田渡立大清皇帝功德碑，示世世不忘之意；且清人時又命令遣發舟師，運米遼西，所以也就免除了。[135]至此，我們除了佩服朝鮮人拖延的本領之外，對他們所遭受到的痛苦，也寄予無限的同情。

---

132 京城帝國大學法文學部校訂，《瀋陽狀啓》，頁101-103。
133 《朝鮮仁祖大王實錄》，第35冊，卷37，頁35，仁祖十六年九月十八日丁丑條。
134 京城帝國大學法文學部校訂，《瀋陽狀啓》，頁112。
135 《朝鮮仁祖大王實錄》，第35冊，卷39，頁73，仁祖十七年十一月十五日戊辰條。

七、海上沉糧

從崇德五年（1640）開始，明清兩國在遼西走廊的軍事角逐益趨激烈。在此之前，清人未在遼河以西駐屯軍隊，每次作戰，大軍須自瀋陽開拔，經數百里的行軍後，再進入戰場，而戰事結束之後，軍隊統統返回遼東。這樣非但疲勞軍力，而且予明軍以整補時間。每次清軍撤退後，明軍便從從容容修復被毀的防禦工事，等待著敵人的再度來侵。於是清人的戰爭，每次都是從頭做起，不能伸長自己的佔領區、逐步壓迫敵人，所以雖然連年出征，除擄掠些人口物資外，無大進展。

這年春天，清軍修復義州城，駐紮屯田，除補救上述缺陷外，還使山海關以外明軍無法耕種，增加他們補給上的困難。崇德六年（1641），清兵會攻錦州。因為他們屢次入邊略地，而不能收尺寸之土，都是因為山海關的阻隔，而欲取山海，須先攻關外四城。現在這有名的遼西古戰場上，開始了罕見的大規模廝殺。

在這場戰爭的計畫中，清太宗再度將朝鮮的人力物力計算進去。崇德四年（1639）六月，清人馬福塔使朝鮮，言調水師、騎兵及濟助糧餉之意。朝鮮王答以騎兵難辦，步兵或可，至於糧米，則歲惡民飢，計無所出，然當隨力而助。[136]十一月，令免調騎兵，惟水軍六千名（內沙格一千），帶十二月口糧，限五年二月會集安州等地海邊待命，並與崇德五年（1640）分貢米一萬包並送泊三叉、小陵、大陵河之間，阻明寧遠、錦州之餉路，以坐困明師；復命領兵上副將，完全依照萬曆四十六年（1618）奉明命伐清時例子，稱都元帥、副元帥；以林慶業為副元帥，上將以文官充之；到戰地後，副帥統兵作戰，文官則往來皇帝跟前，傳達命令，這是一樁重大的負擔。[137]六千水師十

---

[136] 《朝鮮仁祖大王實錄》，第35冊，卷38，頁63，仁祖十七年六月二十六日壬子條。
[137] 《朝鮮仁祖大王實錄》，第35冊，卷39，頁74，仁祖十七年十一月二十五日戊寅條。

二月口糧約計萬石，外加萬石貢米，共兩萬石。水師每船運六十人計之，需百艘，糧每艘以三百石計，需九十餘船。[138]

　　朝鮮要求減少被拒後，乃差出備邊司文郎廳人員親至三南點檢舟師。二月中各地糧艘分別啟運，而消息傳來，各道船隻不斷敗沒，或被明船擄去。總計損失三十二艘，數百人淹死，軍糧九千餘石漂沒。國王奏報瀋陽，請示辦法。清帝見奏大怒，諭責「必欲誤我，故預為巧開耳」，甚至說朝鮮「萌蓄異心」。他立刻派戶部參政碩詹往安州，督催領運水師五千名，鮮米一萬包，限四月十日啟運遼西。又命洪尼喀、庫禮率三十人領航，限四月二十五日開抵大小凌河口。[139]朝鮮乃以林慶業為水師上將，李浣為副將，於四月十七日率船一百一十五隻啟行。[140]

　　朝鮮水師糧船遵海而行，到三山島十六船遭風，損毀三隻，溺死五人。到奇爾山橋，十一船遭風，四艘沉沒，七人淹死，又有三隻漂入明境，為明所獲。自旅順口到北信口的航程中，二十五艘觸礁敗毀，而明人獲知朝鮮船隻進發的消息後，立派兵船三十八隻追擊，至熊岳北新臺與朝鮮水師相遇。朝鮮一船被殺者八人，傷十二人，又十二人為火藥所燒，二人跳水後為明救起載去，同時又有二十九船為礁所壞。於是一百一十五艘船隻，只剩了五十二艘。

　　朝鮮水師行到蓋州，再不能前進，林慶業便與押運的清人洪尼喀、庫禮聯名奏報瀋陽。清太宗對二月間朝鮮糧船敗沒的事，曾大事詰責，現在又獲得可疑報告，所以對林慶業等的奏報不大相信，便派大學士范文程（1597-1666）、希福（1589-1653）、剛林（？-1651）前往確查。他們到蓋州後，首先問林慶業關於與明朝水師作戰的情

---

[138] 《朝鮮仁祖大王實錄》，第35冊，卷39，頁74，仁祖十七年十一月二十五日戊寅條；卷40，頁80，仁祖十八年一月十七日己亥條言忠清道失沒糧船一艘，失軍糧三百石。

[139] 《朝鮮仁祖大王實錄》，第35冊，卷40，頁85，仁祖十八年三月二十五日丙午條；《清太宗實錄》，卷51，頁678-1，崇德五年三月十八日己亥條。

[140] 《清太宗實錄》，卷51，頁690-1，崇德五年六月十八日戊辰條。

形：「我之船甚多，明人止有船三十八艘，何故不與拒戰？」慶業等回稱：「我船重載，難以運動，明船輕浮，往來便利，所以不能拒戰。」又問：「如此則爾等欲回家乎？欲前進乎？」回說：「船重且壞，又不知路徑，難以前行。」希福等答應派人導航，以期達指定地點，慶業不從。又令只到牛莊，也不聽，並且說：「遭風被害，情事俱實，天不可欺，皇上可欺乎？如必欲運米至所約之處，則我等願從陸路負運，不辭勞苦，若從水路，如許士卒，皆無生理矣。儻以我等為違上命當誅，則我兩總兵寧甘受戮，以活眾軍耳。」希福等無法，只好回報瀋中。太宗再遣學士胡球、額色黑齎敕往諭慶業：

> 爾主李倧當南漢見朕時曾奏云：「本國舟楫堅固，利於對敵，明人之船柔脆，不能當也。」今爾等在道遷延歲月，託言三舟漂入明境，暗通消息，及見明之兵船，不即迎敵，乃諉於重載，退避不前，豈非私與明人通謀而然耶！朕既視爾國如一家，本欲同心協力以征明國，故特調爾兵船，爾朝鮮素善鳥鎗，若用以力戰，明人奈爾何哉。今爾等如許兵船，僅遇明國三十八船，尚不迎敵，爾之有意退避，顯然可見，縱復前行，豈肯力戰耶？爾雖有數人被燎傷亡，在爾等既與明通謀，寧惜捐此數小卒，以自掩其迹耶。且朕原命爾等遇敵則戰，約至納米之處，曷嘗有中途輒回之諭乎。即爾等之來，亦期遇敵則戰，納米於所約之處，豈謂絕無敵人以兵船阻我乎。今既不由水路前進，又不退歸，皆爾主與汝輩通謀於明，故為巧飾耳。且朕原不因此處糧餉虧少，令爾齎送，特因兵船之便，故命順帶耳。爾既不遵諭運至所約之處，朕亦何需此米，爾等或棄之於道路，或載歸本國，由水由陸，聽爾自便，朕無與焉。[141]

---

[141] 《清太宗實錄》，卷52，頁691，崇德五年六月十八日戊辰條。

慶業等大懼曰：「聖諭如此，我等雖死，必從水路前往。」胡球、額色黑因令暫止，聽候諭令，乃回報太宗。此時清軍正圍困錦州，太宗乃令挑選水師千名、廝卒五百，仍以慶業為上將，率副將五員、遊擊三員、備禦五員，由陸路進駐海州衛，聽候西調，其餘四千水師，統曲副將李浣率領回國，米糧則准用清國車輛運至蓋州、耀州，作為朝鮮西征軍糗糧。[142]

　　從上面的敘述，似乎朝鮮一粒糧米也沒有交給清人，可是《瀋陽狀啟》則告訴我們，「幣米一萬石准納之外，軍糧遺在亦有五千二百二十五石十四斗」。[143]其次須要檢討的是朝鮮舟師的敗沒究竟甚麼原因，林慶業何以如此大膽地抗命不進，以及朝鮮是否與明暗通。關於第一點，清人則一口咬定朝鮮「故為巧飾」。但也不盡然，因為朝鮮王廷便曾虛心的檢討過這事，他們以為可能有兩點原因：一，水手厭其行役，故意敗毀。二，清國押運人員督迫過甚，不量水勢，貿然前進所致。而且前後淹死人員數百名之多，誠如英親王阿濟格所說：「人皆有惜死之心，豈有不盡心力故為淪沒之理哉！」[144]

　　林慶業之敢於抗命，是因為得到清譯鄭命壽的暗示，慶業曾向政府報告：

> 臣密問舟師徵發之由於鄭譯，答曰：「此舉專為水陸並進，大張聲勢而已，終無交戰之意。雖遇唐舡，慎勿交鋒，沿邊而行，亦勿深入，直向旅順口可也。皇帝分付，不啻丁寧矣。」臣曰：「中國之人善行偵伺，旅順口必有遮截之患，奈何？」答曰：「當就運糧便處，卸下軍糧。」臣以為：「若如汝言，則莫若直向鳳凰城近處陸路運糧之為便。」鄭譯笑而不答。[145]

---

[142] 《清太宗實錄》，卷52，頁690-691，崇德五年六月十八日戊辰條；京城帝國大學法文學部校訂，《瀋陽狀啟》，頁225-227。
[143] 京城帝國大學法文學部校訂，《瀋陽狀啟》，頁229。
[144] 京城帝國大學法文學部校訂，《瀋陽狀啟》，頁227。
[145] 《朝鮮仁祖大王實錄》，第35冊，卷40，頁86，仁祖十八年四月十五日丙寅條。

朝鮮之是否與明暗通，下節我們將詳細說明，此處只舉一事。朝鮮決定派遣舟師之後，兵曹判書李時白曾密箚國王：

> 今此舟師，誠國家所不忍之舉，而事已至此，尚何言哉。雖迫
> 於威劫不得自由，亦當周旋兩間，隨宜應變，以求善處之道。
> 豈可無先期密通之舉乎！陳都督之言於金堉者有五，其一勿許
> 舟師，雖不得不許，必須先通之意也。今雖不幸而不得不從，
> 並與先通之事而不為之，國人謂何，天下謂何，殿下之心亦當
> 如何也。縱彼不言，我不忍不通，況其所言不啻丁寧者乎。今
> 若先通以迫不得已之意，而使之豫為之備，則彼必喜我之相
> 通，而憐我之本情，亦可以有辭於後日矣。惟殿下深思熟慮，
> 無貽後悔。[146]

書奏留中不發。兵曹判書掌一國軍事，如此反覆勸說，國王自必重視。林慶業對付清人可謂相當狡賴，太宗對他的處置則相當客氣。事後朝鮮政府為顧及清人面子，乃遣人責慶業敗舟亡卒之罪，令立功自效。

八、松錦戰場上的朝鮮人

在明清的軍事鬥爭中，除了當事國之外，有三種人參與其間，一種是蒙古人，他們在同一時間，分別參加了不同的方面，而且他們的轉移往往決定一次戰役的勝敗。一種是西歐的西、葡、荷蘭等國人，他們以優異的戰船及新式的大礮，參加了明人的一邊。而朝鮮人則自動或被動地在不同的時間加入了兩方。

---

[146] 《朝鮮仁祖大王實錄》，第35冊，卷40，頁81，仁祖十八年二月八日己未條。

在丁丑（1637）之前，朝鮮和明人聯合抵抗後金，這年以後他們被迫加入清人的戰鬥行列。他們每年繳納萬石米糧，解決了清國一部分因人口量增加而形成的糧荒，清人用他們進貢的皮布賞賜戰士，鼓勵士氣，或貿買戰馬，以增加他們作戰的機動性和威力。此外，女真人強迫質押在瀋陽的兩個朝鮮王子，親臨戰場，欣賞戰地風光，作為他們戰爭的見證人；徵調朝鮮軍隊參預遼西戰爭，向他們昔日曾敬愛而現在仍然懷念的父母之國開槍。

朝鮮軍隊加入清兵的戰鬥序列，始於崇德二年（1637）的協攻皮島，第二次便是自崇德五年到八年（1640-1643）的征戍錦城。在這明清之際的數年中，朝鮮有兩員大將彼此具有不同的政治立場，一個親明，一個親清。其後因為這兩國的興亡不同，他們的結局也互異，一個由流亡走上死亡，一個則安富尊榮。前者是林慶業，後者是柳琳。他們兩人在丙子之前，均以知兵出守嚴疆，林為義州府使，柳為平安兵使，其後同受清命協攻皮島而建功，然柳以戰時救援南漢不力，為朝鮮所惡，但清人卻很欣賞他。當清主以皮島戰功召他們兩人到瀋陽領賞時，朝鮮令慶業去，而阻止柳琳。

崇德三年（1638），清國徵兵朝鮮，特別指定柳琳為統帥。及後期見退，朝鮮立刻將他調開兩西，派到三南防守海疆。林慶業在戰後經常擔任與明人聯絡的責任，尤以他繼柳琳任平安兵使時為然。崇德五年（1640）的舟帥上將，清人原以柳琳擔任，朝鮮以防倭為由，改任慶業。在前一節中我們已經說過，他因遭風敗舟而抗命不前，其後清人准他由陸路運糧蓋州，同時令他率水兵千名、廝卒五百，進駐海州，候馬調戍錦州。[147]然而朝鮮的馬遲遲其來，所以直到十月他纔離開海城，進駐義州，且到此之後不再前進。

清人要林慶業赴戰，他說無馬不能作戰，向清人要一千五百匹馬。清人見他終不為所用，便於十二月底令他們撤退回國。他不替清

---

[147] 京城帝國大學法文學部校訂，《瀋陽狀啓》，頁245、252。

人作戰的目的雖然達到，清主卻異常惱恨他，很想殺死他。可是明知他在鐵山時接待明人呂碧，為舟師大將故意不力戰，潛遣三船赴明暗通，但卻苦無證據，所以只能下令免去他一切職務階級，而無由剝奪他的生命。[148]

崇德六年（1641）是明清兩國在關外決戰的一年。從春間開始，清人便加強了對錦州的圍困，所以林慶業的兵剛剛撤到海州，還未踏入朝鮮國境，清人便於正月九日命令朝鮮調騎馬、礮手一千名，廝卒五百，限三月二十日到瀋陽候點，並且再度指定柳琳為將。柳琳同副將刀何良、丁天機率兵一千五百及戰馬一千一百五十匹，於三月十九日到達遼陽。清人接待犒賞，試驗礮手之後，於二十七日向錦州開拔，參加清人的對明戰爭。[149]

圍錦州的清軍是三月一換防，所以清廷也命朝鮮軍本年輪替。這年朝鮮以柳廷益率副將四員、遊擊二員、守備十員、兵千名，於八月一日到錦州。其時松錦之戰正激烈進行，所以新軍雖到，柳軍仍不得行，直到八月二十七日方纔替回。[150]是月朝鮮以換防太勤，民力凋敝為由，奏請及瓜而代，清主允許。[151]崇德七年（1642）四月以米糧運輸艱難，減少戍兵數目，只用砲手四百、廝卒兩百。[152]但是期年換防的制度並未實行，所以是年四月金大乾，十二月李迺，八年五月朴翰男仍率兵四百，火兵兩百按時換防。崇德八年（1643）六月，朝鮮再度請求依六年（1641）八月定例一年一換，這次太宗特令確實遵守。[153]這時候朝鮮軍的徵調，只是象徵性的了。

---

[148] 京城帝國大學法文學部校訂，《瀋陽狀啓》，頁314；《清太宗實錄》，卷53，頁718-1，崇德五年十二月二十九日乙亥條。

[149] 《瀋陽狀啓》，頁266、280；《清太宗實錄》，卷55，頁740-1，崇德六年三月二十七日壬寅條。

[150] 《清太宗實錄》，卷56，頁762-1，崇德六年七月二十五日己亥條。

[151] 《滿清入關前高麗交涉史料》，頁153-157；《清太宗實錄》，卷57，頁770-2，崇德六年八月十一日甲寅條。

[152] 《昭顯瀋陽日記‧六》，收入林基中編，《燕行錄全集》，第26冊，頁66；京城帝國大學法文學部校訂，《瀋陽狀啓》，頁434。

[153] 《清太宗實錄》，卷60，頁822-1，崇德七年四月二十八日丁卯條；京城帝國大學法

派遣軍隊帶給朝鮮沉重的負擔和無盡的煩擾。它使得朝鮮兩西人民遠戍異國，千里餽糧，它使得三南人民增加了數倍的賦稅負擔。朝鮮本來是徵兵制度，各地農民都有當兵的義務，但是有幾種原因，使得戍錦之役落到了兩西人民的頭上，同時加重了南方人民的輸納。三南等於中國明清兩代的江浙地區，是國家財政之藪源。政府為了保持稅源，所以不在那裡徵兵，以免人民逃亡，因為該地人民也像江南人一樣，筋骨柔弱，不堪吃苦，此其一；第二是三南人民反清最激烈，政府怕他們調出後替國家招禍；而政府要人多屬三南，他們袒護桑梓，也是不容否認的事實。至於平安道人民，有如中國之秦隴，地處邊塞，習於刻苦，性情強悍，適合當兵。但這次單獨負擔了全國的義務，雖然適合，畢竟是遠適異國，昔人所悲，而清人的虐待，行役之勞苦，又非躬與其事者不能體味。

　　雖然朝鮮是徵兵制度，然而因為此次偏徵平安人民，所以實際上是雇傭兵的性質，除軍糧外，政府須要供給他們衣資配備，而徵屬的撫恤復免，自是當然的義務。[154]在和清人的交涉中所受的痛苦更深。有的是由於兩國制度不同，如清軍一兵有四、五個役卒給使，朝鮮則一卒服役十兵，而清人每依清制調派；[155]有的是因為清人做事嚴密迅速，事先不通知，一聲令下，便急如星火的催辦。當然這是由於朝鮮拖延戰術激起的。

　　清人所需要的是朝鮮的砲手、鎗手，所以他們對砲手的射擊技術非常重視，每次換防軍到達遼東時，必一面犒賞，一面當場測驗。設皮靶，距離六十步，一鎗射中優等，兩鎗次之，三鎗最下，三次不中為不及格。第一次測驗柳琳的兵，結果千名兵中只有一百名技藝精

文學部校訂，《瀋陽狀啓》，頁434；《清太宗實錄》，卷63，頁876-2，崇德七年十二月十日乙亥條；《清太宗實錄》，卷64，頁881-1，崇德八年正月二十三日戊午條；《清太宗實錄》，卷65，頁897-1，崇德八年六月二十五日丁亥條；《瀋陽狀啓》，頁593。

[154] 《朝鮮仁祖大王實錄》，第35冊，卷42，頁109，仁祖十九年二月十日乙卯條。
[155] 京城帝國大學法文學部校訂，《瀋陽狀啓》，頁382-383。

熟，百名次之，其餘都非常生疏。因為這是首次，所以未令退回，但命令下次砲手須從御營軍中挑選，如有一名不精者，必中路退換。[156]可是柳廷益率來軍隊仍然有五十名不精者，乃嚴令迅速補充，而這五十名不及格者並未放還本國，而使他們運糧錦州，因為他們為逃避遠戍，在測驗時故意不及格。[157]崇德六年（1641）柳廷益接防後，朝鮮請准換防一年一次。這一來防軍須多戍半年，於是他們向清人告狀說：「山城入守之御營軍皆不入送，吾等非御營軍而入送，初持三朔饌物而來，今以十二朔為定，資裝已盡，勢難久留。」[158]清人為之不守新約，半年就換回。

現代的戰爭是打補給戰，古時後勤作業在戰爭中的重要性雖不如今日，然而自來就是兵馬未動，糧草先行。現在朝鮮有一千五百兵馬在三千里外作戰，需要有效的運輸供應，而做好這件事，則需要龐大的人力物力的支持，可是朝鮮必須挑起這一千斤重擔。

崇德五年，林慶業的西征軍，是由海路而行，從蓋州登陸後，再遵陸路而行，而且糧餉只將舟師餘米從海州運到錦州就行。現在朝鮮的援清軍全由陸路，在漢城集結，從義州過江，到遼陽點閱後，再發往錦州。朝鮮補給工作初由平安監司及義州府尹主持，後來清人認為，運糧乃莫大要事，而朝鮮不重視，委任人選，事權不重，命令以重臣節制兩西者移駐義州策應，庶幾無乏糧之患，朝鮮乃將平安監司移駐義州。[159]

軍餉過鴨綠江到遼陽後，或直接運往錦州，或暫時貯存。遼陽恰好是義州到錦州的中點，從來就是官馬大道的中心，所以朝鮮在這裡設立兵站，存貯物資，他們叫作「管餉所」。又設牧場，買蒙古牛飼養，以為駕車運糧之用。[160]後來因運糧艱難，在瀋陽附近設屯耕種，

---

[156] 京城帝國大學法文學部校訂，《瀋陽狀啓》，頁315。
[157] 京城帝國大學法文學部校訂，《瀋陽狀啓》，頁315。
[158] 京城帝國大學法文學部校訂，《瀋陽狀啓》，頁382。
[159] 京城帝國大學法文學部校訂，《瀋陽狀啓》，頁284。
[160] 京城帝國大學法文學部校訂，《瀋陽狀啓》，頁328、347。

以濟錦州之餉。[161]

補給品中以糧米、火藥最為重要，朝鮮兵從國內出發時，每一鎗兵帶火藥一百柄。這個數目在作戰時只夠七、八天之用，所以兵行之後須連續解送。崇德六年（1641）五月，柳琳兵參加圍城之役，百柄火藥四天用去一半。火藥用完後，朝鮮兵便退出壕中休息。清人對鎗兵的依賴很大，乃按一兵千柄之數，令連夜趕運，趕不及便咆哮憤怒，責備朝鮮「必欲令我事無成，故為不送」。火藥之外，掘壕築壘用的工具，如鍬伊、鍤木、加羅等，也須供應。[162]這些都是細事，最使朝鮮吃力的是糧米輸送。

崇德六年（1641）一月，清人徵調柳琳兵的時候，同時吩咐：「糧餉鱗次繼運，俾無乏絕之患。」朝鮮以運輸困難，請求在清國買糧買牛，清人以蒙古諸國都請買糧，絕難開例，不許。[163]朝鮮用馬將糧運到遼東新城（遼陽）。第一批於二月初到達，共約三百馬駄。從漢城啟運的每馬載鮮斗十六斗，從義州啟運者，每駄二十斗，其後又連批到達。[164]

但是如何將這些糧運到錦州前線，又成了大問題。柳琳的兵三月底已向錦州開拔，而只帶去數日的糧米，如不繼續供應，很快他們就要絕糧，世界上再沒有比軍隊絕糧更嚴重的事了。清人日日督催，限四月十日運錦州米四五千石。世子館所乃買獨輪車，用國內送米來的和人騎來的馬拉車。清人為節省護送人力，又規定零星車輛不許出發，必五百車一起才准啟運。可是事實上三百匹馬，很難一下調齊，於先來者留滯遼陽等候，結果使得人馬都饑疲不可用。[165]不得已將平安道送館所月糧的馬、運進貢禮品的馬、館所中宴享用的牛隻馬匹，以及驛馬、司僕馬，統統調出。清國衙門的通事，更直進館所

[161] 《朝鮮仁祖大王實錄》，第35冊，卷45，頁174，仁祖二十二年三月七日乙未條。
[162] 京城帝國大學法文學部校訂，《瀋陽狀啟》，頁292、301、312。
[163] 京城帝國大學法文學部校訂，《瀋陽狀啟》，頁278。
[164] 京城帝國大學法文學部校訂，《瀋陽狀啟》，頁271。
[165] 京城帝國大學法文學部校訂，《瀋陽狀啟》，頁274、277、280、282、284。

牽拉馬匹，捉講院書吏杖責。[166]朝鮮人在清人的淫威之下苟活，實在
可憐！

　　運糧車馬在途中更是事故橫生，車子折了用馬接運，而馬匹又多
倒斃。從錦州運糧回來的人，因饑饉勞苦，一個個都變成鬼樣子。[167]
運糧是如此辛苦，然而柳琳並不節省。朝鮮政府當初預算，一千五百
兵卒，每日兩餐，馬匹不發豆料，一月共支糧六百石。林慶業領軍
時，月支也不過七百多石，而柳氏則士兵每日三餐，軍馬月料五斗，
私馬月料三斗，共支千數百石。因之引起館所宰臣的不滿，說他「不
念國事之罔極，任其恣意，浪費糧餉，至於如是之多，……殊極不
當」，請政府設法禁之。[168]

　　八、九月中當松錦戰事緊急的時候，朝鮮的運糧夫馬，數百成
群，絡繹於途。關外氣候，冬季酷寒，冰雪封路，糧運越發艱難，衣
薄馬夫往往凍死，而馬匹的倒斃更是驚人，動輒數十匹，其不堪用而
棄置途中者，更以百數。朝鮮政府為此罰運糧軍卒戍邊，後因監司
鄭太和奏請每人罰布四匹了之。[169]為了解決這種困難，乃動用海州存
米，採取兌運政策，又請准在清國，就地採購，以為補救。

　　海州存米除林慶業軍開支外，餘存二千三百多石，一直沒有動
用。這年清國歉收，又加大批松錦明兵的被俘和投降，糧食需要殷
切，所以清人就想打這批糧食的主意。十一月間戶部官員向世子說：
「海州所置軍糧三千石，皆盡陳腐，本國若不用之，則此處有所用
矣。」世子答以國內饑荒，運糧維艱，海州米將立刻動用。於是急急
向國內調牛一百六餘頭，馬二百餘匹，駕車運赴錦州。[170]清軍自崇德
五年（1640）後在義縣屯田耕種。耿仲明、尚可喜等的大部軍隊平時

---

[166] 京城帝國大學法文學部校訂，《瀋陽狀啓》，頁285。
[167] 京城帝國大學法文學部校訂，《瀋陽狀啓》，頁285、292。
[168] 京城帝國大學法文學部校訂，《瀋陽狀啓》，頁229、234、295。
[169] 京城帝國大學法文學部校訂，《瀋陽狀啓》，頁363-364、380-381；《朝鮮仁祖大
　　王實錄》，第35冊，卷42，頁124，仁祖十九年十一月七月己卯條。
[170] 京城帝國大學法文學部校訂，《瀋陽狀啓》，頁366、373、396。

駐屯遼陽一帶，一部屯田義縣，主力到前防作戰時，便就食義縣出產糧食。朝鮮便憑著和他們在東江鎮的舊關係，商請兌換米糧。朝鮮在遼陽付他稻米一石，他從義縣運小米一石給錦州的朝鮮軍，義縣到錦州九十里的運費，由朝鮮出腳價銀每石二兩。他們共對換了朝鮮斗三百石。[171]

此外朝鮮又在義縣買米，就近輸送軍前。這樣朝鮮便免徐了自遼東到錦州的輸送之苦，雖然出點腳價，但省力得多了。所以他們很高興的說：「軍餉之弊言之氣塞，人馬之死傷，財力之耗費，聞見慘然。而得躪累石飛輓之弊，誠為多幸。」又說：「一石糧米，自灣上（義州）輸致錦州之費，多至七八十匹馬，而不損一馬，不煩一力……坐致軍前……。」[172]

崇德七年（1642）春天，清國糧荒更嚴重，於是清人紛紛向朝鮮貸米。正月中，尚可喜、耿仲明貸朝鮮海州食米一千三百餘石，規定八月秋成時，不計腳價，如數以新穀運交錦州朝鮮軍處。這些米當海運時部分失水，庫藏一年後，有六百餘石腐朽不可食，而以糧眾急需，也以同樣條件貸出，朝鮮算是發了筆小財。[173]三月中，三王及沈志祥（？-1648）、佟柱國等又貸朝鮮遼東兵站米四百石，而英親王阿濟格也請貸米。這些都於秋還後，由朝鮮出腳價銀運到錦州。是年四月朝鮮戍錦兵減少九百名，只餘六百，所以此後糧運問題便解決了。[174]

朝鮮援錦軍這幾年中的開支究竟多大？以我現有的資料很難統計。《朝鮮仁祖大王實錄》記載，單單松錦之役的幾個月中，朝鮮軍隊陣亡二十餘人，馬十八、九匹，所費糧餉三千三百餘石，火藥九百七十餘斤，鉛丸五萬三千二百餘個。[175]約略計之，崇德五年（1640）

---

[171] 京城帝國大學法文學部校訂，《瀋陽狀啓》，頁369、411。
[172] 京城帝國大學法文學部校訂，《瀋陽狀啓》，頁388-389。
[173] 京城帝國大學法文學部校訂，《瀋陽狀啓》，頁401、410。
[174] 京城帝國大學法文學部校訂，《瀋陽狀啓》，頁421。
[175] 《朝鮮仁祖大王實錄》，第35冊，卷42，頁123，仁祖十九年九月二十一日甲午條。

舟帥出發時，歲幣米萬石不計外，軍糧兩萬石，支付到六年（1641）二月，自三月到翌年六月，朝鮮在遼西屯兵一千五百，每月九百石計，十六月共支一萬四千餘石。自七年（1642）七月到順治元年七月鮮軍罷歸為止，朝鮮戍軍為六百名，每月以四百石計，共一萬石。前後合共四萬餘石米糧，而運糧夫馬之消耗不在其中。

當朝鮮政府在清人的淫威下，大量徵調人馬糧餉支持其戰爭的時候，朝鮮人民則因荒旰而死亡相繼。本來朝鮮除三南之外，其他各道就經常有荒歉之災，丙子亂後，各地民力破壞無餘，元氣喪盡，而後更是連年荒旱。如崇德三年（1638）九月，咸鏡道饑餓癘疫，人民死者四千三百餘，黃海道蝗災，連一向富裕的三南地區，也凶荒慘重。四年（1639），京師南方饑荒，江原、忠清疫癘大熾。五年（1640）八月，國內大饉，京師米價猖狂，七、八升值綿布一匹。六年（1641）五月，「八路大旱之災出於三年凶歉之後，兩麥已枯，四野盡赤，此誠前古未有之大變也。」八年（1643）三月，又是「饑饉疫癘，人民死亡殆盡」。[176]一個政府連他人民的起碼生活都不能維持，還去剝民脂膏侍奉外人，而且還說這是為了保全國家社稷。這樣的國家，雖曰未亡，吾必謂之亡矣。這種國家的人民是最可憐的。

朝鮮的援錦軍到達防地後，便配屬於八家陣地，由各家派人監視。因為語言不通，所以需要八個翻譯人員，其中除清語譯員外，有時也用漢譯。[177]當時朝鮮兵因不願和明軍作戰，所以放鎗時每故意不中，或不裝彈丸，只放火藥，虛作聲勢。然一經清人發現，便立被殺害。有時朝鮮的帶兵官，也受到被害的脅迫。[178]

即使如此，朝鮮的砲火已在對明戰爭中，發揮了相當大的效力。

---

[176] 《朝鮮仁祖大王實錄》第35冊，卷37，頁35，仁祖十六年九月一日庚申條；卷38，頁46，仁祖十七年一月十七日乙亥條；卷41，頁97，仁祖十八年八月二十三日壬申條；卷42，頁114，仁祖十九年四月二十八日癸酉條；卷44，頁152，仁祖二十一年三月二十一日甲寅條。

[177] 京城帝國大學法文學部校訂，《瀋陽狀啓》，頁316、401。

[178] 《朝鮮仁祖大王實錄》，第35冊，卷42，頁115，仁祖十九年五月四日戊寅條。

《朝鮮仁祖大王實錄》記松錦之役說：「是役也，漢兵死亡甚多，而中砲者十居七八，漢人自此恨我國益深。」[179]這是柳琳的戰功，所以當他回防時，清帝一再賞賜駝馬等物，在瀋陽則令禮部連宴三天，賜馬百匹，最後頒敕嘉獎，陞為總戎使，並令查敘部下。然朝鮮人以「琳自得清敕，揚揚有自大之色，查功之際，任意陞降，有識者恥與焉」。[180]

在松錦戰場上的第二種朝鮮人，是扣押在瀋陽的世子李淏及鳳林大君李淏。他們固然曾負擔了部分外交工作，然而清人的質押他們，完全是作為朝鮮忠貞的保證。每當朝鮮不太馴順的時候，清人便會警告說：「你們不想二位王子回國了嗎？」每當這種時候，我們便聽到世子館所中清人的咆哮聲，並看到他們的脅迫行為。崇德三年（1638），清人徵兵朝鮮，而朝鮮故意後期，清太宗一怒之下，令朝鮮世子從征遼西。後因世子疝疾，而由李淏代行。四年（1639）春，大君再度隨征。這兩次大君行役，因文獻不足，我們不知其詳細情形，此處只敘述崇德六年（1641）世子大君的西征。

清軍自崇德六年（1641）三月起更番圍困錦州城，深溝高壘數重。守將祖大壽乞援關內，明廷乃遣薊遼總督洪承疇（1593-1665）率八總兵，以步兵十三萬，騎兵四萬來援，圍城將多爾袞與豪格連續向瀋陽告急。清太宗八月十一日接急報後，決定親征，悉發十五以上男丁，空國而西，並令朝鮮世子、大君隨行。太宗於十四日啟行，疾馳六日到達松山。[181]

朝鮮世子等於十五日由希福陪同西去，一行員役一百一十一人、馬八十八匹，駝十一頭、帳幕等具，多由清人供給。由瀋陽到松山計六百餘里，他們五天半趕到。因之人困馬乏，狼狽不堪。途中有時

---

[179] 《朝鮮仁祖大王實錄》，第35冊，卷42，頁122，仁祖十九年九月七日庚辰條。

[180] 京城帝國大學法文學部校訂，《瀋陽狀啟》，頁342、396；《清太宗實錄》，卷57，頁777-1，崇德六年八月二十九日壬申條；《朝鮮仁祖大王實錄》，第35冊，卷42，頁124，仁祖十九年十月二十二日甲子條。

[181] 《清太宗實錄》，卷57，頁771，崇德六年八月十九日壬戌條。

第十三章　清韓關係：1636-1644　321

路邊無水，人渴馬斃，夜間幕宿荒野。連日所見，只有疾馳而西的清軍，及瀰漫的路塵。這時太宗紮陣於松山、杏山之間，世子等便駐於陣後。他們因行李落後，以致駐定後，飢無飯、冷無衣，而涼秋八月，塞外早寒，晨昏雨後，他們只好瑟縮作一團。

世子護行宰臣的《西行日記》，替我們繪了一幅清楚的松錦戰圖。由此我們知道：

> 伊州（義州）西南九十里即錦州，錦之南二十里即松山堡。松錦之間有山，山上有城，清人據之以臨松錦。松之西十九里即杏山堡，杏之西又有塔山堡。杏距寧遠一日程，松杏之間有山阜隔之。自錦至杏三十餘里，松杏之南十餘里即大海，海曲有運餉之倉。[182]

他們親眼看到名將祖大壽布署的錦城防務，「城外多埋火砲，清人不敢近城，去五里許築夾城，圍住已過一年」。承疇敗後大壽降清，似乎不應受到苛責。

這群被羈押的高等俘虜告訴我們，松錦之役開始時，「明兵勢極壯，用兵亦奇」，明人的「援錦大軍，用兵異前，錦之圍住之兵，勢不能當」。明兵來到松山後，分兵強攻清人所佔松錦間的山城，而圍錦清兵「屢戰屢衂，勢將退，汗為此馳來」。從他們的見聞錄中我們得知，明援錦軍失敗後，清人「三日搜殺，極其慘酷。漢人視死如歸，鮮有乞降者，擁荷其將立於海中，伸臂翼蔽，俾不中箭，不失敬禮，死而後已」。這是多麼悲壯的死！他們親身經歷了杏山、塔山的礮戰。明清兩軍隔城對轟，「砲聲如雷，聽者懼神。松山砲丸大於鵝卵，屢落於幕次近地」。他們只好築厚一丈高二丈的土牆，以為掩體。

---

[182] 《昭顯瀋陽日記》，收入弘華文主編，《燕行錄全編・第一輯》（桂林：廣西師範大學出版社，2012），第11冊，頁33。

我們還看到這秋末冬初的戰地景色：「此地早寒，野無青草，今者諸陣駝羊牛成群放牧，數日之間，半日之程，盡為赤地。馬飢而病，人爨無柴。蒙人時以橐駝採剗於遠地而來賣之，寸草重價，行資日匱。」[183]

此次松錦之役結束了關外戰爭，對清而言算是存亡攸關，所以他們緊張而秘密，世子西行之後，館所人員絕不許向本國通信。直到勝利之後，始准派人回國，所以世子等雖在生死之地，而朝鮮人則根本不知。

九、質子永歸

清朝與朝鮮正式有邦交始於天聰元年，但因這種關係是力征的結果，所以終太宗之世，始終齟齬。丙子之役（1636），清軍敗朝鮮，降其國而不亡其社稷，將李氏王朝作為一個維持半島秩序，及剝削朝鮮人民的工具。這的確是高度政治智慧的表現。然而他同時覺得這是對朝鮮的大德。當他聽到朝鮮那些「再造」、「重生」等等謙卑的頌辭時，便以為那是真的，因為他想那應該是真的。這是他對朝鮮忠誠的錯誤估計。崇德三年後朝鮮一連串的事實表現，使他覺醒了，於是他在厭惡憤恨的心情下，對朝鮮緊緊釘著，一絲也不假貸。這種關係，以崇德五年至八年（1640-1643）春最為緊張。

這幾年中，朝鮮固被清人糟蹋的不像個國家，清人也感到朝鮮的不可靠，清鮮關係的危機，可能隨時發生。這種看法可以五年（1640）五月祖可法（？-1657）、張存仁（？-1652）的奏稱「東有面從之朝鮮，性同浮鶩」為證。[184]這種緊張局面，崇德七年（1642）春天後，漸趨緩和。一方面因為這時清人已在關外得到了決定性的勝

---

[183] 以上見《昭顯瀋陽日記》，收入弘華文主編，《燕行錄全編·第一輯》，第11冊，頁33-38。

[184] 《清太宗實錄》，卷50，頁667-1，崇德五年正月二十日壬申條。

利，朝鮮對明清的態度，必須重行徹底考慮並調整，同時太宗的健康也益趨惡化。人之將死，其言也善，他九月中崩逝，五月裡曾有赦免崔鳴吉、金尚憲等罪，省減朝鮮歲貢及招待敕使節目的命令。

朝鮮向清國輸納歲幣的品類及數量，自丁丑（1637）訂定之後，崇德五年（1640）十月太宗誕辰時，曾減少貢米九千包，至是再減。五月七日，英俄爾岱、范文程等向世子傳述省減之意，且說本欲即送敕使，然以正當農時，恐妨農作，姑待秋後。其〈減歲幣詔〉曰：「朕思歲貢禮物，皆出自民間。故慮其煩苦，特為量減。」[185]計減紅綠綿綢各五十疋、白綿綢五百疋、紵絲二百疋、布二百疋、腰刀六口、龍蓆二領、花蓆二十領。[186]

關於敕使節目的簡化，太宗說：「朕聞，差去使臣，俱以明朝舊例，所得禮物太多，民頗不堪，此非善政也，故特減其數，以為定例。」再禮物在沿途驛遞餽送，甚為不便，今後可餽之於王京。至於沿途大小驛站，一應折席之例，及侍女、鷹犬，盡行裁革。其迎送宴接等儀如舊。又沿途中火及歇宿等處，彼處人役，或乘機指索擾民者，亦未可知，當令使臣到彼，於凡食用之物，斟酌省減之。[187]計正副使各一員，一二三等常隨及跟隨人役各一人，共減少鞍馬二匹、銀三二八三兩、綿細七一四疋、細麻布二〇四疋、布七五六疋、豹皮二八張、虎皮二張、水獺皮三四張、青黍皮二十張、紙一六〇卷，油紙一〇八部、花蓆二四〇張、各種刀一〇八把、油紙雨帽九六頂、扇子六一〇把、筆三四四枝、墨五五四頂、弓一二張易為水牛角六個、彩畫箭匣二個、蠟燭二十枝、胡椒四斗、白礬三十斤、茶一六〇斤、香七十炷、箭一六〇枝、靴襪二雙、舖蓋八副、細折南草（菸葉）一三六袋、烟筒（烟管）九八枝。而銀碗二個、銀匙二根、銀筋二雙、銀鐘盤二副、銅鐘三個，銅箸十雙、玲瓏燭臺二

---

[185] 《朝鮮仁祖大王實錄》，第35冊，卷44，頁164，仁祖二十一年十月八日戊辰條。
[186] 《清世祖實錄》，卷2，頁35，崇德八年九月十五日丙午條。
[187] 《朝鮮仁祖大王實錄》，第35冊，卷44，頁164，仁祖二十一年十月八日戊辰條。

對、銅火盆一個、銅洗盆二個、竹桿箭九十枝、木頭箭三十枝、雹頭箭三十枝，完全裁去。事實上常隨及跟隨人員絕不止一名。此處是最保守的估計。[188]

太宗崩後，世祖（1638-1661）即位，統治權由睿親王多爾袞及鄭親王濟爾哈朗代為行使。這種權力重心的移轉和分散，對清鮮關係沒有什麼基本影響。多爾袞從前雖然待朝鮮世子很刻薄，但他究竟是與朝鮮接觸較多，關係較深的人，現在有很大的決定權力，而且對朝鮮表示聯絡之意。同時太宗死後，清王朝的紀律多少有些鬆弛，如多爾袞、阿濟格、多鐸等，每向朝鮮作財務貿易上的請求，[189]而人類的行為關係則虧欠就成卑下，就必須償付。所以太宗在世的最後數月中，兩國關係的解凍現象，現在仍舊進行著，且多少有點加強。

首先他們將太宗省減朝鮮歲貢、敕使餽贈，赦崔鳴吉、金尚憲等的旨意實施了，[190]世子大君的往來較便，世子妃也得回國省親，而最令朝鮮高興的是停止刷送兀良哈（瓦爾喀）人。這些人的捕送，曾使半個朝鮮雞犬不寧。[191]當然朝鮮截擊明船，捕捉明人解送瀋，也是最使清人快慰的事，所以特旨嘉獎，賜銀五百兩，「以答忠誠」。[192]

可是我們切不要以為清人已經放鬆了朝鮮。現在他們還是在瀋陽，這裡的氣氛局面使得他們很自然地牢牢的注視著朝鮮半島；只有當他們進入北京全神貫注在中國關內廣大的土地時，他們纔會忽略這個半島，只偶爾聽聽這裡的風聲而已。順治元年（1644）正月，清國許世子歸國省親，朝鮮派李敬輿（1585-1657）為使臣赴瀋謝恩。他到達之後便被清扣押起來，因為他是「通明罪犯」之一，曾經太宗命削

---

188 以上見京城帝國大學法文學部校訂，《瀋陽狀啓》，頁573-578。
189 京城帝國大學法文學部校訂，《瀋陽狀啓》，頁607、612。
190 《朝鮮仁祖大王實錄》，第35冊，卷44，頁165，仁祖二十一年十月八日戊辰條。又謂：「歲幣則減元數十分之一，而禮單則有加無減，或謂彼中往來我國者恐其裁損，偽加元數，故其所減省者，未免增加云。」
191 《朝鮮仁祖大王實錄》，第35冊，卷45，頁181，仁祖二十二年四月二十六日癸未條。
192 《朝鮮仁祖大王實錄》，第35冊，卷44，頁164，仁祖二十一年十月八日戊辰條。

第十三章　清韓關係：1636-1644　325

職赦歸，今朝鮮不加奏請便加任用，所以羈押。

李敬輿的事引起了清人的注意，他們發覺到，敬輿之外，朝鮮還擅自敘用了同案罪犯李明漢（1595-1645）、李景奭（1595-1971）、朴漢、閔聖徽（1582-1647）、許啟、曹漢英（1608-1670）六人。於是傳命說，這六個人無非志在南朝，並令罷職。朝鮮雖辯稱他們之啟用是在世祖即位大赦之後，然清人全不理會。備邊司論此事說：「人才有限，茲四、五臣者，皆足以了當一世事，而被他牽制，國家之不幸甚矣。」[193]足見清人控制之嚴。總之，朝鮮的命途，只有在兩種可能情況之下始有好轉的希望，就是清國覆亡，明國恢復在東北的勢力，或者清人代替明人在東亞的地位，簡單地說，就是俟中國塵埃落定。

由後金汗國改稱大清的女真政權現在已歷三世，漸漸地壯大。可是這個政權的領導者從來沒有做過代大明天子君臨中國的夢。努爾哈赤是因求生而搶掠，為犯法而造反；皇太極的最大願望是保有關外一域，過他的太平日子；至於當朝的那位娃娃皇帝，還不省人事，遑論國事！只有多爾袞及一批投降的漢人，意識到了明朝的衰落，可是他們也沒有想到目前會發生什麼變故，更沒有想到自己的前途將如何，他們只看見寧遠城、沙河堡、山海關依舊那樣頑強地站著。然而後人會看到，瀋陽當空，正帝星高照，大清的國運正如當時解冰後的遼河春水，旺盛湧壯。那和崇禎年號同時出現的陝北流寇，此刻正在替大清開山海關的關門，引導那位娃娃皇帝到北京去作全中國的主人，作李氏朝鮮再不必疑惑爭論的父親。

當北京防務漸趨緊張的時候，吳麟徵疏請放棄寧遠，急調吳三桂入關。於是明軍自動撤出寧遠、沙河二城五十萬軍民。[194]這消息報到瀋陽之後，清人決定西進，乘機漁利。繼聞北京被圍，便立刻下令，數日間徵調全國七十以下十歲以上男丁，盡行西征，並令朝鮮世子隨

---

[193] 《朝鮮仁祖大王實錄》，第35冊，卷45，頁180，仁祖二十二年四月十二日己巳條。
[194] 谷應泰，《明史紀事本末》（北京：中華書局，1977），第4冊，卷79，〈甲申之變〉，頁1378。

行。他們於四月九日隨清兵出發，近攝政王營而行。一出瀋陽便見軍兵車馬充塞廣野，風沙瞇眼，人不敢開睫。將到義州途遇平安虞侯南斗赫所領朝鮮換防軍六百名。

這些軍兵以長途跋涉，「人如鬼形，馬無完足，人病者載馬而呻吟，馬病者棄路而顛仆，其間關跋涉之狀，有不忍言」。[195]距錦州一兩日程時，他們住宿地方，泉水不敷，水色如土，一夕需用也不夠，即令禁軍鑿井於谷口卑溼之處，幾至一丈深，而終不得水，只好遠汲大野污之中，而水不堪飲，而且連柴草也找不到，其間辛苦，不堪卒述。

四月十五，清軍接到吳三桂的乞援，便兼程前進。雖然行色匆忙，到錦州時，世子仍利用休息的一個時辰，和范文程去觀光堅守錦州的名將祖大壽、祖大樂的公館。這兩家住宅，「結構宏傑，甲於城中，重門複室，金碧炫耀，甃磚石切，雕刻奇形，文垣粉牆，窮極華麗，而大壽之家，尤為侈奢」。同時看到原本閭閻櫛比的錦州城，兵燹之後，居民鮮少，清軍入城時，軍馬紛沓，不成行伍，[196]二十日軍到連山，三桂促兵人員再來，說賊兵已迫。於是多爾袞騎兵馳馬前進，世子將行李及跟隨落後，只牽輕騎跟進。這種急行軍的狼狽現象，《西行日記》描寫的很好：

> 一行皆未及打火矣，達夜疾馳，人馬飢渴，黃埃漲天，夜色如漆，人莫開眼，咫尺不辨，至寧遠城下，夜已三更矣，不分城堞之遠近，只見城中火暈，始知城下過去矣。過城底，坑塹出沒上下，如發山入井，魚貫跋涉，僅免顛沛。曉頭至沙河所城外，九王駐兵小歇。世子露坐田疇間，陪從之人，各持纏牽，

---

[195] 《瀋館錄》，收入金毓黻主編，《遼海叢書》（瀋陽：遼瀋書社，1985），卷7，〈西行日記〉，頁2839-2。。

[196] 《瀋館錄》，卷7，〈西行日記〉，頁2840-2。

困頓相枕，露氣沾溼，塵沙蒙冪，顏面衣冠，變如他人。[197]

他們一晝夜走了二百里，至山海關外十五里過夜，帷帳炊具等物，統統落後，只得借清人帳幕供用。而夜間清軍移營，車馬之聲，四面沓至，關上砲聲，深夜不絕。第二天平明，世子與清軍一同入關。[198]山海關是清人數十年仇恨的地方，也是希望的地方。他們犧牲無數生命，但從未能向這裡走近一步。如今吳三桂請他們以客人的身分進來，他們則以主人的姿態氣勢，踏入這天下第一關。「現在」是大順王朝或大清帝國的分水嶺，也是中國和朝鮮命運的決定關頭。1644年四月二十二日，在山海關有一幕關乎東亞全局的歷史性演出，而朝鮮世子是這齣戲的唯一觀賞者。這位高級囚犯雖命途坎坷，卻能目睹這偉大的歷史鏡頭，也算難得而幸運。

世子等入關時，吳三桂軍已經與闖兵接戰，城內砲子與鏃箭齊飛。世子倚城底菜圃中牆壁休息了一回，多爾袞便傳令同赴戰場。他不得已，只好前去，躬擐甲冑，立於矢石之所，護行禁軍只四、五人披甲，其餘陪從無甲，只著軍服而已。現在那歷史銀幕揭起了，「砲聲如雷，矢石如雨，清兵三吹角，三吶喊，一時衝突賊陣，發矢數三巡後，劍光閃爍。是時風勢大作一陣，黃埃自近而遠，始知賊兵之敗北也。一食之頃，戰場空虛，積屍相枕，彌滿大野，賊騎之奔北者，追逐二十里，至城東海口，盡為斬殺之投水溺死者，亦不知其幾矣」。這時朝鮮砲手一百三十五名自寧遠來，保護著世子一同向北京進發。他們又經過九天的艱苦行軍，於五月二日到達北京。[199]

在北京，他們看到那曾經侍奉崇禎皇帝（1611-1644）的錦衣衛，以同樣的儀節接待新的主人；看到那些受盡了痛苦的中國人民，手持鮮花，焚香跪在路旁，祈禱新來者能給他們和平安定；看到那三百年

---

[197] 《瀋館錄》，卷7，〈西行日記〉，頁2840-2。
[198] 《瀋館錄》，卷7，〈西行日記〉，頁2840-2、2841-1。
[199] 《瀋館錄》，卷7，〈西行日記〉，頁2841-1。

宮闕，除武英殿孑然獨存，禁川三橋宛然猶在外，盡成瓦礫灰燼，那燒屋之燕，差池上下，蔽天而飛的是春燕巢林。[200]

因為燕京宮殿焚毀，世子等原住武英殿前廊，因地狹人眾住不下，多爾袞乃令搬入隆慶駙馬侯拱辰宅中。此處屋宇宏傑，假水假山，山上有亭，登臨可俯瞰整個北京。這就是北京的世子館所。這時最困難的是糧食，他們離國愈遠，補給不上，人馬飢餒。自衙門中領柴米，則糠土居半，且盡腐爛，觸手飛屑，不堪入口，飢餓不耐時略吃少許，腹痛輒發。[201]世子受不了這種痛苦，便請求回瀋陽。攝政王允許，並賜陪衛砲手一百三十四人、隨征軍兵六百名、館所役員三十六名以彩緞錢幣，囑八月中皇帝遷都時，與嬪、大君一同回還，元孫等一概回國。世子於五月二十四日自燕京啟行，經長城，越冷口，循大凌河而下，六月十八日到達瀋陽，八月再同順治皇帝同遷北京。[202]

自清人入北京之後，朝鮮便數度請世子永還，皆為清使以時機未到辭阻。順治元年（1644）十一月，世祖在北京登極，大赦天下，頒詔朝鮮：「爾朝鮮國，據誠效順歷有歲年，恪共藩服，宜沛隆恩，特遣爾世子李淏歸國。」[203]這是官樣文章，實際上就是多爾袞所說：「未得北京之前，兩國不無疑阻，今則大事已定，彼此一以誠信相孚，且世子以東國儲君，不可久居於此，今宜永還本國。」[204]只鳳林大君暫留，與麟坪大君（1622-1658）相替往來，三公六卿的質子，乃至李敬輿、崔鳴吉、金尚憲皆令世子率回，李明漢、李景奭、閔聖徽也准起復任用。

清廷還蠲免歲貢苧布四百疋、蘇木二百斤、茶一千包，減各色

---

[200] 《朝鮮仁祖大王實錄》，第35冊，卷45，頁185，仁祖二十二年五月二十三日庚戌條。

[201] 《朝鮮仁祖大王實錄》，第35冊，卷45，頁186，仁祖二十二年六月二日戊午條；《瀋館錄》，卷7，〈西行日記〉，頁2843-1。

[202] 《朝鮮仁祖大王實錄》，第35冊，卷45，頁191，仁祖二十二年八月二十三日戊寅條；《瀋館錄》，卷7，〈西行日記〉，頁2843。

[203] 《清世祖實錄》，卷11，頁111-2，順治元年十一月二十六日庚戌條。

[204] 《朝鮮仁祖大王實錄》，第35冊，卷45，頁202，仁祖二十二年十二月四日戊午條。

綿細一千疋、各色細布五千疋、布一千四百疋、粗布二千疋、順刀一把，元旦冬至萬歲慶賀禮物，以道路遙遠，著於正朝一次附進。[205]世子於順治二年（1645）二月辛未還至漢城，朝鮮頒教慶賀，中有：「幸蒙寰區混合之會，預備覆載生成之恩……人情窮則必通，歲運往無不覆」之句。[206]說得很坦白，朝鮮是依賴命運為生，而不是由自己的意志能力。以前與大明共患難，今後將與大清共榮辱了。這年三月，清人並鳳林大君也永遠放還，清鮮關係至此納入正途。

*原刊《故宮文獻》，第4卷第1期（1972），頁15-38。《故宮文獻》，第4卷第2期（1973），頁15-36。後收入《清代中韓關係論文集》，今以後者為底本整理。

---

205 《朝鮮仁祖大王實錄》，第35冊，卷45，頁207，仁祖二十三年二月十八日辛未條。
206 《朝鮮仁祖大王實錄》，第35冊，卷46，頁207，仁祖二十三年二月十九日壬申條。

第十四章
後金汗國與朝鮮的貿易
（1627-1636）

　　本會討論的主題是清入關前與朝鮮的貿易，也就是討論1592至1643年間這兩國的貿易，1637至1644間的貿易情形，我已在拙著《清韓宗藩貿易：1637-1894》中討論過，此處不再重複。而1592至1626間的貿易史我還沒有研究，也無從討論。所以今天只就1627至1635年（天聰元年至崇德元年，仁祖五至十四年），也就是丁卯之役與丙子之役間十年的貿易情況加以討論。

　　按清人所說，丁卯之役是因朝鮮仁祖與在皮島上的明將毛文龍（1576-1629）合作，對清人閉關絕使而發動的。所以戰爭過後，開放並維持兩國的貿易與外交關係，以及阻止明軍在北朝鮮的擴張，仍然是後金汗國對朝鮮半島政策的重點。

　　緊隨著軍隊的撤退，後金提出義州開市及使節相互聘問之事。在當時，使節聘問的重要性也在貿易。雖然為了應付金人的要求及贖還俘擄，義州市在天聰二年（仁祖六年，1628）春已舉行，而兩國使節也已往來頻繁，但這兩件交涉到是年秋方告達成。雙方約定：義州市每年春秋各開一次，每次為期一個月，各派官監市，講定價格，勿抑勒，後金開市人馬食宿自行負擔。使節聘問也每年春秋各一次，如有不得已需要互通之事，不在此限。使聘往來時使團人員可帶商品交

易，也可帶商人從事貿易。[1]這就是清韓關係史上所稱的義州邊市及使行貿易。後金也要求在會寧開市，朝鮮初以物力不足拒絕，至二年秋允許。雙方約定，每年開市一次，各派官監市，清開市人等食宿費用也由清方自行負擔。[2]

從本文所附表一、二、三可知，義州市只開了兩次，會寧市在天聰三年（1629）一月及天聰八年（1634）十二月間也只開過一次，其後方納入正規。惟有使行貿易比較正常，然也有其問題。現在我們將三處貿易所發生的困難及其原因分析如下。

義州及會寧市不能經常舉行的原因有三：

一、後金並未如兩國所約定，一切開市人馬費用自行負擔，而是要求由朝鮮負擔。邊市的特色之一是後金人赴市者多，窮的富的均有。[3]天聰二年春金人赴義州市者千餘人，保護及監市官兵三百餘，赴會寧市之商人官兵也數百人。[4]如此眾多人馬所需糧草為數頗巨，為沉重的負擔，而監市官員且動輒需索禮物，如不能滿足其要求，每侵擾官府，毆打官民。[5]

二、如許人馬，秩序很難維持，開市人每因貨色及價格等事爭吵打鬥，引起混亂。[6]

三、明東江鎮軍隊控有朝鮮沿海諸島，隨時進出清川江以北陸地及鴨綠江中，開市極易引起明金軍事衝突。

在義州停市期間，金人利用春秋信使或其他使節的聘韓，於

[1] 張存武，《天聰時代後金汗國與朝鮮的關係》（臺北：國立臺灣大學歷史研究所碩士論文，1957），第四章。

[2] 莊吉發，〈滿鮮通市考〉，《食貨月刊》，復刊第5卷第6期（臺北，1975），頁273-290。

[3] 《朝鮮仁祖大王實錄》，第34冊，卷17，頁224，仁祖五年九月四日丁卯條。

[4] 《承政院日記》載，李貴建議鮮王令朴蘭英持千餘青布而行，鮮王未可否。見《承政院日記》，第19冊，頁147，仁祖五年十月十一日甲辰條。然《清太宗實錄》載，清太宗致鮮王書云：「爾言大兵所至，俱經殘破，難以開市，須往王京交易，此言誠是。爾遣來貿易之人，已經隨物獲售，我亦令人往爾處往市矣。」見《清太宗實錄》，卷3，頁55-1，天聰元年十二月九日壬寅條。

[5] 《朝鮮仁祖大王實錄》，第34冊，卷18，頁250，仁祖六年正月九日辛未條。

[6] 《亂中雜錄・續雜錄》，卷2，頁92。

義州及平壤之間進行交易，如附表二中天聰四年（1630）春、八年（1634）三月、九年（1635）夏等之交易。因其在地方交易，朝鮮地方官或兩西管餉使應付，可視為義州開市之變相。[7]然又因其多在使聘時為之，並無許多人馬進入朝鮮，故也可歸入使行貿易類。其弊為金人所購買貨物須用朝鮮馬運出朝鮮。[8]不過較之義州開市，所費少得多。會寧市停後，朝鮮該處商人私與叛離後金的三個女真部落貿易。清太宗（1592-1643）對此屢次提出抗議。[9]

天聰七年（1633）十一月，由於金人不斷強烈指責拒絕開市，朝鮮回答說：「本國信使之行，略帶商賈以資通貨，亦出於不得已也。」[10]這說明了，前此一段時間中朝鮮信使之行未帶商人。天聰八年（1634）底朝鮮不再拒絕會寧開市，但要求由清寧古塔地方官監市，以免中央監市官員之需索。太宗許諾。[11]朝鮮此種態度的轉變，是金鮮兩國國勢發展，及外交關係演變的結果。

後金在丁卯之役中未進攻漢城而議和退兵，雖有其不得已之處，也冀因此而得到朝鮮的友誼。但戰後開市之不理想已如上述，不容明兵登陸朝鮮半島一端也全未辦到。在天聰四年（1630）皮島劉興治（？-1631）殺陳繼盛（？-1630），及天聰五年（1631）劉氏被殺兩危機事件中，朝鮮行動毫未考慮到後金的利益，且對後金在明朝永平、遵化等處之失敗大肆慶賀。因之雙方關係急遽惡化。

天聰五年（1631）十一月金派庫爾纏（？-1633）、滿達爾漢

7　見本文附表各該次貿易。

8　《承政院日記》言胡差賞出刷馬多至數百匹。見《承政院日記》，第41冊，頁156，仁祖十一年十月一日庚申條。

9　《朝鮮仁祖大王實錄》，第34冊，卷20，頁323，仁祖七年四月十一日丙申條。《清太宗實錄》，卷16，頁216-217，天聰七年十一月十六日己卯條。在天聰九年春朝鮮同意再開市之前，金人不斷指責，不煩舉證。

10　《朝鮮仁祖大王實錄》，第34冊，卷28，頁539，仁祖十一年十一月三十日戊午條。

11　《清太宗實錄》，卷22，頁290，天聰九年正月二十八日己卯條。《清太宗實錄》，卷23，頁299-300，天聰九年三月二十二日壬申條。

（1590-1644）、董納密往朝鮮定致金禮物數額。[12]在此之前朝鮮送多少禮物全由自己決定，如今金人規定其物品數額，則非復禮物，而為歲幣矣。天聰六年（1632）冬金復遣巴都里至漢城言「當革兄弟之盟，更結君臣之約」，並重定歲幣，擴大其品類，數量也大幅增加。朝鮮雖未完全照辦，但天聰七年（1633）開始所送較以前大為增多。[13]是年五月孔有德（？-1652），耿仲明（1604-1649）經鴨綠江降金，朝鮮與明軍聯合追擊，無異與金公開決裂。然七月金國攻下旅順後，皮島及遼東沿海外島明軍均為之震動，且自此士氣衰落，漸有降金者。[14]朝鮮在後金此種軍事威脅之下，乃作了上述貿易上的讓步。

三市貿易量，就有數字可據者而言，會寧市多者為牛一百五十頭，約值兩、三千兩銀左右。義州及使行貿易，多者值銀十萬兩，少者一千兩左右。就貨物結構而言，後金自會寧市輸出朝鮮者主要為毛皮，買入者以耕牛及其他耕種農具為大宗，[15]乃以貨易貨之交易，雙方貨值保持平衡。至於義州及使行貿易，從附表一、二可知，清方輸出者為銀子及人蔘，輸入者有綢緞等絲織品，青布等棉織品，各種毛皮、米糧、牛、馬、紙張、煙草、藥材、胡椒、蘇木、染料、硼砂、水銀、水果等物。

朝鮮貨物之輸出多於後金，為出超國家，後金為入超國。朝鮮輸出品中，胡椒、蘇木乃東南亞熱帶地區產品，係與日本對馬島交易而來。煙草可能有自產者，也可能有來自日本者。各種絲織品，及青布、藥材（水銀，硼砂在內）、染料等係中國貨物，或經皮島交易而來，或明人帶往朝鮮，或朝鮮貢使人員購回。皮島在天聰年間是中

---

12 《清太宗實錄》，卷10，頁146，天聰五年閏十一月一日庚子條。《朝鮮仁祖大王實錄》，卷27頁4、34。

13 《清太宗實錄》，卷12，頁175，天聰六年十一月十八日壬子條。《續雜錄》，第3卷，頁61，仁祖十年十一月九日癸卯條。《朝鮮仁祖大王實錄》，第34冊，卷27，頁507，仁祖十年十一月十七日辛亥條。此項外交演變，至今無人研究。

14 《朝鮮仁祖大王實錄》，第34冊，卷28，頁530，仁祖十一年八月一日庚申條。各島降金人見同年九月二十三日壬子條，十一月尚可喜降。

15 見附表三，及《清太宗實錄》，卷22，頁290，天聰九年正月二十八日己卯條。

韓間旺盛的國際貿易港，毛文龍曾廣為招徠，登州、天津商船往來如織。貨至，一從帥府掛號，平價與朝鮮易糧。故島上市肆之間貨物充盈，年稅巨萬。[16]

天聰四年（1630）四月有商賈八十餘人，天聰五年（1631）劉興治之亂殺南方商人五十餘名，[17]他們可能是綢緞商或布商。島中與朝鮮往來頻繁。商賈之外，凡副總兵以上該國均派有接伴使駐島，而譯官隨之，此外有不少朝鮮人民投入各島，言語服飾如漢人，且屬編伍，蓄妻子。[18]天聰二年（1628）朝鮮人見皮島泊船七十餘隻，其中屬該國者過半。[19]島中糧米相當仰賴於朝鮮，其中除部分係贈與外，大都以銀子或各種貨物交換而來。[20]朝鮮管餉府例到該島貿易，其體府亦如此。天聰五年（1631）該府將所屬財產歸還各衙後，仍留人蔘二百斤以貿販島中，作為軍需之用。[21]

公貿之外私販甚盛。天聰三年（1629）六月毛文龍被殺後陳繼盛曾禁朝鮮私市，而十月份該國實錄仍謂「各衙門年年興販，憑公營私，倍於公販，利之所在莫過人蔘，故潛商接跡」。[22]天聰五年（1631）庫爾纏定歲幣，朝鮮以為軍情緊急，經營江都，以金自點為留守。金氏建議將羅州、靈光、瑞山、扶安屬江都，以通貨登州、東萊。[23]登州都在其通貨範圍中，皮島自不必論。明人帶入朝鮮貨物，主為詔使所持，其種類數量很大；另外，凡高級官員至朝鮮時，多少總帶若干綢緞之類，以為交換應用之資。至於朝鮮節使，奏請等使之

16　汪汝淳，《毛大將軍海上情形》。《續雜錄》，第3卷，頁2，仁祖六年十二月，毛營接伴使趙希逸狀啓。

17　《續雜錄》，第3卷，仁祖八年四月、仁祖九年三月十九日己亥條。

18　上引趙希逸狀啓。

19　毛文龍時期見上引《毛大將軍海上情形》，其後見《朝鮮仁祖大王實錄》，第34冊，卷14，頁142，仁祖四年九月二十二日辛卯條；卷14，頁145，仁祖四年十月十三日壬子條；卷25，頁453，仁祖九年十月二十四日甲子等條。

20　張存武，《清韓宗藩貿易：1637-1894》，頁91。《朝鮮仁祖大王實錄》，第34冊，卷25，頁460，仁祖九年閏十一月二十三日壬戌條。

21　《朝鮮仁祖大王實錄》，第34冊，卷21，頁350，仁祖七年十月十六日丁卯條。

22　《朝鮮仁祖大王實錄》，第34冊，卷21，頁350，仁祖七年十月十六日丁卯條。

23　《朝鮮仁祖大王實錄》，第34冊，卷25，頁442，仁祖九年九月十六日丁亥條。

往來販賣乃人所皆知，不複贅。朝鮮於明貨，除市販之外，嘗謂南對日本，北對後金，「目今南北兩敵酬應之際，若非上國物貨，決難成形」。[24]

後金對中國貨非常喜歡，但朝鮮供應每不足，致多次引起金人強烈的責難。事實上盡量不以明貨應市乃朝鮮的政策，因慮和金開市明朝容或諒之，如以其貨物資敵贈仇，將難獲其曲諒，且在道義上亦非臣子對父母之國所當為。[25]由於開市時金人每勒低貨物價格，所以朝鮮商人便將四丈一疋之綢緞減為二丈，二丈一疋之布均減為一丈。這也引起金人強烈抗議。[26]

另外一項爭執是蔘價。金鮮初議每斤銀十六兩，及後金欲大量輸出，朝鮮以不能容銷為由，壓低價格至九兩。這是後金最痛心不滿的，所以直到丙子之役前夕還咆哮不已。真正的原因是，朝鮮自己產蔘，且對明輸出，輸入之蔘亦需外銷明人。然這違背明廷對金經濟封鎖之政策，自不許輸入。

凡屬貿易理論上是對雙方均有益的。在金鮮貿易中，後金自朝鮮得到許多物資，補救了因明朝經濟封鎖造成的困難，且以之購買蒙古戰馬，充實對明戰爭力量，並因朝鮮的耕牛農具發展農業。朝鮮雖因金人強抑貨物價格或不免受損害。但始終維持出超地位，賺回銀兩，支付對金日外交費用，也為一大利源。

在此十年中，朝鮮政府及人民曾花費錢財贖回了不少為後金俘擄去的人。這雖然也是一種交易行為，但金鮮雙方均無以此謀利之動機，似乎不是一種貿易，故此處未加討論。此外，有些學者以為兩國政府間的禮儀贈與也是一種貿易。天聰五年（1631）以前，後金與朝鮮間的贈遺量雖小，但是對等的，可視為貿易，其後朝鮮所送者為歲幣，量值遠較後金回贈為多，自非貿易，故此處也未討論。

---

[24] 《朝鮮仁祖大王實錄》，第34冊，卷22，頁362，仁祖八年一月二十七日丁未條。
[25] 《清太宗實錄》，卷14，頁193，天聰七年六月六日丙寅條。
[26] 《清太宗實錄》，卷14，頁193，天聰七年六月六日丙寅條。

附表一　清韓義州邊市貿易

時間 （天聰）	地點	監市人	清輸韓		清自韓輸入		註碼
			貨品	價（兩）值	貨品	價（兩）值	
二年春	義州	金：英俄爾岱 鮮：朴蘭英	銀	17,000餘	米，青布， 胡椒，紙， 丹木等	14,000餘	(1)
五年春	義州 安州	同上	銀	100,000	馬，牛，米 等	100,000	(2)

（1）價值見《亂中雜錄‧續雜錄》，第2卷，頁61，貨品見《朝鮮仁祖大王
實錄》，第34冊，卷18，頁255，仁祖六年二月四日丙申條。朝鮮所出
以米為主，除鴨綠江邊七邑所出外，江都運出五千石，平壤五千零三
石。見上引《朝鮮仁祖大王實錄》，第34冊，卷18，頁248，仁祖六年
正月四日丙寅條；頁249，八日庚午條；頁251，十四日丙子條。
（2）《承政院日記》，仁祖九年三月二十四日據義州府報稱，金人以七萬兩
買雜貨，一萬兩買馬，兩萬兩買牛。欲買牛兩百頭，馬數百匹（同書四
日二日條）。朝鮮始不允賣馬，後慮英俄爾岱入平壤掠奪，始以清人所
買只用馱載，非戰馬而許之。牛四月初尚只五十頭。（《朝鮮仁祖大王
實錄》，第34冊，卷24，頁421，仁祖九年四月十三日丙辰條）買米見
《承政院日記》，仁祖九年四月二日。同書四月六日載義州報，三月二
十八日開市時，金人於水沈，粗，短布一概不要，「五萬兩銀子萬無酬
應之理」（又見《續雜錄》第3卷，頁51）可知金人以五萬銀買布帛之
類。完市時金人買貨七百餘馱而歸（《朝鮮仁祖大王實錄》，第34冊，
卷24，頁428，仁祖九年五月十日癸未條），然究值銀若干不詳，表中
所列數字係義州初時所報。

附表二　清韓使行貿易貨物結構及價值

時間 （天聰）	使行名稱	清輸韓		清自韓輸入		註碼
		貨品	價值 （兩）	貨品	價值 （兩）	
元年11月	鮮回答使朴 蘭英	？	？	青布1,000餘疋	？	(1)
二年12月	金使英俄爾 岱，霸奇蘭	蔘480斤 銀	7,680 85	青布17,000疋， 2,000青布價值之花 絲紬等	7,765	(2)
		紅柿	生梨			

時間 （天聰）	使行名稱	清輸韓		清自韓輸入		註碼
		貨品	價值 （兩）	貨品	價值 （兩）	
三年2月	金使滿達爾漢，阿朱戶	銀	1,000餘	染料，漁鉤，青布，緞，紙，豹皮，羊皮，青鼠皮，水獺皮，真珠，胡椒，藥品，煙草，乾柿等	1,000餘	(3)
四年2月	鮮春信使朴蘭英	?	?	青布，煙草數不詳	?	(4)
四年春	金使朴仲男	蔘1,700斤	27,000	青布10,910同，及價值5,610同青布之木棉，水獺皮等	27,000	(5)
五年2月	金阿朱戶，董納密（朴仲男）	?	?	各種藥材，數不詳	?	(6)
七年6~8月	金使英俄爾岱	銀	?	?	?	(7)
七年9月	金使英俄爾岱	銀	?	緞子，花紬，白紙，紅柿等	?	(8)
七年11~12月	英俄爾岱，馬福塔	蔘900斤	10,800	?	10,800	(9)
八年3月	金英俄爾岱，馬福塔	銀 蔘900斤	10,000 10,800	青布，蟒緞，大緞，倭緞，天青緞，閃緞，水銀，染料等	20,800	(10)
八年12月	金使馬福塔	銀	900餘	諸色緞，鼠皮，紙，染料，藥品，生梨，柿	900	(11)
九年夏	金使馬福塔，博爾惠	銀 蔘76斤	17,475 912	左資半買綢緞，半買布疋	18,387	(12)

※此表所列乃有貨物名稱、數量或價值之交易。

（1）《承政院日記》，天啟七年十月十一日載，李貴建議國王讓回答使朴蘭英持千餘疋青布往瀋中，國王未加可否。然《清太宗實錄》，卷3，頁55-1，天聰元年十二月九日壬寅條載太宗致朝鮮王書云：「爾言……須到王京交易。此言誠是。爾遣來貿易之人已經隨物獲售。」因假定朴氏帶往千餘疋。

（2）《朝鮮仁祖大王實錄》，第34冊，卷19，頁308、310，仁祖六年十二月五日辛卯條、十日丙申條。案丙申條戶曹請以二千疋布值之蔘往開城市綿布，如不能，即在漢城市花絲紬等物，國王雖依啟，然謂開城買賣似難開例。故此處以花絲紬出之。又金人抗議朝鮮違背蔘每斤價銀十六兩之約始於天聰七年，故該年以前均以十六兩計之。

（3）《朝鮮仁祖大王實錄》，第34冊，卷20，頁317，仁祖七年二月二十七日癸丑條。莊吉發，〈滿鮮通市考〉，頁23。

（4）《亂中雜錄・續雜錄》，頁21，仁祖庚午二月七日。無商人，只員役所帶。

（5）《朝鮮仁祖大王實錄》，仁祖八年二月丁丑云，金人以累馱之蔘交易於安州，續雜錄仁祖庚午二月十七日云二十餘馱。《朝鮮仁祖大王實錄》是年己丑云「仲男入平壤索人蔘一千七百斤，恐赫百瑞，監司金時讓以管餉所儲與之」。仲男非索人蔘，乃求售索價一千七百斤蔘之價款。仲男換得青布，運至義州。而為皮島劉興治所掠，莊吉發〈滿鮮通市考〉，頁24謂換得18,000桶，即900,000疋。然《續雜錄》第3卷，頁38，五月二十五日條載，平安監司報英俄爾岱取蔘價布16,520桶，內10,910桶已備，5,610桶未備，請以水獺皮等代之，而頁43云青皮，木綿等物計數準棒，八月十五日渡鴨綠江回國。

（6）《朝鮮仁祖大王實錄》，第34冊，卷24，頁418，仁祖九年三月七日辛巳條。

（7）本持蔘九百斤，以朝鮮要求減價而未售，寄存安州，只以所攜銀兩貿易。見《清太宗實錄》，天聰七年六月丙寅，九月庚寅朔（卷15，頁206）太宗致岳託等書。

（8）《清太宗實錄》，九月癸卯，英俄爾岱本欲將寄留安州之蔘發賣，願每斤中十一兩，朝鮮仍不購，乃只以所持銀兩交易。見《承政院日記》仁祖十一年十月一、二、三、四日各條。《朝鮮仁祖大王實錄》，第34冊，卷28，頁533，仁祖十一年九月三十日己未條；頁535。

（9）按上註，英俄爾岱九月至鮮時九百斤蔘未賣出。十一月復奉書至鮮，切責朝鮮十條違約之事。十二月馬福塔等率從人一百一十一人，馬二百二十四出來，派人至安州。（《續雜錄》，第3卷，頁61）疑九百斤蔘即於此段時間中賣出，其價非十六兩，非九兩，而為十二兩。

（10）《朝鮮仁祖大王實錄》，仁祖十二年三月乙卯作八百斤，七月己丑條作九百斤，上引莊吉發文頁28作九百，參見《清太宗實錄》，卷18，頁234-235，天聰八年三月十八日甲辰條。蔘值貨馬福塔六至八月復往取，見上引七月己丑條及八月己巳條。所購之明貨乃適明詔使至鮮帶來，見《清太宗實錄》，卷20，頁273；天聰八年十月二十九日壬子條鮮王致太宗書。

（11）《朝鮮仁祖大王實錄》，第34冊，卷30，頁582，仁祖十二年十二月二十八日庚戌條。

（12）清實錄，天聰九年四月戊子。《朝鮮仁祖大王實錄》，第34冊，卷31，頁593，仁祖十三年四月乙巳條。自義州至漢城沿途買，購貨及所帶見上引《清太宗實錄》，卷23，頁304-1，天聰九年五月二十六日乙亥條；六月四日壬午條。

附表三　清韓會寧邊市貿易

（天聰）二年3月	金差耆老，朴仲男率數百人至，留連買賣十餘日歸。(1)
二年10月	耆老等開市七八日後歸。(2)
二年12月至三年1月	耆老等八十餘人，以朝鮮不賣牛大鬧。(3)
七年2~6月	金差郎格，吳巴海率寧古塔，拉法等地人，持皮貨等物往，買回牛150頭及其他物品。(4)
八年12月	金商步騎並百餘人至。(5)

（1）《朝鮮仁祖大王實錄》，第34冊，卷18，頁267，仁祖六年三月二十三日甲申條。《續雜錄》，第2卷，頁61，仁祖戊辰四月三日。《續雜錄》，同年三月云五十餘人來，誤，《案仁錄》卷18，頁41-42，三月丁丑云貝羅貝、尼應、古太三部落五十餘人亦以交易出來。

（2）《續雜錄》，第2卷，頁90，仁祖戊辰十月。《朝鮮仁祖大王實錄》，卷19，頁303，仁祖六年十月二十八日乙卯條云「商胡耆老自會寧還去」。

（3）《續雜錄》，第3卷，頁4，仁祖戊辰十二月；頁6，己巳正月。《朝鮮仁祖大王實錄》，第34冊，卷19，頁68，仁祖六年十二月二十四日庚戌條。

（4）《清太宗實錄》，卷13，頁181-2，天聰七年二月十四日丙子條；卷14，頁200-1，七月十四日甲辰條。《朝鮮仁祖大王實錄》，第34冊，卷28，頁522，仁祖十一年五月二十一日壬子條。

（5）《續雜錄》，第3卷，頁68，仁祖乙亥正月二十四日。案公文自會寧至咸興再轉至漢城約一月。《清太宗實錄》，卷22，頁290，天聰九年正月二十八日己卯條。

*原刊《東方學志》，第21輯（首爾，1979），頁187-193。今據作者手稿改易篇名。

第十五章
《北路紀略》的寫成時間及作者

　　《北路紀略》一書，《奎章閣圖書韓國本目錄》謂「編者未詳，年紀未」。李離和氏為亞細亞文化社的影印本所作解題對此無考證交代。該社的廣告說乃肅宗時著作。書籍文獻之寫成時間及作者不明，便難以作為可信史料引用研究；如用之，至少說明其大概。

　　該書第一頁正文第一行說：

> 山川，疆域之綱紀也。今據農圃地圖（鄭尚驥本），輿地考
> （東國文獻），朔方記（洪太學良浩集，諸邑誌反雜記）撮錄
> 于左。

鄭尚驥（1678-1752）為英祖時人，洪良浩（1724-1802）乃英正時人。根據前人著作不可能引用後人著述的鐵律，可知該書絕非是肅宗朝寫成的。此外，頁43、424記述英宗三十五、四十年（1759、1764）事，頁137、425記正宗時事。可知此書非但不是肅宗時著作，也非英正時代之記述。該書頁281云：

> 厚州本廢四郡地，我顯宗甲寅觀察使南九萬請移三水之魚面鎮
> 於厚州，陞僉使。肅宗乙丑因犯越事革罷，其後復置僉使。今
> 上陞為府。

案《增補文獻備考》卷18頁34-35及頁41，正祖十二年（1788）設茂昌鎮，純祖十三年（1813）陞鎮為府，移治於厚州堡，屬咸鏡道，旋又廢之。由此可知：「今上」乃指純祖，該書是純祖朝，且是純祖十三年（1813）後寫成的。頁281只說「今上陞為府」，未道該府撤廢之事，可見此書寫作時該府猶未撤廢。假如查出撤廢時間，便可得知此書是在何年之前寫成。雖然筆者尚未查出撤廢時間，但已可作出結論：《北路紀略》是純祖十三年（1813）至三十四年（1834）間寫成的。

關於此書的作者姓名，筆者現在只發現一條線索可資追尋。該書頁32述江邊行城之修築。

頁33謂：

> 又按行城之廢未知在何時，而世祖丁酉余十二代先祖翼惠公節慶北營，築穩城四十里，則當時之修築可見矣。

案世祖朝無丁酉年，諒為作者誤述。《成宗實錄》九年二月（卷89頁24）云：「是月築永安道穩城長城。自所要項至浦項，四萬三千八百八尺，高九尺。柔遠鎮長城自所要項至汁浦，八千五百二十二尺，高六尺。」[1]成宗八年（1477）為丁酉，九年（1478）為戊戌。可能是八年開始經營修築，九年完成。又《顯宗改修實錄》五年十一月壬子條（卷12頁14）云：

> 成宗朝重臣鄭蘭宗，纔遞本道方伯，旋授北兵使，築穩長城四十里，方略籌畫至今流傳。

這鄭蘭宗（1433-1489）築城之事與作者所述翼惠公築城事蹟頗相似。

---

[1]　《朝鮮成宗大王實錄》，第9冊，卷89，頁563，成宗九年二月二十九日壬戌條。

如鄭蘭宗就是翼惠公，則《北路紀略》的作者應該姓鄭，為鄭蘭宗之第十三代孫。不過，筆者手中資料有限，不敢肯定。

　　《北路紀略》一書，從其第一頁山川總要小敘可知，主要是根據文獻書籍編纂而成，並非作者親見親聞之第一手史料（first hand sources），其價值自亞於金指南、洪儀泳、洪良浩等的著作。不過作者思慮慎密，排比整齊之功不可沒，且對雜亂矛盾的史料提出許多懷疑，如頁14兩個「歟」字所示。

　　一如本文首段所言，書籍文獻之來歷不明是不宜據之作研究的，因為材料既有問題，研究的成果自不可靠。《奎章閣圖書韓國本總目錄》中尚有不少書籍，文件的作者及寫成時間不詳，極宜繼續加以考證，以利史學之研究。

*原刊《東方學志》，第18輯（首爾，1978），頁227-228。

編按：作者於1978年推論《北路紀略》成書時間落於18136-1834年間，且云
　　　執筆者應姓鄭。經查，《北路紀略》著於1830年，出於鄭允容（1792-
　　　1865）之手，可證作者論斷正確，特此說明。

張存武著作集2　人文史地類　PC0727

清代中韓關係史論集（卷一）

作　　　者 / 張存武
編　　　校 / 吳政緯
責 任 編 輯 / 鄭伊庭
圖 文 排 版 / 蔡忠翰
封 面 設 計 / 蔡瑋筠

發 行 人 / 宋政坤
法律顧問 / 毛國樑　律師
出 版 發 行 / 秀威資訊科技股份有限公司
　　　　　　114台北市內湖區瑞光路76巷65號1樓
　　　　　　電話：+886-2-2796-3638　傳真：+886-2-2796-1377
　　　　　　http://www.showwe.com.tw
劃 撥 帳 號 / 19563868　戶名：秀威資訊科技股份有限公司
　　　　　　讀者服務信箱：service@showwe.com.tw
展 售 門 市 / 國家書店（松江門市）
　　　　　　104台北市中山區松江路209號1樓
　　　　　　電話：+886-2-2518-0207　傳真：+886-2-2518-0778
網 路 訂 購 / 秀威網路書店：https://store.showwe.tw
　　　　　　國家網路書店：https://www.govbooks.com.tw

2021年5月　BOD一版
定價：490元
版權所有　翻印必究
本書如有缺頁、破損或裝訂錯誤，請寄回更換

國家圖書館出版品預行編目

清代中韓關係史論集 / 張存武著. -- 一版. -- 臺
　北市 : 秀威資訊科技股份有限公司, 2021.05-
　冊 ;　　公分. -- (張存武著作集 ; 2)
　BOD版
　ISBN 978-986-326-897-0(卷1 : 平裝)

　1.中韓關係 2.清代 3.文集

627　　　　　　　　　　　　　110004390

讀者回函卡

感謝您購買本書，為提升服務品質，請填妥以下資料，將讀者回函卡直接寄回或傳真本公司，收到您的寶貴意見後，我們會收藏記錄及檢討，謝謝！
如您需要了解本公司最新出版書目、購書優惠或企劃活動，歡迎您上網查詢或下載相關資料：http:// www.showwe.com.tw

您購買的書名：＿＿＿＿＿＿＿＿＿＿＿＿＿＿＿＿＿＿＿＿＿＿＿＿＿

出生日期：＿＿＿＿＿年＿＿＿＿＿月＿＿＿＿＿日

學歷：□高中 (含) 以下　　□大專　　□研究所 (含) 以上

職業：□製造業　□金融業　□資訊業　□軍警　□傳播業　□自由業
　　　□服務業　□公務員　□教職　　□學生　□家管　　□其它＿＿＿＿

購書地點：□網路書店　□實體書店　□書展　□郵購　□贈閱　□其他

您從何得知本書的消息？

　□網路書店　□實體書店　□網路搜尋　□電子報　□書訊　□雜誌
　□傳播媒體　□親友推薦　□網站推薦　□部落格　□其他＿＿＿＿＿＿

您對本書的評價：(請填代號　1.非常滿意　2.滿意　3.尚可　4.再改進)

　封面設計＿＿＿　版面編排＿＿＿　內容＿＿＿　文／譯筆＿＿＿　價格＿＿＿

讀完書後您覺得：

　□很有收穫　□有收穫　□收穫不多　□沒收穫

對我們的建議：＿＿＿＿＿＿＿＿＿＿＿＿＿＿＿＿＿＿＿＿＿＿＿＿＿

＿＿＿＿＿＿＿＿＿＿＿＿＿＿＿＿＿＿＿＿＿＿＿＿＿＿＿＿＿＿＿＿＿

＿＿＿＿＿＿＿＿＿＿＿＿＿＿＿＿＿＿＿＿＿＿＿＿＿＿＿＿＿＿＿＿＿

＿＿＿＿＿＿＿＿＿＿＿＿＿＿＿＿＿＿＿＿＿＿＿＿＿＿＿＿＿＿＿＿＿

11466
台北市內湖區瑞光路 76 巷 65 號 1 樓

秀威資訊科技股份有限公司　　　收

BOD 數位出版事業部

....

（請沿線對折寄回，謝謝！）

姓　　名：＿＿＿＿＿＿＿＿＿　年齡：＿＿＿＿　性別：□女　□男

郵遞區號：□□□□□

地　　址：＿＿＿＿＿＿＿＿＿＿＿＿＿＿＿＿＿＿＿＿＿＿＿

聯絡電話：(日) ＿＿＿＿＿＿＿＿＿＿　(夜) ＿＿＿＿＿＿＿＿＿＿

E-mail：＿＿＿＿＿＿＿＿＿＿＿＿＿＿＿＿＿＿＿＿＿＿＿